JN449731

〈기본체크사항〉

1. 업종
2. 근로자수, 위탁계약자 수
3. 현재 경영상황
4. 정부지원금 수급 현황
5. 퇴사자 현황
6. 진정/해고사건 진행상황

근로자성 문제
(p.113)

- 학원강사, 미용실, 영업사원, …
- 위탁계약서★
- 고정급, 변동급
- 4대보험, 3.3%

고용형태
(p.110)

- 계약직 : 2년이면 정규직
- 단시간근로자★, 초단시간근로자(15H↓)
- 외국인근로자(고용허가제)
- 파견근로자(불법파견)
- 일용직(건설, 식당, …)

수습제도
(p.98)

- 3개월
- 1년간 90% 지급
- 근로계약서
- 평가

근무시간
(p.180)

- 1주 12시간 초과 X
- 교대제(제조업체 필수)
- 적용제외(1차산업종사자, 경비, 지점장 등)
- 재량근로(디자이너, 연구원 등)
- 간주근로(신문기자, 유통업체 운전사 등)
- 휴일근로
- 야간근로

휴게/휴일/휴직
(p.233)

- 지휘감독
- 법정휴일[주휴일, 5.1.(근로자의 날)]
- 육아휴직

연차휴가
(p.220)

- 1년 미만, 1년 이상
- 월급 속 연차수당 X
- 연차대체

한 장으로 정리하는 기업노무

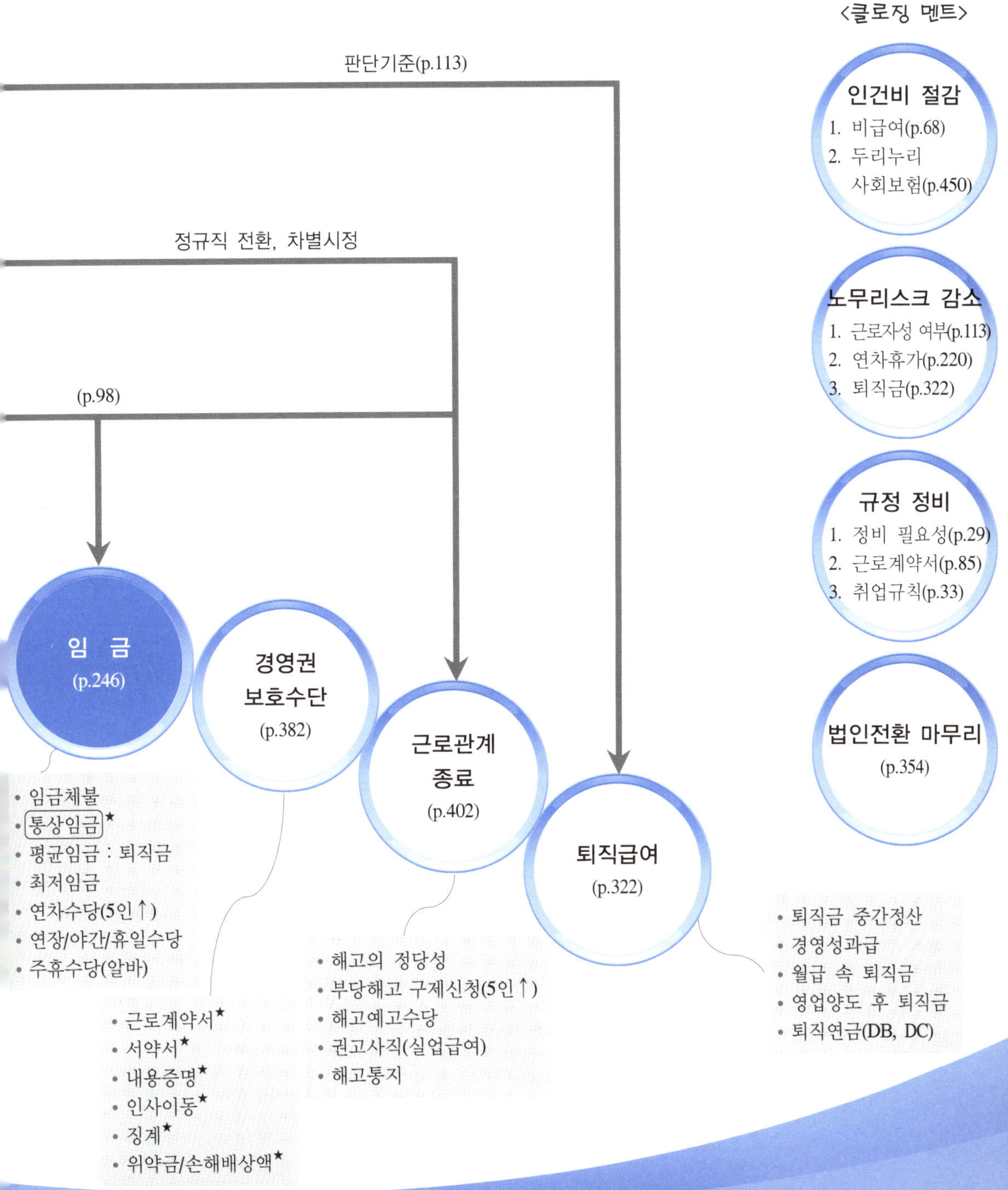

「1등 **FC, FP, PB**를 위한 기업노무 전략」

기업노무 설계 가이드

공인노무사 강선일 저

노무를 몰라도 노무영업에 자신감이 쑥쑥~~~!!
지금껏 그 누구도 알려주지 않았던 실전 위주의 노무전략서

(주)영화조세통람

개정판 머리말

기업노무 설계가이드를 낸 지 1년의 시간이 지났습니다. 때로는 더위와 싸우며 때로는 추위에 맞서며 전국의 많은 FC, FP분들과 함께 현장을 다니며 수많은 사장님들을 만났습니다. 그러면서 수백명의 독자 FC, FP분들로부터 책과 관련된 가감 없는 조언을 들을 수 있었습니다.

이번 개정판은 이와 같은 FC, FP분들의 이야기를 적극 수렴하여 집필되었습니다. 주요 개정 사항은 다음과 같습니다.

1. 기존 Part 1과 Part 2를 하나로 통합하면서 Chapter 1 기업노무영업 입문편을 신설, 노무영업 입문자들에 대한 배려를 한층 더 강화하였습니다.
2. 기존 본문에 실려 있던 노무서식을 별책부록에 통합하여 수록함으로써 가독성과 편의성을 제고하였습니다.
3. 최근 제・개정된 법규정 및 고용노동부지침(「채용절차의 공정화에 관한 법률」, 근로감독관 집무규정, 일명 "스마트 근로감독" 등)을 전면 반영하였습니다.
4. 현장에서 이슈가 되고 있는 사항을 추가하였습니다.
   1) 노무영업 생기초 연습
   2) 노무영업 생초보를 위한 가이드
   3) 숫자로 알아보는 노무영업 고수되기
   4) 2016.7.1. 개정 근로감독관 집무규정
   5) 비과세 급여항목
   6) 채용의 법칙

7) 일용근로자

8) 고용형태 정리

9) 음식점 기업노무 체크포인트

10) 임신기 근로시간 단축

11) 근로자의 날 근무 시 급여

12) 산재보험/근재보험/단체보험

13) 실업급여

14) 4대보험에 있어 신의 한 수, 두리누리 사회보험

15) 별책부록

5. 급변하는 노무트렌드에 맞추어 기존 내용을 손질하였습니다.

1) 임금관련 질문 베스트 4(압류금지 범위)

2) 시급제 알바 고용사업장 기업노무 체크포인트

3) 상시적 연장근무 사업장 유의사항

4) 모성보호 휴가 법령 및 벌칙 핵심정리

5) 고용노동부, 기초고용질서 일체점검

6) 최저임금에 미달하는 임금을 받기로 한 근로계약은 무효인가요?

7) 주휴수당 계산방법

6. 기업노무에 대한 숲을 머릿속에 그릴 수 있도록 '한 장으로 정리하는 기업노무'를 서두에 게재하였습니다.

7. 현장에서의 기업노무 접근 속도를 높이기 위하여 '찾아보기'를 신설하였습니다.

언제나 그렇듯 영업환경 변화 속도보다 더 빠른 것은 없는 것 같습니다. 이 개정판이 전국의 많은 FC, FP분에게 웃을 수 있는 시간을 조금이나마 더 드릴 수 있기를 간절히 기원합니다.

2016. 8.

여름의 중간에서

기업노무 설계 가이드

차 례

Chapter 1 기업노무영업 입문편

★★★ 01 노무영업 생기초 연습 ··· 2

★★★ 02 노무영업 생초보를 위한 가이드 ··· 6

★★★ 03 기업노무 체크리스트 ··· 13

예화로 풀어보는 기업노무_스마트폰과 어느 TV 프로그램 단상 ··· 20

Chapter 2 사업장 방문 시 반드시 챙겨야 할 사항

★★★ 01 숫자로 알아보는 노무영업 고수되기 ··· 24

★★★ 02 사장이 꼭 알아야 하는 법규정 ··· 29

★★ 03 취업규칙, 이것이 궁금하다! 베스트 6 ··· 33

★★★ 04 5인 이상 사업장과 5인 미만 사업장의 차이 ··· 38

★ 05 '상시 근로자 수' 산정방법 ··· 42

★★★ 06 2016.7.1. 개정 근로감독관 집무규정 ··· 48

★★ 07 근로감독 단속사례 ··· 51

★★ 08 효과적인 근로감독 단속 대응요령 ··· 56

★ 09 노동청, 노동위원회, 근로복지공단 비교분석 ··· 60

★★★ 10 자주 사용되는 계산방법 정리 ··· 64

★★ 11 비과세 급여항목 ··· 68

★★★ 12 임금관련 질문 베스트 4 ······ 73

예화로 풀어보는 기업노무_공중전화기, 그리고 무관심 ······ 78

Chapter 3 직원 채용 시 유의사항

★★ 01 채용의 법칙 ······ 82

★★ 02 근로계약서, 반드시 작성하고 교부하라! ······ 85

★★★ 03 포괄임금제 근로계약서 ······ 88

★★ 04 근로계약서 작성 비법 ······ 91

★ 05 장애인, 국가유공자, 고령자 의무고용 ······ 95

★★★ 06 수습제도 핵심정리 ······ 98

★★ 07 일용근로자 ······ 103

예화로 풀어보는 기업노무_제갈량 VS 조조 ······ 107

Chapter 4 도대체 누가 근로자죠?

★★★ 01 고용형태 정리 ······ 110

★★★ 02 더욱 중요해진 근로자성 판단 문제 ······ 113

★★★ 03 근로자성 판단 비법 ······ 117

★★ 04 물류센터 에어컨 설치기사의 근로자성 문제 ······ 122

★★ 05 미용학원 강사의 근로자성 문제 ······ 125

★★ 06 학원 강사의 근로자성 문제 ······ 128

★★★ 07 프리랜서 고용 시 유의사항 ······ 132

예화로 풀어보는 기업노무_칭기즈칸과 법정스님 ······ 134

Chapter 5 사업형태별 기업노무 체크사항

★★★ 01 100명의 사장, 100가지 고민 ······ 138

★★★ 02 음식점 기업노무 체크포인트 ······ 141

★★★ 03 병원, 한의원 기업노무 체크포인트 ······ 145
★★★ 04 제조업체 기업노무 체크포인트 ······ 150
★★ 05 외국인근로자 고용사업장 기업노무 체크포인트 ······ 154
★★★ 06 프랜차이즈 기업노무 체크포인트 ······ 158
★★★ 07 백화점, 유통 기업노무 체크포인트 ······ 164
★★★ 08 시급제 알바 고용사업장 기업노무 체크포인트 ······ 169
예화로 풀어보는 기업노무_프레임(frame)의 법칙
–기도와 담배 이야기 ······ 174

Chapter 6 근로제공과 관련된 이슈

★★★ 01 근무시간 핵심정리 ······ 180
★★ 02 제조업체에서의 교대제 ······ 184
★★ 03 바이오 · 의류 · 영상제작업체에서의 재량근로시간제 ······ 190
★★ 04 감시단속적 근로자 ······ 196
★★★ 05 연장근무 핵심정리 ······ 201
★ 06 상시적 연장근무 사업장 유의사항 ······ 208
예화로 풀어보는 기업노무_고스톱에서 배우는 교훈 ······ 216

Chapter 7 재충전의 시간, 휴가

★★★ 01 연차휴가 질문 베스트 10 ······ 220
★★ 02 모성보호 휴가 법령 및 벌칙 핵심정리 ······ 226
★★ 03 육아휴직 핵심정리 ······ 233
★★ 04 임신기 근로시간 단축 ······ 238
예화로 풀어보는 기업노무_루즈벨트와 트루먼 ······ 242

Chapter 8 노사분쟁의 화약고, 임금

★★ 01 고용노동부, 기초고용질서 일체점검 246
★★★ 02 임금체불 진정사건 진행 프로세스 254
★★★ 03 임금체불 진정사건 대응요령 260
★★ 04 통상임금 핵심정리 264
★★ 05 평균임금 핵심정리 271
★★ 06 근로자의 날 근무 시 급여 274
★★ 07 최저임금에 미달하는 임금을 받기로 한 근로계약은 무효인가요? 277
★★★ 08 근로자의 과실로 발생한 손해를 임금에서 공제할 수 있을까요? 282
★★★ 09 주휴수당 계산방법 286
★ 10 임금채권 소멸시효 292
★ 11 연봉제 핵심정리 295
★★ 12 임금피크제 핵심정리 300
★ 13 도급사업의 경우 도급인에게 임금 지급의 책임이 있나요? · 305
★★★ 14 임금 삭감, 동결, 반납 핵심정리 308
예화로 풀어보는 기업노무_등산과 인생 그리고 쉼표 314

Chapter 9 또 하나의 임금, 퇴직금

★★★ 01 퇴직금 질문 베스트 5 318
★★ 02 경영성과급과 퇴직금 322
★★ 03 상여금, 연차수당과 퇴직금 324
★★ 04 계속근로기간 중 단절이 있었다면 퇴직금을 지급받을 수 없나요? 327
★★★ 05 월급에 포함된 퇴직금 330

★★ 06 퇴직금 중산정산 유의사항 ······ 333
★★ 07 일용직, 아르바이트생의 퇴직금 ······ 337
★★ 08 퇴직연금제도란? ······ 340
★★ 09 퇴직연금제도는 반드시 도입해야 하나요? ······ 343
★★ 10 퇴직연금제도 도입 시 유의사항 ······ 346
예화로 풀어보는 기업노무_레몬주스 이야기와 마쓰시다 고노스케 ······ 350

Chapter10 기업변동과 인사이동

★★★ 01 개인사업자에서 법인으로 전환한 김사장의 기업노무 점수 · 354
★★ 02 인사이동의 종류 ······ 358
★★ 03 전직명령에 불응하여 무단결근한 직원에게도 임금을 지급해야 하나요? ······ 363
★★ 04 전출, 전적 시 직원의 근로조건 ······ 366
★ 05 직원에 대한 휴직명령은 언제나 가능한가요? ······ 369
★ 06 휴직자가 복직원을 제출하지 않을 시 자동퇴사하도록 하는 것이 가능한가요? ······ 372
★★ 07 휴직 중인 직원에게도 임금을 지급해야 하나요? ······ 375
예화로 풀어보는 기업노무_연(燕)나라 소왕과 천리마 ······ 378

Chapter11 사장의 최후의 보루, 징계

★★★ 01 부당해고 구제신청 핵심정리 ······ 382
★★★ 02 징계위원회 진행 핵심정리 ······ 386
★★ 03 상사에게 욕설을 한 직원 대응요령 ······ 391
★★ 04 성희롱 직원 대응요령 ······ 396
★★ 05 전자우편(e-mail), 문자메시지에 의한 해고통지 가능성 ······ 402
★★★ 06 퇴사 후 경쟁 업체에 취업하지 못하게 하는 것이

가능한가요? ···················· 406
★ 07 감봉 시 유의사항 ···················· 414
★ 08 시말서 작성지시를 거부하는 직원 대응처리요령 ···················· 418
예화로 풀어보는 기업노무_종이를 50번 접은 두께는 얼마일가요? ···················· 423

Chapter12 말도 많고 탈도 많은 4대보험

★★★ 01 4대보험 비교정리 ···················· 426
★★ 02 산재보험 핵심정리 ···················· 428
★★★ 03 산재보험 질문 베스트 ···················· 432
★★★ 04 산재보험/근재보험/단체보험 ···················· 435
★★ 05 출 · 퇴근 재해의 산재처리 핵심정리 ···················· 439
★★ 06 실업급여 ···················· 445
★ 07 4대보험에 있어 신의 한 수, 두루누리 사회보험 ···················· 450
예화로 풀어보는 기업노무_회사를 성공으로 이끄는 방법 ···453

별책부록

1. 취업규칙(변경)신고서 ···················· 456
2. 노사협의회 규정 제출서 ···················· 457
3. 부당해고등 구제 신청서 ···················· 458
4. 임금체불 진정서 ···················· 459
5. 내용증명 서식 ···················· 460
6. 해고통보서 양식 ···················· 461
7. 성희롱예방교육일지 ···················· 462
8. 최저임금게시자료 ···················· 463
9. 근로종사자에 대한 적용제외 승인 신청서 ···················· 464
10. 표준근로계약서(기간의 정함이 없는 경우) ···················· 465

11. 표준근로계약서(기간의 정함이 있는 경우) ········ 466
12. 연소근로자(18세 미만인 자) 표준근로계약서 ········ 467
13. 친권자(후견인) 동의서 ········ 468
14. 건설일용근로자 표준근로계약서 ········ 469

•찾아보기 / 472

Chapter 1

기업노무영업 입문편

01

노무영업 생기초 연습

주변에서 이제 막 노무영업을 시작했다면서 도움을 달라는 FC분들이 늘어갑니다. 처음에는 "그냥 열심히 하면 됩니다"라며 웃으며 넘겼는데 그런 분들이 점점 늘어갈수록 이 분들에게 무엇인가 도움을 드려야겠다는 생각이 가슴을 조여옵니다.

그래서 가만히 생각해보았습니다. 어떻게 하면 노무에 대한 기본지식이 전혀 없는 분들을 단시간 내에 노무에 대한 감을 잡게 만들 것인지를 말입니다. 몇 달에 걸쳐 고민을 하게 되었고 그러면서 많은 사장님들과 FC님들을 만나면서 이윽고 해답을 찾게 되었습니다.

그 결과물은 다음의 3가지 그림입니다. 아래에서 하나씩 하나씩 보도록 하겠습니다.

첫번째 그림입니다. 이 그림의 제목은 "노무 기본 골격"입니다.

〈노무 기본 골격〉

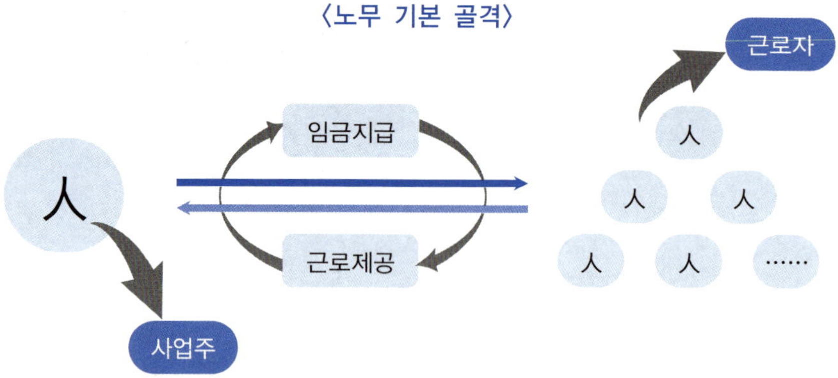

이 그림은 노무를 가장 쉽고 단순하게 보여주고 있습니다.

좌측에 있는 한명의 사람이 사장이고, 우측에 있는 복수의 사람들이 직원들입니다. 직원들은 사장에게 근로제공의무를 부담하고, 사장은 이에 임금지급의무를 부담합니다.

우리가 복잡하게 생각하는 노무라는 것도 사실 따지고 보면 근로제공과 임금지급 2가지에 대한 개별적인 내용에 불과합니다.

어떠세요? 이제 자신감이 생기십니까?

그렇다면 이제 두번째 그림을 보도록 합시다.

이 그림의 제목은 "노무트리"입니다.

노무를 구성하는 주요 개념들을 마치 소나무를 형상화듯이 하나하나 위에서부터 정리한 것입니다.

〈노무트리〉

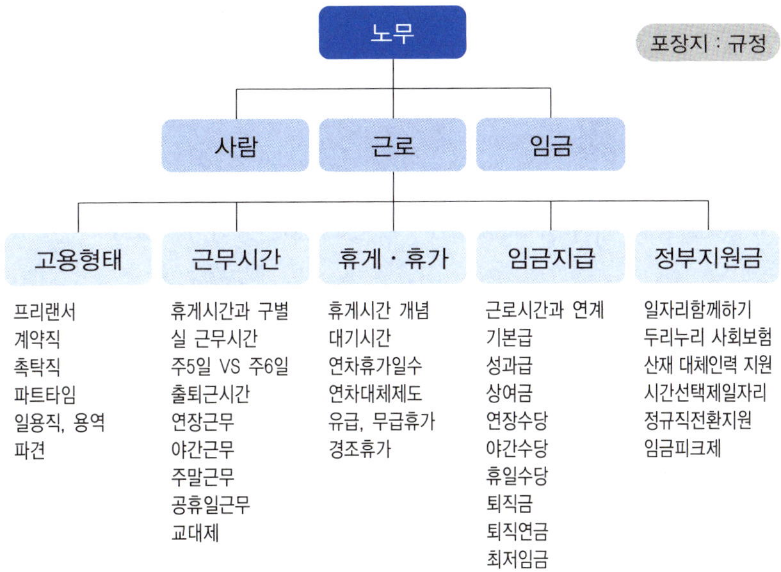

노무를 구성하는 가장 중요한 테마는 사람, 근로, 임금 3가지입니다. 첫 번째 그림 "노무 기본 골격"을 떠올려보면 이 3가지가 어떤 의미인지는 어느 정도 알 수 있을 것입니다. 3가지 개념을 이해했다면 그 하위 개념으로 5가지를 이해해야하는데 고용형태, 근무시간, 휴게 · 휴가, 임금지급, 정부지원금이 바로 그것입니다. 그리고 이 5가지 개념 아래로 5~10가지 세부 내용이 이어집니다.

이 그림 우측 상단에는 "포장지 : 규정"이라는 용어가 나옵니다. 이 용어의 의미는 우리가 노무현장에서 자주 보게 되는 근로계약서나 취업규칙과 같은 규정들은 사실 노무트리에 나오는 여러 가지 개념들을 담고 있는 포장지라는 것입니다. 그래서 영업현장에서는 눈에 보이는 규정들을 얼마만큼이나 잘 해석하느냐가 관건인데 그러기 위해서는 먼저 노무트리를 머릿속에 정확하게 기억하고 있어야 합니다.

세번째 그림의 제목은 "자전과 공전을 통해 본 노무"입니다.

〈자전과 공전을 통해 본 노무〉

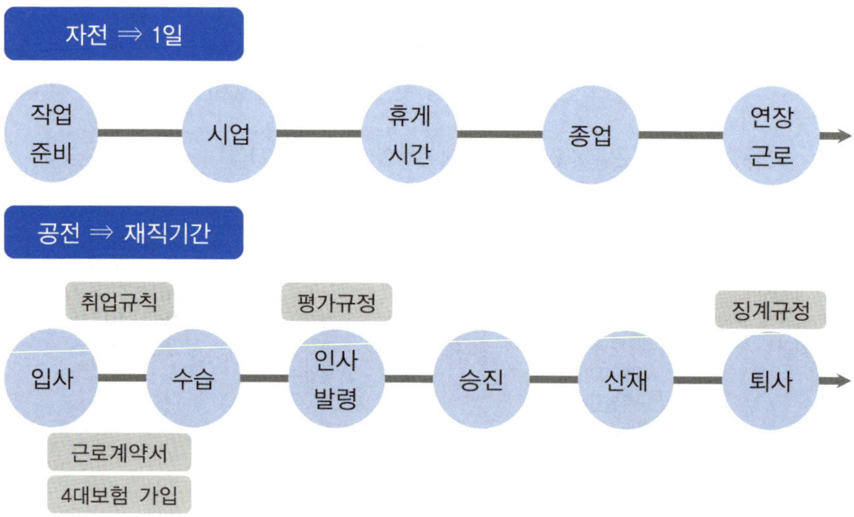

학창시절 배운 지구과학 지식을 떠올려보면 우리가 사는 지구는 스스로 회전하면서 동시에 태양주위를 회전합니다. 다시 말해서 자전을 하면서 동시에 공전을 합니다. 이 사실은 지구환경을 연구하는 데에 있어 굉장히 중요한 근거자료로 활용되고 있습니다.

노무에 있어서도 마찬가지입니다.

근로자들은 하루 24시간을 주기로 근로를 제공합니다만 이를 1년, 5년, 10년, 30년 이렇게 길게 보면 인생이 그려집니다. 전자는 매일 출근해서 퇴근하기까지의 근로제공을 말하는 것이고, 후자는 입사해서 승진하고 퇴직하는 근로자의 삶을 말합니다.

그러나 막상 현장에서 만나는 사장 가운데에서 이와 같은 노무적인 시각을 가지는 이는 많지가 않습니다. 이런 까닭에 세 번째 그림에 관한 FC 여러분의 관심과 이해가 절대적으로 필요합니다.

지금까지 3가지 그림은 여러분이 생소하게 느낄 수 있는 노무라는 분야를 조금 더 쉽고 빠르게 이해할 수 있도록 하는데 목적을 두고 만들어진 것입니다. 즉, 노무를 각기 다른 방식으로 묘사함으로써 여러분들에게 "아! 노무를 이렇게도 설명할 수 있구나"하는 느낌을 들게 하는 데에 이 그림의 목적이 있습니다.

물론 이 책을 처음 접하면서 바로 이런 생각을 하는 분은 그리 많지 않을 수도 있습니다.

그러나 실망하지 마십시오.

이 다음부터 나오는 책 내용을 하나하나 곱씹으며 책장을 넘기신다면 본인도 모르는 사이 이 3가지 그림이 무엇을 뜻하는지, 그리고 필자가 어떤 생각으로 이 그림들을 그렸는지에 대하여 알게 되실 것입니다.

잊지 마세요.

제가 여러분들에게 노무를 이해시키기 위하여 이렇게 다른 그림 3가지 그림을 보여주듯이 여러분들도 사장들에게 노무정비에 대한 니즈 환기차원에서 반드시 이런 3가지 그림을 그려보여 주어야 한다는 사실을요.

02

노무영업 생초보를 위한 가이드

이 책을 구입하신 분 가운데에서는 이제 막 노무영업을 시작하신 분이나 아직 노무영업에 대한 생각은 많은데 아직 실천에는 옮기지 않은 분이 꽤 있을 것이라 생각합니다. 이 장에서는 바로 이런 분들을 포함하여 노무영업을 꽤 오래 하신 분들에게도 노무영업에 대한 기초를 튼튼히 할 수 있는 아주 중요한 정보를 드리고자 합니다.

1. 나만의 것을 만들어라!

2016년 FA 대박계약을 터뜨리며 NC다이너스 야구단으로 이적한 야구선수 박석민. 대부분의 야구팬들은 이 선수의 뛰어난 야구실력과 재미난 야구동작에 열광합니다. 그런데 이 야구선수에 관하여 많이 알려지지 않은 사실 가운데 아주 놀라운 사실이 하나 있습니다.

바로 박석민 선수는 타격을 하고 덕아웃으로 들어와서는 물 마시는 것보다 먼저 자신의 수첩에다 상대한 투수의 습관이나 배터리의 볼배합, 승부구의 구질들을 꼼꼼히 메모한다는 것입니다.

어느 언론사 인터뷰에서 이 야구선수는 이렇게 말했습니다.

"자신은 구단 관계자들이 주는 전력분석자료보다 직접 메모한 노트에 적힌 기록들을 더 신뢰한다"

어느 분야나 마찬가지인 것 같습니다.

남들이 다 가지고 있는 자료, 남들이 다 하는 방식으로 성공하기를 바라는 것만큼 어리석은 없는 것 같습니다. 남들과는 뭐라도 달라야 성공할 수 있는 시대입니다.

여기서는 노무영업에서 여러분들이 남들과 차별화 할 수 있는 강력한 방법을 드리겠습니다.

2. 노무영업 체계도

〈노무영업 체계도〉

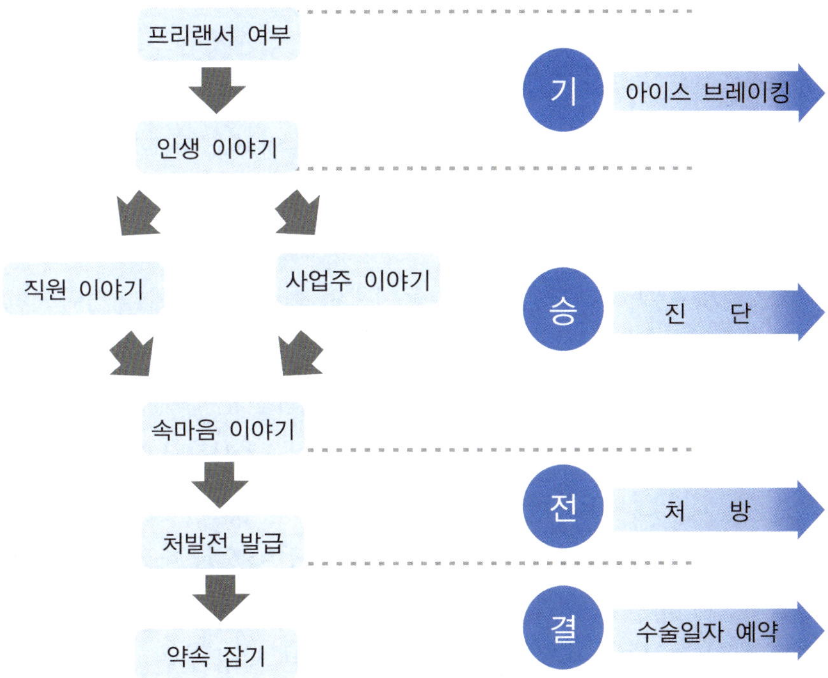

그림에서 보듯이 제대로 된 노무영업은 크게 4가지 단계로 이루어지는데 편의상 기, 승, 전, 결로 칭하겠습니다.

1) 1단계 : 기

1단계에서는 고객인 사장과의 서먹서먹한 분위기를 부드럽게 바꾸는 것이 핵심입니다.

수년간 지인고객으로 만난 사장이더라도 막상 노무영업차 대면하게 되면 무엇인가 어색한 것이 현실입니다. 이런 아이스 브레이킹단계에서 효과적인 멘트가 바로 이 업체와 동종인 사업체들의 노동시장 상황에 대한 이야기를 스토리텔링식으로 풀어내는 것입니다. 예를 들어보면 다음과 같습니다.

FC : 반갑습니다. 김사장님!

김사장 : 네, 안녕하세요.

FC : 사장님, 요즘 사업하기 힘드시죠?

김사장 : 네, 정말 힘드네요.

FC : 네, 그러시죠. 사장님! 경기도 안 좋고 인건비도 오르니 정말 힘드실 거 같으세요. 그런데요, 요즘 같이 어려운 시대에 최고의 애국자가 누군지 혹시 아세요?

김사장 : 글쎄요. 누굴까요?

FC : 바로 우리 사장님 같은 분들이세요. 아무리 회사가 어려워도 직원들 월급 밀리지 않고 꼬박꼬박 지급하고 계시니까요. 그런 사장님 덕분에 직원 가족들은 별 걱정 없이 화목하게 살아갈 수 있고, 우리 사회 역시 잘 돌아가니까요. 어떠세요? 사장님, 제 말이 일리가 있지 않나요? 하하!

김사장 : 뭐 틀린 말은 아닌 거 같네요. 그런데 오늘 하실 말씀은 뭐죠?

FC : 네. 사장님, 제가 오늘 드릴 말씀은 앞으로도 우리 사장님이 계속 애국자로 지내시는데 큰 도움이 되는 말입니다.

김사장 : 그게 무슨 말인가요?

FC : 사장님! 임금체불이라고 하면 무엇이 떠오르세요? 아마도 공장이 어려워서 임금을 줄 수 없는 경우가 떠오르실 겁니다. 그런데 사장님, 노동청에서 임금체불이라고 하면 법적으로 당연히 지급해야 할 임금, 즉 연장, 야간, 휴일수당이나 최저임금 미달까지도 임금체불이라고 합니다. 다시 말해 우리 사장님이 생각하시는 임금체불과 노동청에서 판단하는 임금체불은 상당히 큰 차이가 난다는 것입니다.

김사장 : 그래요? 지금까지 제가 10년을 운영하면서 임금체불 같은 일은 한번도 없었어요. 별로 와 닿지가 않네요.

FC : 정말 우리 사장님, 너무 훌륭하십니다. 그런데 제가 얼마 전 방문한 사업체 사장님이 월급 140만원인 마트 아주머니 직원이 퇴사하면서 진정을 하는 바람에 노동청에 불려 가셔서 얼마를 지급했는지 아세요?

김사장 : 글쎄요? 2~3달치 월급이면 많이 지급한 거 같군요. 200~300만원 정도 아닌가요?

FC : 놀라지 마세요. 사장님, 자그만치 천만원에 합의를 보았습니다.

김사장 : 예? 무슨 천만원씩이나. 어디 그 회사 상황을 자세히 말씀 한번 해보시죠. 직원 1명당 천만원이면 우리 사업체는 도대체 얼마가 나와야 한단 말이에요. 음~~

주의할 것은 사업장의 특성상 근로자성이 문제되는 직원이 있을 경우 'Chapter 4 도대체 누가 근로자죠?'에 대한 이야기를 꼭 꺼내야 한다는 사실입니다.

2) 2단계 : 승

사장과의 관계가 어느 정도 무르익었다고 생각되면 자연스럽게 다음 단계인 승으로 넘어갑니다.

이 단계의 공식적인 명칭은 "진단단계"입니다.

회사의 노무 이슈가 무엇이고 어떤 사항이 경영적인 리스크가 되고 있는지를 파악하는 단계로서 노무영업 승패를 좌우할 수 있는 가장 중요한 단계입니다.

이 단계는 또 다시 다음의 3가지 내용으로 나누어집니다.

첫째, 직원 이야기

둘째, 사장 이야기

셋째, 사장의 속마음 이야기

앞장에서 설명한 노무기초 골격의 또 다른 버전이라 생각하면 되겠습니다.

즉, 기초골격에서 근로제공이라고 한 부분은 여기서 직원 이야기로 바뀌었고 임금지급이라고 한 부분은 사장 이야기로 바뀌었습니다. 그리고 사장의 속마음 이야기는 회사를 경영하면서 사장이 가장 힘들어하는 부분을 파악하는 것으로 단연코 노무영업의 하이라이트이자 꽃이라 할 수 있습니다.

그 이유는 첫째, 하루에도 많게는 몇 명의 FC를 만나는 사장의 입장에서 자신의 속마음을 터놓는다는 말은 그 사람에 대한 어느 정도의 신뢰는 쌓였다는 의미이기 때문이고, 둘째, 실전에서 먹히는 노무이슈 해결책은 교과서에 나오는 지식내용이 아니라 그 사업장 상황에 맞는 현장 사례들이기 때문입니다.

사장의 속마음 이야기를 듣기 위해서는 어떤 스크립트를 만들어야 할까요? 예를 들어보면 다음과 같습니다.

FC : 사장님! 직원들에게 연장수당을 지급하고 계세요?

김사장 : 아니요. 뭐 그런 거 다 지급하고 어떻게 사업합니까?

FC : 맞습니다. 사장님! 법대로 연장수당 다 지급하고 사업하는 중소기업이 몇 되겠습니까? 그런데요, 사장님. 제가 최근에 만난 사장님 이야기 한번 해드릴테니 들어보세요.

제가 얼마 전 만난 사장님은 전남 여수시에서 직원 12명을 고용하여 마트를 운영하고 계셨는데요. 월급이 130만원이었던 판매직 여사원 1명이 퇴사 후 연장수당미지급으로 제기한 금액이 1천만원이 넘었습니다. 사장님도 잘 알다시피 마트들이 보통 연장근무를 많이 하지 않습니까? 직원 1명이 퇴사할 때마다 천만원의 비용이 추가로 나간다면 아마도 사업을 계속하는 사장님은 없을 겁니다.
어떻게 생각하세요? 사장님!

김사장 : 음, 머리가 아프네요. 직원들이 나갈 때마다 그런 식으로 진정을 한다면 당연히 회사 문을 닫아야겠지요. 사실 저희 회사도 지금 말한 그 마트랑 별반 다르지 않을 거 같은데요. (침묵)

FC : 네. 사장님, 아마 지금 사장님이 하고 계신 고민을 우리나라 거의 모든 중소기업 사장님들이 하고 계십니다.
그런데 사장님, 너무 심각한 고민은 하지 마세요. 세상만사가 다 그렇듯이, 문제가 있으면 그 해결책도 있으니까요.
그 해결책은 바로 이겁니다.

3) 3단계 : 전

회사의 이런 저런 이야기를 듣고 나서는 2가지 행동을 해야 합니다. 한 가지는 회사가 현재 처한 상황을 간단하게라도 요약해서 설명해주는 것이고,

또 한 가지는 이런 상황을 개선하기 위해서는 향후 어떻게 해야만 하는지에 대하여 설명해주는 것입니다.

마치 의사가 진료 후에 환자나 환자가족에게 지금 앓고 있는 병이 수술을 해야 할 만큼 심각한 병인지 아니면 3일치 약만 먹으면 회복되는 가벼운 병인지에 대하여 설명이 필요한 것과 같습니다.

조금 더 구체적으로 예를 들어 말을 하면 다음과 같습니다.

〈규정이 전무한 회사의 사례〉

지금 회사의 상황은 마치 초기 암단계와 같습니다. 환자가 의식하지 못한 상태에서 건강은 급속하게 나빠져갑니다.
회사도 마찬가지입니다. 규정이 없더라도 당장 회사가 어떻게 되는 것은 아닙니다. 그러나 서서히 회사 내외부에서 문제가 생겨서 나중에 일이 크게 생겼을 때는 손쓸 방법이 없게 됩니다.

바로 이런 내용들이 업체 사장들에 대한 클로징 멘트입니다.

4) 4단계 : 결

이 단계는 노무사와 사전 일정을 조율하여 업체 사장을 방문하여 보다 구체적인 사업장 이야기를 듣는 과정입니다. 이 단계가 가지는 큰 의미는 사장에게 노무컨설팅의 신뢰도를 배가시킬 뿐만 아니라 사업장의 노무 weak point를 추가 캐치해내는 것입니다. 이런 과정은 향후 FC님들에게 또 다른 영업전략으로 작용하게 됩니다.

03

기업노무 체크리스트

1. 성공의 열쇠! 체크리스트!

2010년 베스트셀러 중 하버드대 의학박사인 아툴 가완디가 쓴 「체크! 체크리스트」라는 책이 있습니다.

저자는 "분야에 상관없이 우리가 겪고 있는 문제는 개개인의 능력부족 때문에 일어난 것이 아니다. 어떤 직업에 종사하기 위해 거치는 훈련 기간은 이전보다 훨씬 더 길어졌다. 훈련의 강도는 훨씬 더 세졌다. 의사, 교수, 법률가, 엔지니어 할 것 없이 본업에 진출하기 전에 기초적인 지식과 경험을 쌓는데 일주일에 60~80시간을 투자한다. 그들은 자신의 분야에서 완벽해지기 위해 각고의 노력을 다한다. 이미 보유한 지식이 너무 많아 여기에 추가될 것이 있는지 의문이 생길 정도다. 그런데도 우리는 종종 실수하고 실패한다. 각자 놀라울 정도로 유능한데도 실수가 끊이지 않는다"고 지적하면서 그 전략으로 "체크리스트"를 강조하였습니다.

놀라운 사실은 공통적으로 탁월한 성과를 내는 FC 대부분이 사업장 방문을 전후하여 자신만의 체크리스트를 만들어 사업체에 대한 분석을 완벽하게 진행한다는 사실입니다. 성공 DNA는 부모로부터 물려받은 유전자 속에 담겨 있는 것이 아니라 우리의 습관 속에 내재화되어 있음을 잘 알 수 있는 대목입니다. 저 역시 업무를 함에 있어 체크리스트를 적극적으로 활용하고 있습니다.

아래에서는 여러분이 노무영업을 함에 있어서 꼭 필요한 체크리스트를 정리했습니다. 다만, 모든 FC에게 똑같은 체크리스트는 효율성 측면에서 그리 큰 도움이 되지 못한다는 생각에서 ① 노무영업 1~2년차와 ② 노무영업 3년차 이상을 구별하여 체크리스트를 작성하였으니 선택하여 활용하기 바랍니다.

2. 체크리스트 버전 Ⅰ(노무영업 1~2년차 用)

체크리스트 Ⅰ은 총 24가지 항목으로 구성되어 있고, 각각의 항목은 수치화되어 있을 뿐 아니라 중요도 역시 ★로 체크되어 있는 특성이 있습니다. 체크된 각 질문 점수의 합에 따라 현재 회사의 기업노무 상태를 ▲양호, ▲위험, ▲극도위험으로 분석할 수 있는 TOOL을 마련하였습니다. 주지하다시피 사장 입장에서 단순히 "회사의 노무상태가 전반적으로 문제가 있다"는 멘트는 대수롭지 않게 느껴지는 법입니다. 수치화된 통계자료를 눈으로 보여주며 "이래서 지금 회사의 노무상태가 심각한 위험에 처해 있습니다"라고 해야지만 어느 정도 관심을 보이기 시작합니다. 이런 측면에서 아래 체크리스트는 여러분의 업무에 큰 도움을 줄 것입니다.

구 분	체크리스트 항목	예	아니오	중요도
근로자성 여부	출퇴근 단속이나 업무상 지휘감독은 받으면서도 3.3% 소득공제를 한다는 이유로 퇴직금을 안주는 직원이 있는가?	5	1	★★★★★
규정	근로계약서를 작성하여 교부하고 있는가?	1	2	★★
	근로계약서에 법정수당이 명기되어 있는가?	1	3	★★★
	근로계약서에 계약기간, 수습기간이 명기되어 있는가?	1	2	★★
	근로자명부를 작성하고 있는가?	1	2	★★
	취업규칙을 작성하여 노동청에 신고하고 있는가?(10인 이상)	1	3	★★★
	노사협의회 규정을 작성, 노동청에 신고하고 있는가? (30인 이상)	1	3	★★★

구 분	체크리스트 항목	예	아니오	중요도
운영	포괄임금근로계약서를 작성하지 않았으면서도 연장, 야간, 휴일근무에 따른 법정수당을 지급하지 않나요?	3	1	★★★
	하루 평균 2시간의 연장근로가 이루어지는 사업장에서 급여가 140만원 미만인 직원이 있는가?	2	1	★★
	최근에 회사와 불화로 그만둔 직원이 있는가?	2	1	★★
	임산부 직원이 연장근무를 하고 있는가?	2	1	★★
	계약직, 수습직원에 대한 평가절차를 진행하고 있는가?	1	3	★★★
	업무능력 등을 이유로 서면 통보 없이 직원을 해고하고 있는가?	2	1	★★
	미사용 연차휴가에 대한 수당을 지급하고 있는가?	1	2	★★
	직원 중 4대보험 미가입자가 있는가?	2	1	★★
	3개월 이상 고용하고 있는 직원 중 일용직으로 신고하고 있는 직원이 있나요?	3	1	★★★
	퇴사직원이 실업급여를 수급할 수 있도록 허위로 고용보험 상실처리를 한 적이 있는가?	3	1	★★★
	직원에 대한 근태관리가 제대로 이루어지고 있는가?	1	2	★★
	계약직 직원으로 2년 이상 근무한 직원을 계약기간 만료로 아웃시킨 적이 있는가?	2	1	★★
	입사 시 직원에게 서약서를 징구하고 있는가?	1	2	★★
	퇴직직원에게 반드시 사직서를 징구하고 있는가?	1	2	★★
	같은 업무를 하는 직원을 계약직이라는 이유로 급여를 적게 주고 있는가?	2	1	★★
	시급제 알바생에게 주휴수당을 주고 있는가?	1	3	★★★
	월급 속에 퇴직금이나 연차수당을 포함하여 지급하고 있는가?	3	1	★★★

구 분	내 용		
총점수	15점~20점	21점~44점	45점~
평가	양호	위험	극도 위험

3. 체크리스트 버전 Ⅱ(노무영업 3년차 이상 用)

체크리스트 버전 Ⅰ을 보면서 왠지 모를 아쉬움을 느끼는 FC가 있을 것입니다. 이런 FC는 대부분 최소 3년 이상의 노무영업을 한 베테랑들입니다. 이들을 위한 심화 체크리스트 버전을 적어보도록 하겠습니다.

미국의 유명 컨설팅 회사 맥킨지에서는 고객에게 제안을 함에 있어 'MECE (Mutually Exclusive and Collectively Exhaustive)' 원칙을 사용한다고 합니다.

이 원칙은 정보를 효율적으로 그룹 짓는 데에 주로 쓰이는 원리인데, '모든 것을 포함하되 겹치지는 않도록' 구성한다는 의미입니다. 기업노무 상담에서도 이 MECE의 원칙이 그대로 적용됩니다.

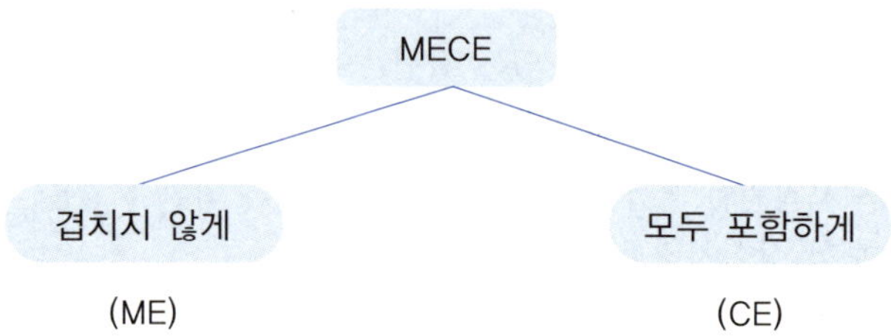

체크리스트 버전 Ⅱ는 기본적으로 이와 같은 'MECE' 원칙을 기업노무에 적용한 것으로 구체적인 내용은 다음과 같습니다.

Phase 1	Phase 2	내 용
규정	근로계약서	근로계약서를 작성하고 있나요?
		근로계약서를 교부하고 있나요?
		근로계약서가 포괄임금근로계약서인가요?
		계약직 근로계약서가 따로 있나요?
		근로계약서를 매년 작성하고 있나요?
		혹시 위탁계약서를 작성하고 있나요?
	취업규칙	취업규칙을 작성하고 있나요?
		취업규칙을 신고하였나요?

Phase 1	Phase 2	내 용
규정	취업규칙	취업규칙을 회사 내부적으로 작성하였나요?
		취업규칙 규정을 실제 적용하고 있나요?
		최근에 취업규칙을 개정한 시기가 언제인가요?
	노사협의회	노사협의회 규정을 작성하고 있나요?
		노사협의회 규정을 신고하였나요?
		노사협의회를 운영하며 일지를 작성하고 있나요?
	평가규정	평가규정을 작성하고 있나요?
		수습직원, 계약직원, 정규직원에 대한 평가를 하고 있나요?
	기타 규정	기타 규정이 작성되어 있나요?
		급여대장이 있나요?
		근로자명부를 작성하고 있나요?
		성희롱예방교육 일지를 작성하고 있나요?
근로 제공	고용형태	채용 시 계약직인가요, 정규직인가요?
		계약직이라면 정규직으로 언제 전환되나요?
		수습제도가 있나요, 있다면 몇 개월인가요?
		단시간근로자가 있나요?
	외국인근로자	외국인 근로자가 몇 명인가요?
		외국인 근로자 채용 시 법적 요건을 갖추고 있나요?
	채용과정	채용 시 서약서를 징구하고 있나요?
		직원이 퇴사 후 회사의 비밀정보를 누설하지 못하도록 하는 규정을 가지고 있나요?
	근무시간	주 5일제인가요, 주 6일제인가요?
		교대제근무를 하는 근로자가 있나요?
		주휴일은 일요일인가요, 평일인가요?
		출근시간과 퇴근시간은 언제인가요?
		평균 1일 연장근무시간은 얼마인가요?
		평균 특근근무는 얼마 정도 하나요?
		저녁 10시에서 익일 새벽 6시까지 근무를 하나요?

Phase 1	Phase 2	내 용
근로 제공	근무시간	연장, 야간, 휴일수당이 별도로 지급되나요?
		현재 유연근무제(선택적근로시간, 탄력적근로시간, 보상휴가제, 재량근로제) 등을 운영하고 있나요?
		단시간근로자에게 연장근무를 시키고 있나요?
	휴게	휴게시간은 몇 시간인가요?
		점심시간 외 자투리로 쉬는 시간이 또 있나요?
	휴일	국경일, 명절(설 · 추석)은 다 쉬나요?
	휴가 · 휴직	1년차 직원 기준, 연차휴가는 며칠을 부여하나요?
		여름휴가는 며칠인가요?
		현재 연차대체제도를 운영하고 있나요?
		현재 연차촉진제도를 운영하고 있나요?
		현재 직원들의 연차사용률은 어느 정도인가요?
		회사에서 미사용연차수당을 연말에 지급하고 있나요?
		경조휴가는 며칠을 부여하나요?
		임산부 직원이 있나요?
		육아휴직 중인 직원이 있나요?
	4대보험	4대보험에 미가입한 직원이 있나요?
		일용직으로 신고하는 직원이 있나요?
		최근에 산재보험으로 처리한 사건이 있었나요?
		최근에 퇴사하면서 실업급여를 수급한 직원은 있나요?
	인사이동	경영환경 변화에 탄력적으로 대응할 수 있는 시스템을 갖추고 있나요?
		대기발령 규정이 있나요?
		현재 유휴인력이 발생하고 있나요?
		현재 직원들과 불화를 빚고 있는 직원이 있나요?
		현재 경영진과 불화를 빚고 있는 직원이 있나요?
	징계(해고)	문제성 있는 직원에게 서면경고를 하고 있나요?
		가장 최근에 있었던 징계는 무엇인가요?

Phase 1	Phase 2	내 용
근로 제공	징계(해고)	최근에 권고사직으로 퇴사한 직원이 있나요?
		최근에 퇴사한 직원이 있나요, 있다면 사직인가요, 해고인가요?
		퇴사 시 사직서를 징구하고 있나요?
임금 지급	임금구성항목	임금구성 항목은 무엇이 있나요?
	식대 차량유지비	식대, 차량유지비는 근무일수에 비례하여 지급하나요, 아니면 근무일수와 무관하게 고정적으로 지급하고 있나요?
	상여금 성과급	상여금은 몇 %이고, 지급시기는 언제인가요?
		상여금 지급 시 최소 재직연수 제한은 있나요?
		상여금 지급 규정이 존재하나요?
		상여금 지급 시 이미 퇴사한 직원에게도 지급하나요?
		성과급을 지급하고 있나요?
		성과급 지급 규정이 있나요?
	연장, 야간, 휴일수당	연장, 야간, 휴일수당이 별도로 지급되나요?
		법정수당 지급 시 통상임금 산정은 어떤 방식으로 이루어지고 있나요?
		포괄임금산정 시 임금계산방법이 정확히 기술되어 있나요?
	연차수당	연차미사용수당은 지급하고 있나요?
	주휴수당	단시간근로자에게 주휴수당은 지급하고 있나요?
	최저임금	시급은 어떤 식으로 계산하고 있나요?
		시급이 법정최저임금에 미달하는 직원은 없나요?
	퇴직급여	퇴직연금에 가입하였나요?
		퇴직금 계산 시 성과급, 상여금을 포함하고 있나요?

스마트폰과 어느 TV 프로그램 단상

가만히 기억을 떠올려보면 2000년 후반 지하철 풍경은 이러했습니다. 바쁜 출근길 지하철역 입구에서 사람들은 줄지어 무가지 지하철 신문을 한부 집습니다. 그리고 객차에 올라서서는 어제 하루 어떤 일이 있었고, 오늘 하루 어떤 일이 있는지 기사를 읽습니다. 그렇게 우리들의 손을 거쳐 간 무가지 신문이 얼마나 많았는지는 그 당시 만원 지하철 틈을 비집고 무가지 신문 수거를 소일거리로 삼았던 어르신들이 꽤 많았던 사실이 잘 말해줍니다.

정말 추억속 지하철 무가지 신문 이야기입니다. 요즘은 지하철에서 신문이나 책을 읽는 시민을 만나는 일은 9회말 역전 홈런 경기를 보는 일만큼 어렵습니다. 신체 일부분처럼 항상 우리 손에 들려있는 스마트폰이지만 아이러니하게도 이 스마트폰 때문에 우리는 우리 자신, 나에 대하여 생각할 수 있는 시간을 잃어버렸습니다.

얼마 전 주말, 복면을 쓰고 노래경연을 하는 한 TV 프로그램을 시청하였습니다. 이날 도전자에게 가왕의 자리를 넘겨준 이는 몇 년전 또 다른 노래경연 TV 프로그램에서 우승하여 가수의 문턱을 넘은 이였는데 프로그램 말미에 나온 그의 인터뷰가 귀전을 울렸습니다.

"4~5년 전에 데뷔했던 모습에서 멈추고 싶지 않았다"

울림이 전해 왔습니다. 부러울 것 하나 없어 보이는 잘 생긴 미남가수가 안주하지 않고 열심히 달려왔노라 고백하는 모습은 분명 보는 이들에게 스스로를 돌아볼 수 있는 시간을 주었을 것입니다.

앞으로 나아가지 않으면 잊혀진다는 심정에서 몸부림쳤을 이 가수의 모습과 지하철 한편에서 습관적으로 스마트폰을 보는 사람들 간에는 꽤 큰 간극이 있습니다. 이제 또 다른 시장을 개척하기 위해 과감히 노무영업을 시작한 독자 FC분들이 모두 다 이 가수의 마음가짐 이상이시기를 바랍니다.

도로 옆 웅덩이에 고인 빗물은 걷힌 구름 뒤에 내리쬐는 태양빛 속으로 그림자도 없이 사라집니다. 웅덩이를 넘어 냇가로 나아가야 합니다. 패인 웅덩이를 넘어서는 그 길고 고독한 순간을 이 책이 밝혀 줄 것입니다.

Chapter 2

사업장 방문 시 반드시 챙겨야 할 사항

01

숫자로 알아보는 노무영업 고수되기

효과적인 학습법 중 한 가지로 어느 하나의 기준으로 사안을 정리하는 것이 있습니다. 통상 그 하나의 기준으로는 숫자를 삼는 경우가 많습니다. 아래에서는 이런 방식으로 기업노무를 정리해보도록 하겠습니다.

1

- 육아휴직의 기간은 1년 이내로 한다.
- 사업주는 계속 근로 기간이 1년 미만인 근로자에게는 육아휴직을 허용하지 아니할 수 있다.
- 사업주는 직장 내 성희롱 예방을 위한 교육을 연 1회 이상 하여야 한다.

2

- 2개월 이내의 기간을 정하여 사용한 직원에게는 해고예고수당을 지급하지 않아도 된다.
- 건설업에서 사업이 2차례 이상 도급(이하 "공사도급"이라 한다)이 이루어진 경우에 건설업자가 아닌 하수급인이 그가 사용한 근로자에게 임금(해당 건설공사에서 발생한 임금으로 한정한다)을 지급하지 못한 경우에는 그 직상 수급인은 하수급인과 연대하여 하수급인이 사용한 근로자의 임금

을 지급할 책임을 진다.

- 사용자는 3년 이상 계속하여 근로한 근로자에게는 최초 1년을 초과하는 계속 근로 연수 매 2년에 대하여 1일을 가산한 유급휴가를 주어야 한다.
- 사업주는 근로자가 만 8세 이하 또는 초등학교 2학년 이하의 자녀(입양한 자녀를 포함한다)를 양육하기 위하여 육아휴직을 신청하는 경우에 이를 허용하여야 한다.

3

- "평균임금"이란 이를 산정하여야 할 사유가 발생한 날 이전 3개월 동안에 그 근로자에게 지급된 임금의 총액을 그 기간의 총일수로 나눈 금액을 말한다. 근로자가 취업한 후 3개월 미만인 경우도 이에 준한다.
- 사업주는 근로자가 배우자의 출산을 이유로 휴가를 청구하는 경우에 5일의 범위에서 3일 이상의 휴가를 주어야 한다. 이 경우 사용한 휴가기간 중 최초 3일은 유급으로 한다.
- 부당해고구제신청은 부당해고가 있었던 날로부터 3개월 이내에 하여야 한다.
- 사용자는 수습 사용한 날부터 3개월 이내인 자를 해고할 경우 해고예고수당을 지급하지 아니할 수 있다.
- 임금채권은 3년간 행사하지 아니하면 시효로 소멸한다.
- 사업주는 일용근로자로서 3개월을 계속 근무하지 아니한 자에게는 해고예고수당을 지급하지 아니해도 된다.
- 사용자는 근로자 명부와 대통령령으로 정하는 근로계약에 관한 중요한 서류를 3년간 보존하여야 한다.
- 임금채권은 3년간 행사하지 아니하면 시효로 소멸한다.

5

- 「근로기준법」은 원칙적으로 5인 이상 사업장에 적용되고, 5인 미만 사업장에는 일부 규정들이 적용되지 않는다(p.39 참고).

8

- 1일의 근로시간은 휴게시간을 제외하고 8시간을 초과할 수 없다.
- 사용자는 근로시간이 4시간인 경우에는 30분 이상, 8시간인 경우에는 1시간 이상의 휴게시간을 근로시간 도중에 주어야 한다.

10

- 상시 10인 이상의 근로자를 사용하는 사업장은 취업규칙을 작성하여 신고하여야 한다.
- 상시 10명 미만의 근로자를 고용하는 사업장에서는 근로자가 알 수 있도록 교육자료 또는 홍보물을 게시하거나 배포하는 방법으로 직장 내 성희롱 예방 교육을 할 수 있다.

12

- 사용자와 근로자는 합의하여 1주일에 12시간 한도로 연장근로를 실시할 수 있다.

14

- 사용자는 근로자가 퇴직한 경우 퇴직사유 발생일로부터 14일 이내에 임금을 지급하여야 한다.

15

- 4주간을 평균하여 1주간의 소정근로시간이 15시간 미만인 근로자에 대하여는 퇴직금, 주휴일(주휴수당), 연차유급휴가 규정이 적용되지 않는다.
- 사용자는 1년에 8할 이상 출근한 근로자에게 15일의 연차유급휴가를 주어야 한다.
- 15세 미만인 자(「초·중등교육법」에 따른 중학교에 재학 중인 18세 미만인 자를 포함한다)는 근로자로 사용하지 못한다.
- 육아기 근로시간 단축을 허용하는 경우 단축 후 근로시간은 주당 15시간 이상이어야 하고 30시간을 넘어서는 아니 된다.

18

- 사용자는 18세 미만인 자에 대하여는 그 연령을 증명하는 가족관계기록사항에 관한 증명서와 친권자 또는 후견인의 동의서를 사업장에 갖추어 두어야 한다.

20

- 미지급임금에 대한 지연이자의 이율은 연 100분의 20이다.

30

- 사용자는 근로자를 해고(경영상 이유에 의한 해고를 포함한다)하려면 적어도 30일 전에 예고를 하여야 하고, 30일 전에 예고를 하지 아니하였을 때에는 30일분 이상의 통상임금을 지급하여야 한다.
- 사용자는 1개월 동안에 일정수의 인원을 해고하려면 최초로 해고하려는 날의 30일 전까지 고용노동부장관에게 신고하여야 한다.

- 사용기간이 30일 미만인 일용근로자에 대하여는 근로자 명부를 작성하지 아니할 수 있다.
- 배우자출산휴가는 근로자의 배우자가 출산한 날부터 30일이 지나면 청구할 수 없다.

02

★★★

사장이 꼭 알아야 하는 **법규정**

1. 법규정에는 무엇이 있고 어떤 순서대로 효력을 가지는가?

"기업노무와 관련한 법규정은 어떤 것들이 있습니까?"

이렇게 질문을 하면 대부분 사장들은 자신있게 「근로기준법」이라고 대답합니다. 그러나 기업노무와 관련한 법규정에는 「근로기준법」과 같은 법률 이외에도 단체협약, 취업규칙과 같은 규정들도 있습니다. 아울러 언론에 심심찮게 등장하는 대법원 판결이나 **고용노동부 행정해석**도 있습니다.

> **• 고용노동부 행정해석**
> 고용노동부 행정해석은 노동사건의 실무를 담당하는 근로감독관들이 가장 우선시하는 자료이기 때문에 회사 입장에서는 반드시 알아야 하는 중요한 법규정임.

그러면 이와 같은 규정 상호간 우열순위는 어떻게 될까요? 다시 말해 법규정 상호간 내용이 상이할 경우 어떤 법규정이 우선적으로 적용될까요? 적용순서는 법률 > 단체협약 > 취업규칙 > 근로계약서와 같습니다.

2. 노동관련 기본 법률

1) 5대 법률

기업노무와 관련하여 법률은 셀 수 없이 다양하고 광범위합니다. 이런 법률을 일일이 알 수도 없을뿐더러 알 필요조차 없습니다. 여기서는 FC가 꼭 알아야 할 5대 법률의 내용과 중요도를 표로 정리하였습니다.

구 분	내 용	중요도
「근로기준법」	• 기업노무의 바이블 법률 • 근로시간, 휴게, 휴가제도 등 기본적인 근로조건 규율	★★★★★
「최저임금법」	• 최저임금을 규율하는 기본 법률	★★★★
「근로자퇴직급여보장법」	• 퇴직급여를 규율하는 기본 법률	★★★
「남녀고용평등법」	• 육아휴직 등 모성보호 관련사항을 규율하는 기본 법률	★★★
「기간제법」	• 계약직 근로자의 근로조건을 규율하는 기본 법률	★★★★

2) 어려운 법조문, 어떤 식으로 공부해야 하나요?

기본적으로 법조문은 문어체 형식의 한문으로 적혀있기 때문에 비전문가들에게는 어렵게 느껴지는 것이 사실입니다. 이에 본서는 어려운 법률용어 사용을 최대한 지양하고 있으니 여기에 나오는 사항만 숙지하여도 소기의 성과를 거두리라 확신합니다.

3. 사업장에 반드시 갖추어야 하는 기업노무 규정

사업장에 반드시 갖추어야 하는 기업노무 규정을 설명함에 있어서는 크게 2가지 방식이 있습니다.

첫째, 규정 명칭에 따른 분류법으로 구체적인 내용은 다음과 같습니다.

구 분	내 용	중요도
근로계약서	• 가장 기본적인 규정서식 • 노동청 근로감독 시 가장 먼저 체크하는 규정서식 • 최근 교부의무가 법적으로 추가	★★★★★

구 분	내 용	중요도
	• 미작성, 미교부 시 500만원 벌금	
취업규칙	• 사업체의 「헌법」과 같은 규정 • 임금체불사건, 해고사건 진행 시 노동청에 가장 먼저 제출해야 하는 규정 • 10인 이상 사업장은 노동청 신고의무 • 미신고 시 500만원 과태료	★★★★
노사협의회규정	• 일종의 경영회의체를 운영하도록 근거하고 있는 규정 • 30인 이상 사업장은 노동청 신고의무 • 미신고 시 200만원 이하 과태료	★★
평가규정	• 부당해고 판단 시 가장 이슈가 되는 규정 • 수습직, 계약직, 인사처분 시 중요한 근거가 되는 규정 • 회사의 상황에 적합한 평가규정 정립이 필수	★★★
임금대장	• 임금체불 사건 시 반드시 노동청에 제출해야 하는 서류 • 임금구성항목, 임금수준 등이 체크되어야 함. • 근로계약서의 임금항목 기재사항과 연결되어야 함.	★★★

상기 규정 중 평가규정을 제외한 나머지 4가지 규정은 법적으로 반드시 구비해야 할 사항들입니다. 특히 취업규칙과 노사협의회 규정은 노동청에 의무적으로 신고해야 하기 때문에 전문가와의 협의를 통해 작성되는 것이 반드시 필요합니다.

평가규정은 법적 의무사항은 아니지만 최근 계약기간 만료 또는 수습기간 종료와 관련하여 많이 문제되고 있기 때문에 이에 대한 대비책으로 그 작성 필요성이 높아지고 있는 규정이라고 할 수 있습니다.

둘째, 상시 근로자 수에 따른 분류법으로 구체적인 내용은 다음과 같습니다. 이 분류법에서 중요한 기준이 되는 근로자수는 ① 5인, ② 10인, ③ 30인입니다.

1인	5인	10인	30인
• 근로계약서	• 근로계약서	• 근로계약서	• 근로계약서
• 근로자명부	• 근로자명부	• 근로자명부	• 근로자명부
• 임금대장	• 임금대장	• 임금대장	• 임금대장
• 평가규정	• 평가규정	• 평가규정	• 평가규정
	• 연차휴가대장	• 연차휴가대장	• 연차휴가대장
		• 취업규칙	• 취업규칙
			• 노사협의회규정

03

취업규칙, 이것이 궁금하다! 베스트 6

1. 사업장 내 「헌법」과 같은 존재, 취업규칙!

사업장 내에서 가장 중요한 규정이 무엇이냐고 묻는다면 **취업규칙**이라고 말할 수 있을 만큼 **취업규칙**의 무게감은 강합니다.

> • 취업규칙
> 반드시 명칭이 취업규칙이 아니더라도 인사, 복무에 관한 내용이 담겨져 있는 규정이면 취업규칙으로 간주함.

그런데도 일선 사업장을 방문해 보면

"회사 설립한 지가 5년이 넘도록 노동청에서 단속 한번 안 나오는데 뭐 하러 신고합니까?", "그거 괜히 신고해 놓으면 머리만 아프지 사업에 도움은 하나도 안됩니다.", "그거 만들어 놓으면 괜히 직원들 노동법 지식만 늘여주는 꼴이 되어서 안됩니다."

등등 다양한 이유에서 취업규칙이 없는 경우를 자주 봅니다. 어쩌다 취업규칙을 작성한 사업장이 있더라도 노동청 신고까지 한 경우는 정말 드뭅니다.

이런 문제의식에서 이번 장에서는 취업규칙과 관련한 질문들을 알아봄으로써 현장감을 높여보도록 하겠습니다.

2. 취업규칙 질문 베스트 6

1) 취업규칙, 반드시 신고해야 하나요?

네, 반드시 신고하셔야 합니다. 그 이유는 2가지입니다.

첫째, 미신고 시 과태료 500만원이 부과됩니다.

둘째, 나라에는 「헌법」이 있고, 가정에는 가훈이 있듯이 회사 역시 취업규칙이 있어야 회사가 제대로 운영될 수 있습니다.

개인적으로 두 번째 이유가 훨씬 더 중요하다고 생각합니다.

여러분들이 사장한테 효과적으로 사용하실 수 있는 화법은 다음과 같습니다.

> "사장님! 사장님이 평생을 바쳐 만든 이 회사, 1~2년 경영하고 말 것 아니지 않습니까? 그렇다면 회사경영에서 너무나도 중요한 조직분위기, 제대로 만들어 가셔야 하지 않습니까? 그 조직분위기를 잡아나가는데 있어 제일 중요한 것이 무엇이라고 생각하십니까? 네. 사장님, 그게 바로 취업규칙입니다."

2) 취업규칙, 회사가 직접 만들 수도 있나요?

물론 가능합니다. 고용노동부에서는 표준취업규칙을 작성하여 일선 현장에 배포하고 있고, 일부 사업주들은 이 자료에 회사 이름만 수정하여 사용하기도 합니다.

여기서 강조하고 싶은 점은 표준취업규칙은 어디까지나 표준취업규칙에 불과하다는 불편한 진실입니다.

시장에서 기성복을 구입해보면 어떤 분은 팔이 길어서 못 입게 되고, 또 어떤 분은 다리가 길어서 못 입게 되는 경우를 자주 봅니다. 개인마다 신체적인 특성이 다르기 때문에 생기는 당연한 결과입니다. 보통 이런 경우 어떻게 합니까? 일반적으로 수선집에 가서 수선을 맡겨 자신의 몸에 꼭 맞는 옷을 입고 다닙니다. 더구나 그 옷이 고가의 옷이라면 더욱 더 신경을 써서 수선가게 주인에게 부탁을 하게 됩니다.

취업규칙을 옷에 비유하자면 어느 정도가 될까요?

앞서 취업규칙을 회사에서 가장 중요한 규정이라고 말씀드렸다시피 옷으로 비유하자면 아마도 최고급 모피 코트에 비유할 수 있을 것입니다. 비용이 아까워서 최고급 모피코트 제단을 집에서 혼자서 하는 사람은 아마 없을 것입니다.

3) 취업규칙, 무엇을 기재해야 하나요?

「근로기준법」은 취업규칙에 반드시 기재해야 할 사항을 열거하고 있습니다. 이를 '필요적 기재사항'이라고도 표현하는데, 여러분은 이런 용어가 있다는 정도만 알면 되겠습니다. 면담 시 이런 딱딱한 용어사용을 지양하는 것이 훨씬 효과적입니다.

취업규칙에는 출근 및 퇴근시간, 휴게시간, 휴일, 휴가, 임금, 징계, 산재 등 회사생활 중 문제가 될 수 있는 모든 근로조건을 망라하여 기재해야 합니다. 대부분의 취업규칙은 20페이지 내외로 작성됩니다.

4) 취업규칙 신고, 어디에 어떻게 하나요?

취업규칙은 **신고**서류를 구비하여 관할 노동청 민원실에 직접 접수하거나 우편 접수를 하면 됩니다. 신고방식에는 취업규칙을 최초 작성하여 신고하는 신설신고와 기존 취업규칙을 변경하여 신고하는 변경신고 2가지가 있습니다. 신고서류에는 ① 취업규칙 원본(변경신고하는 경우에는 변경 전과 변경 후의 내용을 비교한 서류), ② 근로자의 과반수를 대표하는 노동조합 또는 근로자 과반수의 의견을 들었음을 증명하는 자료, ③ 근로자의 과반수를 대표하는 노동조합 또는 근로자 과반수의 동의를 받았음을 증명하는 자료(근로자에게 불리하게 변경하는 경우에만 첨부)가 있습니다. 신고서에 누락된 서류가 있으면 접수 노동청 소속 근로감독관으로부터 보정요청을 받게 되고, 그게 아니라면 10일 후에 신고필증을 교부받게 되는데 그러면 취업규칙 신고 절차는 완료됩니다.

> • 취업규칙 신고
> 회사 설립 후 수년이 지나서 취업규칙 신고를 하더라도 소급하여 벌금을 부과하지는 않음.

5) 취업규칙 신고 시, 노동청에서는 어떤 식으로 심사를 하나요?

노동청 심사는 크게 형식적 심사와 실질적 심사 두 가지로 나뉩니다.

먼저, 형식적 심사는 '필요적 기재사항'이 다 갖추어야져 있는지 여부와 근로자들의 동의서가 작성되어 있는지 여부 등이 검토됩니다. 그 후 실질적 심사가 이루어지는데 이때는 취업규칙 내용이 관련 법령에 저촉되는 것이 없는지 여부, 단체협약에 위반되는 것이 없는지 여부, 그 밖에 사회통념상 저촉되는 내용이 없는지 여부 등이 검토됩니다.

통상 형식적 심사보다는 실질적 심사에서 문제가 많이 발생합니다. 그 이유는 작성된 취업규칙 내용이 기존 회사에서 관행적으로 이루어지던 근무내용들인데 이 내용들이 「근로기준법」에 위반되는 사항이라면 노동청에서 수정지시를 하기 때문입니다.

6) 10인 미만 사업장이면 취업규칙을 작성할 필요가 없나요?

그렇지 않습니다. 10인 미만 사업장은 취업규칙 신고의무가 없을 뿐입니다. 강조하지만 취업규칙은 사업장에서 「헌법」과 같은 존재입니다. 따라서 '신고의무가 없으니 취업규칙 작성은 필요 없다'라는 주장은 기업노무에 대한 이해부족에서 비롯된 위험한 주장입니다.

비유를 들어 보겠습니다. 중국과 같이 인구가 10억이 넘는 큰 나라에는 당연히 「헌법」이 필요합니다. 그렇다면 인구가 몇 천명에 불과한 작은 섬나라 나라에는 「헌법」이 필요 없을까요? 대부분의 사람들은 이 자그마한 섬나라에도 「헌법」이 필요하다고 생각할 것입니다.

왜냐하면 큰 나라 중국도, 작은 섬나라도 모두 한 사람 한 사람 고귀한 국민들이 살아가는 삶의 터전이기 때문입니다. 사업장 역시 이와 같습니다.

신고의무는 개별 사업장에서 이루어지는 근로조건을 노동부가 모니터링하기 위한 장치에 불과합니다. 그 제도적인 장치를 뒷받침하기 위하여 과태료(500만원)제도가 도입되어 있습니다. 따라서 '취업규칙을 왜 작성해야만 하느냐'에 대한 답변으로 '과태료 때문에 작성해야만 한다'라는 멘트는 지극히 1차원적이고 평면적인 것이라 할 수 있습니다. 상대방 사장에게 주는 임팩트가 떨어질 수밖에 없는 답변입니다. 반면 '회사와 근로자 간의 신뢰관계를 공식화하는 문서가 어떤 식으로 필요하고, 그 문서의 작성을 통하여 근로자에게는 근무의욕 향상을, 회사에게는 생산성 향상이라는 효과를 가져와 양자 모두가 발전할 수 있는 계기가 되는 것이 바로 취업규칙 작성입니다'라는 답변은 아주 강한 파괴력을 가지는 화법입니다.

04

★★★

5인 이상 사업장과 5인 미만 사업장의 차이

A씨가 근무하는 카페는 아르바이트생을 포함해 근로자 수가 3인에 불과합니다. A씨는 2년 동안 근무를 해오던 중 카페 사장으로부터 해고 통보를 받았는데요. 이에 A씨는 다음과 같은 문제를 제기하고자 합니다.

1. 최저임금 미달
2. 주휴수당 청구
3. 연장근로수당 청구
4. 연차휴가수당 청구
5. 부당해고 구제신청
6. 퇴직금 청구
7. 해고예고수당 청구

A씨가 주장하는 6가지는 모두 인정될 수 있을까요?

1. 상시 근로자 수, 5인이 안됩니까?

기업노무에서는 상시 근로자 수라는 개념이 자주 등장합니다. 「근로기준법」은 기본적으로 상시 근로자 수 5인 이상 사업장에만 적용되고 예외적으로 몇 가지 조항만이 5인 미만 사업장 적용이 됩니다. 예컨대 여러분이 사장으로부터 “직원들의 연차휴가는 어떻게 부여해야 합니까?”라는 질문을 받는다면 우선 그 사업장의 상시 근로자 수가 5인이 되는지를 정확히 체크해야 합니다. 왜냐하면 5인 미만 사업장에는 연차휴가가 적용되지 않기 때문입니다.

따라서 영세 사업장에서 노동문제가 발생했을 경우 가장 먼저 체크해야만 하는 핵심포인트는 ‘상시 근로자 수가 몇 명이냐’는 것입니다.

2. 5인 미만 사업장에 적용되지 않는 규정

5인 미만 사업장은 대체로 영세합니다. 그래서 이런 사업장에는 일부 「근로기준법」규정이 적용되지 않습니다. 아래에서는 실무적으로 알아두면 유용한 <5인 미만 사업장 적용제외 규정과 그 효과>를 정리해 보았습니다.

〈5인 미만 사업장 적용제외 규정과 그 효과〉

적용제외 규정	적용제외 효과
「근로기준법」 제23조 제1항	정당한 이유가 없더라도 직원에게 해고, 정직, 전직 명령을 할 수 있음.
「근로기준법」 제27조	해고 서면통지를 하지 않을 수 있음.
「근로기준법」 제28조	근로자가 노동위원회에 부당해고구제신청을 할 수 없음.
「근로기준법」 제46조	휴업수당을 지급하지 않을 수 있음.
「근로기준법」 제50조	법정근로시간이 적용되지 않으므로 자유롭게 근로시간을 정할 수 있음.
「근로기준법」 제56조	연장 · 야간 · 휴일근로 수당을 지급하지 않을 수 있음.
「근로기준법」 제60조	유급연차휴가를 부여하지 않을 수 있음.
「근로기준법」 제73조	생리휴가를 부여하지 않을 수 있음.
「기간제법」 제4조	기간제 근로자를 2년 이상 사용하더라도 기간의 정함이 없는 근로자로 간주되지 않음.

이상의 규정들은 5인 미만 사업장에는 적용되지 않습니다. 사업장 방문 시 머릿속에 반드시 기억해야 할 사항입니다.

3. 사례 해결

사례에서는 카페의 직원 수가 5인 미만이기 때문에 ① 연차수당, ② 부당해고 구제신청 규정은 적용되지 않습니다. 다만, 5인 미만이더라도 ① 주휴수당, ② 연장근로수당[1], ③ 퇴직금, ④ 최저임금 미달, ⑤ 해고예고수당 진정은 가능합니다.

4. 실무 사례

실무적으로 회사가 5인 이상 사업장인지, 5인 미만 사업장인지에 대한 질의가 빈번하게 이루어지고 있습니다. 이하에서는 이런 상황에서 여러분들이 쉽게 판단할 수 있도록 도와주는 판결례를 정리하였습니다.

- 일부 근로자를 추가 고용하여 단기간에 걸쳐 근로자의 수가 5인을 초과하게 되었다 하여도 상태적으로 5인 이상의 근로자를 고용하는 사업을 경영한 것이라 볼 수 없다(서울행정법원 2001.1.9. 선고 2000구18741 판결).
- 상시 5인 이상의 근로자를 사용하는 사업(장)이라 함은 때때로 5인 미만이 되는 경우가 있더라도 상태적으로 5인 이상이 되는 사업(장)을 말한다(대법원 1987.7.21. 선고 87다카831 판결).
- 상주직원 3인을 고용하고 이사작업에는 일용근로자를 사용하는 이삿짐 운송업체는 「근로기준법」 적용대상인 '상시 5인 이상의 근로자를 사용하는 사업 또는 사업장'에 해당한다(대법원 2000.3.14. 선고 99도1243 판결).
- 부당해고에 대한 구제신청권을 인정하고 있는 「근로기준법」상의 규정들은 상시 5인 이상의 근로자를 사용하는 사업 또는 사업장에만 적용된다(서울행정법원 2005.1.21. 선고 2004구합7344 판결).
- 주방직원이 3명, 홀에서 서빙하는 직원이 적어도 2명으로 보통 3~4명이

1) 다만, 이때 연장근로수당은 1.5배 할증이 아니고 1배입니다.

고, 폐업일 직전 등 일시적으로 직원 수가 4인이었던 기간이 3~4개월인 식당은 「근로기준법」 적용대상인 '상시 5인 이상의 근로자를 사용하는 사업 또는 사업장'에 해당한다(대법원 2008.3.27. 선고 2008도364 판결).

5. 5인 미만 사업장에도 적용되는 규정 ★★★

부당해고 구제신청이나 해고서면통지와 같이 몇 가지 규정을 제외하고는 5인 미만 사업장에도 똑같이 「근로기준법」이 적용되는 것이 원칙입니다. 간단히 5인 미만 사업장에서도 적용되는 규정에 대하여 정리해보기로 하겠습니다.

첫째, 5인 미만 사업장은 해고의 서면통지는 하지 않아도 되지만 30일 전에 해고예고는 하여야 합니다. 그렇지 않을 경우 해고예고수당을 지급해야만 합니다.2)

둘째, 주휴수당 역시 5인 미만 사업장이라고 해서 배제되는 것은 아니므로 수당을 지급해야 합니다.

셋째, 퇴직금은 2013년 1월 1일부터 모든 사업장에 적용되므로 5인 미만 사업장도 퇴직금 지급 의무가 있습니다.

넷째, 5인 미만 사업장이라도 최저임금 이상의 급여는 보장되어야 합니다.

효율적인 학습법은 비슷한 개념을 비교하면서 공부하는 방법입니다. '5인 미만 사업장에 적용되지 않는 규정'과 혼동하기 쉬운 개념 중에 4주 동안을 평균하여 1주 동안의 소정근로시간이 15시간 미만인 "초단시간근로자에게 적용되지 않는 규정"이 있습니다. 이런 근로자들에게는 ① **주휴수당제도**, ② **연차유급휴가**, ③ **퇴직급여제도**가 적용되지 않습니다. 잘 구분해서 머릿속에 기억해야겠습니다.

• **'주연퇴'**
15시간 미만을 일하면 주연은 퇴자 맞는다는 의미에서 주휴수당, 연차유급휴가, 퇴직급여의 앞글자 '주연퇴'로 암기함.

---

2) 이 점에서 해고를 당한 근로자가 사장을 상대로 제기할 수 있는 2가지 법적 제도(노동위원회에 제기하는 부당해고구제신청, 노동청에 제기하는 해고예고수당 진정) 중 5인 미만 사업장에서 가능한 것은 해고예고수당 진정뿐입니다.

05

'상시 근로자 수' 산정방법

1. 논쟁의 불씨

기업노무에서는 상시 직원수가 5인 이상이냐 5인 미만이냐에 따라 엄청난 차이가 생깁니다. 대표적으로 5인 미만 사업장에서는 설사 부당해고 이슈가 있더라도 근로자가 노동위원회에 구제신청을 할 수 없습니다. 이런 상황에서 실무적으로 가장 큰 문제가 되는 것이 바로 '상시 근로자 수'를 구체적으로 어떻게 산정할 것인가 하는 점입니다.

약간 깊이가 있는 내용임에도 불구하고 이점을 언급하는 이유는 ① 내용 자체가 그렇게 어렵지 않고, ② 실무적으로 이 내용까지 알고 있으면 상담에 큰 도움이 되기 때문입니다.

2. '상시 근로자 수' 산정방법

「근로기준법 시행령」 제7조의 2 제1항은 상시 사용하는 근로자의 수에 대하여 "해당 사업 또는 사업장에서 법 적용 사유 발생일 전 1개월 동안 사용한 근로자의 연인원[3]을 같은 기간 중의 가동일 수로 나누어 산정한다"고 규정하고 있습니다. '상시'라 함은 상태라는 의미로서 근로자의 수가 때때로 5인 미

3) 연인원은 한자로 延人員(年人員이 아님을 주의)이며, 그 뜻은 어떤 일에 동원된 인원과 걸린 날수를 의미하며, 그 일을 하루에 끝내는 것으로 가정하여 환산한 총인원수를 말합니다.

만이 되는 경우가 있어도 사회통념에 의하여 객관적으로 판단하여 상태적으로 5인 이상이 되는 경우에는 이에 해당합니다(대법원 2008.3.27. 선고 2008도364 판결).

해당 대법원 사례는 주방직원이 3명, 홀에서 서빙하는 직원이 적어도 2명으로 보통 3~4명이고, 폐업직전 등 일시적으로 직원 수가 4인이었던 기간이 3~4개월인 식당이 「근로기준법」 적용대상인 '상시 5인 이상의 근로자를 사용하는 사업 또는 사업장'에 해당한다고 본 사례였습니다.

이때 말하는 근로자에는 기간제 근로자, 단시간근로자, 일용직근로자, 외국인 근로자는 포함된다고 보지만 파견근로자는 제외됩니다.

3. 실제 사례

이제 구체적으로 사례를 들어 상시 근로자 수 산정을 한번 해보겠습니다.

예컨대 법 적용사유 발생일이 2008.9.15.이고, 산정기간(8.15.~9.14.) 동안 사용근로자의 연인원이 132명, 산정기간 중의 가동일 수가 24일인 경우 상시 근로자 수는 몇 명인지에 대하여 알아보도록 하겠습니다.

정답은 5.5명입니다. 연인원 132명을 산정기간 중 가동일 수 24일로 나누었기 때문입니다.

4. 심화학습 - 10일 동안 5인 미만인 날이 고작 3일에 불과한 예외적인 경우

법을 일괄적으로 적용하다 보면 형평성에 문제가 생기는 경우가 종종 있습니다. 이런 경우 법은 또 다른 제도를 도입함으로써 형평성 문제를 해소하고 있습니다. 여기서 다룰 문제 역시 이와 같습니다.

〈사용 인원 예시1〉

1일	2일	3일	4일	5일	6일	7일	8일	9일	10일
3명	6명	4명	5명	7명	2명	3명	7명	3명	3명

근무한 근로자의 수가 일정하다면 상시 근로자 수를 산정하는 것은 큰 어려움이 없습니다. 그러나 아르바이트를 사용하거나 수시로 입·퇴사가 이루어진 경우라면 근로자수를 계산하는데 큰 어려움이 있습니다. 위의 예시에서와 같이 근로자 수가 변동된 경우 상시 근로자 수는 과연 몇 명으로 계산될까요?

예컨대 위의 예시1에서 연인원은 총 43명(3+6+4+5+7+2+3+7+3+3)이 됩니다. 10일 동안 사용한 총 인원은 43명입니다. 이 인원을 가동일 수로 나누면 하루에 사용한 인원의 평균치가 됩니다. 예시1에서는 10일 동안 사용했으므로 43을 10일로 나누어야 합니다. 이렇게 계산을 하면 예시1의 상시 근로자 수는 4.3명이 됩니다.

그런데 이런 식으로 연인원 근로자 수를 산정하면 문제가 생깁니다. 현실을 있는 그대로 반영할 수 없다는 점이 바로 그것입니다.

〈사용 인원 예시2〉

1일	2일	3일	4일	5일	6일	7일	8일	9일	10일
1명	6명	6명	5명	7명	2명	5명	5명	5명	1명

예컨대 예시2에서의 연인원은 총 43명(1+6+6+5+7+2+5+5+5+1)으로 예시1과 연인원 수가 동일합니다. 또한 10일 동안 사용했으므로 상시 근로자 수는 4.3명이 될 것입니다.

그런데 예시2가 예시1과 결정적으로 차이가 나는 점이 하나 있습니다. 바로 10일 동안 근로자 수가 5인 미만인 날이 고작 3일에 불과하였다는 사실입니다. 그럼에도 상시 근로자 수가 4.3명이라는 결론은 10일 중 7일간이 5인 이상 사업장이었던 현실과 모순된다는 문제점이 있는 것입니다.

이런 상황을 대비하여 「근로기준법 시행령」은 다음과 같이 규정하고 있습니다.

〈실제적 근로자 수를 반영하기 위한 방법〉

5인 이상 사업장으로 보는 경우	연인원을 이용해 근로자 수를 산정한 결과 5인 미만에 해당하더라도 5인 미만인 일수가 2분의 1 미만인 경우
5인 미만 사업장으로 보는 경우	연인원을 이용해 근로자 수를 산정한 결과 5인 미만에 해당하더라도 5인 미만인 일수가 2분의 1 이상인 경우

예시 2의 경우 상시 근로자 수는 4.3명이지만 5인 미만인 날이 전체 일수의 2분의 1 미만인 3일에 불과하므로 5인 이상 사업장과 같이 보게 됩니다.

5. 추가 사례

사례1) 동거친족이 근무하는 경우

> A씨가 근무하는 회사의 근로자 수는 6명입니다. 그런데 그 중 2명이 회사 대표의 동거하는 아들입니다. 이 아들 2명을 제외하면 근로자 수는 4명이 됩니다. 과연 동거하는 친족인 아들도 상시 근로자 수의 산정에 포함시켜야 할까요?

동거친족이 상시 근로자에 포함되는지 여부가 문제가 되는 사례입니다. 원칙적으로 100% 동거 친족만으로 이루어진 사업장은 「근로기준법」이 적용되지 않습니다. 그러나 그러한 친족과 함께 동거 친족이 아닌 직원이 1명이라도 같이 근무를 하고 있다면 동거 친족을 포함하여 모든 직원을 기준으로 상시 근로자 수를 산정합니다. 따라서 사례의 회사는 5인 이상 사업장이 됩니다.

고용된 근로자 중 친족 이외의 근로자가 단 1명이라도 있으면 동법 제10조에 규정된 "동거의 친족만을 사용하는 사업 또는 사업장"이라고 볼 수 없는 것임.

• 법무 811-9087, 1980.4.15.

사례2) 기간제 근로자로 2년 이상 근무한 경우

> B씨의 회사는 상시 근로자 수가 4명입니다. B씨는 계약기간이 1년으로 정해진 근로계약을 체결했으나 계약기간이 종료한 후 두 차례 계약을 갱신하였습니다. B씨는 입사일로부터 근무한지 2년이 지났으므로 정규직이 되었음을 주장합니다. B씨의 주장과 같이 B씨를 정규직으로 볼 수 있을까요?

원칙적으로 기간제 근로자를 2년 이상 사용했다면 그 근로자는 기간의 정함이 없는 근로자로 보게 됩니다. 따라서 별다른 사정이 없는 한 B씨의 주장은 타당할 것입니다.

그러나 B씨 회사의 상시 근로자 수가 5인 미만이라는 점을 간과해서는 안 됩니다. 5인 미만 사업장에서는 기간제 근로자를 2년 이상 사용해도 기간의 정함이 없는 것으로 보지 않습니다. 회사의 상시 근로자가 4명이므로 B씨의 주장은 받아들일 수 없을 것입니다.

> 동 법인이 상시 5인 이상을 고용하고 있는 사업 또는 사업장에 해당되지 아니한다면 「기간제법」 제3조 제2항 및 같은 법 시행령 제2조 별표1에 따라 일부 규정이 적용되고, 「기간제법」 제4조에 따른 기간제 근로자의 사용기간 제한 규정은 적용되지 아니한다고 판단됨.
>
> • 고용차별개선과-1029, 2013.5.30.

6. 사장들을 위한 TIP ★★★★

상시 근로자 수는 실제 사업장에서 근무하는 직원 수를 기준으로 산정합니다. 다시 말해 4대 보험에 가입되지 않았거나 근로계약서를 체결하지 않았다해서 상시 근로자 수 계산에서 제외되지 않습니다. 아주 중요한 사항이니 반드시 기억하시기 바랍니다.

결국 상시 근로자를 5인 미만으로 유지하기 위해 4대보험 신고를 하지 않는 것은 유효한 방법이 될 수 없습니다. 오히려 성립 신고 태만으로 과태료가 부과될 수 있습니다. 그리고 일용직이나 아르바이트생도 상시 근무자 산정에 포함된다는 점을 유의해야겠습니다.

06

2016.7.1. 개정 근로감독관 집무규정

1. 근로감독이란?

근로감독이란 고용노동부 산하 전국 각 지청에 소속된 근로감독관이 사업장 현장을 방문하여 실태 점검을 하여 이에 대한 결과를 통해 사업장의 근로조건 개선을 이루는 행정처분을 말합니다. 그러나 ① 사업장 수에 비해 턱없이 부족한 근로감독관들의 인력과 ② 처벌 위주가 아닌 계도 위주의 감독 방침에 따라 그간 근로감독에 대한 실효성이 그리 크지 못한 게 사실이었습니다.

2. 2016.7.1. 개정 근로감독관 집무규정

이에 따라 2016.7.1. 개정된 집무규정에 따르면 「근로기준법」 등 14개 노동관계법령의 위반사항 조치기준 253개 중 32%에 해당하는 81개 항목을 강화하였습니다.

주요 개정 내용을 보면 ▲업무상 부상 중 해고, ▲직장 내 성희롱 피해자 불이익 조치, ▲육아휴직자 해고, ▲쟁의행위 중인 사업장에 대한 근로자 파견, ▲쟁의행위 이전 직장폐쇄 등 중요 범죄는 즉시 범죄인지토록 하였습니다.

표를 통해서 정리하면 다음과 같습니다.

법률명	주요 조문 내용	현행	개정
「근로 기준법」	• 위약예정금지 • 전차금상계금지 • 강제저금금지 • 업무상 부상·질병 중 해고 금지	시정 14일 →범죄인지	즉시 범죄인지
	• 출산전후휴가 90일 부여, 갱내 근로금지	즉시 시정 →범죄인지	즉시 범죄인지
	• 근로조건의 명시	시정 14일 →범죄인지	시정 7일 →범죄인지
	• 금품청산, 연장·야간·휴일근로	시정 25일 →범죄인지	시정 14일 →범죄인지
「남녀 고용 평등과 일·가정 양립 지원에 관한 법률」	• 직장 내 성희롱피해자에 대한 불이익 조치 • 육아휴직자에 대한 해고 • 육아기근로시간단축자에 대한 해고 • 가족돌봄 휴직자에 대한 해고	시정 7일 →범죄인지	즉시 범죄인지
	• 고객 등에 의한 성희롱 피해자에 대한 불이익조치	시정 7일 →과태료	즉시 과태료
	• 임금차별 • 배우자출산휴가 3일분 임금지급	시정 25일 →범죄인지	시정 14일 →범죄인지
「파견 근로자 보호 등에 관한 법률」	• 파견근로자 사용제한	시정 7일 →범죄인지	즉시 범죄인지
	• 이행상황 제출요구 • 개선명령 • 보고명령	시정 14일 →과태료	즉시 과태료
	• 취업조건의 고지 • 파견사업주 통지의무	시정 7일 →과태료 시정14일 →과태료	즉시 시정 →과태료
	• 안전보호시설의 쟁의행위 • 쟁위행위 중단업무 수행의 신규채용·대체금지	즉시 시정 →범죄인지	즉시 범죄인지

법률명	주요 조문 내용	현행	개정
「노동 조합 및 노동관계 조정법」	• 필수공익사업 사용자의 채용·대체 및 도급제한 • 쟁의행위 이전 직장폐쇄		
	• 확정된 구제명령 • 조정불이행 • 중재재정불이행 • 단체협약위반	시정 25일 →범죄인지	시정 14일 →범죄인지

고용노동부는 근로감독관 집무규정 개정을 통해 위반사항에 대한 시정기간을 단축하고 중대 위반사항에 대해서는 즉시 범죄인지함으로써 법을 위반한 사업주에 대해 엄정히 조치하여 노동시장의 불합리한 관행을 바로잡아 나갈 것이라고 발표하였습니다.

07

근로감독 단속사례

현장감을 높이기 위하여 실제 근로감독 사례를 살펴보고 이를 통해 우리가 현장에서 유용하게 사용할 수 있는 시사점을 도출해보기로 하겠습니다.

1. 사례 : 프랜차이즈 패스트푸드 업체[4)]

1) 근로감독 배경

사례는 아르바이트생 다수 고용사업장으로서 근로조건이 열악한 연소근로자를 보호한다는 차원에서 단속이 이루어졌습니다.

2) 사업장 현황

(1) 사업장명 : ○○피자

(2) 소 재 지 : 충북 ○○시

(3) 근로자수 : 11명(연소자 5명)

(4) 사업종류 : 요식업

(5) 주생산품 : 피자 및 햄버거

---

4) 사업장 근로감독 매뉴얼, 근로기준국 근로기준팀(2006.11.10.), 83P

3) 점검결과

상기 사업장은 연소자 전원에 대하여 임금의 구성항목, 계산방법 및 지불방법에 대하여 서면으로 근로계약을 체결하지 아니하였고,

○○○ 등 3명에 대하여는 그 연령을 증명하는 호적증명서나 친권자의 동의서를 비치하지 않았으며,

○○○에 대하여는 야간 및 휴일근로에 대한 근로자 동의 및 야간 및 휴일근로 인가를 받지 않았으며,

야간근로를 한 ○○○에 대하여 야간근로수당 115,500원을 지급하지 않은 사실을 확인하였습니다.

4) 조치사항

(1) 중점점검사항

① 「근로기준법」 준수 여부

- 근로조건 명시(서면 체결), 임금체불, 연소자증명서 비치
- 근로시간 및 휴게시간 준수, 휴일 및 야간근로 인가 여부
- 금품청산 기일 및 정기지급일 준수 여부

② 「최저임금법」 준수 여부

- 최저임금액 이상 지급 여부

(2) 확인사항

① 취업규칙, 근로계약서, 근태관리대장, 근무편성표, 임금대장

② 휴일 및 야간근로 동의 및 인가 확인

③ 연소자 증명서

④ 연소근로자 및 사용자와의 면담을 통해 임금 등 근로 조건 확인

(3) 위반 및 시정사항

① 임금구성 항목 등 서면 근로계약 체결 지시

② 야간근로에 대한 근로자 동의 및 인가신청 지시

③ 미지급 야간근로수당 지급 지시

(4) 조치결과

시정명령이행으로 행정종결

5) 시사점

프랜차이즈 매장에 특히 취약한 사항들이 중점적으로 단속된 사례입니다.

근로계약서 미작성, 연소자 채용 시 구비서류 미비, 야간수당 미지급 등이 적발되어 시정된 사례로서 동일한 업종에 종사하는 업체에게는 많은 시사점을 줄 수 있는 사례입니다.

2. 사례 : 지방 소재 영세 조선업체

1) 근로감독 배경

이 회사는 2006년 1월에 설립된 조선업종 영세소규모신규사업장으로 노무관리가 취약할 것으로 판단, 근로자들의 근로조건 보호차원에서 단속이 이루어졌습니다.

2) 사업장 현황

(1) 사업장명 : ○○기업

(2) 소 재 지 : 경남 ○○시

(3) 근로자수 : 35명(여성 7명)

(4) 사업종류 : 선박도장업

(5) 주생산품 : 선박도장

3) 점검결과

근로자 15명에 대해 연장근로수당 1,503,060원을 지급하지 않았고,

퇴사한 근로자 ○○에게 근로자 동의 없이 퇴직 후 1개월이 경과하였음에도 임금을 지급하지 않았으며,

여성 일용직근로자 ○○ 등 4명에게 최저임금 미만의 임금을 지급하여 최저임금차액 합계 125,400원을 각 지급하지 않았으며,

노사협의회를 미설치한 사실을 확인하였습니다.

4) 조치사항

(1) 중점점검사항

① 임금, 근로시간 등「근로기준법」준수 여부

- 유급 주휴 부여 여부, 연장, 야간, 휴일근로수당 적정지급 여부
- 연월차 휴가 부여 여부, 법정근로시간 초과 여부
- 퇴직금 지급 여부

②「최저임금법」준수 여부

③ 성희롱예방교육 등「남녀고용평등법」준수 여부

④「노사협의회 설치 및 운영 등 근로자 참여 및 협력증진에 관한 법률」준수 여부

(2) 확인사항

① 근로계약서, 근로자명부, 임금대장, 출근부

② 취업규칙(인사/복무) 등

(3) 위반 및 시정사항

① 법정가산수당(연장) 지급 지시

② 노사협의회 설치 및 신고 지시

③ 퇴직근로자에 대한 임금 지급 지시

(4) 조치결과

시정명령이행으로 행정종결

5) 시사점

점검 시 근로감독관은 임금대장과 출근부를 대조하여 연장근로수당 지급 여부를 확인합니다. 따라서 평상시 실제 근무시간과 출근부상 근로기록상 차이가 나지 않도록 철저한 현장 노무 관리가 필요함을 알 수 있습니다.

30~50명의 직원을 고용하는 사업장 대다수가 노사협의회규정에 대하여 잘 모르고 있습니다. 이에 대하여 사전적인 점검이 필요합니다.

08

효과적인 **근로감독 단속** 대응요령

1. 미리미리 준비하여 고민에서 벗어나자!

소 잃고 외양간 고친다는 말이 있습니다. 어떤 일을 함에 있어 준비의 중요성을 강조하는 이 말은 근로감독 단속에서도 유효합니다. 그런데도 아직까지 우리 주변에는 점점 강화되고 있는 근로감독을 애써 외면하려는 사장들이 많습니다.

"지금껏 아무 문제없었는데, 굳이"
"설마 우리 사업장에 단속이 나오겠어?"

보통 이런 스타일의 사장들이 단속 감독관들의 감정을 불필요하게 자극하여 손해를 보는 경우를 자주 봅니다.

아래에서는 평소 노무관리를 잘 해온 사업장을 전제로 ① 사전 체크사항, ② 근로감독 수검 시 체크사항, ③ 사후 체크사항에 대하여 살펴보도록 하겠습니다.

2. 사전(예방) 체크사항

개인적으로 이 부분이 3단계 중 가장 중요한 대목이라고 생각합니다.

형식적으로 체크해야 할 사항은 다음과 같습니다.

① 근로계약서, 취업규칙, 노사협의회 규정 등 작성
② 근로자명부, 출근부, 임금대장 작성
③ 근무일지, 휴가관리대장, 타임카드 작성
④ 직장내성희롱예방교육 일지 작성
⑤ 연소자, 여성근로자 근로에 있어서 구비서류 체크

한편 실질적으로 체크해야 할 사항은 다음과 같습니다.

① 법정 근로시간 준수 여부 체크
② 연장 · 야간 · 휴일근로에 따른 할증임금지급(5인 미만 사업장 제외) 여부 체크
③ 연차휴가 미사용수당 지급 여부 체크
④ 최저임금미달 여부 체크
⑤ 연장 · 야간 · 휴일수당 지급시 통상임금 적법성 여부 체크

3. 근로감독 수검 시 체크사항

1) 형식적 사항

각 지방노동청에서는 지도 · 점검 사업장에 1주일 전 지도 · 점검 목적, 기간 및 점검 내용에 대하여 서면으로 통지하고, 유선으로 확인하기 때문에 서류 준비에 있어서 약간의 여유는 있습니다.

근로계약서에는 임금구성항목, 임금형태, 계산방법, 지불방법 등이 명시되어야 하며, 특히 포괄근로계약서는 포괄로 산정된 근무시간이 명시되어야 합니다. 지도 점검 시 임금대장과 근태관리부는 크로스 체크를 하기 때문에 정확하게 작성되어야 함에 유의해야 합니다.

2) 실질적 사항

근로감독 점검 시 회사 임직원은 적극 협조해야 합니다.

서류점검만으로 확인이 불가한 근로조건 침해 여부에 대해서는 설문조사 또는 현장을 방문하여 **근로자**와 **면담**을 통하여 확인하는 경우(성희롱예방교육, 파견근로실태)도 있음을 주의해야 합니다.

> • **근로자 면담**
> 근로감독관의 근로자 면담 시 진술의 객관성 확보를 위하여 인사담당자는 참석시키지 않음.

감독시간이 길어질 경우 점심(또는 저녁)식사 문제로 애매해질 경우가 있는데 이 경우 근로감독관이 구내식당에서 인사담당자들과 함께 식사할 수 있도록 배려해야 합니다.

3) 유의사항

회사 입장에서는 수검 사실을 대외비로 하는 것이 가장 좋습니다. 즉, 경영진 및 인사 담당자 일부만 수검 사실 자체를 알게 하고 혹 수검사실 자체가 오픈되더라도 회사가 금번 단속에서 적발된 위반사실이나 시정조치 내용에 대해서는 대외비로 하는 것이 좋습니다.

이와 같은 조치는 사업장 내 불필요한 논란거리를 만들어 직장 분위기를 해치는 것을 막기 위함입니다.

4. 사후 체크사항

근로감독관은 점검을 마치면 법령위반사실을 통합점검표에 따라 정리하고 관련 증거자료 확보와 함께 법 위반 사실에 대한 확인서를 징구하게 됩니다. 근로감독관은 수검업체에서 법 위반 사실에 대한 시정을 하지 않았을 경우를 대비하여 법 위반 사실을 증빙할 수 있는 자료를 충분히 확보하게 됩니다. 그리고 지도점검 당일 주휴수당, 연장근로수당 등 계산내역이 복잡한 경우에는 "체불임금내역을 일정 기한 내에 제출할 것"을 명시한 확인서를 징구하기도 합니다.

종종 이런 경우 확인서 작성을 두고 근로감독관과 인사담당자가 실랑이를 벌이는 경우가 있습니다. 이에 관하여 딱히 정답이 있는 것은 아니지만 특별한 경우가 아닌 이상 확인서에 날인을 한 후 이행을 하고 결과보고를 하는 것이 바람직합니다. 위반사항에 대한 이행을 모두 마친 후에는 회사 내부 회의를 통하여 향후 동일한 상황이 재발되지 않도록 상시적인 인사노무 관리체계를 구축해야 할 것입니다.

09

노동청, 노동위원회, 근로복지공단 비교분석

1. 노동청과 노동위원회는 다른 곳인가요?

임금체불 진정사건은 노동청에서 진행될까요, 노동위원회에서 진행될까요? 부당해고 구제신청은 노동청에 해야 할까요, 노동위원회에 해야 할까요? 고용센터는 어떤 업무를 하는 곳일까요?

현장에서 만나는 사장들 대부분은 노동청, 노동위원회, 고용센터, 근로복지공단 등이 하는 업무를 정확히 모르고 있습니다. 영업적 측면에서 이와 같은 관공서가 어떤 일을 하는지에 대한 개괄적 지식은 상당한 파워를 가집니다. 여기에서는 기관들의 업무를 중심으로 살펴보도록 하겠습니다.

주요 기관에 대한 개괄적인 내용은 다음과 같습니다.

	노동청	노동위원회	근로복지공단
성격	고용, 노동을 관장하는 중앙행정기관	준사법적 성격의 합의제 행정기관	근로복지를 위해 설립된 준 정부기관
유사 기관	경찰청	법원	각종 공단
업무	• 임금 체불 진정 • 사업장 감독 • 취업규칙 신고 접수 • 각종 허가 및 승인	• 부당해고 구제신청 • 부당노동행위 구제신청 • 차별시정 • 노동쟁의 조정 및 중재	• 산재보상심사업무 • 고용보험료 징수 • 산재환자 진료 • 산업보건 사업

	노동청	노동위원회	근로복지공단
담당자	근로감독관	조사관	공단직원
신분	공무원	공무원	준공무원(공단직원)

노동청 근로감독관과 노동위원회 조사관은 순환보직제로서 주기적으로 상호 교류합니다.

예컨대 서울동부지청에서 근무한 **근로감독관**은 몇 년 후 서울지방노동위원회 조사관으로 발령날 수 있습니다.

• **근로감독관**
보통 7급공무원인 근로감독관은 특별사법경찰관으로 수사권을 가지고 있음.

2. 지방노동청

얼마 전 남양주에 있는 한 사업장을 방문했는데 마침 그 사장이 노동청으로부터 출석요구서를 받았다고 합니다. 과연 이때 노동청은 어디일까요? 고용노동부 남양주지청일까요? 정답은 의정부지청입니다. 남양주지청이라는 행정기관은 없습니다. 얼핏 보면 아무것도 아닌 것 같지만 해당 사업장 방문 전에 회사의 관할 노동청이 어디인지를 확인하고 간다면 면담과정에서의 코멘트 내용이 더욱 더 상대방에게 신뢰감을 줄 수 있을 것입니다. 구체적인 사항은 아래 표를 참고하십시오.

지 역	지방고용노동관서	지 청
서울지역	서울지방고용노동청	서울강남, 서울동부, 서울서부, 서울남부, 서울북부, 서울관악
경기 · 인천 · 강원지역	중부지방고용노동청 (前 경인지방노동청)	인천북부, 부천, 의정부, 고양, 경기(前 수원), 성남, 안양, 안산, 평택, 강원(前 춘천), 강릉, 원주, 태백, 영월출장소
부산 · 경남지역	부산지방고용노동청	부산동부, 부산북부, 창원, 울산, 양산, 진주, 통영

지 역	지방고용노동관서	지 청
대구 · 경북지역	대구지방고용노동청	대구서부, 포항, 구미, 영주, 안동
광주 · 전라지역	광주지방고용노동청	전주, 익산, 군산, 목포, 여수, 제주근로개선지도과(제주도 관할)
대전 · 충청지역	대전지방고용노동청	청주, 천안, 충주, 보령

3. 노동위원회

우리가 민 · 형사 소송을 제기하는 국가기관은 법원입니다. 그러면 부당해고 구제신청을 제기하는 곳은 어디일까요? 바로 노동위원회이라는 국가기관입니다. 노동위원회는 근로자위원, 사용자위원, 공익위원 3자로 구성된 준사법적 성격을 지닌 협의체 행정기관으로 법원보다 신속한 권리구제를 받을 수 있다는 장점이 있습니다. 전국 각 지방의 지방노동위원회가 1심이고, 이에 대한 재심을 담당하는 기관이 중앙노동위원회[5]입니다.

현재 **지방노동위원회**는 전국적으로 12군데에 설치되어 있는데 구체적으로 살펴보면 ① 서울지방노동위원회, ② 부산지방노동위원회, ③ 경기지방노동위원회, ④ 충남지방노동위원회, ⑤ 전남지방노동위원회, ⑥ 경북지방노동위원회, ⑦ 경남지방노동위원회, ⑧ 인천지방노동위원회, ⑨ 충북지방노동위원회, ⑩ 강원지방노동위원회, ⑪ 제주지방노동위원회, ⑫ 전북지방노동위원회가 있습니다. 광주지방노동위원회, 대구지방노동위원회, 대전지방노동위원회는 없습니다. 영업현장에서는 이런 실무적인 지식이 엄청난 위력을 발휘한다는 점을 명심하십시오.

> • **지방노동위원회**
> 노동청과 달리 서울, 경기, 부산 등 지역에 1군데만 설치되어 있음.

5) 중앙노동위원회는 원래 서울에 위치했는데 2012년말 세종시로 이전하였습니다.

4. 고용센터

아마도 위 3가지 기관 외에 고용센터에 대해서도 자주 들어보셨을 겁니다. 고용노동부에는 노동청 외 고용센터라는 기관도 존재합니다. 노동청이 근로조건에 대한 전반적인 행정 업무를 담당하는 기관이라면, 고용센터는 고용 및 취업과 관련된 업무를 주로 담당합니다. 2010년 노동부가 명칭을 고용노동부로 바꾸면서 고용센터의 위상은 한층 높아졌습니다.

고용센터에서의 주된 업무는 다음과 같습니다. 아마도 실무에서는 실업급여와 관련하여 가장 많이 사람들 입에 오르내리는 기관이 바로 고용센터입니다.

1. 다양한 취업지원 서비스
2. 고용보험 관리
3. 고용안정 사업
4. 집단직업 상담
5. 직업능력 개발
6. 실업급여
7. 모성보호
8. 외국인 채용 지원

10

★★★

자주 사용되는 계산방법 정리

1. 소정근로시간 계산방법

주 40시간 근무사업장에서 소정근로시간 계산방법은 다음과 같습니다.

$$\frac{\text{주당 소정근로시간수(40시간)} + \text{주당유급처리시간수(8시간)}}{7} \times \frac{365}{12} \fallingdotseq 209\text{시간}$$

2. 시간급 산정방법

1) 월급제인 경우

주당 소정근로시간이 40시간인 근로자가 1주 40시간(주 5일, 1일 8시간)을 근로하고 최저임금 산입범위에 포함되는 임금 기준으로 월 110만원을 받은 경우 시간급은 다음과 같습니다.

시간당 임금＝110만원÷209시간≒5,263원

시간급 5,263원은 2016년도 최저임금 6,030원보다 적으므로 이 경우는「최저임금법」 위반이 됩니다.

2) 일급제인 경우

1일 임금 50,000원(최저임금 산입범위에 포함되는 임금기준)을 받고 8시간 근로한 경우

시간당 임금=50,000원÷8시간=6,250원

시간당 임금 6,250원은 2016년도 최저임금 6,030원보다 많으므로「최저임금법」 위반이 아닙니다.

3. 연차휴가일수 계산법

회사는 1년간 8할 이상 출근한 근로자에 대하여는 15일의 유급휴가를 주어야 하며, 3년 이상 계속 근로한 근로자에 대하여는 1년을 초과하는 계속근로연수 매 2년에 대하여 1일을 가산한 유급휴가(최고 25일)를 주어야 합니다. 다만, 1년 미만 근로자와 1년 이상인 근로자 중 월 개근한 자에게는 1일의 휴가가 발생합니다. 이런 사항을 정리하면 아래와 같습니다.

구 분		연차휴가
기본 휴가일수	1년 미만 근로	월간 개근시 월 1일 발생
	1년 이상 근로	연간 8할 이상 근무시 15일
	※ 1년간 8할 미만 출근한 근로자에게 월간 개근시 월 1일 발생	
연차가산일수		2년당 1일
연차휴가한도		25일

1년차	2년차	3년차	4년차	5년차	10년차	15년차	20년차	21년차	25년차
15일	15일	16일	16일	17일	19일	22일	24일	25일	25일

4. 미사용연차수당 계산방법

예를 들어 입사 1년 차 매월 기본급 150만원, 직급수당 30만원, 가족수당 20만원을 받는 근로자가 있다고 가정해 보겠습니다.

이 근로자는 입사 1년차에 휴가를 5일 사용하였습니다. 연말에 미사용연차수당으로 얼마를 받을 수 있을까요?

먼저 시간급을 계산해보겠습니다.

200만원÷209=9,569원

그렇다면 1일 연차수당은 9,569원×8시간=76,555원입니다.

미사용연차일수는 10일(15일−5일)이므로 수당은 10×76,555원=765,550원입니다.

5. 주휴수당 계산방법

주휴수당 계산법은 「(1주일 총 근로시간/40시간)×8×시급」으로 계산하면 됩니다. 예컨대 주 3일 근무에 하루에 6시간, 시급이 7,000원이라면 25,200원입니다.

간혹 회사에서 1주 3일, 1일 8시간, 일급으로 계산하여 임금을 받는 근로자에게 주휴수당을 지급하지 않아도 되는 것으로 잘못 알고 있는데 이는 명백히 불법임을 지적해야 합니다.

6. 평균임금 산정방법

예를 들어 월 기본급이 150만원, 식대 10만원, 교통보조비 20만원인 근로자가 2015.3.31.까지 근무하고 퇴사하는 경우를 살펴보도록 합시다. 이때 식대와 교통보조비는 전 근로자에게 정기적 · 일률적으로 지급합니다.

계산을 해보면
3개월간 임금총액은 540만원(180+180+180)이고,
3개월간 총일수는 90일(31+28+31)이어서
평균임금은 1일 60,000원(540만원÷90일)이 됩니다.

한편 이 사례와 달리 만약 **교통보조비**와 **식대**가 출근일수에 따라 비례적으로 지급되거나 일부 근로자에게만 지급되는 경우는 평균임금에서 제외됨을 주의하세요.

> • **식대, 교통보조비**
> 실무적으로는 계산의 불편함과 직원 사기를 고려하여 출근일수와 상관없이 매달 고정적으로 식대와 교통보조비를 지급하는 것이 일반임.

11

비과세 급여항목

척박한 영업현장을 누벼야 하는 FC에게 있어 "인건비 감소 방안"만큼 든든한 무기도 없습니다. 이런 차원에서 비과세 급여항목은 다른 어떤 노무 이슈보다 먼저 점령해야 할 사안입니다.

비과세 항목의 급여책정은 근로자들의 사기 진작에 도움을 줄 수 있을 뿐만 아니라, 금전적으로도 이득을 볼 수 있는데, 특히, 근로자 수가 많은 사업장의 경우 4대 보험료 절감 효과가 크게 나타날 수 있습니다. 비과세 항목은 4대 보험료 산정 시에도 제외되기 때문입니다.

이번 장에서는 회사에서 활용할 수 있는 주요 비과세 항목에 대하여 소개하도록 하겠습니다.

1. 식대 · 식사대

근로자에게 사내급식 또는 이와 유사한 방법으로 식사를 제공하는 경우 해당 음식물은 비과세 대상입니다. 그러한 음식물을 제공받지 않는 근로자는 월 10만원까지 비과세입니다.

만약, 급식도 제공받고 식대도 별도로 지급받는다면 지급되는 음식물에 한하여 비과세 처리됩니다. 직원에게 급식도 제공하면서 식대 명목으로 월 10만원을 지급하는 경우 월 10만원에 대해서는 비과세 처리가 불가한 것입니다.

주의할 점은 이 경우 근로계약서나 관련 규정에 식대의 지급 근거가 마련되어 있어야 한다는 점입니다. 아무런 근거규정 없이 월 10만원을 지급한다면 비과세 처리되지 않습니다.

2. 자가운전보조금

직원이 본인 소유 차량을 직접 운전하여 회사의 업무 수행에 이용하고 시내출장 등에 소요된 실제여비를 받는 대신 그 소요경비를 회사내규에 따라 정해진 지급기준에 따라 받는 금액 중 월 20만원 이내의 금액은 실비변상적 성질의 급여로 비과세됩니다.

따라서 만약 영업직원이 자기 소유 차량으로 업무를 보면서 회사로부터 유류대를 지급받았다면 차량유지비로 지급되는 월 20만원은 비과세로 인정되지 못하게 됩니다.

'직원들 개인 소유의 차량을 업무용으로 사용하는데 필요한 비용을 보조하기 위해 사업체의 규칙 등에 따라 지급된 20만원 이내의 금액'은 실비변상적인 것으로서 건강보험료 산정의 기초가 되는 직장가입자의 보수월액에 포함되지 않으나, 그것이 차량의 소유여부에 관계없이 전 직원에 대하여 또는 일정한 직급을 기준으로 일률적으로 지급되었다면 이는 근로의 제공의 대가로 지급된 것이므로 직장가입자의 보수월액에 포함됨.

• 대전지방법원 2014.9.24. 선고 2012구합4335 판결

또한 직원의 출퇴근 편의를 위하여 지급하는 교통보조금은 자기차량운전보조금에 해당하지 않습니다.

한편, 비과세 적용을 받기 위해서는 원칙적으로 차량명의가 직원명의이어야 하지만, 예외적으로 부부공동명의인 경우도 가능합니다(배우자 외의 자와 공동명의인 경우는 제외된다).

3. 생산직 근로자의 연장 · 야간 · 휴일근로 수당

직전 과세기간 기준 월정액 급여가 150만원 이하이고, 총 급여가 2,500만원 이하인 생산직 근로자(일용직 포함)에게 지급되는 연간 240만원 이하의 연장 · 야간 · 휴일근로 수당은 비과세됩니다.

월정액 급여는 ① (매월 직급별로 받는 봉급 · 급료 · 보수 · 임금 · 수당, 그 밖에 이와 유사한 성질의 급여의 총액)에서 ② (연장근로 · 야간근로 또는 휴일근로를 하여 통상임금에 더하여 받는 급여)를 제외한 금액입니다.

구체적인 월정액 급여에 해당 여부는 다음과 같습니다.

항 목	월정액 해당 여부
식비	○
연간상여금 총액을 매월 급여지급 시 분할하여 지급받는 경우	○
상여금지급규정에 의하여 2개월에 한번씩 지급받는 상여금	×

이와 관련된 구체적인 자료입니다.

의약품 도매법인의 상품 입출고 종사 직원 및 의약품 배송 직원이 받는 연장시간 수당의 비과세 여부

- 의약품 도매법인의 근로자 중 창고에서 상품 입출고 과정에 종사하는 직원과 약국에 의약품을 배송하는 직원의 연장시간 근로수당에 대하여는 「소득세법」 제12조 제3호 더목에 따른 생산직근로자가 받는 야간근로수당 등의 비과세대상이 아님.

• 법규소득 2011-384, 2011.9.28.

제조업자로부터 도급받은 업체에 고용되어 당해 제조업체의 공장 내 창고에서 제품을 출하 · 적재하는 단순노무를 제공하는 자는 생산직근로자에 해당하나, 물품 및 창고관리 등의 관련업무 종사자는 해당안됨.

• 법인 46013-2847, 1998.10.1.

연장근로수당 등을 포함하여 연봉을 책정하는 경우
- 연간의 연장시간·야간·휴일근로로 인한 가산급여액을 포함해 생산직근로자의 연봉을 책정하는 경우도 실제의 연장시간근로 등으로 인한 급여는 비과세 대상임. 다만, 실제로 연장시간근로 등을 하지 않는 자가 연장시간근로수당 등의 항목으로 받는 급여는 제외함.

• 소득 46011-21009, 2000.7.18.

중도 퇴사하는 생산직근로자의 퇴직한 달의 근무일수가 1월 미만인 경우 월정액급여는(월환산하지 않고) 실제로 지급받은 금액으로 하는 것임.

• 원천세과-706, 2009.8.28.

운수업을 주업으로 하는 업체가 별도로 설치한 자동차정비공장에서 근무하는 정비사의 생산직근로자 여부
- 운수업을 주업으로 하는 업체가 다수의 자기차량(또는 타인의 차량)을 전문적으로 정비하기 위하여 별도로 설치한 자동차정비공장은 「소득세법 시행령」 제17조 제1항 제1호에 규정하는 공장에 해당되며, 동 공장에서 주로 육체적인 업무에 종사하는 정비사로서 월정액급여가 100만원 이하인 자는 야간근로수당 등이 연간 240만원 한도로 비과세되는 생산직근로자로 보는 것임.

• 법인 46013-4471, 1995.12.6.

4. 보육수당

6세 이하의 자녀를 두고 있는 직원이라면 월 10만원 이내의 보육수당도 비과세입니다. 이 경우 회사는 보육수당에 관한 규정을 두고 있어야 합니다.

맞벌이 부부가 월 10만원씩을 수령하는 경우 각각 비과세되나, 6세 이하 자녀가 2명이라 해서 월 20만원이 비과세되는 것은 아니라는 점을 주의해야 합니다.

즉, 6세 이하의 자녀가 2명 이상이라 해도 비급여 한도는 월 10만원이기 때문에 직원이 6세 이하 자녀가 둘이니 월 20만원을 책정해 달라고 하더라도 보육수당은 월 10만원 이내로 책정되어야 합니다.

5. 학자금

근로소득세가 비과세되는 학자금이라 함은 직원(임원 포함)의 「초 · 중등교육법」 및 「고등교육법」에 의한 학교(외국에 있는 이와 유사한 교육기관 포함한다)와 「근로자직업훈련촉진법」에 의한 직업능력개발훈련시설에서 받는 교육을 위해 지급받는 입학금 · 수업료 · 수강료 기타 공납금으로서 다음 각호의 요건을 갖춘 학자금을 말합니다.

1. 당해 근로자가 종사하는 사업체의 업무와 관련있는 교육 · 훈련을 위하여 받는 것일 것
2. 당해 근로자가 종사하는 사업체의 규칙 등에 의하여 정하여진 지급기준에 따라 받는 것일 것
3. 교육 · 훈련기간이 6월 이상인 경우 교육 · 훈련 후 당해 교육기간을 초과하여 근무하지 아니하는 때에는 지급받은 금액을 반납할 것을 조건으로 하여 받는 것일 것

그러나 직원의 자녀에 대한 대학 학자금이나 장학금은 비과세 항목에 해당하지 않습니다. 자녀에 대한 학자금이 아니라 업무와 관련한 직원에 대한 학자금만 비과세 항목임을 유의해야 합니다.

「소득세법」 제12조에서 비과세소득으로 보는 학자금이라 함은 「교육법」에 의한 학교[→「초 · 중등교육법」 및 「고등교육법」에 의한 학교(외국에 있는 이와 유사한 교육기관을 포함한다)] 및 「직업훈련기본법」(→「근로자직업훈련촉진법」)에 의한 직업훈련시설(→직업능력개발훈련시설)의 입학금 · 수업료 · 수강료 기타 공납금 중 동법 시행령 제11조 각호의 요건을 갖춘 학자금을 말하는 것이며, 사설 어학원 수강을 지원하는 교육훈련비는 비과세소득으로 보는 학자금에 해당하지 않는다.

• 소득, 법인 46013-3417, 1998.11.10.

12

★★★

임금관련 질문 베스트 4

1. 압류가 금지되는 월급수준은 어느 정도인가?

「민사집행법」 제246조에 의거 원칙적으로 월급의 50%가 압류금지채권입니다. 즉, 100만원 월급쟁이의 경우 50만원까지, 200만원 월급쟁이의 경우 100만원까지 압류가 가능한 것입니다.

그런데 법은 여기서 최저생계비를 감안합니다. 그래서 예외적으로 월급이 150만원이 안되는 근로자의 경우 임금전액에 대하여 압류를 금지하고 있습니다.

월급 총액이 150만원 초과~300만원 이하인 경우, 150만원은 압류가 금지되며, 150만원을 초과하는 금액은 압류가 가능합니다. 예컨대 월급이 200만원인 경우에는 200만원에서 150만원을 차감한 50만원에 대해서만 압류할 수 있습니다.

월급총액이 300만원 이상~600만원 이하인 경우 총액의 50%는 압류가 금지되고 나머지 50%는 압류가 가능합니다. 예컨대 월급이 500만원인 경우 500만원의 50%인 250만원에 대해서만 압류할 수 있습니다.

월급총액이 600만원 초과인 경우 300만원+{<(총액×2분의 1)−300만원>×2분의 1}은 압류가 금지되며 나머지는 압류가 가능합니다. 예컨대 월급이 800만원인 경우 300만원+{<(800만원×2분의 1)−300만원>×2분의 1}인 350

만원은 압류가 금지되며, 나머지 450만원에 대해서만 압류할 수 있습니다.

2. 매년 임금을 인상해 주어야 할 의무가 있나요?

사업장을 방문해보면 사장들이 제게 공통적으로 물어보는 것이 있습니다.

> "우리가 무슨 삼성이나 현대 같은 대기업도 아닌데 매년 월급 올려달라는 직원들 때문에 미치겠습니다. 매년 월급을 올려주어야 한다는 게 어디 법에 나와 있습니까?"

「근로기준법」상 매년 월급을 인상해 주어야 한다는 규정은 없습니다. 따라서 사장님들이 매년 근로자에게 월급을 인상해 줄 법적 의무는 없습니다.

다만, 다음의 3가지 점을 생각해야 됩니다.

첫째, 요즘 100인 미만 제조업체의 경우에도 노동조합이 있어 매년 임금교섭을 통해 연봉을 인상합니다. 바로 이 점이 근로자들이 매년 **임금인상**이 당연하다고 생각하는 중요한 근거입니다.

> **• 임금인상**
> 임금인상 형태는 정액제(예 : 20만원)와 정률제(예 : 3%) 2가지가 있는데, 50인 미만 중소기업의 경우 보통 정액제로 운영됨.

둘째, 영세업체의 경우 기본급을 매년 최저임금(2016년 기준, 1,260,270원)으로 맞추어 책정하기 때문에 매년 임금인상을 할 수밖에 없는 임금구조를 가지고 있습니다. 특히 제조업체 공장의 10~20%를 차지하는 외국인근로자는 대부분 법정 최저임금에 맞추어 급여를 지급하고 있는 실정입니다.

셋째, 매년 오르는 물가에 따라 생활비가 늘어나기 때문에 근로자들은 매년 급여가 당연히 인상되어야 한다고 생각합니다.

이런 3가지 사실을 근거로 직원들은 당연히 우리 사업장도 매년 월급이 올라야한다고 주장하지만, 정답은 아닙니다. 임금인상은 사업장의 매출실적이나 외부 환경변수 등을 종합적으로 검토하여 결정하는 경영권의 핵심적인 요소이기 때문입니다. 아닌 말로 매년 물가는 올라가지만 우리 회사가 협력회사 또는 원청회사로부터 받는 단가는 몇 년째 고정되어 있거나 심지어 경쟁과다로 깎이는 경우도 많지 않습니까?

결론적으로 임금 인상은 ① 회사 재정상황, ② 직원 근무태도, ③ 직장분위기, ④ 월급여 수준을 감안하여 임금인상 폭, 임금인상 대상자들을 고려하여 신중하게 결정하여야 할 사안입니다.

3. 임금은 근로계약서에 적어야 하는가? 연봉계약서에 적어야 하는가?

근로계약 체결과 관련하여 사업장에는 4가지 부류가 있습니다.

첫째, 계약서를 전혀 작성하지 않는 사업장

둘째, 근로계약서를 작성하는 사업장

셋째, 연봉계약서를 작성하는 사업장

넷째, 근로계약서를 작성하고 또 매년 연봉계약서를 작성하는 사업장

먼저 첫째 사업장은 현행 「근로기준법」상 벌금 부과 대상임을 정확히 지적하고 그에 따른 법적 리스크를 정확히 고지하여야 합니다.

「근로기준법」에는 근로계약서나 연봉계약서에 대한 언급이 전혀 없습니다. 단지 「근로기준법」 제17조에 "근로계약", "임금의 구성항목, 계산방법, 지급방법이 명시된 서면"이라는 용어만 있을 뿐입니다. 개인적으로 이런 법의 불완전한 규정 방식이 상기 둘째, 셋째, 넷째와 같은 혼란을 초래하지 않았나 생각합니다. 결론적으로 말한다면 임금은 둘째, 셋째, 넷째 어떤 계약서 형태로 작성되어도 무방합니다. 즉, 적법성 차원에서 우열을 가릴 수는 없습니다.

하지만 우리의 관심사에는 적법성뿐만 아니라 적절성이라는 것도 있습니다. 적법성은 영업에 큰 도움이 되지 않을 때가 많지만 적절성은 그렇지 않습니다. 이제부터 적절성 차원에서 3가지 형태의 계약서 작성 방식에 관하여

살펴보겠습니다.

넷째 형태는 근로계약서 내용에 연봉이 포함되어 있는 상황에서 굳이 근로계약서 외에 연봉계약서를 작성할 필요가 없고, 2가지 계약서를 모두 작성한다는 것은 대단히 거추장스럽고 불편하기까지 합니다. 셋째 형태는 연봉계약서의 의미가 '연봉에 관한 계약서'이기 때문에 나머지 근로조건, 즉 근무시간이나 휴일, 휴가와 같은 사항들이 누락될 리스크가 있기 때문에 적절하지 않고 적법성 차원에서 문제가 될 소지가 높습니다. 따라서 둘째 형태, 즉 근로계약서를 작성할 것이 가장 바람직하고 연봉이 인상될 때에는 근로계약서 '임금'란을 수정하여 1부는 근로자에게 1부는 회사가 보관하면 되겠습니다.

4. 회사와 근로자 간 임금합의가 안되어 연봉계약서를 작성하지 못하였을 경우 월급은 어떤 식으로 지급하여야 하나요?

일선 현장에서 자주 발생하는 일들 중 이런 일이 있습니다.

10명의 직원 중 9명은 사장과 연봉협상을 마치고 새로운 근로계약서를 작성했는데 1명은 의견차이가 심해 아직까지도 근로계약서를 못 적고 있습니다. 근로자는 자신의 능력을 조금 더 인정해 달라는 것이고, 사장은 다른 근로자와의 형평성 차원에서 그 이상은 올려줄 수 없다는 입장입니다. 급기야는 감정싸움이 되어 버린 연봉협상은 지지부진하게 되었고 그러던 중 월급지급일이 도래하였습니다. 10명의 직원에게는 인상된 급여를 지급하면 될 것인데, 문제는 아직 근로계약서를 적지 않은 직원입니다. 이 경우 이 직원에게는 월급을 어떤 기준으로 지급하여야 될까요?

이 경우는 아직 새로운 근로계약서가 체결되기 전이기 때문에 기존 근로계약서에 명시된 급여를 월급으로 지급하면 됩니다. 물론 그 직원은 반발할 수도 있습니다. 그럴 때 이렇게 말을 하면 됩니다.

"○○씨. 다른 직원들은 다 인상된 월급을 주는데 어디 나라고 ○○씨만 기존 급여대로 주고 싶어서 이렇게 주는 것 아니에요. 문제는 새로운 근로계약서가 작성되지 않아 어쩔 수 없이 기존 급여대로 나갈 수밖에 없다는 점이에요. 이제라도 빨리 연봉협상을 마무리하고 계약서를 작성하면 그 차액만큼 지급하겠습니다."

예화로 풀어보는 기업노무

공중전화기, 그리고 무관심

공중전화와 10원짜리 동전 두개가 있어야지만 그립던 사람의 목소리를 들을 수 있었던 시절이 불과 20년 전입니다. 대학가에서는 끝물 화염병이 거리로 투척되었고, 군정종식을 학실히 시키겠다는 대통령의 호언대로 민주화, 세계화라는 문구가 범람하던 시대가 바로 1990년 중반이었습니다.

레몬소주가 담긴 양은주전자가 선술집 탁자를 수놓았고, 이게 도대체 노래가 맞냐는 푸념을 하면서도 늪처럼 서태지 음악에 빠져들던 그 시절! 그나마 사람에 대한 애정은 남아 있어 버스에 앉아 있는 사람은 옆에 서있는 이의 가방을 받아주는 것이 당연한 도리였던 그 시절! 비오는 퇴근길 라디오에서 울려 나오는 가객 김광석의 목소리처럼 참으로 그리운 그 시절의 모습이 아닐 수 없습니다.

그 시절 학생, 직장인, 주부를 불문하고 우리 모두에게 꼭 필요했던 물건이 있었으니, 그게 바로 공중전화와 10원짜리 동전이었습니다. 그 시절 삐삐가 울리면 우리는 자동적으로 공중전화를 찾았더랬습니다. 애인의 음성을 듣기 위해서, 다급한 친구의 소식을 듣기 위해서, 멀리 떨어져 있는 부모님의 안부소식을 듣기 위해서 우리는 귀한 몸값의 공중전화를 수소문하고 다녔습니다.

사람이 사람에게 줄 수 있는 가장 무서운 무기는 미움이 아니라 무관심입니다. 사람에게 잊혀진다는 것은 존재 자체를 허물어버리는 강력함이 있기 때문입니다. 한 때 잘나가던 정치인, 연예인들의 자살률이 일반 시민보다 더 높은 것도 이 때문인 것입니다.

모두가 핸드폰을 바라보며 거리를 오가는 오늘날, 인도 한 켠에 자리한 공중전화는 계모집에 울고있는 신데렐라 처지와 다를 바 없습니다. 마지막 보루로 여겼던 군인들조차도 자신을 외면한다는 사실을 알게 되었을 때 공중전화기가 느꼈을 상실감은 상상 이상이었을 것입니다.

너에게 난 나에게 넌, 우리에게 너희들은 너희들에게 우리는, 잊혀짐의 대상이 아니고 항상 옆에서 대화하는 상대여야 합니다. 단기적인 성과가 아니라 지속적인 성장을 이루는 대부분의 회사는 임직원간이나 직원 간에 관심과 사랑이 넘치는 회사였습니다. 그런 회사를 만드는 여러 가지 수단 중에 하나가 바로 기업노무인 것입니다. 이런 이유로 노무영업은 임금대장과 같은 눈에 보이는 수치도 중요하지만, 사장님의 속 이야기 같은 감정적인 부분을 캐치하는 것이 훨씬 중요한 업무분야입니다.

Chapter 3

직원 채용 시 유의사항

01

채용의 법칙

1. 정규직 전환 시 법인세 감면 혜택

2016.7.21. 한 경제신문 기사입니다.

> 근로자를 정규직으로 전환하는 중소기업에 적용되는 세액공제 혜택이 최대 3년 연장되는 방안이 검토된다. 20일 기획재정부와 관련부처에 따르면 정부는 이달 말 발표할 세제개편안에 중소기업 지원 등 민생안정을 위한 세제지원 내용을 담기로 했다. 현행 「조세특례제한법」은 중소기업이 2015년 6월 30일 기준으로 고용하고 있는 기간제 및 단시간근로자나 파견근로자 등 비정규직을 정규직 근로자로 고용하는 경우 1명당 200만원씩을 소득세나 법인세에서 공제하도록 하고 있다. 중소기업계에서는 이 규정을 제외하면 비정규직의 정규직 전환 지원책이 사실상 전무하다는 점을 들어 올 연말로 일몰(폐지) 될 예정인 것을 2019년까지 3년 연장할 것을 건의한 바 있다.
>
> • 한국일보, 2016.7.21.

정부의 고용안정대책에 대한 강력한 의지를 느낄 수 있는 신문기사 내용이라고 할 수 있습니다. 비정규직을 정규직 근로자로 고용하는 경우 1명당 200만원씩을 소득세나 법인세에서 공제해주는 것은 현장 사업장에서는 꽤나 효과가 큰 제도입니다. 이처럼 이제 직원의 고용하는 문제는 단순한 사람 1명 채용하는 것이 아니라 회사의 경영상황에 직접적으로 영향을 줄 수 있는 중요한 문제로 부각되었습니다.

더욱이 고용노동부에서는 비정규직을 정규직으로 전환하는 사업주에게 임금상승분의 50%(월 60만원 한도)를 지원하고 있으니 더욱 더 채용에 대한 관심은 높아가고 있습니다.

2. 점점 중요성이 높아가는 채용 단계

관료적이고 가부장적인 문화가 대세였던 지난날, 채용의 중요성은 지금보다 크지 못했습니다. 고등학교 또는 대학교 졸업자를 채용하여 회사에서의 교육과정을 통하여 인재로 성장시킨다는 것이 그 당시 인재상이었기 때문입니다. 그러나 수평적 조직문화를 바탕으로 직원 개개인의 능력과 개성을 중요시하는 오늘날에 있어 채용은 그 어떤 인사테마보다 강조되고 있습니다.

예컨대 직원을 정규직으로 채용할지, 계약직으로 채용할지, 그 도 아니면 프리랜서로 채용할 지가 그 사업부서의 흥망을 좌지우지 할 정도로 큰 이슈로 부각됩니다. 또한 수습기간을 얼마나 할 것이고, 초임 연봉수준을 얼마로 할 것인지 등도 역시 중요한 경영판단 사항으로 작용합니다.

3. 「채용절차의 공정화에 관한 법률」

이런 사회적 분위기에 따라 정부는 「채용절차의 공정화에 관한 법률」(이하 '채용절차법'이라 한다)을 제정하여 단계적으로 시행[1)]에 들어갔는데 우리 주변에서 비교적 자주 볼 수 있는 상시 30명 이상 100명 미만의 근로자를 사용하는 사업장은 2017.1.1.부로 적용됩니다.

---

1) 1. 상시 300명 이상의 근로자를 사용하는 사업 또는 사업장, 「공공기관의 운영에 관한 법률」 제4조에 따른 공공기관, 「지방공기업법」 제49조에 따른 지방공사 및 같은 법 제76조에 따른 지방공단, 국가 및 지방자치단체 : 2015년 1월 1일
2. 상시 100명 이상 300명 미만의 근로자를 사용하는 사업 또는 사업장 : 2016년 1월 1일
3. 상시 30명 이상 100명 미만의 근로자를 사용하는 사업 또는 사업장 : 2017년 1월 1일

「채용절차법」은 채용과정에서 구직자가 제출하는 채용서류의 반환 등 채용절차에서의 최소한의 공정성을 확보하기 위한 사항을 정함으로써 구직자의 부담을 줄이고 권익을 보호하는 것을 목적으로 하는 법입니다.

「채용절차법」은 그 실효성을 확보하는 차원에서 ① 거짓의 채용광고를 낸 구인자에게 5년 이하의 징역 또는 2천만원 이하의 벌금, ② 각 조항에 위반한 자에게 500만원 이하 또는 300만원 이하의 과태료를 부과하고 있습니다.

4. 노무상담의 출발점, 채용 프로세스

영업을 가장 안정적으로 잘 하는 분의 특징은 기본에 충실하면서 매뉴얼로 움직이는 사람입니다. 노무에 있어 가장 기본은 채용 프로세스입니다. 그리고 노무영업에 있어서 가장 좋은 매뉴얼은 상담의 출발과 끝을 직원 채용 이야기로 하는 것입니다.

02

근로계약서, 반드시 작성하고 교부하라!

1. 근로계약서, 왜 중요한가?

근로계약서 작성의무가 법적의무임을 아는 사장은 이제 꽤 있는 것 같습니다. 그러나 근로계약서 교부의무가 법적의무임을 아는 사장은 절반에도 미치지 못하는 것 같습니다. 바로 이 점이 영업포인트입니다. 왜냐하면 근로계약서를 작성하지 않은 사장과 작성은 했지만 교부하지 않은 사장 모두에게 똑같은 벌금형(500만원)이 부과되기 때문입니다.

실무 경험상 근로조건 미명시로 500만원까지 벌금이 부과되는 경우는 거의 보지 못했지만, 확실히 최근 현장의 분위기는 근로조건 미명시 및 미교부와 관련하여 엄격하게 처벌하고 있다는 것입니다. 회사의 각별한 주의가 요망되는 사항이 아닐 수 없습니다.

2. 근로계약서, 작성만 하면 그만인가?

기업노무 상담을 하다보면 다양한 사업체에서 작성된 근로계약서를 마주 대하게 됩니다. 신기한 것은 대부분의 사업체에서 만들어진 양식이 똑같다는 것입니다. 여기에는 고용노동부가 배포한 **표준근로계약서**가 한 몫을 차지합니다. 문제는 이러한 표

> • **표준근로계약서**
> 고용노동부는 2012.1.1. 「근로기준법」의 개정으로 근로계약서 교부의무가 시행됨에 따라 일선 사업장에 표준근로계약서를 작성하여 배부하였음.

준 근로계약서가 복잡 다단한 개별 현장 사업장의 노무 현실을 제대로 반영할 수 없다는 데에 있습니다.

개별 사업장의 현실을 제대로 반영하지 못하는 근로계약서는 법적으로 아무런 효력이 없고, 임금체불 등의 진정사건에서 사장에게 아무런 도움이 되지 못한다는 사실입니다. 예컨대 연장근무가 빈번한 사업장에서 표준 근로계약서를 인터넷에서 다운받아 작성하였다고 합시다. 이제 사장님은 앓던 이가 빠진 것처럼 뿌듯해하면서 모든 문제가 해결되었다고 기뻐합니다. 정말 안타까운 일이 아닐 수 없습니다.

누가 말하지 않았습니까? 동트기 전이 가장 어둡다고 말입니다. 이 사업장에서의 문제는 연장근무와 관련한 수당지급에 대하여 근로계약서에 아무런 언급이 없어서 「근로기준법」의 적용을 받게 된다는 데에 있습니다. 회사가 주 40시간을 초과하는 연장근무에 대하여 1.5배 할증하여 임금을 지급한다면야 문제는 없어질 것이지만, 경험상 그만큼 여유 있는 회사는 거의 없었습니다.

3. 실제 부과되는 벌금액

앞서 살펴 본 바와 같이 근로자를 1명이라도 고용하는 모든 사업주는 근로자를 채용할 때 근로조건을 서면으로 명시해야 합니다. 이 때 채용되는 근로자에는 정규직도 있을 것이고 비정규직(계약직, 파트타임)도 있을 것입니다. 우리 노동법은 정규직과 비정규직 근로자를 구분하여 그 적용법규를 달리 하고 있는데 정규직에게는 「근로기준법」을, 비정규직에게는 「기간제 및 단시간근로자 보호 등에 관한 법률」을 적용하고 있습니다.

우리가 노무영업을 함에 있어 근로자별 고용형태에 따라 그 적용법률이 차이가 남에 주목을 해야 하는 이유는 계약직 및 파트타임 근로자에 대한 근로조건 서면 명시의무를 위반한 경우 사업주에게 시정기회를 주지 않고 바로 과태료 부과 처분을 받는다는 것에 있습니다. 이 경우 통상 비정규직 1명에 대하여 150만원~200만원의 과태료가 부과됩니다. 바로 이 점이 시정기회를 먼저 부여하는 정규직 근로자의 경우와는 큰 차이가 납니다.

4. 연장근무가 많은 사업장에서 많이 사용하는 포괄근로계약서[2]

일찍부터 법원은 포괄근로계약서의 유효성을 인정하고 있습니다. 간단히 보면 "사용자는 근로계약을 체결함에 있어서 근로자에 대하여 기본임금을 결정하고 이를 기초로 시간외, 야간, 휴일근로수당 등 법정제수당을 가산하여 지급함이 원칙이라 할 것이나 근로시간, 근로형태와 업무의 성질 등을 참작하여 계산의 편의와 직원의 근무의욕을 고취하는 뜻에서 근로자의 승낙 하에 기본임금을 미리 산정하지 아니한 채 시간외근로 등에 대한 제수당을 합한 금액을 월급여액이나 일당임금으로 정하거나 매월 일정액을 제수당으로 지급하는 내용의 이른바 포괄임금제에 의한 임금지급계약을 체결하였다고 하더라도 그것이 근로자에게 불이익이 없고 제반사정에 비추어 정당하다고 인정될 때에는 이를 무효라고 할 수 없을 것이다"라고 적고 있습니다(대법원 1997.7.22. 선고 96다38995 판결 등 다수).

고용노동부 역시 "포괄임금제는 ① 근로시간, 근로형태와 업무의 성질을 참작하여, ② 근로자의 승낙 하에 기본임금을 미리 산정하지 아니한 채 시간외근로 등에 대한 제수당을 합한 금액을 월급여액이나 일당임금으로 정하거나 매월 일정액을 제수당으로 지급하는 내용의 계약을 체결하고, ③ 근로자에게 불이익이 없고, 제반사정에 비추어 정당하다고 인정될 때에 유효하다고 볼 수 있다"고 같은 입장을 취하고 있습니다(근로기준과－2734, 2010.12.16.).

2) 포괄계약서에 관해서는 다음 편에서 자세히 기술하도록 하겠습니다.

03

포괄임금제 근로계약서

1. 주 6일 근무, 1일 10시간 근무 음식점 → 모두 연장수당을 지급한다?

길거리를 가다보면 평균적으로 건물 한 곳에 음식점 하나 이상은 있는 것 같습니다. 그 음식점 대부분은 주 6일 영업을 하고, 심지어 1주일 내내 영업(월 2회 휴무)을 하는 곳도 상당수 있습니다. 음식점 직원의 근무현황을 살펴보면 홀, 주방 가릴 것 없이 보통 오전 10시에 출근하여 저녁 10시까지 근무를 하는데 특별히 정해진 휴게시간은 없습니다. 다만, 손님이 없는 오후 3시~오후 5시까지 요령껏 쪽잠을 자거나 쉬어야 하는데 이마저도 쉽지 않을 때가 태반입니다.

이렇듯 1주 77시간에 육박하는 살인적 근무를 하는 음식점 직원의 경우 기본 월급 외 연장수당으로 얼마의 금액을 추가로 지급받아야 할까요? 2015년 법정 최저시급인 5,580원으로 계산하더라도 65만원 남짓한 돈이 수당으로 지급되어야 함을 알 수 있습니다. 그러나 실제 현장에서 이렇게 기본급 외에 추가로 연장수당이 지급되는 음식점은 거의 없습니다.

2. 포괄임금제 근로계약서란?

그럼에도 불구하고 대부분 음식사업장들이 노동법적으로 별 문제 없이 운영되고 있는데 그 방법은 어디에 있을까요? 바로 여기에 포괄임금제 근로계약서가 자리하고 있습니다. 포괄임금제 근로계약서란 보통 1달에 평균적으로 예상되는 연장, 야간, 휴일근무시간수를 계산하고 이를 수당으로 산정하여 이미 입사 시 확정된 월급여 안에 포함시키는 계약형태를 지칭합니다. 물론 이 과정에서 근로자의 동의는 반드시 얻어야 합니다.

법원은 근로계약을 체결함에 있어서 근로자에 대하여 기본임금을 결정하고 이를 기초로 제수당을 가산하여 지급함이 원칙이라 할 것이나 근로시간, 근로형태와 업무의 성질 등을 참작하여 계산의 편의와 직원의 근무의욕을 고취하는 뜻에서 기본임금을 미리 산정하지 아니한 채 제수당을 합한 금액을 월급여액이나 일당임금으로 정하거나 매월 일정액을 제수당으로 지급하는 내용의 이른바 포괄임금제에 의한 임금지급계약을 인정하고 있습니다(대법원 2005.8.19. 선고 2003다66523 판결).

포괄임금제는 당초 경비원과 같은 감시단속적 업무에 종사하는 근로자의 경우처럼 일반적인 임금계산방식으로는 수당계산이 힘든 근로자를 대상으로 도입되었으나 최근 사무직이나 전문직까지 확산되는 추세입니다. 또한 위의 사례처럼 음식점 종사자의 경우에는 광범위하게 도입되어 있습니다.

3. 사장 입장에서의 바라본 포괄 근로계약의 유용성

첫째, 만약 사장이 사업장에서 발생한 모든 연장근로에 대하여 수당을 지급한다면 형평성 차원에서 문제가 발생하게 됩니다. 무슨 말이냐 하면 불성실하게 일한 후 고의적으로 야근을 일삼는 직원을, 열심히 일하여 야근을 하지 않는 근로자보다 상대적으로 우대하는 처사(월급수준이 더 높기 때문)가 된다는 것입니다. 바로 이 경우 포괄임금제 근로계약서는 아주 적절한 노무관리 방법이 됩니다.

둘째, 근로자는 오전 10시부터 저녁 10시까지 사업체 내에 머물러야 한다고 하지만 경기가 안 좋은 요즘 같은 때는 손님이 많지 않아 실제 근무시간은 8시간이 안 되는 경우가 많습니다. 실근무시간은 8시간이 채 되지 않는데 연장수당을 지급해야 된다는 것은 정말 이해가 가지 않는다는 것이 사장의 솔직한 심정입니다. 이런 점에서는 포괄임금제 근로계약서가 아주 적격입니다.

셋째, 만약 포괄임금제 근로계약서를 도입하지 않는다면 사장은 매월 달라지는 근로시간에 따라 수당계산을 하느라 아마도 2~3일은 아무 일도 못하게 될 것입니다. 경리직원을 별도로 둘 수 없는 음식점 등 대부분의 프랜차이즈 업체가 이에 해당될 것입니다.

4. 포괄임금제 근로계약서는 어떻게 작성해야 하나요?

실무적으로 포괄임금제 근로계약서는 다음과 같이 작성됩니다.

첫째, 직원별 근무일지를 토대로 통상 예상되는 연장, 야간, 휴일근무시간을 산출해냅니다.

둘째, 기본 근무시간(209시간)과 시간외근무시간(연장, 야간, 휴일근무)의 비율에 의거하여 월급을 배분합니다.

셋째, 배분된 기본급과 시간외수당을 각각의 근무시간으로 산정하였을 때 법정최저임금에 미달되는지 여부를 체크합니다. 만약 미달된다면 시간외근무시간수를 적절히 조정해야 합니다.

넷째, 작성된 포괄임금제 근로계약에 대한 근로자 동의를 받도록 합니다.

다섯째, 취업규칙상에도 이와 같은 포괄임금제 근로계약 작성에 대한 근거규정을 마련합니다.

04

근로계약서 작성 비법

회사 상황에 딱 맞는 근로계약서는 어떤 식으로 작성될까요? 여기서는 근로계약서 작성 비법에 대해 알아보도록 하겠습니다.

1. 근로계약기간은 어떻게 설정해야 하나요?

무조건 계약기간을 명시할 필요는 없습니다. 계약직의 경우는 시기와 종기를 명시해야겠지만 정규직 또는 기간의 정함이 없는 근로자의 경우는 계약기간 설정 자체가 불가능합니다. 다만, 시기만 명시되어 있고 종기가 없을 경우 기간의 정함이 없는 근로자로 간주됨을 유의해야 합니다.

채용 시 **계약직**으로 하는 것이 좋은가, **정규직**으로 하는 것이 좋은가라는 질문을 많이 받습니다. 정답은 없습니다. 현재 우리 회사가 어떤 상황이고 어떤 식으로 노무관리를 할 것인지에 따라 답이 달라지기 때문입니다.

> • **계약직과 정규직**
> 통상은 1년 계약직 후 정규직 전환 형태를 주로 채택함.

2. 수습기간에 대한 법규정이 있나요?

채용 후 일정기간을 두고 근로자의 적성, 자질, 능력 등을 평가하여 계속 고용 여부를 결정하는 제도가 바로 수습제도입니다. 회사에 따라서는 수습이라는 용어대신 시용, 견습, 인턴이라는 용어를 사용하기도 하지만 그 의미는 비슷하다고 생각해도 무방합니다. 모두 다 신규직원 채용 시 사원의 회사 적합도를 평가하는 장치입니다.

수습기간에 관한 별도의 법규정은 없으나 통상 3개월로 하는 것이 가장 적당합니다. 다만, 일부 운수업체나 제조회사의 경우 업무 특성상 수습기간을 6개월로 하기도 합니다. 중요한 것은 수습기간을 설정하였다면 반드시 근로계약서에 명시해야 한다는 점입니다.

3. 임금의 구성방법, 계산방법, 지급방법

임금의 구성방법, 계산방법, 지급방법 3가지가 근로계약서의 핵심입니다. 그만큼 공을 들여 작성해야 한다는 것입니다.

임금구성 항목은 간소화하는 것이 가장 좋습니다. 형식적인 수당들은 과감히 없애고 기본급과 법정수당 이원화 체계로 가는 것이 가장 합리적입니다. 이것이 최근 기업노무의 추세입니다. 법정수당 같은 경우 사업장에서 발생할 수 있는 연장, 야간, 휴일수당을 미리 산정하여 계산해두는 포괄임금제가 많이 도입되고 있습니다. 임금지급방법은 대부분 근로자 통장계좌로 이체하는 방식입니다. 가끔 계좌이체가 아니라 현금지급을 하는 회사가 있는데, 이것은 사후 쟁송과정에서 회사에게 부정적으로 작용하기 때문에 지양하는 것이 좋습니다.

4. 연차유급휴가, 퇴직급여, 징계 등

연차유급휴가, 퇴직급여, 징계 등은 취업규칙에 상세히 규정되어 있으므로 근로계약서에서는 준용규정을 두는 것이 바람직합니다.

5. 계약해지 조항

어떤 회사의 근로계약서를 보면 일반 민사 계약서에서나 볼 수 있는 계약해지조항을 볼 수 있습니다. 혹시 사업장 면담 시 이런 근로계약서를 목격하게 된다면 "음, 이 사업장은 노무규정 정비를 한 번도 받은 적이 없구나. 근로계약서가 이 정도라면 취업규칙 같은 규정은 전무하겠구나."라고 감을 잡으면 되겠습니다.

그도 그럴 것이 「근로기준법」에서는 사용자가 하는 계약종료의 의사표시를 '해고'라고 하고, 근로자가 하는 계약종료의 의사표시를 '사직'이라고 하기 때문에 '계약해지'라는 말은 애당초 나올 수 없기 때문입니다.

6. 30일 전 사직의 의사표시 명문화

사용자는 근로자를 해고하기 30일 전에 해고사실을 통보해야만 합니다. 반대로 근로자가 사직하고자 할 경우 역시 30일 전에 그 사실을 사용자에게 알려야 할까요? 업무인수인계를 고려하였을 때는 그렇지만 해고예고처럼 법적으로 제도화되어 있지는 않습니다. 따라서 근로자가 사직하기 3일 전에 그 사실을 말한다고 해서 노동법적으로 문제 삼을 수는 없습니다. 바로 이와 같은 점들을 일선 현장의 사장들은 가장 힘들어하여 그 해결책을 자주 물어봅니다.

방법은 근로계약서에 "사직하기 30일 전 사직의사표시의 명문화"를 명확히 하고, 위반하였을 경우 근로자가 책임을 부담한다는 내용을 기재하는 것입니다.

7. 연수비 반환 조항을 두어도 효력이 있나요?

의류업체나 제약회사의 경우 입사 후 OJT를 해외에서 진행하는 것이 보통입니다. 이때 회사는 "해외연수 후 약정기간을 근무하지 않고 퇴직하는 경우 연수에 소요된 비용을 반환"하도록 하는 내용을 적힌 계약서를 작성하고 근로자의 서명을 받습니다. 실무에서는 이 계약서의 유효 여부가 문제됩니다. 직원 퇴사 시 회사는 퇴사직원의 퇴직금과 월급에서 **연수비용**을 **공제**하여 지급하고, 그 직원은 이를 임금체불로 노동청에 고소하기 때문입니다.

> • **위약금 예정 금지**
> 「근로기준법」은 계약이 위약금 예정에 해당하면 금지가 된다고 규정하고 있음.

이에 대하여 대법원은 해외훈련비용을 연수기간 중 받은 임금, 상여금에서 반환한다는 약정은 「근로기준법」 제20조 위반이지만 단순히 비용을 반환한다는 약정은 법 위반에 해당하지 않는다는 입장을 취하고 있습니다.

대표적인 판결로 ① 해외 훈련 후 의무재직기간은 교육비용 반환채무 면제기간으로 근로계약기간, 강제근로금지, 전차금상쇄금지에 반하는 것이 아니다(대법원 1992.2.25. 선고 91다26232 판결), ② 기업체의 규정상 위탁 교육 기간 중에도 정상급여를 지급하기로 되어 있는 경우, 위탁교육 후의 의무재직기간 근무 불이행시 그 급여는 반환하지 않아도 된다(대법원 1996.12.20. 선고 95다52222 · 52239 판결)는 것이 있습니다.

직원에 대한 해외연수가 정기적으로 발생하고, 조기 퇴사자에게는 연수비 반환을 해야 하는 회사를 방문하게 되었을 경우 이 말을 꼭 해야 합니다.

"반환해야 하는 것이 근로의 대가로 제공한 급여라면 법적으로 문제가 있습니다. 다만, 단순한 숙박요금, 비행경비라면 괜찮습니다."

05

장애인, 국가유공자, 고령자 의무고용

매출감소로 울상인 김사장을 더욱 슬프게 하는 일이 생겼습니다. 얼마 전 장애인고용공단으로부터 장애인 의무고용 비율을 못 지켰다고 하면서 3백만원의 부담금을 납부하라는 고지서를 받은 것입니다. 김사장은 이런 법이 있는지 조차 몰랐습니다. 김사장은 마침 사업장을 방문한 FC에게 이런 종류의 의무고용이 또 있는지, 있다면 어떤 내용인지 물어보기로 했습니다.

1. 장애인 고용은 법적 의무

50인 이상 사업장은 장애인 고용 의무가 있습니다.

① 국가 · 지방자치단체, ② 50명 이상 공공기관 · 민간기업 사업주는 일정 비율의 장애인 고용 의무가 있습니다. 50인 이상을 고용하고 있는 사업주의 장애인 의무 고용 비율은 다음과 같습니다.

기 간	고용률
2015년 1월 1일부터 2016년 12월 31일까지	2.7%
2017년 1월 1일부터 2018년 12월 31일까지	2.9%
2019년 이후	3.1%

장애인 의무 고용률은 기간별로 증가하고 있으며 해당 기간에는 그 기간에 해당하는 고용률을 달성해야 할 의무가 있습니다.

장애인 의무 고용률에 미달한 경우 100인 이상 사업장은 일정한 장애인고용부담금을 납부해야 하는데, 그 금액은 다음과 같습니다.

장애인 의무고용인원 대비 고용하고 있는 장애인 근로자 비율				
3/4 이상	1/2이상 3/4 미만	1/4이상 1/2 미만	1/4 미만	0명
710,000원	781,000원	852,000원	923,000원	1,166,220원

예컨대 3명의 장애인 고용 의무가 있는 사업장에서 1명의 장애인도 고용하고 있지 않는 경우에는 3,348,660원(3명×1,116,220원)을 월별로 납부해야 합니다.

한편 회사가 의무 고용률을 초과하여 장애인을 고용한 경우에는 고용장려금을 지급합니다. 초과 고용한 인원당 고용장려금 금액은 다음과 같습니다.

구 분	경증남성	경증여성	중증남성	중증여성	비 고
입사일로부터 만 3년까지	30만원	40만원	40만원	50만원	지급단가와 월 임금액의 60%를 비교하여 낮은 단가 지급
입사 3년 초과 만 5년까지	21만원	28만원	40만원	50만원	
만 5년 초과	15만원	20만원	40만원	50만원	

2. 고령자 고용 보장 강화

2016.1.1.「고용상 연령차별금지 및 고령자고용촉진에 관한 법률」은 상시 근로자 수 300인 이상 사업장의 정년을 60세로 의무화시켰고, 300인 미만 사업장에게는 2017.1.1.부터 정년 60세 보장을 의무화하였습니다. 따라서 2017년부터는 여러분이 방문하는 모든 사업장이 60세를 정년으로 설정하여야만 합니다.

기업 규모	의무화 시점
상시 근로자 수 300인 이상	2016.1.1.부터 정년 60세 의무화
상시 근로자 수 300인 미만	2017.1.1.부터 정년 60세 의무화

정년 60세가 의무화되는 경우 근로자의 정년은 최소 60세로 설정해야 하므로 그 이전에는 정년을 이유로 해고하는 것은 부당해고가 됩니다.

이러한 고령자 고용 확대조치와 함께 정년을 연장하거나 퇴직자를 재고용한 경우 고용연장지원금을 지급하는 제도를 시행하고 있습니다.

구 분	요 건	지원수준
정년 연장	기존의 정년을 폐지하거나 만 60세 이상으로 1년 이상 연장한 사업장에서 18개월 이상 근무한 고령자를 정년연장으로 계속 고용할 것	• 1년 이상 3년 미만 연장한 경우 1년간 1인당 월 30만원 • 3년 이상 연장한 경우 2년간 1인당 월 30만원
정년퇴직자 재고용	① 정년을 만 55세 이상으로 정하고 있는 사업장에서 18개월 이상 계속 근무한 후 정년에 이른 고령자를 퇴직시키지 않거나 퇴직 후 3개월 이내에 재고용할 것 ② 재고용 전 3월, 재고용 후 6월간 고용조정으로 근로자를 이직시키지 아니하였어야 함.	• 1년 이상 3년 미만 재고용한 경우 6개월간 1인당 30만원 • 3년 이상 재고용한 경우 1년간 1인당 30만원

3. 국가유공자

상시 20명 이상을 고용하는 공・사기업체 또는 공・사 단체는 고용인원의 3~8%의 범위에서 대상 업체의 업종별로 국가유공자를 고용해야 합니다. 다만, 대통령령으로 정하는 제조업체로서 200명 미만을 고용하는 기업체는 제외합니다. 다만, 현재 위반 업체에 대해 보훈처가 시정명령을 하고 시정되지 않았을 경우에 과태료를 부과하고 있습니다.

06

★★★

수습제도 핵심정리

> 업무시간에 스마트폰을 자주 사용하고 직원과 불화를 빚은 수습 직원에 대해 회사가 근로계약을 해지한 것은 적법하다는 판결이 나왔다.
> 건물 종합관리업체인 A사는 2014년 10월 모 빌딩 보안과장으로 B씨를 채용했다. 계약기간은 1년인데 먼저 3개월의 수습과정을 거쳐 업무능력 등을 평가한 다음 일정기준 이상에 해당하면 정식으로 일하는 방식이었다. 그런데 수습기간 중 B씨는 근무시간에 스마트폰을 너무 자주 사용해 지적을 받았다. 또 근무장소를 이탈해 술을 마시고 부하직원과 다투기도 했다. 결국 B씨는 수습 평가 통과기준인 70점에 못 미치는 64점을 받았고 A사는 근로계약을 해지했다.
> B씨는 "스마트폰 사용으로 업무상 지장을 초래하지 않았고, 음주도 회사 대표의 조카로 알려진 모 과장의 권유로 한 것"이라며 지방노동위원회에 구제신청을 냈고 결국 중앙노동위까지 간 끝에 '부당해고'라는 판정을 받아냈다. 그러자 A사는 소송을 냈고, 법원은 A사의 손을 들어줬다.
>
> • 법률신문 뉴스, 2016.5.10.

1. 수습기간 동안 임금을 적게 주는 것이 가능할까?

통상 회사가 근로자를 채용할 때는 처음 몇 달간은 수습기간을 두어 그 근로자가 일은 잘 하는지, 직원들과는 잘 어울리는지를 살핍니다.

수습근로자는 수습기간 동안 정식 직원의 80% 급여를 받습니다. 이렇게 수습직원에게 임금을 적게 지급하는 것이 법적으로 문제는 없을까요? 문제가 없으면 과연 그 하한선은 어디까지 일까요? 수습 직원의 임금 수준을 알아보기에 앞서 수습직원의 개념과 수습기간에 대하여 먼저 살펴보도록 하겠습니다.

2. 수습과 시용은 다른 것인가?

어떤 회사는 **수습**이라는 말을, 또 어떤 회사는 **시용** 또는 **인턴**이라는 표현을 사용합니다. 수습과 시용은 다른 개념일까요? 수습은 채용을 한 이후에 업무 습득이나 적응을 위해 사용되는 개념인데 반하여 시용은 채용이 이루어지기 전 업무 적격성을 판단하기 위한 개념이라는 점에서 양자는 약간의 차이가 있다 할 수 있습니다.

• **수습, 시용, 인턴**
비슷한 의미로 사용되는 수습, 시용, 인턴이라는 용어 중 「근로기준법」에 사용되는 유일한 용어는 수습임. 따라서 실무에서도 수습이라는 용어를 사용하는 것이 바람직함.

그러나 우리 법에서 수습이 무엇인지, 시용이 무엇인지 정의하고 있는 규정은 없습니다. 다만, 「근로기준법」에서는 수습이라는 용어를 사용하고 있습니다.

한편 우리 법원과 노동위원회는 수습과 시용을 엄격하게 구별하지 않고, 수습과 시용 모두 정식 채용 이전에 직무 능력 등을 평가하기 위한 기간으로 보고 있습니다. 결국 수습과 시용을 구별해야 할 필요성은 크게 없습니다.

구분	시 용	수 습
의의	정식채용(본채용) 이전에 업무의 적격성을 판단하기 위해 일정기간 시험적으로 고용하는 제도	근로계약을 체결 후에 업무수행능력을 습득하기 위하여 일정한 연수기간을 설정하는 제도
비고	• 당사자간 명시적 합의 요망 • 시용기간 중 해고 : 보통의 해고보다는 넓게 인정(판례)	• 최저임금 : 90% • 해고예고 적용제외

3. 수습기간, 반드시 서면으로 해야 한다!

2009년 서울행정법원은 "근로계약에 시용기간이 적용된다고 명시하지 아니한 경우에는 시용근로자가 아닌 정식사원으로 채용되었다고 보아야 한다(서울행정법원 2009.3.24. 선고 2008구합37817 판결)"는 판결을 내렸습니다.

법원은 "취업규칙 제7조 제1항은 '직원을 신규로 임용한 경우 3개월의 수습기간을 둔다. 그러나 경력전형을 통해 임용하거나 특별 전형절차를 거친 경우 수습기간을 두지 않을 수 있다.'고 규정하고 있는바, 비록 취업규칙에서 직원을 신규채용하는 경우 수습기간을 거쳐야 함을 원칙으로 하고 있더라도 예외 없이 모든 신규채용자에 대하여 일정한 수습기간을 거쳐야 하는 것으로 규정하지 아니한 이상 경력직원 또는 특별채용된 직원의 경우에는 예외적으로 개별적인 합의에 따라 수습기간의 적용 여부가 결정된다고 볼 것이지 원고 주장과 같이 경력직 신규임용 직원에 대해 수습기간을 적용하지 않기 위하여 '수습기간 면제'에 대한 명백한 합의가 있어야 한다고 볼 것은 아니다"라고 판시하였습니다.

이 판례에 따르면 회사가 수습 직원을 채용할 때에는 반드시 근로계약서에 수습기간을 명시해야 함을 알 수 있습니다.

4. 수습기간은 어느 정도 설정해야 할까?

보통 수습기간은 3개월 또는 6개월의 기간을 설정하는 경우가 많습니다. 그러나 「근로기준법」에는 수습기간에 대한 명확한 규정이 없습니다.

따라서 사장은 상당한 재량을 가지고 수습기간을 설정할 수 있습니다. 다시 말해 지나치게 수습기간을 길게 설정하지 않은 이상 법적으로 문제되지는 않습니다.

다만, 적정한 수준을 넘는 수습기간의 설정은 회사 운영에 바람직하지 않습니다. 직원들의 사기저하를 불러올 수 있기 때문입니다. 회사의 사정을 고려하여 적정한 수준의 기간을 설정해야 할 것입니다.

5. 수습기간 중 임금

수습직원의 임금은 일반 근로자에 비해 낮게 책정할 수 있습니다. 심지어 최저임금에도 미달하게 지급이 가능합니다. 법적으로 수습근로자는 최저임금의 90%만 지급하는 것이 가능하기 때문입니다. 다만, 이 경우 **계약기간**은 **1년** 이상으로 설정해야 한다는 점을 주의하기 바랍니다. 그렇다고 수습기간을 6개월, 8개월로 해서 그 기간 중 최저임금의 90%를 주는 것은 안됩니다. 수습 직원으로 3개월까지만 최저임금의 90% 지급이 가능하기 때문입니다.

> • 계약기간 1년
> 적어도 계약기간이 1년은 되어야지 3개월간 90%를 지급하더라도 근로자 보호가 가능하다는 것이 입법의 취지임.

결론적으로 1년 계약직의 경우 채용 후 3개월까지 최저임금의 90%를 지급하는 것은 가능합니다.

6. 수습기간 종료와 부당해고

수습제도와 관련하여 실무적으로 가장 문제가 되는 것은 수습기간 종료 후 근로관계가 종료되는 경우입니다.

회사는 수습제도의 취지상 수습기간 종료 후 얼마든지 근로관계 종료가 가능하다고 주장하는 반면, 근로자는 수습기간 중에는 별다른 소리가 없다가 막상 수습기간이 종료되자마자 더 이상 나오지 말라고 하는 것은 부당해고와 다름없다고 주장합니다.

이런 문제에 대해 감을 빨리 잡기 위해서는 노동위원회나 법원의 판례의 사례를 많이 익히는 게 가장 좋습니다.

- 수습기간 중 낮은 업무수행 평가결과 등을 고려하여 본채용을 거부한 것은 사용자에게 유보된 해약권의 행사로서 정당하다(중노위 2016부해77, 2016.4.12.).
- 수습기간 중 근무시간에 수시로 스마트폰을 사용하고, 부하직원과 불화를 일으킨 보안반장에 대한 근로계약 해지는 정당하다(서울행법 2015구합5832, 2015.10.15.).
- 사용자의 귀책사유로 적법한 해약권이 행사되지 못하여 시용기간 만료와 동시에 본채용된 근로자에 대해 정당한 사유 없이 본채용을 거절한 것은 부당한 해고이다(중노위 2015부해587, 2015.9.9.).
- 아파트 주민의 미화원 교체 민원에 관해 함께 근무한 사람들의 평가를 듣고 수습기간 중에 있는 미화원을 '근무 부적격'으로 해고한 것은 위법하다고 볼 수 없다(서울고법 2013누53341, 2004.6.25.).

07

일용근로자

1. 일용근로자에 대하여 잘 알고 있다?

건설 현장이나 음식점, 그리고 제조공장을 가보면 쉽게 만날 수 있는 근로자 중에 일용근로자가 있습니다. 그러나 현장을 다니다보면 정작 사업주나 관리자 중 일용근로자의 노무 관계에 대하여 정확한 정보를 가진 이는 많지 않은 것 같습니다. 대부분은 부정확한 지식을 정확한 것처럼 알고 있고 이것이 원인이 되어 종국에는 막대한 과태료가 부과되는 사례를 자주 볼 수 있었습니다.

2. 일용근로자란?

일용근로자는 「고용보험법」, 세법 등 법령마다 정의가 다르고, 실무적으로도 개인마다 조금은 다른 의미로 사용하기도 합니다.

구체적으로 살펴보면, 「고용보험법」 제2조 제6호는 "1개월 미만 동안 고용되는 자"라고 정의하고 있지만, 「소득세법 시행령」 제20조 제1항 제3호는 "근로계약에 따라 동일한 고용주에게 3월 이상 계속하여 고용되어 있지 아니한 자"를 일용근로자로 간주하고 있습니다. 고용노동부 행정해석[3]은 "근로계약을 1일 단위로 체결하고 그 날의 근로가 끝나면 사용종속관계도 끝나 계속고용이 보장되지 않는 자"라고 말하기도 합니다. 이렇듯 일용직에 대한 정의는

3) 근기 1451－12200, 1983.5.12.

참으로 다양합니다.

그렇기 때문에 일용직은 관련 문제가 생길 때마다 그에 맞는 정의를 찾아 적합한 해석을 해야 합니다. 예컨대, 일용근로자의 세금처리를 할 때에는 세법상 정의에 따르고, 각종 4대 보험과 관련한 문제에 있어서는 「고용보험법」 등 관련 법령을 살펴야 할 것입니다. 또한, 휴일, 휴가, 퇴직금 등의 문제가 생긴다면 상용근로자와 다를 바 없어 「근로기준법」을 적용할 수 있을 것인지 실질적인 근로관계를 검토해야만 합니다.

이하에서는 일용직 근로자와 관련하여 주로 문제가 되는 부분에 대하여 자세히 살펴보도록 하겠습니다.

3. 일용근로자 급여처리

일용근로자의 경우 일 10만원까지 비과세됩니다. 이때의 일용근로자는 세법에 따라 3개월 이상 계속 고용되어 있지 않은 자를 의미합니다.

한편, 일당이 10만원을 넘더라도 소액부징수제도에 따라 일당 13만 7천원까지는 세금이 부과되지 않습니다. 소액부징수제도란 1,000원 미만의 소액 세금을 징수하지 않는 제도를 뜻하는데, 13만 7천원까지는 소득세가 999원이기 때문에 세금이 징수되지 않는 것입니다.

다만, 1일 단위로 일당이 지급되는 것이 아니라 몇 일 또는 몇 주의 일당을 한 번에 지급하는 경우에는 소액부징수제도가 적용되지 않습니다. 1,000원 이상의 소득세가 발생하기 때문입니다.

4. 일용근로자 4대 보험

일용근로자의 4대 보험 가입 여부는 건강보험과 국민연금이 문제가 됩니다. 고용보험 및 산재보험과 달리 건강보험과 국민연금은 근무 기간과 근무 시간에 따른 예외가 존재하기 때문입니다.

건강보험과 국민연금은 1개월 이상 근무하는 경우에만 가입 대상이 됩니다. 즉, 1개월 이상 고용된 근로자는 4대 보험에 전부 가입되어야 하지만, 1개월 미만 고용된 근로자는 고용보험 및 산재보험만 가입되는 것입니다.

또한, 건강보험과 국민연금은 근무시간이 월 60시간 미만인 초단시간 근로자인 경우에는 가입대상에서 제외하고 있습니다. 이상의 내용을 정리하면 다음과 같습니다.

〈4대 보험 적용제외〉

구 분	내 용
국민연금	1개월 미만 가입 제외, 월 60시간 미만 가입 제외
건강보험	1개월 미만 가입 제외, 월 60시간 미만 가입 제외
고용보험	해당 없음
산재보험	해당 없음

일용직 근로자의 4대 보험 가입여부는 먼저 1개월 이상 고용된 것인지, 고용되었다면 월 근무시간이 60시간 이상인지를 따져봐야 하겠습니다.

5. 일용근로자의 휴일 · 휴가

엄밀히 말하면 일용근로자는 1일 단위로 근로관계가 끝나는 자여야 합니다. 그러나 실제로는 급여만 일당 형식으로 책정되고 짧게는 1개월에서 길게는 1년 이상 출퇴근을 반복하는 경우가 많습니다.

일용근로자라 하더라도, 일정한 기간 동안 사용이 예정되어 있다면 유급 주휴일과 법정 휴가가 부여되어야 합니다.

고용노동부 역시 “일용근로자라 함은 근로계약을 1일 단위로 체결하고 그 날의 근로가 끝나면 사용종속관계도 종료되어 계속근로기간이 단절되는 것이나, 일용근로자라 하더라도 같은 형태로 계속 반복하여 사용하였을 때에는 통상 근로자와 같이 휴일 및 휴가가 발생된다(근로개선정책과-1870, 2012.3.20.)”고 하여 이를 분명히 하고 있습니다.

만약 일당을 받는 근로자가 수개월 동안 상용근로자와 유사하게 출퇴근을 했다면, 주휴수당과 월 단위 연차휴가수당을 청구할 수 있습니다. 사업장에서는 이러한 노동법적 부분까지도 고려하여 일용근로자를 사용해야 하고, 일용근로계약서 작성 시에도 관련된 사항을 충분히 고려해야 합니다.

6. 일용 근로자 퇴직금

상기한 휴일 · 휴가와 마찬가지로, 일용근로자의 근로제공기간이 1년 이상이었다면 퇴직금도 지급해야 합니다.

고용노동부는 “국민학교의 일용조리사 보조원이 방학으로 인하여 일정기간 근로의 제공이 없었다 하더라도 개학과 동시에 근로를 제공하는 형태가 수년간 계속되어 왔음이 인정된다면 별단의 사유가 없는 한 동 근로관계는 유지되고 있었다고 보며, 근속연수라 함은 재직기간을 의미하는 것이므로 비록 일용직 근로자라 할지라도 고용관계가 중단 없이 유지되었다면 방학기간 중 자유업 종사여부에 불구하고 근속연수가 1년을 경과한 조리사 보조원은 퇴직금 지급대상이 된다”는 입장을 취하고 있습니다(임금 32240-426, 1992.5.28.).

일용근로자의 퇴직금지급 여부는 지속적인 고용이 이루어졌는지 실질적인 근로제공 양태를 살펴보아야 합니다. 실무적으로는 최초 근무일부터 최종 근무일을 기준으로 15시간 이상 근무한 주가 52주 이상이면 퇴직금을 지급하도록 하고 있습니다.

예화로 풀어보는 기업노무

제갈량 VS 조조

삼국지에서 주인공 2명을 꼽으라고 하면 제갈량과 조조를 꼽는 사람이 많습니다. 책속에서 제갈량은 지와 덕을 갖춘 천하제일의 전략가로, 조조는 간사한 꾀로 천하를 통일하는 협잡꾼으로 묘사됩니다. 그러나 최근에 들어서는 이와는 사뭇 다른 평가들이 나오고 있습니다. 지금부터 노무적인 관점에서 이 두 사람에 얽힌 이야기를 한번 해보도록 하겠습니다.

조조의 수하에는 뛰어난 군사와 장군이 헤아릴 수 없을 만큼 많았습니다. 그 반면에 제갈량의 수하에는 오호대장 외에 쓸 만한 인재가 없었습니다. 이렇게 된 데에는 제갈량의 인사철학이 결정적이었다고 합니다. 위나라 군사 사마의가 제갈량을 평가한 아래 글에서 우리는 제갈량의 인사 철학을 알 수 있습니다.

"제갈량이 충신이요 뛰어난 전략가인 것은 사실이오. 단지 남을 믿지 못하는 것이 커다란 흠이지. 그는 지나치게 세심해서 모든 일을 자신이 직접 관장하려 드는 것이 문제요. 이처럼 남을 믿지 못하는 태도는 윗사람이 가져야 할 자질이 아니오. 게다가 식사를 조금밖에 하지 않는다니, 어떻게 장수할 수 있겠소"

축구에 비유하자면 제갈량은 개인기는 출중하지만 동료들과 조화를 이루지 못해 우승 문턱에서 좌절한 비운의 천재 스트라이커라 할 수 있습니다. 반면 조조는 평균 이상의 개인기를 지니고 있으면서 적재적소에 골 배급을 해주어 동료들의 골을 돕는 불세출의 미드필더라고 할 수 있습니다.

안타깝게도 우리들이 방문하는 회사의 사장들은 대부분 제갈량 류의 사람들입니다. 대부분 자수성가한 사람들이어서 모든 일을 본인이 아니면 안 된다고 생각하기 때문입니다. 그래서 본인의 프레임에 갇혀서 넓은 시각에서 인재를 보지 못하게 되고, 그 결과 적재적소에 유능한 인재를 활용하지 못하는 악순환을 반복합니다.

따라서 여러분은 사장들과의 면담에서 이런 이야기를 나누어야만 합니다.

"사장님, 개인에서 법인으로 전환하시고 회사 매출도 30~40억이 넘으셨네요. 정말 대단하시고 존경스럽습니다. 아마 저 같은 평범한 사람이었다면 이런 일은 꿈도 못 꾸었을 겁니다. 그런데 사장님, 이제 회사도 어느 정도 기반을 잡았으니 지금부터는 회사 전체적인 인력운영에 변화를 줘야 할 시점인 것 같습니다. 말하자면 지금까지는 양적 성장에 방점을 두고 경영을 하셨다면 지금부터는 질적 성장, 즉 관리에 중점을 두고 경영을 하셔야 할 시점입니다.

고 호암 이병철 삼성 회장도 창업보다 수성이 어렵다고 하였습니다. 지금부터는 팀장들을 잘 활용하십시오. 모든 것을 사장님이 일일이 다 챙기려 하지 마시고 이제는 팀장들에게 조금씩 나누어 주셔서 그들이 책임지고 일할 수 있는 분위기를 조성하십시오. 그래서 일 잘하는 팀장은 포상도 하고 승진도 시키십시오. 반대로 일 못하는 팀장에게는 그만큼 채찍도 가하십시오. 이것이 우리 사장님, 직원, 회사 모두가 10년 뒤에도 웃을 수 있는 유일한 방법입니다. 그러기 위해서는 지금부터 회사 규정도 갖추어두시고 직원들 교육도 하시고 직원 휴게실도 마련하셔서 책도 좀 꽂아 두십시오. 유명한 심리학자가 이런 말을 하였습니다.

'한평생을 살아가면서 우리들은 충동구매는 자주 하지만 충동선행이나 충동성공은 못합니다.'

정말 그런 것 같습니다. 사장님, 이렇게 우리 회사를 발전시키는 좋은 일들은 충동적으로는 절대 일어나지 않습니다. 지금부터 차근차근 준비하셔야 합니다. 저에게 기회를 한번 주시겠습니까?

Chapter 4

도대체 누가 근로자죠?

01

고용형태 정리

1. 효과 만점 고용형태 이야기

일선 현장을 방문해보면 프리랜서와 계약직근로자, 아르바이트와 일용직 근로자 등 고용형태에 관하여 잘못 알고 있는 사업주를 만날 때가 많습니다. 그런 사업주에게 고용형태별 법적 효력에 있어 차이점을 설명하다보면 생각보다 큰 고마움을 표시하는 것에 놀랄 때가 자주 있었습니다. 바로 이런 점에 착안해서 이 장은 서술하게 되었습니다.

2. 한눈에 보는 고용형태별 근로자 정리

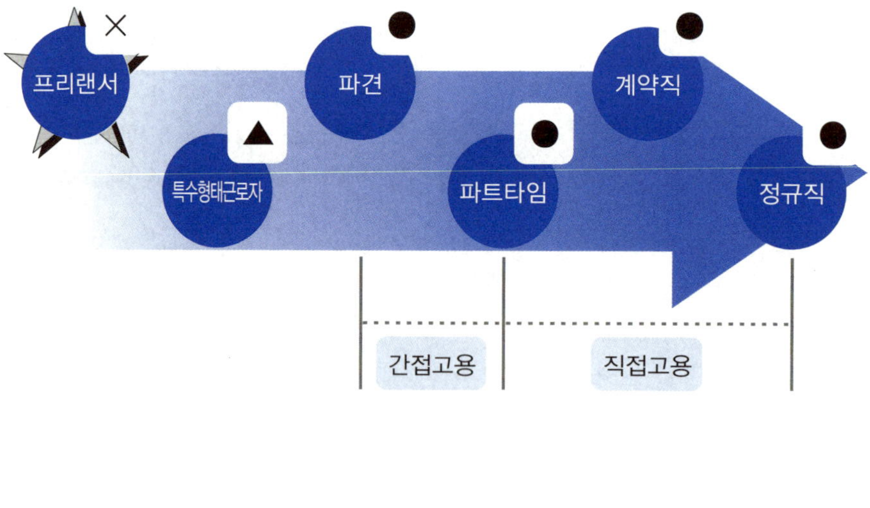

이 그림 한가지로 우리 FC분들이 방문하는 거의 모든 사업장에 종사하는 직원들에 대한 설명을 할 수 있다고 자부합니다.

그림에 대한 설명을 하자면 이렇습니다. 표에는 총 6가지의 고용형태가 등장합니다. 좌측에서부터 ① 프리랜서, ② 특수형태근로자, ③ 파견근로자, ④ 파트타임근로자, ⑤ 계약직근로자, ⑥ 정규직근로자가 위치합니다. 순서도 중요합니다. 왜냐하면 좌측에서 우측으로 갈수록 고용안정성이 높아지기 때문입니다. 그러한 의미로 화살표가 그려져 있습니다[1].

6개 동그라미 우측상단에는 ×표, △표, ○표가 적혀있습니다. 이것은 그 고용형태가 근로자로 인정될 수 있는지 여부에 대한 답을 적어 놓은 것입니다. 다만, ×표로 되어 있는 프리랜서와 관련하여서는 개별 상황에 따라 다른 판단이 내려지고 있는 상황이라서 다음 장부터 자세히 알아보도록 하겠습니다.

○표가 적혀진, 즉 근로자로 인정되는 경우가 총 4가지 형태인데 이것을 또 2가지로 구분해 볼 수 있습니다. 바로 직접고용과 간접고용문제인데 전자가 파트타임, 계약직, 정규직 근로자이고 후자가 파견근로자입니다. 직접근로자는 그 회사가 모든 사용자책임을 부담하는 고용형태인 반면, 간접근로자는 사용자책임을 사용사업주(보통 일반 회사)와 파견사업주(파견회사)가 함께 부담하는 고용형태입니다.

3. 노무영업의 출발과 끝, 고용형태 이야기

위 그림에 대하여 이해를 충분히 하신 분은 이제 곧 놀라운 경험을 하게 될 것입니다. 그건 바로 어느 순간 본인이 사장과 함께 앞으로 인력을 어떻게 운영할 것이고, 어떤 인력을 채용할 것인지에 대한 경영전략이야기를 나누게 된다는 사실입니다.

고용형태별 근로자의 법적 요건과 효과에 대하여 정확한 지식이 생긴다면

---

1) 화살표를 자세히 보면 프리랜서 부분에는 색깔이 거의 없습니다. 이는 프리랜서가 근로자성이 없음을 상징적으로 나타내주는 것이라 할 수 있습니다.

그 사업장의 현재 모습에 대한 점수가 나옵니다. 예컨대 A 사업장에는 프리랜서가 적당한데 왜 프리랜서를 고용하지 않을까, B 사업장에는 파트타임 근로자가 서너명 채용하면 정말 좋은 것 같은데 왜 고용하지 않을까라는 생각을 자연스럽게 하게 됩니다. 이런 고민은 자연스럽게 정부지원금 이야기로 전개됩니다.

단편적인 노무지식을 앵무새처럼 전달하는 FC와 자신과 경영전반에 대한 이야기를 자연스럽게 나누면서 인력운영 형태에 대한 밑그림을 그리면서 정부지원금까지 이야기하는 FC 가운데 누가 사장의 마음을 가져갈 것인지는 쉽게 그 답을 예상할 수 있는 질문입니다.

02

★★★

더욱 중요해진 **근로자성 판단 문제**

2016.4.21. 대법원은 채권추심회사인 중앙신용정보 전 직원 김모씨 등 세 명이 회사를 상대로 낸 퇴직금 청구소송 상고심에서 채권추심원의 근로자 성격을 부인한 원심을 깨고 원고 승소 취지로 사건을 서울중앙지방법원으로 돌려보냈다고 21일 밝혔습니다.

대법원은 "김씨 등은 반복적 재계약 또는 기간연장 합의를 통해 약 3~5년간 채권추심원으로 근무해 업무의 계속성이 있었고, A사로부터 불이익을 받지 않기 위해 조기출근, 야근, 토요일 근무 등 각종 조치에 따를 수밖에 없었으며 김씨 등이 받은 보수는 성과급형태로만 지급됐지만 이는 채권추심업무의 특성에 의한 것일 뿐 임금이 아니라고 볼 수 없다"고 설명했습니다.

아울러 대법원은 "A사와 김씨 등이 맺은 계약이 위임계약처럼 돼 있지만, 실질은 임금을 목적으로 종속적 관계에서 근로를 제공한 근로계약관계로 김씨 등은 「근로기준법」 적용대상인 근로자에 해당한다"고 판단했습니다.

• 2016.4.21. NEWS 1 뉴스

1. 점점 확대되고 있는 근로자 인정 범위

기사에서 볼 수 있듯이 예전에는 근로자성 여부가 애매했던 채권추심원과 같은 직역들도 이제는 근로자로 인정받는 시대가 되었습니다.

최근 몇 년간 프리랜서의 대표격으로 통했던 채권추심원에 대한 판례 변천을 살펴봄으로써 우리 법원의 전반적인 입장 변화에 대하여 살펴보도록 하겠습니다.

카드회사로부터 채권회수 업무를 위임받아 수행하는 채권추심원은 임금을 목적으로 종속적인 관계에서 카드회사에 근로를 제공한 근로자에 해당한다.

• 대법원 2008.5.15. 선고 2008두1566 판결

회사와 계약을 맺고 채권추심업무를 수행하여 온 자는 「근로기준법」상의 근로자에 해당하지 않는다.

• 대법원 2009.5.14. 선고 2009다6998 판결

출퇴근 시간 없이 자율적으로 업무를 수행하고 고정급여 없이 채권회수 실적에 따른 성과수수료만을 지급받는 채권추심원들은 「근로기준법」상의 근로자로 보기 어렵다.

• 대구지방법원 2014.1.17. 선고 2013가합6210 판결

채권추심업체에서 일하는 채권추심원도 「근로기준법」상 근로자에 해당한다.

• 대법원 2015.7.9. 선고 2012다79149 판결

계약의 형식은 위임계약처럼 되어 있지만 그 실질은 근로계약관계라고 봄이 상당한 채권추심원은 「근로기준법」 적용대상인 근로자에 해당한다.

• 대법원 2016.4.15. 선고 2015다252891 판결

이상에서 알 수 있듯이 법원은 그동안 근로자성 문제 있어서 긍정하는 판결과 부정하는 판결을 엇갈려 내리다가 최근 들어서는 일관되게 긍정하는 입장으로 돌아선 양상을 보이고 있습니다.

2. 노무영업과 밀접한 관련이 있는 근로자성 문제

근로자성 인정에 있어 법원의 인정 범위가 넓어지는 추세라면 마땅히 회사에서는 이에 대하여 현실성 있는 대책을 강구해야 할 것입니다. 예컨대 근로자들의 근무형태에 대한 변경을 가하여 더 이상 "지휘감독"이라는 요건을 충족시키지 않도록 해야 할 것입니다.

그러나 문제는 기업들이 고용체계를 갑자기 바꾸는 게 생각만큼 쉽지 않고 대부분 사업장에서는 그 리스크를 끌어안고 간다는 점입니다.

「근로기준법」상 근로자로 인정되면 임금, 퇴직금, 연장/야간/휴일수당, 4대 보험(국민연금 · 건강보험 · 고용보험 · 산재보험) 등의 적용을 받게 되기 때문에 회사의 부담은 엄청나게 높아집니다.

바로 이런 점들에 대한 정확한 상황설명과 그에 대한 대책을 마련토록 설명하는 것에서부터 노무영업은 시작됩니다.

3. 노무영업의 재료가 되는 직업군

그렇다면 구체적으로 이와 같은 근로자성 인정문제가 첨예하게 다투어지고 있거나 다투어질 개연성이 높은 직업군이 어떤 분야일까요? 아래 표는 사업체를 방문하러 갈 때 근로자성 여부가 문제될 수 있는 직업군을 정리한 것입니다.

1등 FC는 아래 표를 보고 이런 식의 전략구상을 합니다.

> "오늘 내가 방문하는 사업장에서 근로자성이 문제되는 직업군은 이런 이런 직업군 정도이군. 그렇다면 이런 직원들에 대하여 현재 사장이 어떤 식으로 노무관리를 하고 있는지를 중점적으로 물어봐야겠어. 그리고 만약 부족한 점이 있다면 한번쯤 점검해 볼 수 있도록 말해주어야겠군."

<table>
<tr><th colspan="2">업 종</th><th>근로자성 인정 여부가 다투어질 수 있는 직업군</th></tr>
<tr><td colspan="2">공통</td><td>등기이사</td></tr>
<tr><td rowspan="8">세부 업종</td><td>의료서비스</td><td>간병인, 병원 코디네이터, 요양보호사</td></tr>
<tr><td>금융</td><td>채권추심원</td></tr>
<tr><td>백화점, 유통사업</td><td>텔레마케터, 가전제품 설치기사, 매장매니저, 정수기 방문관리직</td></tr>
<tr><td>벤처사업</td><td>계약건수별로 수당을 지급하는 영업사원</td></tr>
<tr><td>프랜차이즈사업</td><td>(본사와 영업위탁계약직으로 체결한) 영업수탁자, 미용사, 매니저</td></tr>
<tr><td>교육사업</td><td>입시학원 강사, 미술·음악·미용학원 강사, 방과 후 학교 강사, 지입제 학원차량기사</td></tr>
<tr><td>화물운송</td><td>지입제 트럭 운전기사, 택배기사</td></tr>
<tr><td>기타사업</td><td>휴대폰 매장 판매사원, DM영업직원, 통계조사원, 애견미용사, 방송사 드라마제작국 외부제작요원</td></tr>
</table>

03

★★★

근로자성 판단 비법

1. 정말 시간이 없는 FC 用

스스로 생각하기에도 공부 시간이 턱없이 부족한 FC는 아래 판례만 보시고 틈틈이 '2.', '3.' 부분을 참고하시기 바랍니다.

> 근로소득세가 아닌 사업소득세를 원천징수 당하였고 4대보험에 근로자로서 가입되어 있지 않았다는 사정만으로 근로자에 해당하지 않는다고 할 수는 없다.
>
> • 대법원 2008.9.11. 선고 2008다27035 판결

보험설계사처럼 사업자등록증을 가지고 있고, 기본급이 전혀 없는 직업군을 제외하고는 일단 근로자로 생각하고 상담하십시오. 즉, 업체 사장이 몇 가지 이유(4대보험 미가입, 3.3% 사업소득세 공제, 일부 성과급 지급 등)를 제시하며 "퇴직금을 안줘도 되지 않느냐?"라고 말하면 "그러시면 나중에 노동청 가셔서 큰일납니다. 사장님!"이라고 자신있게 말하십시오. 그리고 돌아와서 아래 적힌 부분을 읽으면서 정리해보기 바랍니다.

2. 어느 정도 시간이 있는 FC 用

앞서 설명한 대로 일단은 근로자로 생각하고 상담을 하지만, 그렇다고 덮

어놓고 무조건 근로자로 생각할 수만은 없습니다. 왜냐하면 정말 프리랜서로 인정되어야 하는 사람도 있기 때문입니다.

이해를 돕기 위해서 비슷한 일을 하지만 근로자성 인정 여부에서 상반된 평가를 받는 두 직업군을 예로 들어 설명하도록 하겠습니다.

판단기준	LPG가스배달원	퀵서비스배달기사
① 업무내용 지정 여부	○	○
② 취업규칙 적용 여부	× (무단결근 또는 작업거부시 별도의 징계는 없고 근로계약 해지사유가 됨)	× (지각, 결근시 제재 없이 3회 무단결근시 계약해지)
③ 업무수행 지휘감독	○	×
④ 근무시간, 장소 구속	○ (출퇴근시간이 정해져 있고, 회사측에서 지정한 장소에서 대기)	△ (근로시간이 형식적으로 정해져 있을 뿐 이에 엄격하게 구속되지 않고, 다만, 회사 사무실에서 대기)
⑤ 업무 대체성	○	–
⑥ 보수의 대상성	○ (근로계약서상 근로자성 및 임금성을 인정)	×
⑦ 기본급 유무	× (기본급 없이 실적에 따라 지급)	×
⑧ 사용자에의 전속성	○	○ (사직서 제출)
⑨ 다른 법령상의 근로자성	×	×
⑩ 비품·원자재·작업도구 소유관계	△ (차량은 배달원 소유이고, 계약상은 소요경비를 배달원이 부담토록 하고	× (오토바이는 배달기사의 소유이며, 배달수행상의 소요경비 및 사고에 대한

판단기준	LPG가스배달원	퀵서비스배달기사
	있으나 근로계약시 차량유지비를 포함하여 단가를 책정)	책임도 부담)
종합적 판단	○	×

앞으로 근로자성 문제에 대한 상담을 진행함에 있어서는 상기 표의 내용들을 참고하기 바랍니다. 다만, 이 문제는 상당히 중요한 법적쟁점으로 부각될 수 있기에 전문가와의 심층적인 상담을 반드시 진행할 것을 추천합니다.

3. 상대적으로 시간 여유가 있는 FC 用

지금까지의 지식을 토대로 조금 더 많은 사례들을 간단하게 살펴봄으로써 여러분들의 노무에 대한 "촉", "감"을 키워보도록 해보겠습니다.

- 지입차주가 자신명의로 사업자등록을 하고 자기 책임하에 개인운송 사업을 한다면 근로자로 볼 수 없다(대법원 2000.10.6. 선고 2000다30240 판결).
- 광고유치의 객관적 업무실적에 의해 지급 여부 및 지급액이 결정된다면 임금을 목적으로 근로를 제공한 근로자라고 볼 수 없다(신문사 광고국 부국장 사건)(서울행정법원 2001.2.1. 선고 2000구12453 판결).
- 학원 강사들이 사업자등록을 하고 매월 사업소득세를 원천징수하였다는 사정만으로 근로자성을 부정하여서는 안 된다(서울중앙지법 2009.1.14. 선고 2008가합5589 판결).
- 학원 강사의 위촉계약서에 개인사업자로 명시됐다 해도 종속적인 관계에서 근로를 제공했다면 「근로기준법」상 근로자에 해당한다(서울행정법원 2006.11.21. 선고 2006구합22286 판결).
- 미용학원 강사가 「근로기준법」상 근로자에 해당한다(대법원 2007.9.7. 선고 2006도777 판결).

- 업무에 대해 구체적인 지휘·감독을 받지 않았고 취업규칙, 인사규정 등 복무규정을 적용받지 않은 채권추심원은 「근로기준법」상 근로자로 보기 어렵다(서울행정법원 2012.3.22. 선고 2011구합2163 판결).
- 검침이나 송달 업무를 담당하는 위탁원들도 임금을 목적으로 종속적인 관계에서 근로를 제공하는 「근로기준법」상의 근로자에 해당한다(대법원 2014.11.13. 선고 2013다77805 판결).
- 개별적으로 세무서에 사업소득자로 신고·등록되어 있다는 사정만으로 근로자가 아닌 자로 보기는 어렵다(근로기준과-22, 2003.12.31.).
- 정수기 방문관리직(코디)도 임금을 목적으로 하는 종속적인 근로관계에 있었다면 근로자로 보아야 한다(서울중앙지법 2004.11.5. 선고 2003가합61868 판결).
- 간병인은 「근로기준법」상 근로자로 보기 어려운 요소들이 일부 있음에도 불구하고, 병원측에 의해 간병인의 소정근로일, 근로시간, 간병해야 할 환자 등이 결정되는 등 병원 측의 상당한 지휘·감독으로부터 완전히 자유롭다고 보기 어렵고, 간병인들에게 지급된 보수가 근로자체의 대상적 성격을 가진 것으로 보이며, 간병업무 제공으로 인한 이윤의 창출, 손실의 초래 등 위험을 간병인들이 아닌 병원측이 안고 있으며, 과거 일부 간병인이 병원 소속 근로자로 근무하였을 당시와 그 신분만 변동되었을 뿐 동일한 장소에서 동일한 근로조건하에 동일한 업무에 종사하고 있는 점 등을 종합적으로 판단하였을 때 귀 질의상 간병인은 「근로기준법」상 근로자로 보아야 한다(근로개선정책과-2981, 2011.9.9.).
- 영업업무 수행과 관련하여 사용자의 상당한 지휘·감독을 받고, 회사의 규정을 적용받으며, 스스로 제3자를 고용하여 업무를 대행케 할 수 없는 영업직사원은 「근로기준법」상 근로자로 볼 수 있다(근로개선정책과-2950, 2011.9.8.).
- 차량임대차계약을 체결하고 10년 이상 학원에서 근무를 계속한 학원 차량기사는 근로자에 해당한다(울산지방법원 2013.8.30. 선고 2013고단515 판결).

- ○○기획부동산 업체 '텔레마케터'의 경우 회사 제공(소유) 토지를 전화나 상담을 통해 판매하는 업무를 주로 수행하고 있고 근무장소와 시간이 특정되어 있다 하나 이는 통신판매의 특성상 판매 효율성을 높이기 위한 것으로 고객유치에서 계약체결에 이르기까지의 업무수행을 본인의 판단에 의해 독립적으로 행하고 있어 구체적이고 개별적인 지휘·감독을 받는 것으로 보기 어렵다 할 것이며, 또한 근무일에 따라 고정급을 지급받고 있으나 이는 일종의 판매 활동비 명목으로 사업소득으로 신고하며, 주된 수입원은 토지를 판매하고 지급받는 고액의 판매수당이므로 텔레마케팅 종사 근로자는 기존 노동부 유권해석(노조 68107-874호, 2001. 8.2.) 등과 같이 사용종속관계에서 근로를 제공하는 근로자에 해당하지 않는 것으로 판단된다(적용팀-6107, 2006.12.21.).

04

물류센터 에어컨 설치기사의 근로자성 문제

A사 에어컨 설치기사 김씨. 오늘도 자신의 차량을 운전하여 물류창고로 가서 복장을 착용하고 팀장의 간단한 지시를 받은 후 예정된 고객주소지를 방문하여 에어컨 설치를 합니다. 에어컨 설치가 끝나면 PDA로 회사에 설치완료보고, 대기시간, 현재위치 등을 보고합니다. 점심은 설치 스케줄이 없는 빈 시간에 혼자서 먹는 경우가 대부분입니다. 그리고 퇴근은 특별히 회사에 들어가지 않고 PDA로 업무종료시각을 입력한 후 퇴근하지만 대체로 저녁 7시에서 8시 사이에 퇴근합니다. 보수는 기본급 없이 에어컨 종류별 설치건수에 따라 미리 정해진 수수료율에 따라 지급되고 근로소득세가 아니라 3.3% 사업소득세를 내고 있으며 4대보험에는 가입되어 있지 않습니다.
김씨가 근로자일까요?

1. 최근 노동시장의 고용형태

우리 주변에는 김씨처럼 근로를 제공하고 보수를 지급받는 사람이 의외로 많습니다. 최첨단의 통신기술과 신자본주의가 이룩한 노동시장의 단면이라고 할 수 있습니다. 이런 형태의 JOB은 에어컨설치, 의료기수리, 프랜차이즈 매장관리, 교육 등 분야를 특정할 수 없을 만큼 광범위한 영역에 걸쳐 이루어지고 있습니다. 그에 비례하여 이런 업무에 종사하는 사람들의 근로자성 문제 역시 중요한 노동이슈로 부각되고 있습니다.

2. 근로자성 여부가 왜 중요하죠?

근로자로 인정되어야만 비로소 「근로기준법」의 적용을 받기 때문에 **근로자성 여부**는 엄청나게 중요합니다. 다시 말해 사장은 근로자로 인정되는 직원에 한해서만 노동법상 법적 의무가 발생합니다. 근로자성 인정 여부에 따라 구체적으로 달라지는 점들을 정리하면 아래 표와 같습니다.

> • 근로자성 여부 문제
> 월드컵 예선을 통과해야지만 본선경기에 나설 수 있듯이 근로자성이 인정되어야지 여러 가지 노무이슈가 논해질 수 있음.

구 분	근로자성이 인정되는 경우	근로자성이 부정되는 경우
퇴직금	○	×
연장/야간/휴일수당	○	×
최저임금적용	○	×
연차수당	○	×

3. 사례 해결

일견 사장 입장에서는 대부분의 일을 외부에서 행하고 업무를 함에 있어서 구체적인 지휘감독을 받지 않으며 4대보험 조차 가입하지 않는 김씨를 근로자로 생각하지 않을 수 있습니다.

바로 여기에 문제점은 도사리고 있습니다. 사장은 재직기간 동안 김씨가 프리랜서라고 철썩 같이 믿고 있었는데 나중에 노동청에 가보니 김씨가 근로자이므로 퇴직금을 지급하라고 할 수 있습니다. 청천벽력 같은 이 말에 사장은 아픈 가슴을 부여잡고 노무법인에 전화를 해서 물어봅니다. "도대체 이게 말이 됩니까? 이제 어떻게 하면 됩니까?"

먼저 김씨의 사례에 대해서 노동청은 어떻게 해석을 했는지 알아볼까요?

> ① 에어컨 설치 상황(도착, 대기, 완료 등)에 대해 PDA로 보고하는 점, ② 07 : 30까지 물류센터로 출근하여 지정복장착용, 장비점검, 친절안전교육을 실시하는 점, ③ 교육 후 각 팀장이 운송시간 등에 대하 업무지시를 한 점에서 근로자로 인정할 요소도 있으나,
> ① 물류센터와 설치 도급계약을 체결, ② 일찍 끝나는 경우 업무종료를 알리고 현장에서 업무종료, ③ 에어컨 설치를 위한 간단한 업무지시외 사용자로부터 구체적인 지휘 · 감독이 없는 점, ④ 기본급이나 고정급 없이 설치건수에 따라 급여가 지급되고 보조기사와 알아서 배분, ⑤ 본인 소유의 업무차량, PDA 등 설치도구 소유, ⑥ 사업장의 취업규칙 미적용, ⑦ 4대보험 미가입 및 근로소득세 미납부, ⑧ 설치비용은 전액 입금하고 별도 추가 비용은 기사가 직접 수령하는 점 등을 고려하면 근로자로 보기 어려울 것으로 사료됨.
>
> • 근로조건지도과 - 778, 2009.2.9.

사례에서 노동청은 김씨의 근로자성을 부인하였고, 이에 따라 사장은 김씨에게 퇴직금이나 연장, 야간, 휴일수당을 지급할 의무가 없습니다. 이 부분에서 핵심은 결론(근로자이냐 아니냐)이 아니고, 어떤 점에서 근로자로 인정될 수 있고 어떤 점에서 부인될 수 있는지를 아는 것입니다.

05

미용학원 강사의 근로자성 문제

1. 구체적인 사실관계

미용학원 강사의 근로자성 문제를 알아보기 위하여 2006년 법원에서 진행된 실제 사건을 자세히 다루도록 하겠습니다. 사실관계는 다음과 같습니다.

미용학원 원장과 강사는 아래 내용이 들어간 강사위촉계약서를 작성하였습니다.

> 1조. 갑은 을을 연봉계약직으로 채용하며 이에 따른 근로계약을 체결한다.
> 4조. 이 계약의 유효기간은 2002.7.13.부터 2003.6.12.까지로 한다. 을이 갑이 요구하는 준수사항을 위반하거나 업무계약을 위반하여 계속근로가 불가능한 경우를 제외하고는 전항의 계약기간은 변경되지 아니한다.
> 5조. 계약기간 중 을의 총근로에 대한 보수총액은 금 14,400,000원으로 한다.

학원에는 헤어강사 2명, 네일아트 강사 1명, 피부관리 강사 1명, 메이크업 강사 분야별로 강의를 맡고 있었고, 강의종목과 강의시간 및 강의장소 등은 모두 원장이 지정하였습니다.

피부관리 강사들은 상시 개설된 강좌를 전담하였는데, 처음 1년간은 월요일부터 금요일까지 매일 출근하여 하루 6시간씩 강의를 하였고 그 이후에는 1주일에 3일(월 · 수 · 금요일), 하루 9시간씩 강의를 하였으며, 출근시각은 오전

9시 30분, 퇴근시각은 오후 7시로 되어 있었으나(수사기록 12면의 입사계약서), 강의가 저녁 9시 30분에 끝나므로 매월 특근수당 50,000만원을 추가로 지급받았고 이와 별도로 주임강사로서 매월 직책수당 50,000원을 지급받았습니다.

매월 주 3회 3시간씩 강의를 하는 것을 하나의 단위(time)로 보아 단위당 400,000원의 비율로 강사료를 정하였고(위 공소외인의 경우 퇴직 당시 월 1,200,000원이다), 수강생이 없어 폐강되는 경우를 제외하고는 수강 인원이 적더라도 위 금액을 지급하였으며 수강 인원이 아무리 많더라도 위 금액 이상은 지급되지 아니하였습니다.

원장은 강사들에게 별다른 설명도 없이 사업소득세를 원천징수하고 건강보험, 국민연금, 고용보험 등에 위 학원의 사업장 근로자로 가입시키지 아니하는 등 임의로 근로자의 지위를 부정하는 일방적인 조치를 취하기 시작하여 나중에 채용하는 강사들에 대하여는 "근로소득세를 원천징수치 않고 사업소득세 및 주민세 3.3%를 관할세무서에 납부한다. 본 학원은 자유직업 소득자로 분류하여 4대보험 가입 의무가 없으며 퇴직금 또한 따로 지급하지 아니한다(제3조)."는 내용이 포함된 **강사위촉계약서** 양식을 사용하였습니다.

> • **강사위촉계약서**
> 학원에서 근로자성을 부인하기 위하여 작성하는 강사위촉계약서 대부분은 별다른 기능을 하지 못하고 있음.

한편 피고인은 강사들을 채용할 때 강의진행표를 작성 · 제출하라고 요구하여 모두 제출받았으며, 강사들로 하여금 출근부에 출 · 퇴근 시각을 기재하게 하거나 자동 체크리스트기를 구입하여 출 · 퇴근 관리를 하였다. 공소외인 등 일부 강사들은 출근부 기재를 소홀히 하기도 하였으나 상당수의 강사들은 자필로 자신들의 출 · 퇴근 시각을 꼼꼼히 기재하였고 그에 의하면 대부분의 강사들이 거의 매일 아침에 출근하여 저녁에 퇴근한 것으로 되어 있습니다.

2. 위 사례가 중요한 이유

원심인 대전지법 2006.1.12. 선고 2005노2353 판결에서 강사들의 근로자성을 부인하였지만, 대법원 2007.9.7. 선고 2006도777 판결에서는 이를 뒤집어서 근로자성을 인정하였기 때문에 이 사안은 근로자성 여부를 판단함에 있어 우리 FC들에게 아주 중요한 시사점이 된다 할 것입니다.

대전지법 입장	대법원 입장
1. 강의 일정에 따라 강사들의 근무시간이 변경 2. 기본급은 강사들의 강의시간에 비례하여 지급되는 것으로서 담당과목과 강의시간에 따라 일정하지 않았음. 3. 수강생이 없으면 담당과목을 폐강시키고 강사료도 지급하지 않았음 4. 강사들은 자신들의 강사료 수입에 대해 근로소득세가 아닌 사업소득세를 납부 5. 강사들은 건강보험, 국민연금, 고용보험, 산재보험 등 이른바 '4대보험'에 위 학원의 사업장 근로자로 가입되어 있지 않았음. 6. 학원은 강사들에게 복무 · 징계 등에 관한 취업규칙, 복무규정, 인사규정 등 일체의 규정을 정하지 않았음.	최근에 급격하게 증가하고 있는 시간제 근로자에게 일반적으로 나타나는 현상이거나 사용자인 피고인이 경제적으로 우월한 지위에서 사실상 임의로 정한 사정들에 불과
강사들이 원장으로부터 강의내용이나 방법 등에 관한 구체적 · 개별적인 지휘 · 감독을 받지 않았음.	지적 활동으로 이루어지는 강의 업무의 특성에 기인하는 것일 뿐, 그들이 근로자가 아니었기 때문이라고 볼 수 없음.
근로자가 아님.	**근로자가가 맞음.**

06

학원 강사의 근로자성 문제

1. 학원경영의 현실

상담 전화를 받아 보면 의외로 많은 학원 강사들이 자신들이 퇴직금을 받을 수 있는지에 대하여 질문을 합니다. 누가 보더라도 학원 강사들의 근무형태는 프리랜서가 아니라 근로자입니다. 그런데도 대부분 학원에서는 4대보험에 가입시키지 않은 채 3.3% 사업소득을 공제합니다. 그 이유는 무엇일까요? 학원 강사들의 상당수가 학원 강사를 평생 직업이 아닌 하나의 아르바이트로 생각하여 일반 근로자들처럼 4대보험 가입에 대한 필요를 강하게 느끼지 못하고 원장 입장에서도 이직이 잦은 학원 강사들을 굳이 4대보험에 가입시킬 필요를 못 느끼기 때문입니다.

이와 같은 원장과 강사의 Needs가 절묘하게 맞아떨어져 대부분의 학원에서 강사들은 4대보험이 아닌 사업소득을 내고 있고, 일부사업장에서는 세금처리조차 안하고 있는 것이 현실입니다. 문제는 이와 같은 양자간의 타협 아닌 타협이 법적인 실타래를 더욱 얽히게 만들고 있는 것입니다.

2. 학원 강사는 근로자일까요?

학원 강사들은 근로자성이 인정되는 요소와 부인되는 요소를 모두 가지고 있는 특수한 형태의 근로자라 할 수 있습니다. 아래에서 고용노동부의 행정해석(근기 68207－3194, 2000.10.16.)을 인용하여 조금 더 자세히 살펴보도록 하겠습니다.

1) 일반적으로 근로자성이 인정되는 요소

- 학원의 강의계획표에 의하여 학원에서 제공한 교재로 강의를 하며 강의 진도도 시험때까지 마치도록 하는 등 구체적인 지휘감독을 받는 점
- 강의 이외에 업무로서 학원측에서 담임을 맡기고 담임으로서 임무를 부여하고 담임의 임무를 해태할 경우 담임을 주지 않는 등 제재를 가하는 점
- 시업시각과 종업시각이 명시적으로 정해져 있지 않으나 본수업과 야간 수업에 맞추어 담임으로서 학생들의 출결사항 등을 확인하도록 되어 있어 사실상 출퇴근에 제약을 받는 점
- 학생들에게 설문조사를 하여 반응이 좋지 않은 강사는 권고사직을 시키는 점
- 학원측의 허락을 받고 다른 학원에서 강의를 한 적이 있는 점
- 학원측 의도대로 응하지 않을 경우 수업을 배정하지 않고 제재를 하는 점
- 보수는 수강생 수와 관계없이 수강형태(주간반, 야간반, 수능반)에 따라 시간급을 정하고 실제 강의시간 수에 따라 대가(시간급×강의시간 수)를 지급한 점

2) 일반적으로 근로자성이 부인되는 요소

- 기본급여가 없이 강의시간 수에 따라 성과급제로 급여를 받는 점
- 개인사업소득자로 신고 되어 사업소득세를 납부하고 있는 점

3) 종합적인 판단

학원 강사의 근로자성 여부를 종합적으로 판단해 보면 일부 근로자성이 부인될 요소도 있으나 근로자성이 인정되는 요소가 월등히 많고, 실질적으로

학원원장의 지휘감독을 받아 업무를 수행하면서 그 대가로 실적급제 형태의 임금을 받고 있기 때문에 「근로기준법」상의 근로자에 해당됩니다.

3. 학원형태별 정리

세계 최고 수준의 교육열을 가진 우리나라인 만큼 주변을 둘러보면 정말 많은 수의 학원들이 자리하고 있습니다. 학원분야를 특화시켜서 노무영업을 하여도 충분히 MDRT를 달성하고도 남을 정도의 학원수인 것 같습니다.

이렇게 넘쳐나는 학원들에 맞추어 FC 여러분도 최고의 전략을 준비하여야만 소기의 성과를 달성할 수 있을 것입니다. 아래 표는 다양한 형태의 학원을 5개 형태로 구분하여 강사들의 근무현황을 살펴보았습니다. 표를 참고하여 본인만의 로드맵을 만들기 바랍니다. 표에서는 여러분들의 이해를 돕기 위하여 근로자성이 인정될 확률을 ★수로 표시하였습니다.

학원 종류	강사 근무 형태	근로자성 여부
외국어학원 (영어, 일본어, 중국어, 스페인어 등)	• 원어민강사·내국인강사 이원체계 존재 • 원어민 강사는 수업운영에서 상당한 재량권 有 • 반면 내국인강사는 재량권 거의 없음. • 대체로 원장의 관리감독 시스템 존재	★★★ (강사별 검토 필요)
보습학원 (국, 영, 수 중심)	• 원장의 철저한 관리감독 시스템 존재 • 근태관리, 강의내용, 진도체크 • 학교시험(중간, 기말)에 맞추어 연장근무 발생 • 휴가사용시 원장 승인 필요	★★★★★ (매우 강함)
재수종합학원	• 보습학원과 대체로 유사 • 다만, 수능시험 이후 익년 2월말까지 방학기간이 존재	★★★★ (대체로 강함)
예체능학원 (음악, 미술, 체육, 수영 등)	• 큰 범위에서의 커리큘럼은 존재하지만 보습학원처럼 타이트한 진도는 없는 것이 일반적임. • 이에 따라 강의내용 또한 교재에 의존하기보다는 강사의 자율에 맡겨지는 것이 일반적임.	★★ (강사별 검토 필요)

학원 종류	강사 근무 형태	근로자성 여부
기능학원 (운전, 요리 등)	• 자격증 취득이라는 목적 하에 운영되다 보니 보습학원과 같이 학원 측에서 교재, 진도 등을 엄격히 관리하는 경향이 있음.	★★★★★ (매우 강함)

07

★★★ 프리랜서 고용 시 유의사항

회사는 영업 직원을 채용하면서 **프리랜서**로 계약하기를 원합니다. 직원 역시 4대보험에 가입하지 않아 실 급여액이 높아지는 점 때문에 프리랜서 계약을 거부하지 않습니다. 문제는 영업실적이 좋지 않았을 때 생깁니다. 사장은 직원을 당연히 프리랜서라고 생각하지만 직원은 근로자로 생각하기 때문입니다. 이런 문제로 노동청을 한번쯤 다녀온 사장들은 프리랜서 채용에 관련한 사항들에 대하여 엄청난 관심을 가집니다.

> • 프리랜서
> 현장을 나가보면 사장들이 프리랜서라고 칭하는 근로자들의 95% 이상이 근로자라는 사실을 유념해야 함.

편의상 도표로 정리를 하였으니 참고하시기 바랍니다.

구분	유의사항	중요도
계약서	근로계약서가 아니라 위탁계약서를 체결해야 함.	★★★★
규정	취업규칙, 인사규정 등의 적용대상에서 제외해야 함.	★★
지휘감독	1. 구체적인 지휘감독권을 행사하면 근로자임. 2. 영업방법, 영업실적, 영업목표 등에 관하여 실시간 보고, 회의 등이 있으면 근로자임.	★★★
출퇴근	1. 출퇴근에 대한 관리가 이루어지면 근로자임. 2. 지각/결근시 임금삭감이나 징계가 이루어지면 근로자임.	★★★
휴가	휴가를 사용할 지 여부, 사용할 경우 그 시기 등을 스스로 결정해서 휴가를 가도록 해야 함.	★★★

구분	유의사항	중요도
보수	1. 임금이라는 용어보다는 보수라는 용어를 사용해야 함. 2. 판매량 달성에 관계없이 임금으로 볼 수 있는 정액급을 지급하면 근로자임. 3. 기본급 없이 활동(건수)에 비례하여 %로 보수를 지급받아 가도록 해야 함.	★★★★
차량 등의 소유관계	차량, 오토바이 등 운송수단의 소유자는 근무자가 되도록 해야 함. PDA 등의 업무처리기구 역시 근무자 소유여야 함.	★★
대체채용	스스로 제3자를 고용하여 업무를 대행케 해야 함.	★
4대보험	4대보험을 가입하면 근로자임.	★★
세금처리	근로소득세가 아니라 3.3%사업소득을 납부토록 해야 함.	★★

이런 내용을 접한 사장들 중 상당수는 이렇게 볼멘소리를 할 것입니다.

"직원들 관리하는데 이렇게 제약이 심하다면 고용한들 무슨 의미가 있겠습니까? 차라리 속 편하게 고용하고 나중에 퇴직금 주고 말겠습니다."

일리 있는 말입니다. 그런데 저는 이 대목에서 이런 말을 하고 싶습니다.

"프리랜서로 가려고 마음먹었다면 확실하게 프리랜서로 가십시오."

사장들 심리를 잘 파악해 보세요. 사장들은 성과수당제 영업직 사원도 자기 직원이라고 생각합니다. 그래서 자기 마음대로 부리고 휴가도 보내고 근태관리도 하고 싶어 합니다. 그런데 나중에 퇴직금 문제만 나오면 발을 빼려고 합니다. 그 마음은 이해하지만 이와 같은 모순된 행동은 법적으로 상당히 불리하게 작용합니다. 이런 심리상태를 잘 이해하여 적절한 조언을 해주시는 데에서부터 기업노무 설계는 시작됩니다.

예화로 풀어보는 기업노무

칭기즈칸과 법정스님

인류 역사상 가장 위대한 정복자 중의 한 명으로 꼽히는 칭기즈칸. 그러나 칭기즈칸이 세계 무대를 평정할 당시 병사가 10만명에 불과하였다는 사실을 아는 이는 많지 않습니다. 그가 서양인에 비해 보잘 것 없는 체구를 가진 기마병사 10만명으로 전 세계를 일시에 정복할 수 있었던 비결은 어디에 있었을까요?

사람들은 그 비결을 선택과 집중에서 찾고 있습니다. 칭기즈칸의 병법을 보고 있노라면 법정스님의 "무소유"가 자연스럽게 떠오르는 이유 또한 거기에 있습니다.

칭기즈칸과 법정스님.
공통점이 없을 것 같은 두 명의 위인 간에는 놀라운 공통점이 숨어 있습니다.
법정스님은 말했습니다.
"무소유는 아무 것도 갖지 않는 것이 아니라, 불필요한 것을 갖지 않는다는 뜻이다"

칭기즈칸은 서방원정대에 말하였습니다.
"몸을 가볍게 하라"
불필요한 것을 버리라는 뜻이었는데 당시 70㎏가 넘는 군장을 짊어지고 있던 서양군대를 7㎏ 남짓한 군장을 매고 있던 몽고 기마병이 제압한 것은 어찌 보면 당연한 결과였는지도 모릅니다.

기업노무에서도 무소유의 정신은 한 기업의 존망을 결정지을 만큼 중요한 덕목으로 작용합니다. 현장을 찾다보면 무조건 업무량을 늘리는 것에 매몰되어 있는 사장을 만납니다. 회사 직원은 항상 힘들어 보입니다. 퇴근시간을 물어보면 그냥 고개만 숙입니다. 특별히 일이 없는데도 야근을 하는 악순환이 이어집니다. 숨을 가다듬고 자신을, 책상을 정리할 시간이 없다보니 주변은 항상 어지럽습니다. 불필요하게 많은 일과 많은 서류를 가지는 데에서 비롯된 악습입니다.

이런 직원에게 빠른 두뇌 회전을 통한 업무효율성을 기대할 수 있겠습니까? 이런 직원에게 일당백의 전투력을 기대하는 것은 폼생폼사 20대 미혼청년의 생명보험 가입만큼이나 기대가능성이 낮은 일일 것입니다.

삼성의 일류기업 도약에는 스피드 경영이 한몫을 했다고 합니다. 무소유 정신의 다른 표현이라 생각됩니다. 정말 필요한 것이 무엇인지를 알고 거기에 올인할 수 있을 때 성공은 우리에게 걸어오는 것 같습니다.

Chapter 5

사업형태별 기업노무 체크사항

01

100명의 사장, 100가지 고민

3년째 부산 서면에서 프랜차이즈 제과제빵 매장을 운영하고 있는 김사장. 직원들보다 더 열심히 일하는 김사장의 가장 큰 고민거리는 직원 노무문제입니다. 직원 대부분이 20대 아르바이트생인데 요즘 주휴수당이니 최저임금이니 말들이 많아서 직원 한 명 채용하기가 힘들다고 합니다.

6개월 전 서울 영등포에서 안과를 인수하여 새롭게 개원을 한 박원장. 과감히 병원을 인수한 박원장의 요즘 새로운 고민거리는 간호사들의 노무문제입니다. 환자 치료하기에도 바쁜데 직원들은 시간외수당(평일 야간진료와 토요일 오전진료)과 연차수당 이야기를 자꾸 꺼냅니다. 어디서 어떻게 이야기를 풀어나갈 지 그저 고민만 된다고 합니다.

1. 업종별 체크사항

위 사례에서 잘 알 수 있듯이 기업노무라 하더라도 모든 사장이 똑같은 고민을 하는 것은 아닙니다. 업종에 따라 비슷한 듯 조금은 다른 노무 문제가 발생하기 때문입니다. 그렇다면 노무영업을 하는 입장에서는 무엇보다도 각 업종별 노무 이슈를 정확히 파악하여 어프로치하는 것이 중요한 포인트가 됩니다. 아래에서는 업종을 크게 병원, 제조, 식당, 유통, 벤처, 프랜차이즈매장 6가지로 나누어서 정리해보았습니다.

업 종	업종 특성	주요 인사노무 이슈
병원/ 한의원	1. 간호인력→여성근로자 다수 2. 야간진료, 토요 오전 진료 3. net 급여지급 방식	연장수당 연차수당 부당해고/권고사직
제조	1. 교대제 근무 2. 근무강도↑→남성근로자 다수 3. 각종 수당 존재	연장수당 연차수당
식당	1. 구인 어려움→외국인근로자 다수 2. 주말 근무, 평일 휴일(주6일제)	최저임금 연장수당
백화점 유통	1. 물건출하, 재고정리 등 매월 연장근무 2. 백화점 운영시간=근무시간	연장수당 휴일수당
벤처	1. 상시적 연장근무 2. 성과급제	연장수당 통상임금
프랜차이즈 매장	1. 아르바이트 다수→근속연수↓ 2. 휴게시간 보장 어려움	최저임금 주휴수당

2. 근로자 유형별 체크사항

사업체를 방문해 보면 그 사업체만의 독특한 특성이 있습니다. 그중 하나로 인력구성을 들 수 있습니다. 예컨대 어떤 업체는 20대 초반의 젊은 알바생만 고용하고, 어떤 업체는 외국인근로자를 다수 고용하며, 또 다른 업체는 여성근로자를 다수 고용하기도 합니다. 이와 같은 상황을 고려한 근로자 유형별 체크리스트는 다음과 같습니다.

근로자 유형별	주요 체크사항
비정규직 다수 사업장	임금체불, 근로시간, 휴게, 연차유급휴가, 휴일
	최저임금미달
	직장내성희롱 예방교육

근로자 유형별	주요 체크사항
연소자 다수 사업장	근로계약서 작성, 연소자 고용시 구비서류
	임금체불, 근로시간, 야간 · 휴일근로
	최저임금미달
여성다수 고용 사업장	연장 · 야간 · 휴일근로, 임산부 보호
	징계, 부당해고, 정리해고
	교육 · 배치 · 승진, 직장내성희롱 예방교육, 육아휴직
장애인다수 고용 사업장	부당해고, 임금체불, 연장 · 야간 · 휴일수당
	최저임금미달
	설비와 안전위생
외국인다수 고용 사업장	폭행금지, 임금체불
	최저임금미달
	직장내성희롱 예방교육

02

★★★

음식점 기업노무 체크포인트

1. 음식점 사업장 특성

음식점만큼 업체수가 많은 업종도 드물 정도로 주변에 식당은 참 많습니다. 우리가 하루에도 2번 이상은 찾아가는 음식점의 특성에 대해 자세히 알아보도록 하겠습니다.

첫째, 거의 대부분 음식점이 주6일 근무제이고 연중무휴로 사업을 합니다. 둘째, 직원들의 근무시간은 오전 10시에서 저녁 10시까지이고, 휴게시간은 업장별로 차이는 있지만 통상 오후 3시~5시까지 1시간~2시간 정도 부여됩니다. 셋째, 외국인 근로자를 다수 고용하고 해당 외국인들에게는 식사와 숙소를 제공하는 경우가 대부분입니다. 넷째, 해장국 가게와 같이 24시간 영업을 하는 사업장의 경우 주야 맞교대제로 직원을 근무시키기 때문에 야간근로(오후 10시부터 익일 아침 6시까지)가 발생하게 됩니다. 다섯째, 토요일이나 일요일 같은 주말이나 정직원이 휴가를 가는 경우 자주 일용직 근로자(파출)를 사용합니다. 여섯째, 직원 대부분이 주부 여성 근로자가 많기 때문에 4대보험에 가입하기를 원하지 않아 가입률이 낮습니다.

이와 같은 특성으로 말미암아 최근 음식점에서 근무하고 퇴사한 직원들이 사업주를 상대로 제기하는 임금체불사건수가 가파르게 증가하고 있는 것이 현실입니다. 그럼에도 불구하고 대다수의 음식사업주들은 가게 운영에 정신이 없어서 노무관리에는 특별한 신경을 못쓰고 있습니다.

2. 실제 사례

1) 퇴직금

수원에서 갈비집을 운영하는 김사장님은 얼마 전 퇴사한 직원들이 퇴직금 미지급으로 진정을 했다는 근로감독관의 전화를 받고 화들짝 놀랐습니다. 왜냐하면 김사장은 그 직원들에게 퇴직금을 이미 다 지급했기 때문입니다.

사실관계는 이러 했습니다. 김사장은 해당 직원들을 주방보조 담당으로 채용하면서 계약기간을 1년으로 하여 근로계약서를 작성했습니다. 그리고 1년이 되었을 때 퇴직금을 지급하였고 6개월 뒤에 근로자들이 사직서를 제출하여 퇴사처리를 하게 되었습니다(이 과정에서 김사장은 직원들의 급여를 인상해주었습니다). 이런 연유로 김사장은 직원들에게 지급되어야 할 퇴직금이 모두 다 지급된 것으로 생각하고 있었던 것입니다.

그러나 법적으로는 김사장님에게 많은 문제가 있습니다.

왜냐하면 노동관계법상 김사장은 직원들을 총 1년 6개월 고용한 것으로 판단되기 때문에 퇴직금은 총 1년 6개월간 최종 3개월의 월급을 기준(평균임금)으로 퇴직금을 정산해주어야 하기 때문입니다. 따라서 이미 지급한 퇴직금 액수와의 차액을 계산하여 지급하여야만 합니다.

이 사례를 싣는 이유는 생각보다 이런 경우가 실제 음식사업장에서 빈번하게 발생하기 때문입니다.

2) 해고예고수당

종로에서 설렁탕집을 운영하는 이사장은 평소 근무태도가 안좋았던 직원을 해고했습니다. 사실 해고를 하기 전 이사장은 인터넷을 통하여 노동법에 대해서 두루두루 알아보았었습니다. 알아보니 현재 자신의 사업장은 5인 미만 사업장이라서 부당해고 구제신청 대상이 아니고, 해당 직원은 입사한지 2개월 밖에 되지 않기 때문에 해고예고 대상도 아니었습니다. 이를 믿고 해고를 하였는데 나중에 노동청에 가서 조사를 받은 후 해고예고수당으로 1개월 급여를 지급하게 되었습니다.

왜 그럴까요?

문제는 이사장이 해당 직원과 작성한 근로계약서에 수습기간이 적시되어 있지 않았기 때문입니다. 수습제도가 공식적으로 인정받기 위해서는 구두계약이 아닌 서면상 명시되어야 하기 때문입니다. 평소 근로계약서의 중요성을 강조하는 이유가 바로 여기에 있습니다. 그리고 바로 이런 점 때문에 근로계약서는 고용노동부에서 나오는 표준근로계약서로 작성하는 것이 아니라 그 사업장의 업무 특성에 맞춰서 정확히 작성되어야 합니다.

3) 연장, 야간수당

부천 중동에서 24시간 국밥집을 운영하고 있는 박사장님은 얼마 전 노동청에서 2년간 야간에 주방일을 한 직원이 제기한 임금체불로 조사를 받았습니다. 그 직원의 주장은 이러했습니다. 자신은 2년간 월급 180만원을 받으면서 주6일 간 저녁 9시부터 다음날 9시까지 12시간을 일하였는데 그 기간 동안 연장수당과 야간수당을 전혀 받지 못했으니 수당을 지급하라는 것이었습니다. 그 직원이 일을 시작했던 2년 전 월급 180만원에는 그런 수당들을 다 포함해서 지급된 것이라는 이야기를 나누었던 박사장은 황당하기 그지없었습니다.

그러나 노동청 조사를 거치면서 박사장은 자신이 그동안 직원들을 너무 믿었고 노무서류들은 전혀 갖추어 놓지 않았음을 알게 되었습니다. 근로계약서를 작성하는 것 자체가 오히려 불리할 것이라고 생각한 자신이 어리석었다고 후회를 하게 되었습니다.

3. 2016.8.18. 이후 음식사업장도 의무적 안전보건교육!

과거 5인 이상 50인 미만 도매업과 숙박 및 음식점업의 경우 근로자에 대한 안전・보건교육 실시 의무가 없었으나, 2016.8.18.부터는 사업주가 근로자에게 주기적으로 교육을 실시해야만 하는 것으로 「산업안전보건법 시행령」이 변경되었습니다.

동 조항을 위반한 사업장에게는 최대 500만원(교육대상 근로자 1명당 3~15만원)의 과태료가 부과되기 때문에 사업주에게는 반드시 체크해야만 하는 교육사항이 되었습니다.

03

병원, 한의원 기업노무 체크포인트

1. 병원, 한의원 사업장 특성

법인영업 FC 중 상당수가 병원 원장을 고객으로 하고 있습니다. 의사라는 직업 특성상 원장은 그 누군가의 매니지먼트를 받기를 원하고 또 받아야만 병원이 운영될 수 있는 구조적 특성을 가지고 있기 때문입니다. 이와 같은 병원 사업장의 노무특성을 집중 분석해 보도록 하겠습니다.

첫째, 직원 대부분이 여성근로자이어서 출산, 육아 문제로 인한 입퇴사가 빈번합니다. 둘째, OT근무가 많아서 연장, 야간, 휴일수당 지급문제가 발생합니다. 셋째, 타이트한 인력운영으로 연차사용률이 높지 않아 연차수당지급 문제가 발생합니다. 넷째, 4대보험료를 병원이 부담하는 NET **급여지급방식**이기 때문에 직원들의 급여는 통상 세후금액으로 결정됩니다. 예컨대 간호사 급여가 130만원이라고 할 때 130만원은 4대보험료와 근로소득세를 모두 공제한 후 실지급 금액을 말합니다. 다섯째, 동네 의원급의 경우, 간호사와 고객(특히 주부)들의 관계가 대단히 친밀하기 때문에 간호사들의 인력운영을 잘못하였을 경우(예컨대 원장과의 Trouble로 간호사가 그만두게 되는 경우) 병원 매출액의 감소로 이어질 가능성이 상당히 높습니다.

> • NET 지급방식
> 대부분의 의사들이 이 방식을 사용하다보니 병원에 근무하는 간호사 역시 이 월급방식을 택하고 있음.

이런 점에서 병원, 한의원 사업장에 있어서의 노무 관리의 중요성은 대단히 크다고 할 수 있습니다. 그럼에도 불구하고 병원, 한의원 사업장의 노무관리는 다른 일반 사업장 수준에 크게 미치지 못하는 것이 현실입니다. 이 점이 바로 중요한 영업포인트입니다.

2. 병원, 한의원 사업장 이것이 문제입니다!

직원 수가 50~60명을 넘어서는 중대형 병원(보통은 2차병원, 3차병원)을 제외하고 의원급 병원 사업장에 인사담당자가 있는 경우는 거의 없습니다. 대다수 의원급 1차 병원에서는 선임간호사가 노무 업무를 처리합니다. 다만, 급여 지급은 원장이 직접하고 회계는 세무사 사무실에서 처리하는 것이 일반입니다. 상황이 이렇다 보니 간호사나 조무사가 퇴사 후 시간외수당 미지급, 최저임금 미달, 연차수당 미지급으로 진정을 하였을 경우 그에 대한 사실관계조차 파악되지 않은 경우가 허다합니다. 다급한 원장의 목소리에 병원 사업장을 가보면, 원장은 밀려드는 환자 치료에 정신이 없고 도대체 누구한테 사실관계를 확인해야 하는 지조차 헷갈려 황당한 기억이 자주 있습니다.

3. 실제 사례

1) 미지급 연장수당

서울 압구정동 성형외과에 근무하는 간호조무사 A씨. A씨는 평일(월~금) 오전 9시에서 오후 6시까지 근무(단, 수요일은 야간진료로 오후 9시까지 근무)하고, 토요일은 오후 3시까지 근무합니다. 월급은 NET 150만원입니다. 3년 근무 후 간호사 A씨가 노동청에 진정을 하여 받을 수 있는 임금은 얼마일까요?

주 40시간 기준으로 하였을 때 A씨는 매월 35시간의 연장근무를 2013년부터 2015년까지 3년간 하였기 때문에 미지급연장수당은 다음과 같습니다.

(단위 : 원)

구 분	최저임금	미지급연장수당
2013년	4,860	3,061,800
2014년	5,210	3,282,300
2015년	5,580	3,515,400
합 계		9,859,500

원장 급여의 1/10에 불과한 150만원 간호사 1명이 퇴사 후 지급받을 수 있는 연장수당이 1천만원이라는 사실! 놀랍지 않습니까?

2) 미지급 연차수당

2012년 2월 대구 수성구 소재 소아과(직원 5명)에 입사한 간호사 B씨. 오전 8시 30분부터 밀려드는 환자들을 보느라 하루가 어떻게 가는지 모를 정도로 바쁩니다. 간호사 B씨가 1년에 사용하는 연차휴가일수는 여름휴가를 포함하여 6일입니다. 월급은 NET 140만원입니다.

2014년 10월 퇴사한 간호사 B씨가 노동청에 진정을 하여 받을 수 있는 연차수당은 얼마일까요?

아래에서 계산을 해보면 B씨가 「근로기준법」상 지급받을 수 있는 미지급 연차수당은 964,512원으로 100만원에 육박하는 금액이 됩니다.

(단위 : 일)

	2012년 2월	2013년 2월	2014년 2월
발생연차일수		15	15
연차사용일수		6	6
미사용연차일수		9	9
	합계 : 18		

〈구체적인 연차수당 계산식〉

- 시급 : 1,400,000원÷209=6,698원
- 일급 : 6,698원×8시간=53,584원
- 18일 연차수당액 : 53,584원×18일=964,512원

4. 병원, 한의원 노무 체크포인트

퇴사한 간호사가 노동청을 찾아가기만 하면 돈을 받을 수 있습니다. 월급이 150만원에 불과(?)한 간호사 한 명이 퇴사 후 미지급연장수당으로 1천만을 지급받아 갑니다. 월급이 140만원에 불과한 간호사 한 명이 퇴사 후 미사용연차수당으로 1백만원에 가까운 돈을 지급받아 갑니다. 이 상황을 병원장들은 어떻게 받아들일까요? 이런 상황에서 병원장들은 이런 고민을 하지 않을까요?

"이러다가 병원 문을 닫아야 하는 것 아니야? 무슨 방법이 없을까?"

이런 원장들과의 상담을 위한 체크포인트를 아래와 같이 정리해 드립니다.

이것만은 반드시 기억하자! 병원, 한의원 노무 체크포인트

1. 연장, 야근근무시간수를 파악하여 포괄근로계약서를 작성하세요.

> 포괄임금제는 ① 근로시간, 근로형태와 업무의 성질을 참작하여, ② 근로자의 승낙 하에 기본임금을 미리 산정하지 아니한 채 시간외근로 등에 대한 제수당을 합한 금액을 월급여액이나 일당임금으로 정하거나 매월 일정액을 제수당으로 지급하는 내용의 계약을 체결하고, ③ 근로자에게 불이익이 없고, 제반사정에 비추어 정당하다고 인정될 때에 유효하다고 볼 수 있음.
>
> • 근로기준과-2734, 2010.12.16.

2. 포괄근로계약서가 정확하게 작성되지 않으면 차액을 지급해야 하니 주의하셔야 합니다.

원고의 근로에 관하여 포괄임금약정이 존재한다 하더라도 그 포괄임금에 포함된 법정수당이 「근로기준법」이 정한 기준에 따라 산정한 법정수당에 미달하는 때에는 그에 해당하는 포괄임금제에 의한 임금 지급계약 부분은 원고에게 불이익하여 무효라 할 것이고, 피고는 「근로기준법」의 강행성과 보충성 원칙에 의해 근로자에게 그 미달되는 법정수당을 지급할 의무가 있음.

• 대전지법 2013.6.12. 선고 2011가합7721 판결

3. 근로자대표와의 서면합의서를 작성함으로써 연차유급휴가일을 국경일이나 하기휴가 등으로 대체하는 것을 제안해 보세요.

「근로기준법」 제62조(유급휴가의 대체)에 "사용자는 근로자대표와의 서면 합의에 의하여 동법 제60조의 규정에 의한 연차유급휴가일에 갈음하여 특정근로일에 근로자를 휴무시킬 수 있다"고 규정되어 있는 바, 동 규정만을 볼 때 사용자가 근로자대표와의 서면합의에 의하여 연차유급휴가를 대체할 경우에는 원칙적으로 대체할 근로일을 특정하여야 한다는 의미로 해석됨.

• 근로기준과-5454, 2004.10.12.; 근로개선정책과-3099, 2011.9.19.

04

제조업체 기업노무 체크포인트

1. 제조업체의 특성

가장 일반적인 사업 형태인 제조업체는 다음과 같은 특성이 있습니다. 첫째, 사장의 가장 큰 고민은 생산직 근로자들의 근태관리입니다. 업종특성상 근무 후 음주를 하는 근로자수가 많아서 지각, 조퇴, 결근 처리가 많기 때문입니다. 둘째, 3D업종을 기피하는 사회분위기에 따라 경기 및 지방 공단에 가보면 외국인근로자의 비율이 상당히 높다는 점입니다. 셋째, 제조업체가 밀집해 있는 공단을 가보면 신입직원들의 기본급(OT수당 제외) 수준이 법정최저임금에 미달되는 경우가 자주 있습니다. 넷째, 제조업체의 경우 아무래도 타 업종에 비하여 산재사고의 발생률이 높을 수밖에 없습니다. 이에 따라 산업안전과 산재와 관련한 이슈가 지속적으로 발생하고 있습니다. 다섯째, 대부분 원청회사의 하청업체이기 때문에 납기일이 정해져 있어 연장근무가 많습니다.

2. 실제 사례

1) 전보처분

회사가 업무상 필요에 의하여 주간근로자를 교대근무자로 발령낸 전보처분은 위법하다고 볼 수 없습니다. 서울행정법원은 "역무부서로의 배치전환이 참가인의 업무상 불가피하였던 점, 원고들이 지하역사에 야간교대근무를 함에 따라 바이오리듬이 맞지 않아서 오는 생리적, 심리적 부담 및 생체기능의 저하는 주간, 야간, 주간, 야간, 비번, 야간, 비번, 야간, 비번의 9일 주기로 근무함으로써 어느 정도 완화할 수 있을 것이고, 환기시설을 충분히 갖추면 지하공간에 위치한 사무실의 경우에도 지상공간에 위치한 사무실과 비교해 작업환경에 큰 차이가 없다는 것이며, 야간교대근무 근로자는 통상시간근무 근로자에 비하여 상대적으로 더 많은 보수를 지급받고 있고, 휴일(비번)도 많다는 것 등에 비추어 볼 때, 원고들에게 전보발령으로 말미암아 입게 되는 생활상의 불이익은 원고들이 근로자로서 통상 감수하여야 할 정도를 현저하게 벗어난 것이라 볼 수 없다(서울행정법원 2002.6.28. 선고 2001구32416 판결)"고 판시하였습니다.

2) 무단 결근 시 징계해고

무단결근한 직원에 대한 징계해고는 그 징계절차를 거친다면 그 정당성을 인정받을 수 있습니다. 중앙노동위원회는 "신청인은 결근 등을 함에 있어 사전결근계를 제출할 수 없을 정도로 급박한 건강상의 사정 등이 없었는데도 불구하고 회사측에 사전보고 없이 무단결근한 것은 회사업무에 지장을 초래시켰고, 이 또한 반복되어 이루어진 행위이므로 징계위원회에서 소명을 받아들이지 아니하였다고 보여지므로 신청인의 주장과 신청인의 신청취지는 이유없다 할 것이다(중노위 1998.9.10., 98부해269)" 판시하였습니다.

3) 산재

제조업체에서는 산재사고가 자주 일어납니다. 주물공장에서 발병한 "폐암"을 법원은 산재로 인정하고 있습니다. 서울고법은 "발병 당시 소속사업장에서의 근무와 폐암발병과 상당인과관계가 인정되는 이상 최종사업장을 업무상 재해가 발생한 것으로 지정하였다고 하여 이러한 사유만으로 요양승인처분이 위법하다고 볼 수 없다(서울고등법원 2002.4.25. 선고 2001누9877 판결)"고 판시하고 있습니다.

4) 불법체류 외국인근로자 퇴직금

법원은 "「근로기준법」 제14조에 근로자라 함은 직업의 종류를 불문하고 사업 또는 사업장에 임금을 목적으로 근로를 제공하는 자를 말한다고 규정하고 있고, 또 같은 법 제5조에 의하면 사용자는 근로자에 대하여 국적을 이유로 근로조건에 대한 차별적 대우를 하지 못한다고 규정하고 있으므로 특별한 사정이 없는 한 외국인 근로자에 대하여도 「근로기준법」이 적용된다 할 것이다 (대법원 1997.8.26. 선고 97다18875 판결)"고 하여 불법체류외국인 근로자에게도 「근로기준법」상의 퇴직금 규정이 적용된다는 입장을 취하고 있습니다.

3. 제조업체 노무 체크포인트

1) 부서별 맞춤식 기업노무

대부분의 제조업체의 인력구성은 생산직, 영업직, 관리직 3부분으로 이루어져 있습니다. 각각의 부서에 맞은 노무관리가 필요합니다.

먼저 생산직은 ① 지각, 조퇴, 결근 등 근태관리가 핵심이고, ② 연장, 야간, 휴일근무시간에 대한 수당 지급(포괄근로계약서 작성)이 관건입니다. 다음으로 영업직은 ① 성과급제 도입 및 운영이 검토되어야 하고, ② 성과급 지급 근거가 되는 평가제도 설계가 관건입니다. 마지막으로 **관리직**은 ① 타부서에 비하여 특별한 이슈는 없지만, ② 관리직 종사자의 수를 최소화하되 정예화시켜 지원업무를 담당하게 하는 것이 핵심입니다.

> • 관리직
> 실제 제조공장을 방문해보면 생산직원들이 휴일근무를 할 경우 관리직원들도 번갈아가며 출근을 하여 지원업무를 수행함.

2) 선택이 아닌 필수, 근무시간 단축

요즘 고용노동부의 정책기조는 "장시간근로개선"입니다. 근무시간만 늘여서 매출액을 늘이던 시대는 지나갔다는 것입니다. 이에 따라 법정연장근무시간(1주일에 12시간)을 위반하는 사업체에 대한 단속 역시 강화되고 있는 실정입니다. 따라서 사업체에서는 탄력적 근무시간제도, 교대제 도입, 교대제 변경 등을 통하여 근무시간 단축에 매진하여야 합니다.

3) 외국인근로자 노무관리, 이것만이라도 체크하세요!!

제조업체는 한 사업장당 적어도 2~3명의 외국인근로자가 있습니다. 이에 대하여 간단한 체크포인트를 알아보도록 하겠습니다.

외국인근로자도 4대보험(건강보험, 국민연금, 고용보험, 산재보험)의 적용을 받습니다. 다만, 국민연금은 상호주의 원칙에 따르며 고용보험은 임의가입입니다.

고용허가제 전용보험으로 사용자는 ▲ 출국만기보험, 임금체불보증보험에 가입해야 하며, 외국인근로자는 ▲ 상해보험, ▲ 귀국비용보험에 가입해야 합니다. 고용노동부 산하 각 지방노동청은 관내 외국인근로자의 권익보호 및 효과적인 고용관리를 위해 외국인근로자 고용사업장을 대상으로 외국인 전용보험 미가입 여부에 대해서 집중 지도·단속을 실시하고 있습니다.

출국만기보험은 상시근로자 5인 이상 사업장에서 퇴직급여를 대신하여 가입하는 보험으로서, 사용자가 출국만기보험료를 매월 납부하여 근로계약 종료시기에 적립된 보험 일시금을 퇴직급여로 외국인근로자에게 지급하는 것입니다. 따라서 출국만기보험에 가입하면 퇴직금을 별도로 지급하지 않아도 됩니다.

산재보험과 상해보험은 모두 의무가입보험이며 별도로 가입해야만 합니다. 외국인근로자가 가입하는 상해보험에서는 업무상재해 이외의 상해 또는 질병사고를 보상하므로 산업재해에 해당될 경우에는 보상이 되지 않습니다.

05

외국인근로자 고용사업장 기업노무 체크포인트

1. FC가 외국인근로자에 관해서 알아야 하는 이유

어떤 FC는 묻습니다.

"인사노무담당자도 아닌데 굳이 고용허가제까지 알아야 합니까?"

그러면 저는 이렇게 반문을 합니다.

"제가 알기로 대부분의 FC들은 법인영업을 하면서 사장님들의 취미가 무엇인지, 좋아하는 골프채 브랜드가 무엇인지, 어떤 음식을 좋아하는지를 알기 위해서 무던히 노력한다고 들었습니다. 그러한 노력의 반의 반만이라도 투자해서 제조업체 사장님들의 관심분야인 고용허가제에 대해 Study 한다면 아마 생각지도 못한 큰 계약을 할 수 있을 것입니다."

2. 고용허가제란?

2004년 8월부터 전격적으로 실시된 외국인고용허가제는 15개국(중국, 베트남, 필리핀 등) 출신 외국인 근로자에게 취업비자(E-9)를 발급해 국내 근로자와 동등한 대우를 보장해주는 제도로 체류기간은 최대 3년입니다.

3. 외국인 고용 프로세스

TV 드라마나 뉴스에서 흔히 볼 수 있는 외국인근로자 1명을 채용하는데도 엄청나게 복잡한 절차가 진행됩니다.

국내근로자 구인노력→고용허가서 신청 및 발급→근로계약체결→사증발급인정서 발급→입국 후 취업교육→사업장인도

개별 프로세스에 대하여 좀 더 자세히 알아보도록 하겠습니다.

1) 내국인 구인노력 : 14일

외국인근로자를 채용하기에 앞서 내국인 근로자를 채용하는 노력을 14일 이상 해야 합니다. 다만, 벼룩시장, 가로수 등에 최근 2개월 이내 3일 이상 구인광고를 냈을 경우 7일로 단축됩니다.

2) 외국인고용허가 요건

외국인근로자를 고용하기 위한 사업장은 다음과 같은 요건을 갖추어야 합니다.

① 외국인근로자 허용업종 및 고용가능한 사업장
② 14일 이상 내국인 구인노력을 하였음에도 구인 신청한 내국인근로자를 채용하지 못했어야 함.
③ 내국인 구인신청을 한 날의 2개월 전부터 고용허가서 발급일까지 고용조정으로 내국인근로자를 이직시키지 않았어야 함.

3) 고용허가서 신청 및 발급

내국인 구인노력 14일(또는 7일) 경과 후 3개월 이내에 고용센터에 방문하여 고용허가서 발급을 신청합니다. 고용센터는 고용허가를 신청한 사업장에

대하여 요건검토 및 허가 대상 사업장 확정 후(2012년부터 점수제 실시) 구직자 명부에 있는 외국인근로자를 사용자에게 추천합니다. 사용자가 적합한 외국인근로자를 선택하여 고용센터에서 고용허가서를 발급해주기도 합니다.

4) 근로계약 체결 및 입국

고용허가서가 발급되면 사용자는 표준근로계약서를 작성하여 고용센터에 제출, 산업인력공단을 통해 외국인근로자에게 연락하여 확인 후 서명을 합니다. 근로계약기간은 취업활동기간인 3년의 범위에서 당사자 간 자유롭게 설정이 가능합니다. 체결된 근로계약서는 다시 산업인력공단을 통해 사용자에게 전달됩니다. 사장은 산업인력공단에 위와 같이 근로계약서 체결 및 도입대행 신청하고 비용을 지불합니다(임금체불보증보험 : 근로자 1인 15000원/연, 출국만기보험 : 상시 1인 이상 사업장).

5) 외국인근로자 취업교육

입국 전 외국인근로자는 반드시 취업교육을 받아야 합니다. 취업교육 비용은 일반 외국인근로자의 경우는 사업주가, 외국국적동포의 경우는 동포 개인이 부담합니다.

6) 근로자 퇴사시 퇴사신고

사장은 근로자가 같이 사업장 관할 고용센터에 방문하여 퇴사신고를 해야 합니다.

4. 노동청의 외국인근로자 고용사업장 정기 점검 · 지도 사항

노동청 점검사항은 다음 4가지입니다.

- 고용허가제에 의한 각종 신고 및 의무이행 여부 확인

- 임금체불, 「최저임금법」 위반 및 폭행 여부 등 근로조건 확인
- 불법고용, 불법취업 및 기타 「출입국관리법」 위반 여부 확인
- 기타 개정된 고용허가제에 대한 설명 및 자료배부 등

노동청 지도사항은 다음 4가지입니다.

- 표준근로계약서 구비
- 임금(급여)대장 3개월분 구비
- 전용보험 가입증서 또는 확인서, 입금내역서 구비
- 외국인근로자 명부 구비 등

06

프랜차이즈 기업노무 체크포인트

서울에서 똑같이 프랜차이즈 빵집을 운영하는 A사장과 B사장. 그러나 그 내면을 들여다보면 너무나 큰 차이가 있습니다. 평소 노무관리의 중요성을 깨닫고 노무사의 자문을 받고 있는 A사장은 시급제 아르바이트 직원들에게 주휴수당, 연차휴가, 퇴직급여를 지급하고, 필요에 따라 1주 15시간 미만 근로자도 채용하여 사용하고 있습니다. 반면 B사장은 노무관리 중요성을 크게 느끼지 못하여 급여 외에는 직원들에게 지급하는 급여는 없습니다.
과연 어떤 사장이 5년 뒤에도 빵집을 운영하고 있을까요?

1. 프랜차이즈매장 노무특성

요즘 거리를 지나가다 보면 건물마다 꼭 하나씩 있는 업종이 휴대폰 대리점과 커피전문점입니다. 프랜차이즈 매장이 이토록 우리 생활 주변에 많이 들어와 있다는 말은 우리들의 노무시장에서 차지하는 비중 또한 작지 않음을 말해줍니다. 아는 만큼 보이는 법이고 아는 만큼 상대에게 어필할 수 있는 법입니다. 프랜차이즈 매장의 노무특성을 집중 분석해 보도록 하겠습니다.

첫째, 본사와 매장이라는 이원적 구조로 운영되고 있습니다. 둘째, 본사는 프랜차이즈 고유의 상품판매와 관련하여서는 프랜차이즈 점주에게 관리권을 행사하지만 노무와 관련하여서는 점주에게 전적인 재량권을 부여합니다. 다만, 일부 프랜차이즈 업체의 경우 본사 주관으로 매장업주를 대상으로 노무교육을 열기도 하지만 실효성 측면에서는 큰 의미가 없다는 것이 일반적인 평가입니다. 셋째, 각 매장의 직원 수는 5인 미만인 경우가 대부분입니다. 그리고 직원 대부분은 아르바이트 학생이고 이들을 Superviser 1명이 관리합니다. 넷째, 입퇴사가 빈번하고 4대보험을 가입하지 않는 것이 대부분입니다. 다섯째, 급여형태가 대부분 시급제로 운영되고 있습니다. 여섯째, 당초 근무하기로 한 1일 근무시간(소정근로시간)과 실제로 근무한 근무시간(실제근무시간) 사이에 차이가 발생하는 경우가 많습니다.

2. 실제 사례

1) 주휴수당

1주간의 소정근로일수를 개근한 근로자에 대해서는 1주일에 1일은 유급휴일을 주어야 하고 그때의 유급수당을 **주휴수당**이라고 합니다. 통상 프랜차이즈매장에 근무하는 시급제 아르바이트 학생의 급여는 다음과 같이 계산됩니다.

> • 주휴수당
> 다수의 사업장에서는 통상 사장은 시급 책정시 주휴수당을 고려하지 않음. 그러나 이는 나중에 노동청에서 문제가 될 가능성이 상당히 높음.

월 근무일수×일 근무시간 수×시급

그러나 이렇게 계산을 하면 주휴수당이 포함되지 않아 직원이 노동청에 진정을 한다면 3년간의 주휴수당을 소급하여 지급하여야 합니다.

2) 주휴수당은 어떻게 지급하나요?

주휴수당은 1일 소정근로시간 수에 시간급 임금을 곱하여 산정합니다. 예를 들어 설명하면 다음과 같습니다.

1주에 5일, 각 6시간을 일하는 단시간 근로자가 시간급을 6,000원으로 정했다면 주휴수당은 6,000원×6시간=36,000원입니다. 반면 1주 6일 근무 사업장에서 월, 수, 금요일 각 6시간을 일하는 근로자가 시간급을 6,000원으로 정했다면 주휴수당은 6,000원×(18시간×4주÷24일)=18,000원입니다(근로기준과-4532, 2004.8.30.).

3) 1주일간의 지각 또는 조퇴시간을 합산하여 8시간이 되면 1일 결근으로 간주하여 유급휴일수당을 지급하지 않아도 되는지?

많은 사장들이 하는 질문입니다. 농땡이를 친 알바생에게도 주휴수당을 주는 것은 너무하지 않느냐는 것입니다. 하지만 이런 학생에게도 주휴수당은 지급해야 합니다. 왜냐하면 고용노동부가 "1주일간의 지각 또는 조퇴시간을 합산하여 8시간이 되더라도 지각 또는 조퇴는 결근이 아니므로 1일을 결근처리하여 개근일수에 영향을 줄 수는 없다(근로기준과-5560, 2009.12.23.)."고 해석하기 때문입니다.

4) 소정 근로 시간은 15시간 이상으로 정했으나 실근로시간은 15시간 미만으로 근로를 제공한 경우 주휴수당 · 연차수당 · 퇴직급여를 지급해야 하는지?

이 질문 또한 많은 사장들이 하는 질문 중 하나입니다. 사례를 들어 설명하겠습니다. 매장 사장과 직원 A는 근로계약 체결시 소정근로시간을 16시간으로 하는 근로계약을 체결하였지만 실근로시간은 15시간 미만이었습니다.

근로시간	1월	2월	3월	4월	5월	6월	7월	8월	9월	10월	11월	12월
실근로시간	10	14	11	14	16	11	10	11	15	14	12	11
소정근로시간	16	16	16	16	16	16	16	16	16	16	16	16

실근로시간을 기준으로 판단할 것인지 아니면 소정근로시간을 기준으로 판단할 것인지가 문제됩니다. 그 기준에 따라 주휴수당, 연차수당, 퇴직급여

지급 여부가 결정되기 때문에 상당히 중요한 이슈가 아닐 수 없습니다.

결론은 소정근로시간수를 기준으로 노동청은 판단하고 있습니다. 노동청은 "소정근로시간이라 함은 법정근로시간의 범위에서 근로자와 사용자 사이에 정한 근로 시간을 말하므로, 귀 질의처럼 실제 근로 시간이 이에 미달되거나 연장 근로가 발생한다 하더라도 달리 볼 수는 없을 것이다(근로조건지도과-4378, 2008.10.9.)"라고 해석하고 있습니다.

5) 연차유급휴가

시급제 아르바이트생의 연차유급휴가는 다음과 같이 계산됩니다. 다만, 1시간 미만은 1시간으로 간주합니다.

$$\text{통상 근로자의 연차휴가일수} \times \frac{\text{단시간근로자의 소정근로시간}}{\text{통상 근로자의 소정근로시간}} \times 8\text{시간}$$

예컨대 1주간 1일 4시간씩 6일 근무하는 단시간근로자가 계속근로연수가 1년이 되는 시점, 발생한 연차유급휴가의 계산방법은 다음과 같습니다.

연차유급휴가(시간) :

$$\text{15일 (통상근로자의 연차휴가일수)} \times \frac{\text{24시간(단시간근로자의 소정근로시간)}}{\text{40시간(통상근로자의 소정근로시간)}} \times 8\text{시간} = 72\text{시간}$$

위 단시간근로자가 월, 화, 수 3일을 휴가로 사용하였다면 12시간을 사용한 것이므로 60시간(72시간－12시간=60시간)이 잔여 연차휴가 시간입니다.

6) 아르바이트생을 정직원으로 고용한 경우 퇴직금 계산

아르바이트생을 정직원으로 고용하여 1년 이상 근무하고 퇴사시 퇴직금 계산은 최초 입사시(아르바이트 입사시)부터 통산하여 퇴직금을 계산해야 함에 주의해야 합니다.

7) 연장수당

2014.9.19. 개정법에 의하면 단시간근로자의 경우에도 초과근로에 대하여 통상임금의 100분의 50 이상을 가산하여 지급해야 합니다. 즉, 1주일에 6일간 하루 4시간 근무하는 알바생이 2시간 연장근무를 하게 되는 경우 계산식은 다음과 같습니다(2015년 최저시급 기준).

(4시간×총 근무일수×5,580원)+(2시간×초과 근무일수×1.5×5,580원)

쉽게 말해 종전에는 주 40시간을 넘지 않는 범위에서 회사는 단시간근로자에게 할증임금을 주지 않으면서도 연장근무를 시킬 수 있었는데, 2014년 법 개정으로 이것이 금지되었다는 점을 주의하기 바랍니다.

3. 프랜차이즈매장 노무 체크포인트

사장 또는 Superviser가 노무에 대한 기본적인 지식을 배양하여야 합니다. 2010.3.13. 대한민국 최초의 세대별 노동조합인 "청년유니온"이 창립되어 활발한 활동을 하고 있으며, 아르바이트 노동조합 일명 알바노조가 특정 프랜차이즈 영업장 주변에서 시위[1]를 하는 등 노무환경이 급변하고 있기 때문입니다.

이와 같은 추세로 간다면 노무관리에 대한 사전 지식 없이 매장을 운영하는 프랜차이즈 업주의 경우, 노무적인 이슈(최저시급, 연장수당, 주휴수당)로 말미암아 사업운영에 막대한 지장을 받을 수밖에 없습니다.

구체적인 노무 체크포인트는 다음과 같습니다.

---

1) 시민단체인 아르바이트 노동조합(이하 "알바노조")이 28일 아르바이트생들의 근로여건 개선을 촉구하며 맥도날드 매장 3곳에서 이른바 '점거 시위'를 벌였다. 알바노조 소속 50여명은 이날 오후 6시께 맥도날드 신촌점 앞에 모여 집회를 열고 아르바이트생들의 시급을 인상하고 유연근무제로 인해 발생하는 불안정한 근무 형태를 개선하라고 촉구했다(연합뉴스, 2015.3.28.).

구 분	체크사항
주휴수당	시급제 아르바이트생에게 급여를 지급함에 있어 유급주휴일을 포함하여 급여를 계산하여야 합니다.
연차유급휴가	시급제 아르바이트생 역시 연차휴가를 부여하여야 합니다. (연차휴가 산정기준은 근무시간에 비례하여 부여함)
연장수당	2014.9.19. 개정법에 의해 초과근로에 대하여 통상임금의 100분의 50 이상을 가산하여 지급하여야 합니다.
퇴직금계산	아르바이트 신분에서 정규직으로 전환되었을 때 아르바이트로 입사한 시점부터 퇴직금은 계산해야 합니다.

07

백화점, 유통 기업노무 체크포인트

1. 백화점, 유통사업장 노무특성

백화점, 유통사업장 노무 특성은 다음과 같습니다.

첫째, FC가 주로 상대하는 유통사업체는 백화점 내 점포를 가지고 있는 중소업체(의류, 생활기기 등을 취급하는 업체)나 지역 중소 슈퍼마켓입니다. 이런 회사의 직원 수는 통상 10~30명 정도이며 타 업종에 비하여 여성 직원의 비율이 높은 편입니다. 둘째, 백화점 매장에 근무하는 직원의 경우 소속은 본사로 되어 있으나 근무는 백화점매장(예컨대 잠실 롯데백화점, 강남 신세계 백화점 등)에서 하며, 백화점 개점 시각 전에 출근하여 폐점 시각 후에 퇴근하기 때문에 장시간근무가 이루어지고 있습니다. 셋째, 지역 중소 슈퍼마켓 종사자의 경우 역시 매장 운영시간(9 : 00~21 : 00)에 맞추어 출퇴근을 해야 하기 때문에 근무시간이 상당히 많은 편이고, 통상 동절기보다 하절기의 연장근무가 훨씬 많습니다. 넷째, 유통업체는 **주6일**을 **근무**하고 주휴일 또한 평일입니다.

> • **월 2회 휴일**
> 백화점 종사자의 경우 백화점 정기휴일 1일과 자체 휴일 1일을 합하여 월 2회 휴일을 가지는 것이 대부분임.

2. 백화점, 유통사업장! 이것이 문제더라고요

2016.6.14.자 경제신문 기사를 한번 보겠습니다.

> 고용노동부 천안지청(지청장 양승철)은 이달 13일부터 8월 12일까지 근로 취약 업종 사업장을 대상으로 집중점검을 실시한다고 밝혔다. 이번 점검은 휴일 없이 근무하는 노동법 위반 우려가 높은 중소형마트와 음식업종 등 취약분야 사업장을 대상으로 노동관계법 준수 분위기 확산을 위해 실시된다.
> 주요 점검사항은 최저임금 위반, 근로계약서 미작성, 휴게시간 미부여, 임금체불, 법정수당 미지급, 근로시간 위반 등 노동관계법 이행여부 등을 집중 점검한다. 천안지청은 이번 점검 결과 노동관계법을 위반한 사업장은 위반사항에 따라 시정지시, 과태료 부과 및 사법처리 등 관련조치를 엄정히 하고, 지나친 장시간 근로 지양 및 충분한 휴일·휴게 보장 등 사업주의 적극적인 근무 환경 개선을 유도할 계획이다.
> 양승철 지청장은 "앞으로 취약업종에 대한 근로감독을 지속적으로 강화하여 근로조건의 전반적인 개선, 장시간 근로 개선 및 비정규직 처우개선을 위해 노력하겠다"고 말했다.

기본적으로 고용노동부에서는 중소형 마트를 음식사업장과 더불어 근로 취약업종으로 분류하고 있습니다. 그만큼 중소형 마트 직원들의 근무시간이 다른 사업장에 비하여 상대적으로 장시간이고 근무시간에 비례하여 수당을 지급하지 않고 있음을 잘 알 수 있습니다.

이에 따라 고용노동부에서도 ① 최저임금 위반, ② 근로계약서 미작성, ③ 휴게시간 미부여, ④ 임금체불, ⑤ 법정수당 미지급 등을 집중 점검사항으로 하여 단속을 나오고 있는 실정입니다.

이런 전반적인 사정을 알고 마트 사장과 노무 이야기를 풀어 나가야 할 것입니다.

3. 실제 사례

1) 근로계약서 미작성, 취업규칙 미작성

> 경기도 시흥에서 중소마트를 운영하는 A사장. 직원수는 시급제 직원 포함하여 총 15명입니다. 지금까지 사장은 마트 운영에만 바빠 노무에 관련하여서는 아무런 자료도 갖추지 않았습니다. 취업규칙은 물론 근로계약서조차 작성하지 않고 있습니다.
> 과연 괜찮을까요?

제가 방문한 수도권이나 지방의 중소마트 대부분이 위 사례와 별반 다르지 않았습니다. 그 정도로 중소마트의 경우 노무정비가 전혀 이루어지지 않고 있습니다. 이 점이 우리 FC에게는 좋은 동기유발이 될 것입니다.

2) 4대보험 미가입

> 충남 천안에 살고 있는 45세 B씨. B씨는 얼마 전부터 집 근처에 있는 마트에 출근하여 물건 진열과 판매일을 하고 있습니다. B씨는 입사 당시 사장에게 4대보험 가입은 안할 것이고 그럼에도 불구하고 가입해야 한다면 일을 할 수 없다고 배수진을 쳤던 터였습니다. 가뜩이나 직원 구하기도 힘든 상황에서 B씨가 이렇게 나오자 사장 입장에서도 더 이상 4대보험 이야기를 꺼낼 수도 없었습니다.
> 과연 괜찮을까요?

지방 중소형 마트에서 흔히 볼 수 있는 사례입니다.

마트 특성상 이미 건강보험(남편이 직장을 다니고 있기 때문)의 혜택을 받고 있는 주부들이 직원의 대부분을 차지하고 있기 때문입니다. 그러나 이런 사정이 있다고 해서 4대보험을 가입하지 않는다면 아래와 같은 불이익을 당하게 됩니다.

① 만약 산재보험 미가입시 산재사고가 발생하였을 경우 산재처리를 하게 되면 사업주는 소급하여 3년분의 보험료를 지급하여야 하며 일정액의 연체금을 부담하게 됩니다.
② 보험관계의 신고를 하지 않았기 때문에 300만원 이하의 과태료에 처하게 됩니다.
③ 근로복지공단에서 지급 결정된 산재보험금의 50%를 부담하여야 합니다.

3) 연장, 휴일수당 및 미사용 연차수당

> 충주 연수동에서 마트를 운영하고 있는 C사장. 주변 사람들의 말을 듣고 근로계약서는 작성하여 근로자들에게 교부는 하였지만 인터넷에서 다운받은 것이라 그 내용에 관하여는 정확하게 모르고 작성하였습니다. 그래도 근로계약서는 작성했으니 큰 문제는 없겠지라고 생각하고 있었는데 얼마 전 퇴사한 여직원이 노동청에 진정을 했다고 해서 갔더니 깜짝 놀라서 넘어질 뻔 했던 C사장. 3년간 일한 여직원이 노동청에 진정한 액수가 수천만원이 넘었던 것입니다.
> 과연 이게 가능한 것인가요?

물론 가능한 일입니다.

통상 마트에 종사하는 직원들의 근무시간은 주 6일제로 1일 10시간에 달합니다. 그렇다면 1주일에 연장근무가 10시간, 휴일근무가 10시간입니다. 연차휴가도 1년에 5일정도만 갔기 때문에 미사용연차일수도 31일 정도 나옵니다. 과연 금액은 얼마가 나올까요?

계산해 보면 3천만원 정도 나옵니다(계산은 편의상 2017년 최저시급으로 계산).

〈미지급 연장, 휴일수당 내역〉

시급	월	연장근무(H)	휴일근무(H)	연장수당	휴일수당	합계
6,470	36	43.4	43.4	₩15,163,092	₩15,163,092	₩30,326,184

〈미지급 연차수당 내역〉

시급	연차	미사용연차일수	연차수당	합계
6,470	1년차	10	₩647,000	₩2,000,570
6,470	2년차	10	₩647,000	
6,470	3년차	11	₩711,700	

4. 백화점, 유통사업장 노무 체크포인트

사례에서도 보았듯이 장시간근무가 이루어진다면 필히 수당(연장수당, 휴일수당, 연차수당)을 지급해야 함을 명심해야 합니다. 수당지급이 어렵다면 근무시간을 줄이든, 휴게시간을 늘이든, 임금수준을 높이든 어떤 방법이든지 강구해야합니다.

그리고 4대보험은 직원들이 힘들어하더라도 반드시 가입시켜야 합니다. 명심하세요! 근로복지공단에서의 단속은 회사 성립기준으로 4년 뒤에 이루어집니다.

마지막으로 근로계약서나 규정이 미비하다면 반드시 정비해야 합니다. 비단 벌금이나 과태료를 물지 않기 위한 소극적인 목적이 아니라 회사와 직원의 영속적인 발전을 위한 적극적인 목적에서 그러합니다.

08

시급제 알바 고용사업장 기업노무 체크포인트

2016.7.12. 일간지 내용입니다.

「근로기준법」 등 관련법을 위반한 경기도 내 업체들이 고용당국에 무더기로 적발됐다.

11일 고용노동부 경기지청에 따르면 경기지청과 성남·안양·안산·평택 등 5개 지청은 지난 4월부터 6월까지 경기남부지역 내 PC방과 커피전문점, 주점, 숙박업소 등 684곳을 대상으로 일제점검을 실시한 결과, 59.5%에 달하는 407곳에서 592건의 위법 사항을 적발했다. 위반 사항별로는 '근로조건 서면명시 준수 의무 및 교부 위반'이 285곳(41.6%)로 가장 많았으며, 이어 '임금·각종 수당 등 금품체불' 42곳(6.1%, 체불액 1억3천200여만원), '최저임금 위반' 33곳(4.8%, 기준 미만 미지급액 1천916만3천원) 등의 순이었다.

경기지청 등 5개 고용지청은 위반 사업장에 대해 체불금액과 최저임금 미지급 등에 대해서는 시정조치했다. 특히 기간제 및 단시간 근로자와 서면 근로계약을 체결하지 않은 31곳에 대해서는 관련법에 따라 시정기한을 부여하지 않고 930만원의 과태료를 즉시 부과했다.

정성균 고용노동부 경기지청장은 "하반기에도 기초고용질서를 위반할 우려가 높은 업종과 최저임금으로 사회적 물의를 일으킨 사업장을 중심으로 집중점검을 실시할 것"이라고 밝혔다.

1. PC방, 커피전문점, 주점

인사노무적인 관점에서 음식점과 커피전문점의 가장 큰 차이가 무엇이라고 생각하세요? 아마도 그 대답은 천차만별일 것입니다. 그 대답 중 가장 정확한 대답은 아래와 같습니다.

"음식점 직원 대부분은 연령이 40대 이상이면서 외국인 직원이 한두명 있지만, 커피전문점은 대부분의 직원이 20대이면서 외국인 직원이 없습니다"

대부분 시급제 알바직원이 근무하는 커피전문점 등은 노무관리가 취약해서 고용노동부의 집중단속 대상이 되고 있습니다. 사소하게는 최저임금 위반에서부터 퇴직금 미지급까지 생각보다 많은 건수가 노동청에서 다투어지고 있는 실정입니다.

2. 채용 시 주의사항(구비서류, 근로계약서)

1) 구비서류

상기한 내용에 따라 취직이 가능한 연령이라도 만 18세 미만 청소년은 따로 구비해야 할 서류가 있습니다. 구비서류는 다음과 같습니다.

① 연령을 증명하는 가족관계기록사항에 관한 증명서
② 친권자 또는 후견인의 동의서
③ 단, 취직인허증을 구비한 경우에는 위 '①', '②'의 서류를 구비한 것으로 보아 별도로 이를 구비할 필요는 없다.

이러한 서류를 구비하지 않은 채 만 18세 미만 청소년을 고용한 경우에는 500만원 이하의 과태료에 처해질 수 있습니다.

2) 미성년자 본인과 직접 계약

근로계약서는 성인근로자와 마찬가지로 작성하여 교부해야 합니다. 또한 미성년자 본인과 직접 계약을 체결해야 합니다. 친권자가 미성년자의 근로계약을 대리하여 체결하는 것은 법적으로 금지하고 있는 사항으로 위반 시 500만원 이하의 벌금에 처해질 수 있습니다.

한편 친권자나 후견인은 근로계약이 불리하다고 인정하는 경우 일방적으로 계약 해지가 가능합니다. 계약 체결은 미성년자 본인과 하되, 불리한 경우 친권자가 이를 해지할 수도 있는 것입니다.

3. 근로시간

1) 법정 근로시간

만 18세 미만의 청소년은 1일 7시간 1주 40시간까지 근무가 가능합니다. 일반 성인 근로자에 비해 하루 1시간의 차이가 있는 것입니다. 만약 이 시간을 초과하여 근무한다면 추가 연장근로수당을 지급해야 합니다.

2) 연장 · 야간 · 휴일 근로 제한

만 18세 미만인 자는 원칙적으로 야간 · 휴일 근로를 하지 못하도록 되어 있지만 본인의 동의와 노동부 인가를 받은 경우에는 예외적으로 야간 · 휴일 근로가 가능합니다.

한편 연장근로는 합의로 1일 1시간, 1주 6시간까지만 가능하고 이 시간을 초과하는 경우 연장수당을 지급해야 합니다.

4. 그 밖의 근로조건

그 밖의 근로조건은 대부분 성인 근로자와 동일하다고 볼 수 있습니다.

즉, 최저임금, 주휴수당, 연차휴가, 휴게, 임금지급, 산재 등 법정 근로조건이 더 불리하게 적용되는 것은 아닙니다.

특히 임금지급에 있어 반드시 친권자 계좌로만 입금하겠다하며 지급일을 미루는 것은 문제의 소지가 있음을 주의해야 합니다. 이 경우 미성년자 본인은 임금을 직접 청구할 수 있고 이를 거부할 시 임금체불 문제가 발생할 수 있을 것입니다.

5. 청소년 다수 고용사업장 단속 결과[2)]

1) 지역별, 유형별 적발 현황

시·도	점검 업소수	적발 업소수	위반 유형별 적발 건수									
			계	근로 조건 미명시	최저 임금 미지급	근로자 명부 미작성	계약 서류 미보존	가산 수당 미지급	임금 체불	야간 휴일 미인가	최저 임금 미고지	성희롱 예방교육 미실시
계	197	73	155 (100%)	45 (29.0%)	6 (3.9%)	38 (24.5%)	4 (2.6%)	5 (3.2%)	2 (1.3%)	1 (0.6%)	23 (14.8%)	31 (20.0%)
서울 (중랑, 성동 도봉, 금천)	32	10	16	4		1					4	7
부산(금정구)	8	2	7	2		4						1
대구(달서구)	8	3	6	3	1		1					1
인천(계양구)	8	6	8	5								3
광주(북구)	9	2	2		1			1				
대전(서구)	8	2	5	1		1					2	1
울산(남구)	8	2	6			2					2	2

2) 2015.8.12. 고용노동부 발표자료

시·도	점검 업소수	적발 업소수	위반 유형별 적발 건수									
			계	근로 조건 미명시	최저 임금 미지급	근로자 명부 미작성	계약 서류 미보존	가산 수당 미지급	임금 체불	야간 휴일 미인가	최저 임금 미고지	성희롱 예방교육 미실시
경기 (안산, 의정부 평택, 고양, 부천)	42	15	27	9		2	2		1		5	8
강원(강릉시)	8	2	4			2					1	1
충북(충주시)	9	3	6		1	1					3	1
충남(아산시)	8	2	6	2				2			2	
전북(익산시)	9	2	5	2		1					2	
전남(여수시)	8	2	5	1		1		1		1		1
경북(경산시)	8	3	10	2	1	2	1	1			1	2
경남(통영시)	8	5	11	4	1	4			1		1	
제주(제주시)	8	8	22	7		15						
제주(서귀포)	8	4	9	3	1	2						3

2) 위반 업종

계	일반 음식점	커피 전문점	제과점	문구점	의류 판매점	패스트 푸드점	편의점	PC방	노래방	기타
73 (100%)	25 (34.3%)	15 (20.5%)	9 (12.3%)	4 (5.5%)	4 (5.5%)	4 (5.5%)	3 (4.1%)	3 (4.1%)	3 (4.1%)	3 (4.1%)

※ 기타 : 주유소 2개소, 화장품판매점 1개소

예화로 풀어보는 기업노무

프레임(frame)의 법칙 – 기도와 담배 이야기

한 사람이 랍비에게 물었습니다.
"기도를 하면서 담배를 피워도 되겠습니까?"
랍비가 대답했습니다.
"기도를 하면서 담배를 피우면 절대 안 됩니다. 그건 신을 욕하는 행위입니다"

다른 사람이 랍비에게 물었습니다.
"담배를 피우면서 기도를 해도 되겠습니까?"
랍비가 인자한 미소를 지우며 대답했습니다.
"물론 가능합니다. 기도는 때와 장소를 가리지 않고 하는 것입니다"

질문하는 방식에 따라 그 답이 얼마나 달라질 수 있느냐를 잘 보여주는 예화입니다. 사람들은 이것을 프레임(frame)의 법칙이라고도 합니다. 우리가 어떤 질문을 하느냐에 따라 사장들이 세상을 바라보는 프레임, 우리를 대하는 프레임이 결정됩니다. 아래 질문사항을 통하여 우리 자신을 성공으로 인도하는 프레임 설치법을 터득하기를 바랍니다.

〈사업장 방문 시 반드시 해야 할 질문사항 정리〉

1) 근로계약서를 작성하여 교부하고 있습니까?

현행 「근로기준법」상 1인 이상 고용하는 모든 사업장은 업종을 불문하고 근로계약서를 작성하고 교부하여야 하고 미이행시에는 벌금 500만원이 부과됩니다. 사장 입장에서는 1차적으로 벌금을 부과받지 않기 위하여 근로계약서를 작성하고 교부해야 합니다. 그러나 조금 더 멀리 내다보고 자문해야 하는 우리 입장에서는 이런 1차적인 이유보다는 다음과 같은 코멘트를 사장에게 해야 합니다.

"사장님! 근로계약서 작성은 직원 뿐 아니라 우리 사장님을 위해서도 반드시 필요합니다. 예를 들어볼까요? 수습기간을 종료하면 평가절차를 거쳐서 직원을 그만두게 할 수 있죠? 네 맞습니다. 그런데 사장님, 그렇게 하기 위해서는 수습제도가 근로계약서에 명시되어 있어야 합니다. '구두상으로 합의했다' 이런 말을 나중에 근로감독관한테 하여도 아무런 소용이 없습니다. 입증책임은 사장님한테 있기 때문입니다."

2) 수습직원에 대한 적절한 관리를 하고 있습니까?

보통 신규 채용된 직원은 수습기간을 두는 경우가 많습니다. 앞서 언급한 바 수습직원은 채용 시 반드시 근거규정을 두어야 합니다. 수습기간을 명시하지 않은 경우 정식근로자로 채용된 것으로 보아 나중에 문제가 될 수 있기 때문입니다.

그리고 수습기간 동안은 수습 직원에 대한 적절한 평가를 행하여 객관적인 평가 자료를 확보해 두는 것이 바람직합니다. 수습 종료 후 정식 채용 여부를 결정하는데 있어 평가 자료는 객관적인 채용 여부 결정의 근거 자료가 될 수 있을 것입니다.

3) 연차휴가를 법대로 부여하고 있습니까?

요즘 근로자들의 직업관은 과거와는 판이하게 달라졌습니다. 수년 전 한 정치인의 캐치플레이였던 "저녁이 있는 삶"이라는 용어가 이러한 변화된 가치관을 가장 잘 설명해주는 것이라 할 수 있습니다. 이러한 가치관 변화에 가장 잘 부합하는 제도가 바로 연차유급휴가가 아닐까 싶습니다. 실제로 요즘 전화상담 내용 중 연차휴가와 관련된 질문건수가 과거에 비하여 엄청나게 증가했고, 미사용연차수당을 지급받지 못한 근로자의 체불신청수가 급격하게 증가되었음을 체감하고 있습니다.

그에 비하여 사장들의 연차휴가에 대한 관심은 아직 미미한 수준이라 향후 연차휴가는 기업노무에 있어 분쟁의 뇌관이 될 가능성이 상당히 큽니다. 따라서 여러분들이 사장들을 만날 경우 연차휴가나 연차수당은 약방의 감초처럼 언제든지 대화 주제로 삼아야 할 것입니다.

4) 교대근무가 법정 근로시간을 초과하는 것은 아닌가?(제조업체, 병원)

업종의 특성상 24시간 가동이 불가피한 사업체가 있습니다. 대표적으로 종합병원, 석유화학 공장, 자동차 부품제조 공장 등이 있습니다. 이러한 사업장의 대부분은 3교대 근무를 하고 있습니다.

그러나 교대제라고 하더라도 법정 근로시간은 지켜야 합니다. 연장근로를 포함한 주당 근로 시간은 52시간이므로 되도록 근무가 이루어져야 합니다. 다만, 이런 대화를 나누기 위해서는 기본적으로 교대제에 관하여 어느 정도의 지식을 갖추어야 하는데 그것은 'Chapter 6. 2. 제조업체에서의 교대제'를 참고하기 바랍니다.

5) 출산 · 육아 등 모성보호에 대한 규정을 제대로 두고 있는가?(서비스업, 병원)

노동 시장에서의 여성 인력 증가는 더 이상 어제 오늘의 일이 아닙니다. 전통적으로 여성인력의 비율이 높은 병원이나 서비스업종은 물론, 남성 근로자들이 압도적이었던 운수, 건설 등의 직종에서도 여성근로자들의 진출이 눈에 띄게 증가하고 있습니다. 이러한 상황에서 출산 전 · 후 휴가, 육아휴직, 육아기 근로시간 단축 등에 대한 요구는 증가할 수밖에 없고, 관련 규정을 위반하는 경우 법적 문제가 발생할 여지도 높아가고 있습니다. 관련 제도에 대한 규정 정비는 물론 모성보호 관련 정부 지원금에 대한 체크 필요성 또한 크다고 할 수 있습니다.

6) 법정 가산수당은 제대로 지급되고 있는가?

교대근무나 OT가 자주 발생하는 사업장의 경우 연장, 야간, 휴일근로수당이 발생합니다. 이러한 OT수당에 대한 지급을 누락할 경우 한 번에 밀린 수당을 모두 지급해야 하는 불상사가 생길 수 있으므로 평소에 지급해야만 경영리스크를 낮출 수 있습니다. 이러한 사업장이 있다면 포괄임금제 근로계약서를 고려해 보는 것도 하나의 좋은 대책이 될 수 있습니다.

7) 휴게시간은 보장하고 있는가?

사장은 직원이 8시간 근로를 할 경우 그 근무 중 1시간의 휴게시간을 부여하여야 합니다. 이러한 휴게시간은 자유로운 이용이 보장되어야 하는데 만약 그렇지 못한다면 휴게시간이 근로시간으로 인정되어 연장수당이 지급되어야만 합니다. 보통 이와 같은 문제가 대두되는 상황은 ① 대기시간, ② 교대시간, ③ 교육시간입니다. 상담과정에서 이런 시간에 직원들이 어떤 식으로 생활하는지에 대한 구체적인 내용을 파악하는 것이 관건입니다.

8) 퇴직급여는 제대로 지급되고 있는가?

퇴직급여는 퇴사와 함께 지급이 되어야 하는 금품이기 때문에 연봉의 일정 부분을 퇴직금 명목으로 지급하는 것은 무효라고 할 수 있습니다. 따라서 급여명세서에 퇴직금 항목으로 일정 부분이 지급되고 있지는 않은지, 중간정산 사유가 없음에도 중간정산을 하지는 않았는지를 체크해야 합니다.

한편 퇴직연금제도의 도입이 확대되고 있는 현 시점에서 퇴직연금 가입에 대한 부분도 체크하는 것이 필요합니다.

9) 기간제, 단시간 근로자에 대한 법위반은 없는가?

소위 비정규직이라고 불리는 기간제, 단시간 근로자에 대한 문제는 사회적으로도 관심이 큰 부분이기도 합니다. 기간제 근로자의 경우 2년을 초과하여 계속 근무했다면 기간의 정함이 없는 근로자가 된다는 점을 유의해야 합니다. 6개월 마다 근로계약서를 작성하여 2년 넘게 계속 근무해 왔다면 더 이상은 근로계약서의 기간이 의미가 없게 됩니다.

단시간 근로자의 경우에는 근로시간이 법정 근로시간인 1일 8시간 1주 40시간에 미달하는 경우라도 약정된 근무시간을 초과하는 경우, 연장 근로가 되어 50%를 가산하여 지급한다는 점을 주의해야 합니다. 예컨대 1일 4시간을 근무하기로 약정한 단시간 근로자가 6시간을 근무했다면 2시간은 법정 근로시간인 8시간을 넘지 않더라도 50%를 가산해서 급여를 지급해야 하는 것입니다.

또한 이러한 기간제, 단시간 근로자를 정규직과 차별적으로 취급하는 것은 차별시정 대상이 됩니다.

Chapter 6

근로제공과 관련된 이슈

01

근무시간 핵심정리

1. 관점의 차이

1500cc 준중형차를 소형승용차라 불러야 할까요? 아니면 중형차라 불러야 할까요? 3월초에 내리는 비를 겨울비라 불러야 할까요? 아니면 봄비라 불러야 할까요? 이처럼 살면서 우리를 잠시 동안 멍하게 만드는 질문들이 몇 가지 있습니다. 대부분 이런 질문들은 관점에 따라 그 답이 달라질 수 있는 물음들입니다.

인사노무에 있어서도 이런 질문들이 있는데, 대표적인 것이 "대기시간, 교대시간, 교육시간이 근로시간입니까? 아니면 휴게시간입니까?"하는 질문입니다.

운수업체 운전사의 경우 업무특성상 배차간격이 있기 때문에 필연적으로 대기시간이 있을 수밖에 없습니다. 이 경우 대기시간을 근로시간으로 볼 것이냐 휴게시간으로 볼 것이냐에 따라 수당계산이 엄청나게 달라지게 됩니다. 따라서 당연히 사업장에서는 이 부분이 초미의 관심사입니다. 마찬가지로 직원들에게 이루어지는 교육시간을 근로시간으로 볼 것인지 휴게시간으로 볼 것인지 역시 문제가 됩니다.

2. 결정의 기준 : 사용자의 지휘감독 여부

이와 관련하여 우리 법원의 입장은 대단히 명쾌합니다. 대기시간이나 휴식·수면시간 등이라 하더라도 그것이 휴게시간으로서 근로자에게 자유로운 이용이 보장된 것이 아니고 실질적으로 **사용자**의 **지휘·감독**하에 놓여있는 시간이라면 이는 근로시간에 포함된다는 것입니다(대법원 2006.11.23. 선고 2006다41990 결정).

• **사용자의 지휘감독**
이때 지휘감독은 반드시 사장의 지휘감독을 말하는 것이 아니라 임원, 팀장 등 회사 상급자로 이해해야 함.

이 판례에서 우리가 밑줄을 그어야 할 문구는 2가지입니다. 첫째가 "실질적"이라는 문구이고, 둘째가 "지휘감독"이라는 문구입니다. 이 2가지의 문구를 토대로 근무시간과 휴게시간을 구분하는 요령을 정리하면 다음과 같습니다.

첫째, 그 시간에 사장 눈치를 보지 않고 집에서 걸려오는 휴대폰 전화를 받을 수 있다면 그 시간은 휴게시간입니다. 둘째, 그 시간에 사장 허락 없이 밀린 공과금 납부하러 근처 은행에 다녀온다고 하더라도 아무런 제재도 당하지 않는다면 그 시간은 휴게입니다. 셋째, 몸 컨디션이 너무 안 좋아 자신의 승용차에 가서 30분간 눈을 붙이고 오더라도 사장이 별다른 말을 하지 않는다면 그 시간은 휴게시간입니다. 넷째, 대기실에서 장기, 바둑, TV시청 등을 자유롭게 할 수 있다면 그 시간은 휴게시간이 됩니다.

3. 구체적인 사례

1) 대기시간의 근로시간 여부(근기 68207-3298, 2000.10.25.)

「근로기준법」상의 휴게시간이란 휴게시간·대기시간 등 명칭여하에 불구하고 근로자가 사용자의 지휘·감독으로부터 벗어나 자유로이 사용할 수 있는 시간을 말합니다. 따라서 취업규칙상 근로형태는 아니지만 사업주의 묵시적인 동의하에 관례적으로 근로자들 스스로 2시간 단위로 작업을 하고 작업을 하지 않는 근로자들은 대기실에서 장기, 바둑, TV시청 등을 하는 형태로써, 대기시간과 근무시간의 구분이 명백하고, 근로자가 사전에 대기시간을 알고 있으며, 그 대기시간 중에는 사업장 밖으로 나갈 수는 없지만 사용자의 지휘·감독을 벗어나 자유로이 이용할 수 있다면 이는 휴게시간으로 인정할 수 있다고 판단합니다. 다만, 당해 회사의 단체협약이나 취업규칙 등에서 대기시간의 전부 또는 일부에 대하여 근로시간에 포함한다는 특약이 있는 경우에는 그에 따라야 할 것입니다.

2) 대기시간의 근로시간 여부(근기 01254-12495, 1987.8.5.)

휴게시간은 근로시간 4시간의 경우 30분 이상 근로시간 중에 근로자가 자유로이 이용할 수 있어야 하는 바, 작업의 진행상황에 따라 근로자가 미리 작업개시 전에 휴게시간을 명백히 구분할 수 있는 상황에 있고 그 시간 중에 사용자의 지휘감독을 벗어나 자유로이 사용할 수 있다면 휴게시간으로 보아야 할 것이나 사용자로부터 언제 취로 요구가 있을지 불명한 상태에서 대기하는 시간은 휴게시간으로 볼 수 없고 근로시간으로 보아야 할 것입니다.

3) 대기시간의 근로시간 여부(근로조건지도과-3076, 2008.8.7.)

시외버스의 배차시간과 대기시간의 구분이 명백하고, 배차표를 사전에 배부해 배차 계획이 예측 가능토록 하면서 대기시간 중에는 근로자가 사용자의 지휘·감독을 벗어나 자유로이 이용할 수 있다면 그 시간은 휴게시간으로 인정할 수 있습니다.

4) 교육시간의 근로시간 여부(근기 01254-18899, 1987.11.28.)

근로자에 대하여 업무와 관련되는 교육은 결과적으로 생산성 향상과 관련되므로 그 시간은 근로시간으로 하여 임금을 지급하여야 하나 근로자 개인의 교양, 취미 등을 위한 교육이나 국가의 홍보사항[1]의 교육은 그 시간에 대하여

1) 군사정권 시절 나온 노동부 유권해석임을 감안하고 읽으면 되겠습니다.

는 임금지급의무는 없습니다.

5) **부수업무시간의 근로시간 여부**(근로기준과-3665, 2004.6.9.)

부수업무시간을 근로자가 자유로이 이용할 수 없고, 실제로 업무수행 또는 업무에 부수되는 근로를 제공하는 시간이라면 이를 휴게시간으로 볼 수는 없습니다.

4. 사장들을 위한 TIP

근무시간, 휴게시간과 관련하여 사장과의 면담자리에서 사용할 수 있는 대화를 정리하면 다음과 같습니다.

> "사장님! 휴게시간의 근로시간성 여부를 판단하는 기준이 점점 엄격해져가고 있습니다. 예전과 같은 방식으로 휴게시간을 운영하다가는 사업장 내 근로시간이 엄청나게 늘어날 수 있습니다. 그렇게 된다면 인건비 역시 올라갑니다. 그래서 사장님! 앞으로는 어디까지를 휴게시간으로 하고, 어디까지를 근로시간으로 할 것인지를 사전에 확정하셔야 합니다.
>
> 그 다음에 휴게시간에 대해서는 어떤 지시를 내리기보다는 직원들이 자발적으로 뭔가를 할 수 있는 환경을 마련해 주세요. 그 시간에 쉬고 싶은 직원은 쉬고, 업무에 욕심이 있어서 일을 조금 더 하고 싶은 직원은 일을 할 수 있도록 해주세요. 그러면 이 시간은 근로시간으로 인정되지 않습니다. 다만, 일하는 직원과 쉬는 직원 간에 차등적인 처우를 하면 안 된다는 것에 유의하십시오."

02

제조업체에서의 교대제

1. 알면 쉽고, 모르면 어려운 교대근무

아마도 교대근무가 무엇인지에 대해서 대략은 알고 있을 것이라 생각합니다. 교대제라 하면 주로 제조업체의 생산직이나 병원에서 근무하는 간호사들이 떠오를 겁니다. 이와 같은 교대근무는 얼핏 보면 복잡하고 어렵게 보이지만, 조금만 공부하면 크게 어려울 것이 없는 제도입니다. 이번 파트에서는 교대근무가 무엇인지에 대하여 제대로 알아보도록 하겠습니다. 교대근무에 대한 이해는 사실 그 개념을 정확히 숙지하는 것만으로도 충분하다고 할 수 있습니다. 교대근무의 개념은 다음과 같습니다.

① 동일한 업무에 대해 근로자들을 2개조 이상으로 조직하고
② 전체 근로자를 두 개 이상의 시간계열로 구분하여
③ 일정한 기일마다 근로시간대를 순환하는 근무제도

그러나 이런 개념정의를 전부 외우고 있을 필요는 없습니다. 아래의 3가지만 알고 계시면 됩니다.

① 근무 조　　② 교대 수　　③ 교대 주기

2. 몇 조 몇 교대?

이제 숙지한 3가지를 가지고 조금 더 자세하게 알아보도록 하겠습니다.

1) 근무 조

근무 조는 인원을 나눈 것입니다. 예컨대 12명의 직원이 있다면 4명씩 3개 조로 나눌 수도 있을 것이고, 3명씩 4개 조로 나눌 수도 있을 것입니다. 또는 6명씩 2개조도 가능할 것입니다.

〈근무 조 예시〉

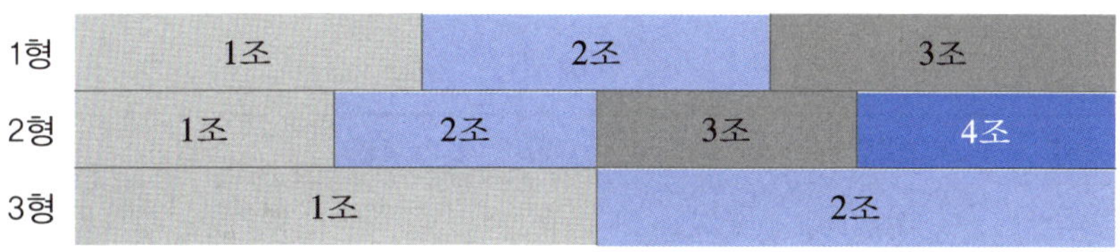

2) 교대 수

교대 수는 근무시간을 나눈 것입니다. 직원을 몇 개의 조로 나누었다면 이제 각 조별로 몇 시간씩 근무를 하게 할 것인가를 결정해야 합니다. 각 조마다 12시간씩 근무를 하도록 할 수도 있을 것이고, 8시간씩 근무를 할 수도 있을 것입니다. 직원들에게 많은 여가 시간을 주고 싶다면 6시간씩 근무하도록 편성할 수도 있습니다.

만약 24시간 가동하는 사업장에서 각 조 12시간 근무를 선택한다면 그 사업장의 교대 수는 2교대가 됩니다. 각 조가 12시간 근무를 하므로 하루 2개 조가 투입되어야 하기 때문입니다. 마찬가지로 같은 사업장에서 각 조 8시간 근무를 선택한다면 그 사업장의 교대 수는 3교대가 되고, 6시간 근무를 택했다면 4교대가 되는 것입니다.

〈교대 수 예시〉

(24시간 가동 기준)

각 조 근무시간	교대 수
12시간	2교대
8시간	3교대
6시간	4교대

3) 교대 주기

교대 주기는 같은 형태의 근무 사이클이 한 번 도는 기간을 의미합니다.

〈예시1〉

구분	1일	2일	3일	4일	5일	6일
A조	주12	주12	휴	휴	야12	야12
B조	야12	야12	주12	주12	휴	휴
C조	휴	휴	야12	야12	주12	주12

〈예시2〉

구분	1일	2일	3일	4일	5일	6일	7일	8일	9일
A조	주12	주12	주12	휴	휴	휴	야12	야12	야12
B조	야12	야12	야12	주12	주12	주12	휴	휴	휴
C조	휴	휴	휴	야12	야12	야12	주12	주12	주12

예시1과 예시2는 모두 인원이 3조 2교대이고 같은 형태의 교대 근무가 반복됩니다. 그런데 예시1은 한 사이클이 6일 주기인 반면, 예시2는 9일 주기로 같은 근무 조, 같은 교대 수라도 한 달 휴일에 있어 차이가 나타납니다.

예시1과 같이 주기가 짧은 경우에는 연속 근무일도 짧아서 피로누적이 적지만 그에 따라 연속 휴일도 짧게 나타납니다(4일 근무 2일 휴식). 반면, 예시2와 같은 긴 주기의 경우는 연속 근무일이 길지만 휴일 역시 길게 나타납니다(6일

근무 3일 휴식).

결론적으로 반복 주기가 길면 길수록 한 주기의 근무일이 늘어나지만 휴일 수도 늘어나는 것이라고 이해하면 되고, 이를 이용해 업체별 특성을 고려하여 주기를 설정할 수 있겠습니다.

3. 교대근무 관련 유용한 TIP

1) 근무 조의 수가 같다면 몇 교대를 해도 1주의 근무시간은 같다

24시간 가동하는 사업장에서 3조 2교대와 3조 3교대는 주당 근무시간이 56시간으로 동일하게 나타납니다. 마찬 가지로 4조 2교대와 4조 3교대는 42.0 시간, 5조 2교대와 5조 3교대는 33.6시간으로 동일합니다. 이는 교대 수가 늘면 근무시간은 짧아지지만 그만큼 휴일이 더 적게 주어지기 때문입니다.

예컨대 3개 조로 구성된 교대제는 2교대를 하든 3교대를 하든 주당 근무시간은 같고, 1일 근무시간과 휴일 수에 있어서만 차이가 나타나게 됩니다.

2) 근무 조별로 휴일이 달라도 무방하다

일반적인 사업장은 일요일을 휴일로 정하고 있습니다. 그러나 교대근무를 하는 경우 매주 일요일마다 쉬는 것은 힘든 일입니다. 법적으로 주어야 하는 주휴일은 반드시 일요일일 필요는 없습니다. 1주에 하루만 주어지면 충분합니다. 또한 1조와 2조의 휴일을 서로 다른 날로 정하더라도 법 위반이 아닙니다.

> 사용자는 「근로기준법」 제54조 및 동법 시행령 제25조의 규정에 의한 주휴일을 1주일에 평균 1회 이상 부여하면 되며, 반드시 일요일 등 특정일에 부여하여야 할 의무는 없는 것이므로 노사당사자는 단체협약이나 취업규칙 등으로 특정일을 주휴일로 정할 수 있을 것이며, 귀 질의서와 같이 근무조별로 다른 날(요일)을 주휴일로 정하더라도 무방할 것임.

• 근로기준과-5410, 2014.10.11.

3) 24시간 격일제의 경우 휴가사용

24시간 격일제는 24시간 근무 후 24시간 비번을 반복하는 형태를 의미합니다. 이러한 격일제의 경우에도 연차휴가는 부여됩니다. 그런데 격일근무제의 특성상, 근무일에 휴가를 사용한 경우 비번일인 다음날도 연차휴가를 써야만 하는 것인지, 아니면 비번일이므로 당연히 쉬는 것인지가 참 애매합니다.

결론은 비번일까지 쉬려면 연차휴가 2일을 사용해야 합니다. 이에 대한 행정해석은 다음과 같습니다.

격일제 근로의 경우 근무일의 근무를 전제로 다음날(비번일)에 휴무 하는 것이므로 **1근무일과 다음날 비번일을 함께 휴무하였다면 2일의 휴가를 사용한 것으로 보아도 무방함.** 연차유급휴가의 경우 2일의 연차유급휴가를 사용한 것으로 할 수 있으며, 월차유급휴가의 경우 월차휴가와 연차휴가(적치된 월차휴가로도 가능)를 합하여 2일의 휴가를 사용한 것으로 할 수 있음. 그러나 근로자가 1일의 휴가를 사용한 것으로 처리해줄 것을 요구한 때에는 사용자는 비번일인 다음날에 근무일의 근로시간의 절반에 해당하는 근로(반일근무)를 시킬 수 있음. 같은 법리로 1근무일의 결근은 2일 결근한 것으로 처리해도 무방함.

• 근기 68207-3288, 2001.9.26.

비번은 전날의 근무를 한 경우에 주어지는 것이므로 전날 휴가를 사용했다면 비번이 당연히 주어지는 것이 아니기 때문에 휴가와 다음날 비번일까지 쉬려면 휴가 2일을 사용해야 하는 것입니다. 이 때 비번일까지 쉬면서 휴가 1일만을 사용하고자 한다면 직원에게는 비번일의 반일 근무를 명할 수 있습니다.

같은 논리로 격일제 근로자의 1일 결근은 2일의 결근으로 처리할 수 있습니다. 비번일의 휴무는 전날 근무가 없었다면 주어지지 않게 되는 것이기 때문입니다. 핵심은 격일제 근무자의 비번일은 전날 근무가 이루어진 경우에 주어지는 것이라는 점입니다.

4) 교대제도 법정근로시간은 준수해야 한다

교대제 근무라고 하더라도 법정근로시간 및 휴일 휴게에 대한 규정은 준수해야 합니다. 1일 8시간 주당 40시간까지 근로가 가능하고 1주 12시간까지 연장 근로가 가능한 것입니다. 또한 근무 도중 휴게시간, 휴일, 휴가도 반드시 법에 따른 기준을 준수해야 합니다. 교대제라고 해서 일반 근로자와 다르게 볼 이유는 없기 때문입니다.

03

바이오 · 의류 · 영상제작업체에서의 재량근로시간제

1. 재량근로시간제

2015.5.28.자 파이낸셜뉴스 신문 기사를 보도록 하겠습니다.

> 행정자치부가 올해 초부터 본격 도입한 '재량근무제'가 정부부처 및 자치단체를 중심으로 빠르게 확산되고 있다. 28일 행정자치부에 따르면 행자부를 시작으로 특허청과 부산시가 재량근무제를 이미 도입해 운영 중이며 식품의약품안전처 등 다른 부처들도 도입을 서두르고 있는 것으로 알려졌다.
>
> 재량근무제는 출퇴근 의무 없이 프로젝트 수행으로 주40시간 근로시간을 인정받는 신개념의 근무제다. 지난 1월 국장급 공무원을 대상으로 일주일간 현장을 찾아가는 '재량근무'를 실시한 것을 계기로 4월부터는 과장급 이하 직원들을 대상으로 자율적으로 실행하고 있다.
>
> 통상적인 '오전 9시부터 오후 6시까지'의 근무시간 시스템에서 벗어나 직원들이 자율적이고 탄력적으로 업무시간과 장소를 조율할 수 있는게 이 제도의 정점이다.

전국의 수많은 FC와 업무를 진행하면서 요즘 부쩍 ▲신상품 연구개발, ▲연구소 연구업무, ▲의상디자인, ▲방송 · 영화 제작과 관련된 사업체의 노무규정 설계 빈도수가 늘었음을 느낍니다. 그러면서 국내 노무시장이 10년 전과는 확실히 달라졌음을 실감하고 있습니다. 이런 사업체에 대한 규정설계를 하다보면 연구나 디자인 직군 종사자의 근무시간 측정이 어렵다는 점에 고민을 하게 됩니다.

이런 업무종사자들의 특징은 제조업체 생산직원과 같이 반복적 작업을 통하여 제품을 생산하는 것이 아니라 끊임없는 고민과 발상으로 창의적인 아이디어를 도출해낸다는 데에 있습니다. 얼핏 보면 멍하니 딴 생각을 하고 있는 것처럼 보이지만, 실제는 고도의 집중을 통한 아이디어 창출을 하고 있는 사람이 바로 이들입니다. 따라서 이들에게는 일반 근로자들의 근무시간과는 다른 별도의 근무시간체계가 적용되어야 하고, 이 제도가 바로 재량근로시간제도입니다.

2. 좀 더 자세히 알아본 재량근로시간제

재량근로 간주시간제가 적용되기 위해서는 재량업무이어야 합니다. 그럼 재량업무에는 어떤 것들이 있을까요? 「근로기준법 시행령」 및 고용노동부고시는 재량업무를 다음과 같이 구체적으로 규정하고 있습니다.

1. 신상품 또는 신기술의 연구개발이나 인문사회과학 또는 자연과학분야의 연구 업무
2. 정보처리시스템의 설계 또는 분석 업무
3. 신문, 방송 또는 출판 사업에서의 기사의 취재, 편성 또는 편집 업무
4. 의복 · 실내장식 · 공업제품 · 광고 등의 디자인 또는 고안 업무
5. 방송 프로그램 · 영화 등의 제작 사업에서의 프로듀서나 감독 업무
6. 회계 · 법률사건 · 납세 · 법무 · 노무관리 · 특허 · 감정평가 등의 사무에 있어 타인의 위임 · 위촉을 받아 상담 · 조언 · 감정 또는 대행을 하는 업무(고용노동부고시 제2011-44호)

사장은 근로자대표[2)]와 ① 대상 업무, ② 사용자가 업무의 수행 수단 및 시간 배분 등에 관하여 근로자에게 구체적인 지시를 하지 아니한다는 내용,

2) 현재 「근로기준법」에는 특별한 선임방법이 규정되어 있지 않습니다.

③ 근로시간의 산정은 그 서면 합의로 정하는 바에 따른다는 내용 등에 대한 서면합의서를 작성해야 합니다. 이 합의서가 작성되면 소정의 업무에 대하여는 근로자 대표와의 서면합의로 정한 시간을 근로한 것으로 간주합니다.

3. 사장들이 자주하는 질문

1) 재량근로시간으로 정한 시간이 법정근로시간을 초과하는 경우 연장근로가 됩니까?

네, 그렇습니다. 이 경우 연장근로수당을 지급해야만 합니다.

2) 재량근로자에게도 휴일, 휴가를 부여해야 합니까?

네, 그렇습니다. 재량근로시간제를 도입하였다하더라도 별도로 유급휴일, 유급연차휴가는 부여해야만 합니다.

3) 재량근로를 시행하였을 경우에는 사장이 일반근로자들처럼 업무지시를 구체적으로 할 수 없습니까?

네, 그렇습니다. 서면 합의 했음에도 사용자가 업무 수행 방법에 대해 구체적인 지시를 하고 출·퇴근 시간을 통제한다면 이는 재량근로로 볼 수 없음을 유의하셔야 합니다(근로개선정책과-6390, 2012.11.28.).

4. 재량근로제 도입 사례[3)]

단순히 이론만을 알고서는 절대 사업장에서 재량근로제를 설명할 수 없습니다. 이에 재량근로제 도입사례를 아래에서는 조금 더 구체적으로 알아보도록 하겠습니다.

---

3) 유연한 근로시간제 도입 매뉴얼, 고용노동부(2010.12.)

1) 회사개요 및 도입환경

업 종	소 재	인 원	도입시점
소프트웨어 개발	서울시 구로구	350명	2003년 10월

동 회사는 소프트웨어 개발과 이에 대한 서비스를 제공하는 회사이며, 소프트웨어 개발 인력의 비중이 전체 60% 이상을 차지하는 회사입니다. 소프트웨어 개발 업무 특성을 감안하여 근로시간에 얽매이지 않고, 업무에 대한 몰입도를 높임으로써 업무의 달성도를 보다 향상시키고자 재량근로제를 도입하게 되었습니다. 이로 인해 회사의 전반적인 분위기 또한 형식주의에서 벗어나 실질적인 결과를 중요시하는 성과주의 조직 문화가 정착되게 되었습니다.

2) 주요 핵심내용

업무수행 수단 및 시간배분의 결정 등에 관하여 대상자 본인에게 재량권을 부여하였으며, 이에 따라 출근 및 퇴근시간은 구속되지 않습니다. 단, 프로젝트 단위로 업무를 수행하게 될 경우 협업을 위한 일정 관리가 필요하므로 각 프로젝트 단위 조직별 권장 근무시간을 운영하고 있습니다. 근로시간의 산정에 대해서는 사전 노사합의된 시간을 근로시간으로 간주하며, 만약 주 40시간을 초과하여 근무한 것으로 간주하도록 협의할 경우 일정 연장근무수당을 매월 지급하게 됩니다.

3) 구체적 도입내용

① 업무특성을 감안한 근무재량권 부여

소프트웨어 개발 및 이를 서비스하기 위한 정보처리시스템의 사례 또는 분석 업무 수행자를 대상으로 근무재량권을 부여하여, 출근 및 퇴근시간은 구속하지 않습니다. 단, 각 프로젝트 단위 조직별 일정 관리 차원의 권장 근무시간 운영에 대해서는 부서 자율적으로 운영 여부를 결정합니다. 예를 들어

A프로젝트 개발 조직은 각 개인이 자율적으로 출근·퇴근 시간을 결정하여 개발 업무를 수행하고 있으며, B프로젝트 개발 조직은 구성원들의 업무 효율성을 감안하여 회사의 취업규칙상 근무시간인 오전 9시 출근, 오후 6시 퇴근이 아닌 오전 10시 출근, 오후 7시 퇴근을 구성원 간 협의 하에 시행하고 있습니다.

근로시간의 산정은 노사협의회를 통한 서면합의에 따라 1주간 48시간(정규근로 주당 40시간, 연장근로 주당 8시간)으로 간주하며, 급여 지급 시 연장근로수당을 매월 포함하여 지급합니다.

〈재량근로제 서면합의서〉

- 대상 업무 : 소프트웨어 개발 및 정보처리시스템의 사례 또는 분석 업무
- 위 업무를 수행하는 직원은 업무의 수행 수단 및 시간 배분 등에 관하여 직원 재량에 따라 근무하는 것으로 하고, 회사에서는 근무시간 배정이나 휴게시간 등에 대한 구체적인 지시를 하지 않는다.
- 위 업무 수행 직원의 근무시간은 주 48시간(정규근무 40시간, 연장근무 8시간)근무하는 것으로 한다.

② 휴일 및 휴가 등 업무환경 및 근로조건의 동일

재량근무제 적용 대상자에 대한 주휴일 및 주 1회 무급휴무일, 회계연도 단위의 연차유급휴가 부여와 연차휴가 사용촉진제도 등 업무환경 및 근로조건은 재량근무제를 적용받지 않는 근로자와 동일하게 실시하였으며, 서면합의된 근로시간 이외에 이를 초과하는 휴일 근무 및 초과근무는 사전 소속 부서장에게 신청하여 허가를 얻은 것에 한하여 임금규정에서 정한 초과근무수당을 지급합니다.

4) 도입 효과

재량근무제 도입에 따라 연구 개발 업무에 있어 근무시간에 구애받지 않고, 본연의 업무에 보다 집중할 수 있게 되어 완성도가 높은 소프트웨어를

개발하고 있습니다. 아울러 형식에 얽매이지 않는 자유스런 분위기에서 업무의 달성도를 중시하는 성과주의 조직 문화가 정착되었으며, 이를 통해 매년 성장을 거듭하고 있습니다.

04

감시단속적 근로자

2015.8.4.자 연합뉴스 신문 기사를 보도록 하겠습니다.

> 경비원이나 전기기사처럼 근로시간과 쉬는 시간이 명확하지 않은 근로자도 야간 근로수당을 받을 수 있다는 법제처의 유권해석이 4일 나왔다. 법제처에 따르면 '감시적 · 단속적 근로자'로 일하고 있는 A씨는 오후 10시부터 오전 6시 사이에 야간근로를 하는 경우 야간 근로수당을 받을 수 있는지 법령해석을 문의했다. 감시적 근로자는 근로시간과 쉬는 시간의 구분이 명확하지 않는 감시 업무를 수행하는 경비원이나 물품감시원 등을 말한다. 또 단속적 근로자는 간헐적으로 노동이 이뤄져 쉬는 시간이나 대기 시간이 많은 전기기사 등이 해당된다.
>
> 법제처 법령해석심의위원회는 "「근로기준법」은 「헌법」에 따라 근로조건의 기준을 정해 근로자의 기본적 생활을 보장 · 향상시키는 것을 목적으로 하고 있다"며 "「근로기준법」에 따르면 야간근로를 하는 경우 통상임금의 50%를 지급하도록 하고 있다"고 밝혔다. 그러면서 "「근로기준법」에서 야간근로를 제한하는 것은 심신의 피로가 가중되고 정상적인 생활습관이 파괴되는 것을 방지하기 위한 것"이라며 "감시적 · 단속적 근로자라고 해도 야간근로로 인한 피로에 대해서는 일반근로자 같은 보호가 필요하다"고 밝혔다.

1. 평가의 기준, 질(Quality)과 양(Quantity)

굳이 미식가가 아니더라도 우리는 식당의 음식에 대한 평가를 합니다. 음식에 대한 평가는 보통 음식의 질과 양 2가지 점에서 이루어집니다. 맛은 좋은데 양이 좀 아쉽다라든가, 맛은 그저 그런데 양은 참 착하다라는 평가를 합니다. 우리는 음식뿐만 아니라 모든 사물을 평가할 때도 양과 질을 동시에 생각합니다.

예를 들어 야구나 축구 등 운동선수의 능력을 평가하는 경우를 생각해 볼 수 있습니다. 'A라는 투수는 투구 수는 적지만 제구력이 뛰어나다'라든가, 'B라는 선수는 3쿼터 이후 체력이 바닥나지만 3점 슛 성공률이 매우 높다'라는 평가를 합니다. 투구 수와 체력이 양적인 평가라면 제구력과 3점 슛 성공률은 질적 평가에 해당합니다.

이와 마찬가지로 근무 현장의 근로자도 양과 질 2가지 기준을 가지고 평가하는 것이 가능합니다. 근무시간은 하루 6시간이지만 6시간 내에 하는 작업이 고도의 집중력과 전문적인 스킬을 요하는 경우라면 질적으로 높은 평가가 가능할 것입니다. 반대로 근무시간은 24시간이지만 집중력이 낮고 근무 도중에 휴식도 취할 수 있는 경우라면 질적으로 낮은 평가가 가능합니다. 전자가 제구력이 뛰어난 투수라면 후자는 투구 수만 많은 투수라 할 수 있을 것입니다.

감시·단속적 근로자는 근무의 질적 평가가 상대적으로 낮은 근로자라 할 수 있습니다. 노동법은 근무 강도가 낮은 이러한 근로자를 일반적인 경우와는 조금 다르게 취급하고 있습니다. 일정한 요건 하에 법적 규율의 일부를 배제하도록 하고 있는 것입니다. 일부의 규정을 배제하더라도 근무 강도가 낮기 때문에 노동법의 취지에 반하지 않기 때문입니다.

2. 감시·단속적 근로자로 승인을 받는 이유

「근로기준법」은 일정한 근로자에게 근로시간, 휴일, 휴게에 관한 규정을 적용하지 않을 수 있도록 규정하고 있습니다. 농림 수산업에 근무하여 자연환경의 영향을 많이 받는 근로자나 근무의 강도가 낮아 일반적인 근무 강도를 전제로 하여 규정된 「근로기준법」의 규정을 그대로 적용하는 것은 타당하지 않은 감시 · 단속적 근로자의 경우 등입니다.

감단 승인을 받으면 대표적으로 다음과 같은 「근로기준법」의 규정이 적용되지 않습니다.

〈감단 승인을 받은 경우 적용 제외되는 규정〉

제50조	법정근로시간을 초과하여 근무 가능
제56조	연장근로에 대한 가산임금을 지급하지 않을 수 있음.
제56조	휴일근로에 대한 가산임금을 지급하지 않을 수 있음.
제55조	유급 주휴일을 부여하지 않을 수 있음.

단, 제도상 취지를 달리하는 야간근로수당과 유급연차휴가는 부여해야 함을 주의해야 합니다.

3. 감시 · 단속적 근로자 승인은 어떻게 받아야 하나요?

감시 · 단속적 근로자에 해당한다고 하더라도 고용노동부 장관의 승인이 없으면 위에서 언급한 규정이 배제되지 않습니다. 실무적으로는 관할 노동청에 신청서를 제출하여 승인을 받아야 합니다.

제출해야 할 서류는 ① 감시적(단속적)근로자에 대한 적용제외 승인신청서 ② 기타 감시 · 단속적 근로자임을 입증할 수 있는 서류(근로계약서, 근무환경에 대한 진술서, 동의서, 확인서 등)가 있습니다. 이러한 서류를 검토하여 해당 노동청은 다음의 기준에 따라 승인 여부를 결정합니다.

〈고용노동부의 감단 승인 기준 지침〉

감시적 근로자	수위 · 경비원 · 물품감시원 또는 계수기감시원 등과 같이 심신의 피로가 적은 노무에 종사하는 경우. 다만, 감시적 업무이기는 하나 잠시도 감시를 소홀히 할 수 없는 고도의 정신적 긴장이 요구되는 경우는 제외

감시적 근로자	감시적인 업무가 본래의 업무이나 불규칙적으로 단시간동안 타 업무를 수행하는 경우. 다만, 감시적 업무라도 타 업무를 반복하여 수행하거나 겸직하는 경우는 제외
	사업주의 지배하에 있는 1일 근로시간이 12시간 이내인 경우
	수면시간 또는 근로자가 자유로이 이용할 수 있는 휴게시간이 8시간 이상 확보되어 있는 격일제(24시간 교대) 근무인 경우
	공동주택(「주택법 시행령」 제2조 제1항 및 「건축법 시행령」 별표 1 제2호 가목부터 라목까지 규정하고 있는 아파트, 연립주택, 다세대주택, 기숙사) 경비원에 있어서는 당사자 간의 합의가 있고 다음날 24시간의 휴무가 보장되어 있는 격일제(24시간 교대)근무인 경우
단속적 근로자	평소의 업무는 한가하지만 기계고장 수리 등 돌발적인 사고발생에 대비하여 대기하는 시간이 많은 업무인 경우
	실 근로시간이 대기시간의 반 정도 이하인 업무로서 8시간 이내인 경우. 다만, 격일제(24시간 교대) 근무인 경우에는 당사자 간의 합의가 있고 다음날 24시간의 휴무가 보장되어야 함.
	대기시간에 근로자가 자유로이 이용할 수 있는 수면 또는 휴게시설이 확보되어 있는 경우

4. 실제 사례

사례1)

> A씨는 회사 임원의 운전기사로 근무를 해오고 있습니다. 하루 2~3번 운전을 하는 경우를 제외하고는 거의 휴식을 취하고 그러한 시간을 자유롭게 이용할 수 있는 등 근무 강도가 약한 감시·단속적 근로자가 명백한데요. 아직 노동청에 신청서를 작성하여 승인을 받지는 않고 있는 상황입니다. A씨에게 연장근로수당을 지급하지 않을 수 있을까요?

감시·단속적 근로자에 해당이 된다고 하더라도 승인을 받지 않은 경우에는 「근로기준법」이 그대로 적용됩니다.

A씨 같은 경우와 같이 감시 · 단속적 근로자에 해당하는 것이 명백한 경우라 하더라도 반드시 승인을 받아야만 연장근로수당을 지급하지 않을 수 있으므로 승인을 받지 않은 상태에서 수당을 지급하지 않았다면 임금체불이 될 수 있습니다.

사례2)

> 3조 2교대제로 근무를 해오고 있는 B씨는 감단승인을 받은 근로자입니다. 그런데 근무를 계속 해오던 중 2조 2교대제로 근무 형태가 바뀌는데요. B씨가 받은 감단승인은 유효한 것일까요? 아니면 새롭게 승인을 받아야 하는 것일까요?

B씨는 이미 감단승인을 받은 근로자입니다. 근무형태가 변경된 경우 감단승인 요건을 여전히 갖추고 있는 경우라면 새롭게 승인을 받을 필요는 없습니다.

그러나 변경으로 인해 더 이상 감단근로자로 인정되기 힘든 상태로 변했다면 승인은 취소될 수 있을 것입니다. 예컨대 근무 집중도가 높아졌다든지, 보장되던 휴게시간이 없어진 경우 등이 해당될 것입니다.

감시 · 단속적 근로시 특정한 형태의 교대제를 금지하는 규정은 「근로기준법」에 없음. 따라서 2조 2교대에 의한 1일 12시간 근무형태로 운영하더라도 감시 · 단속적 근로 승인요건을 갖추면 승인받을 수 있음. 아울러 감시 · 단속적 근로의 요건을 갖추어 승인을 받은 경우라면 그 요건을 충족하는 범위 내에서 교대제 형태를 변경했더라도 다시 승인받아야 할 의무는 없다고 사료됨.

• 근기 68207-2505, 2001.8.6.

05

★★★

연장근무 핵심정리

1. 연장근로수당 1.5배, 그거 모르는 사람도 있어?

"연장근로는 12시간까지 가능하고 1.5배 주어야 합니다." 이 정도 이야기는 수년간 업체를 운영한 사장이라면 대부분은 알고 있는 내용입니다. 만약 연장근로에 대해서 이 정도의 이야기만 한다면 사장의 관심을 끄는데 턱없이 부족할 것입니다. 안 그래도 일 때문에 바쁜데 이미 알고 있는 내용을 다시 듣고 싶어 하지도 않을 것이고, 이러한 이야기만을 늘어놓고 있다면 다음 이야기 역시 들을 필요가 없다고 생각하기 때문입니다. 그렇기 때문에 우리는 한 걸음 더 나아가 추가적인 득점 방법을 준비해야만 합니다. 예측 가능한 공격은 상대방에게 주는 효과가 그다지 강하지 않습니다. '연장근로 12시간', '1.5배'는 대부분 알고 있는 사실이기 때문에 상대의 예측가능성이 상당히 높은 공격입니다. 이하에서는 사장이 알지 못할 가능성이 높은, 그래서 예측가능성이 상당히 낮은 공격 방법에 대한 내용을 소개하도록 하겠습니다.

2. 연장근로, '1.5배', '12시간'이 끝이 아닙니다!

"법정 근로시간인 1일 8시간 1주 40시간을 초과하여 근무한 경우 초과 시간에 대하여는 1.5배의 연장근로수당을 지급하여야 하고 연장근로는 직원과의 동의로 1주 12시간까지 가능하다."

연장근로의 기본적인 내용을 한 문장으로 표현하면 이상과 같습니다. 그러나 우리 법에 연장근로와 관련된 규율이 저 한 문장으로 끝나는 것은 아닙니다. 이하에서는 「근로기준법」에서 허용하고 있는 연장근무 형태에 대하여 구체적으로 살펴보도록 하겠습니다.

1) 12시간을 초과하여 연장근로가 가능한 사업장(근로시간 특례 업종)

연장근로는 주당 12시간까지 가능하기 때문에 휴일근로를 제외한 주당 최대 근로시간은 연장근로를 포함하여 주 52시간까지입니다. 그러나 다음의 사업장은 1주 12시간을 넘어 연장근로가 가능합니다.

〈근로시간 특례 사업〉

- 운수업, 물품 판매 및 보관업, 금융보험업
- 영화 제작 및 흥행업, 통신업, 교육연구 및 조사 사업, 광고업
- 의료 및 위생 사업, 접객업, 소각 및 청소업, 이용업
- 사회복지사업

대표적인 업종이 병원사업장입니다.

주의할 점은 특례 사업장이라고 하더라도 '근로자 대표와의 서면합의'가 있어야 12시간 초과 연장근로가 가능하다는 점입니다. 또한 연장근로가 더 길게 가능하다고 해서 연장근로수당을 미지급해도 괜찮은 것은 아니고, 실제 근무한 만큼 연장근로수당이 지급이 되어야 합니다.

2) 12시간 초과는 물론, 연장수당도 주지 않을 수 있는 경우(근로시간 등 적용 제외)

이 경우는 연장근로수당 조차 지급하지 않을 수 있는 경우입니다. 근로시간, 휴일, 휴게에 관한 조항 자체가 적용되지 않는 근로자들인데, 구체적 내용은 다음과 같습니다.

〈근로시간 등 적용 제외자〉

1. 토지의 경작 · 개간, 식물의 재식(栽植) · 재배 · 채취 사업, 그 밖의 농림 사업
2. 동물의 사육, 수산 동식물의 채포(採捕) · 양식 사업, 그 밖의 축산, 양잠, 수산 사업
3. 감시(監視) 또는 단속적(斷續的)으로 근로에 종사하는 자로서 사용자가 고용노동부장관의 승인을 받은 자
4. 관리 · 감독 업무 또는 기밀을 취급하는 자

이러한 적용 제외자들 중 중요한 포인트는 3번과 4번입니다.

3번은 아파트 경비원, 개인 운전기사, 물품 관리자와 같이 근무 강도가 약한 직원들을 뜻합니다. 다만, 그에 해당한다 하더라도 관할 노동청에 승인 신청서를 제출하여 승인을 받아야 한다는 점을 주의해야 합니다.

4번은 지점장, 실장, 관리자와 같이 주로 경영자와 유사한 위치에 있는 직원들로 출퇴근에 엄격한 규제를 받지 않는 자들을 뜻합니다.

3) 근로시간을 합의하면 몇 시간을 연장근무해도 무방한 경우(재량근로시간제)

디자이너, 연구원, 영화감독, 프로듀서와 같이 구체적인 업무지시가 적당하지 않은 직종에 종사하는 사람들이 있습니다. 예컨대 영화감독이 영화를 촬영하는데 구체적인 촬영 방법을 지시하는 것은 적당하지 않습니다. 이와 같이 재량을 인정할 필요가 있는 직원들은 근무시간을 별도로 합의하고 재량으로 근무하도록 하는 것이 가능합니다.

달리 말하면 직원 본인의 재량에 의해 한 주 60시간을 근무하든 80시간을 근무하든 법 위반이 아닙니다. 이러한 합의가 가능한 업종은 다음과 같습니다.

〈재량근로시간제 가능 업무〉

- 신상품 또는 신기술의 연구개발이나 인문사회과학 또는 자연과학분야의 연구 업무

- 정보처리시스템의 설계 또는 분석 업무
- 신문, 방송 또는 출판 사업에서의 기사의 취재, 편성 또는 편집 업무
- 의복 · 실내장식 · 공업제품 · 광고 등의 디자인 또는 고안 업무
- 방송 프로그램 · 영화 등의 제작 사업에서의 프로듀서나 감독 업무
- 회계 · 법률사건 · 납세 · 법무 · 노무관리 · 특허 · 감정평가 등의 사무에 있어 타인의 위임 · 위촉을 받아 상담 · 조언 · 감정 또는 대행을 하는 업무

단, 이상의 업종에 해당하더라도 '근로자 대표와의 서면합의'가 있어야만 재량근로시간제가 가능합니다. 서면합의에는 다음과 같은 내용이 명시되어야 합니다.

① 대상 업무
② 사용자가 업무의 수행 수단 및 시간 배분 등에 관하여 근로자에게 구체적인 지시를 하지 아니한다는 내용
③ 근로시간의 산정은 그 서면 합의로 정하는 바에 따른다는 내용

이러한 요건을 갖추어 재량근로시간제를 도입한 경우에는 직원에게 구체적인 업무 지시를 할 수 없는 대신 직원이 몇 시간을 근무하더라도 추가적인 수당을 지급할 필요가 없고, 합의 내용에 따른 급여만 지급하면 됩니다.

업무특성상 상당한 연장근무가 발생하면서도 구체적 업무지시는 어려운 업종에서는 재량근로시간제를 적극 검토해 볼 수 있습니다.

4) 외근으로 연장근로를 했는지 확인할 수 없는 경우(사업장 밖 간주근로시간제)

직원이 외근을 하는 바람에 연장근무를 했는지 확인이 어려운 경우가 있습니다. 예컨대 외부 출장이 잦은 신문기자, 유통업체 차량 운전수, 영업 직원들이 대표적인 경우입니다. 이런 직원에 대한 연장근로수당을 깔끔하게 해결할 수 있는 방법이 있습니다. 출장 등으로 사업장 밖에서 근무하여 근로시간을 알 수 없는 경우에는 다음과 같이 직원의 근로시간을 계산할 수 있습니다.

① 소정근로시간을 근로한 것으로 본다.
② 통상 필요한 시간을 근로한 것으로 본다.
③ '근로자대표와 서면 합의'를 한 경우 그 합의에 정한 시간을 근무한 것으로 본다.

만약 '근로자대표와 서면 합의'가 없다면 '①', '②'에 따라서 근로시간을 계산해야 합니다. 그러나 근로자 대표와 "우리는 외근에 대해서 몇 시간 근무한 것으로 한다."고 합의를 했다면 실제 연장근무를 했더라도 그 합의된 시간으로 근무시간을 계산하면 됩니다.

사업장의 직원들이 외근이 잦은 경우라면 이러한 서면합의를 통해 연장근로는 물론 전체 근로시간에 대해 명확히 해두는 것도 고려해볼 수 있습니다.

5) 연장근로수당 대신 휴가를 줄 수도 있다(보상휴가제)

평소에는 연장근무할 일이 별로 없는데, 갑자기 일거리가 몰려 연장근무를 하게 되는 경우가 있습니다. 이러한 경우에는 연장근무 수당을 주는 대신 비교적 한가한 날에 휴가를 줄 수도 있습니다. '근로자대표와의 서면합의'가 있는 경우 연장·야간·휴일근무 수당 대신 휴가를 부여할 수 있고, 구체적인 실시 방법은 법에 정해진 사항이 없어 합의로 다양하게 정할 수 있습니다.

가령 10시간을 근무했다면 8시간을 초과하는 2시간 부분에 대해서 휴가를 주거나 이러한 시간을 모아서 하루를 쉬게 할 수도 있습니다. 다만, 초과 2시간은 1시간당 1.5배의 가산비율이 적용되므로 휴가를 부여함에도 이를 반영해야 합니다. 초과 1시간에 대한 휴가는 1.5배 가산하여 1.5시간의 휴가를 부여해야 합니다.

보상휴가의 합의내용에는 다음과 같은 사항들이 포함되어야 합니다.

〈보상휴가 합의내용 예시〉

- 보상휴가를 직원이 청구할 수 있도록 할 것인지 사업주가 지정할지 여부
- 보상휴가를 얼마의 기간 안에 사용하도록 할 것인지 여부
- 보상휴가를 시간단위로 사용할 것인지 적치하여 일단위로 사용할 것인지 여부
- 희망자에게만 적용할 것인지 전체 직원에게 적용할 것인지 여부

6) 단시간근로자도 연장근로수당을 주어야 하는가?

단시간근로자로 1일 5시간을 근무하기로 한 직원이 있습니다. 이 직원이 2시간을 더 근무하면 1일 7시간을 근무한 것이 됩니다. 이 경우 1일 8시간 미만이기 때문에 2시간의 근로에 대해 50%를 가산하여 지급할 필요가 없는 것일까요? 아니면 약속된 5시간을 초과한 것이므로 50%를 가산하여 지급해야 하는 것일까요?

이러한 경우 8시간 미만이라도 50%를 가산하여 지급해 주어야 합니다. 단시간근로자는 근무하기로 약속한 시간(소정근로시간)을 기준으로 연장근로수당 지급 여부를 판단하게 된다는 점을 유의하여야 하겠습니다.

3. 연장근로관련 TIP

연장근로는 사업장에서 빈번히 발생하는 문제이고 사장들의 관심도 매우 높은 부분 중 하나이기도 합니다. 상기 제도들은 이러한 연장근로 문제를 해결할 수 있는 아주 유용한 수단입니다. 중요한 것은 그러한 수단을 사업장에 적용할 수 있는지, 적용한다면 어떠한 제도를 어떻게 도입할 것인지를 사장에게 적절히 어프로치하는 것입니다. 아래의 사항을 참고하면 사업장에 제도의 적용이 가능할 것인지 판단하는데 도움이 될 것입니다.

〈적용 적합 업종〉

병원, 버스회사, 보험사, 통신사, 광고회사 등	1)번 (특례사업장)
아파트 경비원, 개인 차량 운전기사, 물품 관리자, 건물 관리인, 지점장, 실장, 개인비서 등	2)번 (적용제외)
디자이너, 연구원, PD, 전문직 종사자, 편집자 등	3)번 (재량근로)
신문기자, 유통회사 운전수, 영업사원, A/S기사	4)번 (외근간주)

06

상시적 연장근무 사업장 유의사항

1. 맹목적인 장시간 근로 문화

우리나라의 대표적 직장 문화 중 하나가 바로 장시간근무입니다. 업종의 특성상, 납품 기일을 맞추기 위해서, 추가 수당을 받기 위해서 등 장시간 근로를 하는 이유는 다양합니다.

그런데 이러한 장시간 근로는 반드시 필요하지 않음에도 이루어지는 경우가 상당수 있습니다. 대표적으로 상사가 야근을 하니 일이 없어도 야근을 하는 경우입니다. 과연 이렇게 근로시간을 늘리는 것이 기업을 위해 바람직한 일일까요?

2. 장시간 근로만이 정답은 아니다!

불필요한 장시간 근로는 법적인 리스크는 물론 경영학적 측면에서 많은 문제점을 유발합니다.

1) "사장님, 연장근로수당 주셔야죠?"

장시간 근로는 당연히 연장근로를 수반하고 이에는 1.5배의 가산수당을 지급해야 합니다. 연장근로가 반드시 필요하지도 않은 상황인데 단순히 시간만 보내고 있는 직원이 있다면 불필요한 법적 수당만 지급하는 결과가 될 것입니다.

문제는 이를 의식하지 못하는 사장이 많다는 것입니다. 그러한 문제를 의식하는 시점은 보통 노동청으로부터 출석 요구서를 받은 시점입니다. 노동법에 대한 관심이 높아진 오늘날 이러한 분쟁은 날로 증가하고 있는 추세입니다.

2) "저 회사 그만 두겠습니다."

장시간 근로 관행은 직원 퇴사의 원인이 됩니다. 보상 수준이 높으면 모를까 장시간 근무에 대한 큰 보상이 따르지 않는다면 이직을 고민할 직원이 많을 것입니다. 직원의 이직은 사업주에게 큰 부담을 가져다줍니다. 특히 중소기업의 경우 직원들의 잦은 퇴사는 인력운영에 있어 불필요한 비용증가(교육비용 등)를 가져오고, 다수의 직원이 일시에 퇴사할 경우 업무 자체가 마비되기까지 합니다.

3) 매사에 툴툴대는 직원이 많아진다

요즘 직원들의 주 관심사는 연장수당보다는 개인이나 가정을 생각하여 여가생활을 즐기는 데에 있습니다. 이런 측면에서 관행처럼 굳어진 장시간 근로는 직원의 근무 만족도를 현저히 낮추게 됩니다. 불만이 가득한 직원들과 협력적 노사관계를 형성할 수 있을까요? 노동청에 진정 · 고소나 하지 않으면 다행이라 할 수 있습니다.

4) 장시간 근로는 곧 생산성 향상이다?

근무의 양을 늘리면 생산성이 향상될까요? 우리나라의 노동 생산성은 OECD국가 중 하위권에 머물러 있습니다. 반면 평균 근로시간은 1, 2위를 다투고 있는 상황입니다. 근로의 양이 많다고 해서 생산성이 상승한다는 것은 어느 때나 성립 가능한 논리가 아닙니다. 장시간 근로가 곧 매출 증가라는 생각은 인간을 기계와 같이 볼 때나 가능한 이야기가 아닐까 싶습니다.

3. 분쟁사례

> 의류 수선실에서 근무하는 A씨. A씨는 평소 노동법에 대해 잘 알지도 못했고 사장과의 인간관계도 생각해서 하루 12시간씩 근무를 해왔습니다. 사장 역시 가끔 보너스를 주면서 고맙다는 사례를 해왔고 그렇게 10여 년간 같이 일을 해왔습니다. 그러던 어느 날 A씨는 수선실을 퇴사하게 되고, 친구로부터 퇴직금에 대한 이야기를 들었습니다. 과거 퇴직금 지급과 관련하여 노동청을 찾은 경험이 있던 A씨의 친구는 퇴직금 말고도 연장수당, 야간수당, 휴일수당 등은 받았느냐고 A씨에게 묻습니다. A씨는 하루 12시간씩 근무에 대한 별도의 수당이 있다는 사실을 알고 노무사 사무실에 연락을 해보았습니다. A씨는 받을 수 있는 금액이 천만 원을 훌쩍 넘는다는 사실에 본인도 놀라게 됩니다.

위의 사례는 실제 사업장에서 나타나는 전형적인 체불임금 사건입니다. 인간관계나 정으로 법을 대신할 수는 없습니다. 사례와 같은 경우 사장이 수당 지급을 면할 수 있는 방법은 마땅히 없습니다.

4. 유연근무제를 통한 장시간 근로 해결

1) 탄력적 근로시간제

계절적 사업체(예컨대 빙수업체 등)에서 많이 시행되는 탄력적 근로시간제는 특정일의 근로시간을 늘리는 대신 다른 날의 근로시간을 줄임으로써 평균 근로시간을 법정근로시간에 맞추는 제도를 뜻합니다. 예컨대 2주 단위 탄력적 근로시간제는 첫 주에 46시간을, 둘째 주에 34시간을 근무하도록 하는 제도입니다. 첫 주가 주40시간을 초과하지만 둘째 주에 34시간만 근무하여 평균적으로 40시간(46+34/2)이 되도록 하는 것입니다.

탄력적 근로시간제의 구체적 내용은 다음과 같습니다.

<table>
<tr><th></th><th>2주 단위 탄력적 근로시간제</th><th>3개월 이내의 탄력적 근로시간제</th></tr>
<tr><td>의의</td><td>2주 이내의 단위기간을 평균하여 1주의 근로시간이 40시간을 초과하지 않는 범위에서 특정 주에 40시간, 특정일에 8시 간을 초과하여 근로할 수 있는 제도</td><td>3개월 이내의 단위기간을 평균하여 1주의 근로시간이 40시간을 초과하지 않는 범위 에서 특정주에 40시간, 특정일에 8시간을 초과하여 근로할 수 있는 제도</td></tr>
<tr><td>실시 요건</td><td>① 취업규칙(10인 이상 사업) 또는 이에 준하는 것(10인 미만 사업)에 규정해야 함.
② 특정주, 특정일을 명확히 지정
③ 특정주의 근로시간이 48시간을 초과 못함.</td><td>① 근로자대표와 서면합의(대상근로자 범 위, 단위기간, 근로일 및 근로일별 근로 시간, 서면합의 유효기간)
② 3개월 이내
③ 1주 52시간 · 1일 12시간을 초과 못함.</td></tr>
<tr><td>시행 효과</td><td colspan="2">① 가산임금 적용 제외 : 특정주 또는 특정일에 법정근로시간(1주 40시간, 1일 8시간) 을 초과하여 근로하더라도 연장근로가 아니므로 가산임금을 지급할 의무가 없음.
② 임금보전방안 강구 : 사용자는 탄력적 근로시간제를 도입할 경우 기존의 임금수준이 저하되지 않도록 임금보전방안을 강구해야 함.</td></tr>
<tr><td>연장 한도</td><td>주 60시간(48시간+12시간)</td><td>주 64시간(52시간+12시간)</td></tr>
<tr><td>제외</td><td colspan="2">① 연소자(15세 이상 18세 미만자)
② 임신 중인 여성근로자 적용 제외</td></tr>
</table>

2) 선택적 근로시간제

선택적 근로시간제는 1월 이내의 정산기간의 총 근로시간만을 정하고 각일과 각주의 근로시간은 직원의 자유에 맡기는 근로제도입니다. 1개월 동안 총 150시간을 근무하도록 정했다면 직원은 그 시간만 자유롭게 근무하여 채우면 되는 것입니다.

선택적 근로시간제를 시행하려면 근로자대표와의 서면 합의가 있어야 하고, 서면합의에 기재해야 할 내용은 다음과 같습니다.

〈선택적 근로시간 합의 내용〉

- 대상 근로자의 범위
- 정산기간
- 정산기간의 총 근로시간
- 반드시 근로하여야 할 시간대를 정하는 경우 그 시작 및 종료 시각
- 근로자가 그의 결정에 따라 근로할 수 있는 시간대를 정하는 경우에는 그 시작 및 종료 시각
- 표준근로시간(유급휴가 등의 계산 기준으로 합의한 시간)

3) 시간선택제 일자리

시간선택제란 전일제 정규 근로자와 근로조건에 차별 없이 근로시간을 짧게 가져가는 근무 형태를 의미합니다. 똑같이 기간의 정함이 없고, 복리후생이나 급여 항목도 같지만 근무시간만 차이가 나도록 하는 제도입니다.

시간선택제는 일과 가정의 양립 등 장시간 근로 개선을 위한 방편으로 최근 정부에서도 이러한 형태의 직원 채용을 점차 확대해 나가고 있는 추세입니다.

다만, 최근 다른 정부지원금 사업과 마찬가지로 부정수급의 문제가 제기되어 요건이 과거와 비교하여 엄격해졌습니다. 대표적인 것이 바로 시간선택제 일자리 지원금을 신청함에 있어 지문인식기 등 전자적 장비에 의한 근태기록 관리 대장을 제출해야 하는 것입니다.

5. 정부 지원금

1) 시간선택제 지원금

구 분	내 용
정의	사업주가 근무체계 개편, 시간선택제 직무 개발 등을 통하여 근로계약 기간을 정하지 않은 시간선택제 근로자를 새롭게 고용하는 경우 예산 범위 내에서 인건비 등을 지원하는 제도

구 분	내 용
지원대상	참여신청서를 제출하여 승인받은 사업주로 우선지원 대상기업을 먼저 지원할 수 있음. ① 공공기관, ② 신규고용 및 고용유지를 통해 국가, 지자체로부터 금전적 지원을 받는 경우는 지원 제외됨.
지원요건	• 실업자를 시간선택제로 새로 채용(3개월 이내에 동일 사업에 근무이력 없어야 함) • 4대 보험에 가입하고 소정근로시간이 15시간 이상 30시간 이하(4주 평균하여 1주의 근로시간)이면서 기간의 정함이 없는 근로계약 체결 • 통상 근로자와 임금 등 근로조건에 차별이 없어야 함. • 3개월 이상 고용을 유지해야 함. • 지문인식기 등 전자적 장비에 의해 근태관리를 해야 함. • 연장근로는 1주 5시간 이내여야 함. • 지원대상 근로자 고용 전 3개월부터 고용 후 12개월까지 동종유사 업무 종사자를 이직시키지 않아야 함.
지원금액	• 최저임금 130% 이상 승인기업 : 근로자 1인당 사업주가 지급한 임금의 50%를 80만원 한도(대기업은 60만원 한도) 내에서 1년의 기간 내에서 지급 • 최저임금 120~130% 미만 승인기업 : 우선지원 대상기업에 한해 근로자 1인당 사업주가 지급한 임금의 50%를 월 40만원 한도로 1년의 기간 내에서 지급 • 우선지원 대상기업에 한해 임금수준과 관계없이 간접 노무비 10만원 지급

2) 일자리 함께 하기 지원 사업

구 분	내 용
정의	정기적인 교육훈련, 안식휴가 부여, 교대근로 등 일자리 함께하기 제도를 새로 도입하거나 확대함으로써 기존의 일자리에 추가하여 새로운 일자리를 만들어 근로자수가 증가하는 경우 정부에서 지원하는 사업
지원대상	기업규모(근로자수)에 관계없이 모든 업종

<table>
<tr><th>구 분</th><th>내 용</th></tr>
<tr><td>지원요건</td><td>① 사업주가 교대제, 실근로시간 단축, 일자리순환제 중 어느 하나에 해당하는 일자리함께하기제도를 새로 도입하거나 확대 시행하여야 함.
② 일자리함께하기제도를 도입한 다음달부터 3개월 마다 그 사업의 월평균 근로자수가 일자리함께하기제도를 도입한 날이 속한 달의 직전 3개월의 월평균 근로자수를 초과하여야 함.</td></tr>
<tr><td>지원금액</td><td>지원금 지급시 증가된 근로자수(도입 후 월평균 근로자수－도입 전 월평균 근로자수) 1명당 아래의 금액을 지급
<table>
<tr><th>구분</th><th>지원기간</th><th>회차별 지원액
(3개월 단위)</th><th>총 지원액</th></tr>
<tr><td>비제조업</td><td>1년</td><td>180만원</td><td>720만원</td></tr>
<tr><td>제조업
(우선지원대상기업)</td><td>2년</td><td>270만원</td><td>2,160만원</td></tr>
</table></td></tr>
</table>

3) 정규직전환 지원 사업

구 분	내 용
개요	기간제근로자(고용기간 최소 6개월 이상)를 정규직근로자로 전환(최저임금 120% 이상 지급, 4대 사회보험 가입 등)하는 사업주(중소・중견)에게 정규직 전환에 따른 임금상승분의 50%를 월 60만원 한도로 1년간 지원
지원대상	우선지원대상기업 또는 중견기업
제외	① 국가 또는 지방자치단체 ② 공공기관 ③ 상시 근로자 수가 5인 미만인 사업 ④ 동 사업의 대상 근로자에 대하여 사업주가 고용촉진 또는 고용유지 조치를 이유로 국가 또는 지방자치단체로부터 금전적 지원을 받고 있는 경우
지원요건	① 6개월 이상 고용되고 계속 근로한 총 기간이 2년 이내인 비정규직 근로자를 정규직으로 전환하여 처우가 개선된 이후 1개월 이상 고용을 유지한 경우(기간제한 예외인 경우 2년 초과자도 포함)

구 분	내 용
	② 최저임금의 120% 이상 ③ 4대 보험 가입 ④ 기존 동종 유사 정규직에 비하여 임금 등에 있어 불합리한 차별이 없어야 함.
지원금액	기간제근로자 1명당 월 60만원 한도로 정규직 전환에 따른 임금상승분의 50%를 1년간 지원

예화로 풀어보는 기업노무

고스톱에서 배우는 교훈

가장 대중적인 국민스포츠하면 무엇이 떠오르세요? 프로야구, 프로축구, 프로농구…

하지만 "대중적"이라는 개념을 '누구라도 언제든지 재미있게 즐기는'으로 범주화했을 때 가장 대중적인 국민스포츠는 고스톱이 아닐까 생각해 봅니다.

이 편에서는 고스톱에 숨어 있는 우리들의 인생 이야기를 해보도록 하겠습니다.

패를 섞고 새판이 시작됩니다. 바닥에 광과 쓰리피가 깔립니다. 옆사람의 마른 침 삼키는 소리가 적막을 깹니다. "어느 것부터 먼저…" 돈 들이지 않고 이때만큼 행복한 고민을 하는 경우도 흔치 않은 것 같습니다.

이때 2종류의 사람이 있습니다. 쓰리피를 먼저 먹는 사람과 광을 먼저 먹는 사람 2가지 유형입니다. 전자는 수십장의 피 가운데 12장을 먹는 것이 광 5장 중 3개를 먹는 것보다는 훨씬 수월하다고 생각하는 사람이고, 후자는 광 3장 모으는 것이 피 12장 모으는 것보다 훨씬 수월하다고 생각하는 사람입니다. 아시다시피 이런 문제는 애당초 정답이 없는 것입니다. 단지 가치관 차이만 있을 뿐입니다.

"인사가 만사다", "인사가 가장 제일 어렵다"는 말들을 많이 합니다. 인사노무의 대상이 다양한 가치관을 가지고 있는 '人'이라는 데에서 오는 어려움을 표현한 말들입니다. 100명의 직원이 있으면 100명의 생각이 존재하기 마련입니다. 동일함이라고는 도대체 찾을 수 없고, 존재하는 것이라고는 상이함 밖에는 없는 기묘한 상황에서 내려야 하는 고도의 결단들. 물론 그러한 고도의 결단을 함에 있어서 리스크를 최소화하는 안전장치가 마련되어 있기는 합니다. 예컨대 채용단계에서의 스펙, 평가단계에서의 계량화된 지표, 징계에서의 징계양정표 등이 그러한 장치들입니다.

하지만 그와 같은 장치들이 결단의 완결무결함을 얼마만큼 담보해줄 수 있을지는 의문입니다. 이 대목에서 대기업 입사시험에서 낙방하는 바람에 벤처기업의 성공신화를 쓸 수 있었다는 어느 벤처 CEO의 성공스토리는 우리에게 많은 시사점을 던져 줍니다.

이미 초강대국으로 우뚝 선 지금의 중국을 실질적으로 설계한 작은 거인 등소평은 이렇게 말했습니다. “검은 고양이든 흰 고양이든 쥐만 잡으면 된다.”

기업에 있어 조직문화만큼 중요한 요소는 없는 듯하고, 그 조직문화 가운데에서 가치관의 상이함을 존중해주는 것만큼 훌륭한 문화는 없는 듯합니다.

잊지 마십시오.
광으로 3점이 나든, 피로 3점이 나든 이기는 건 매한가지라는 사실을 말입니다.

Chapter 7

재충전의 시간,
휴가

01

★★★

연차휴가 질문 베스트 10

1. 연차휴가, 사장에게는 두통 유발 원인

사장들에게 있어 노무와 관련한 가장 큰 고민이라면 어떤 것이 있을까요? 사업체 특성마다 조금씩의 차이는 있겠지만, 제 경험으로는 퇴직금과 연차휴가 2가지가 아닐까 합니다. 중소기업 특성상 인력운영을 타이트하게 할 수밖에 없기 때문에 연차휴가를 충분히 사용한다는 것은 애당초 불가능한 일인 듯합니다. 그렇다면 미사용연차휴가 대해서는 금전으로 보상을 해야 하는데, 이 또한 중소기업 형편에서는 녹녹치 않다는 데에서 문제점은 출발합니다.

2. 연차휴가 관련 질문 베스트 10

1) 국경일과 같은 공휴일에는 일반기업도 의무적으로 쉬어야 합니까? 아니면 공휴일을 연차휴가로 대체하여도 됩니까?

법정공휴일은 관공서의 공무원이 휴무하는 날이지 일반사업장에 당연히 휴일로 적용되는 것은 아닙니다(근기 01254-4949. 1991.4.9.).

또한 관공서의 공휴일에 관한 규정에 의하여 정부가 선거일을 임시공휴일로 지정하는 경우 그날은 관공서가 휴무하는 날로서 일반 사업장에서는 단체협약이나 취업규칙 등에 별도로 규정이 있으면 휴일로 되지만 그러한 규정이 없으면 당해일이 당연히 휴일이 되어야 하는 것은 아니며 휴일로 정한 경우 그날에 대한 임금지급 여부 역시 단체협약이나 취업규칙 등에 정한 바에 따라야 할 것입니다(근기 01254-2018. 1992.12.14.).

따라서 **국경일**과 같은 공휴일에 일반기업이 의무적으로 당연히 쉬어야 하는 것은 아닙니다. 다만 회사가 휴일규정을 작성함에 있어 어떻게 규정하느냐에 따라 달라질 것입니다.

> • 국경일
> 광복절, 개천절, 한글날과 같은 국경일은 '관공서의 공휴일에 관한 규정'상 공휴일이지만, 「근로기준법」상 법정휴일은 아님에 주의

2) 1년 미만 근무한 근로자가 연차휴가를 사용하지 않고 퇴사한 경우에도 미사용연차수당을 지급하여야 하나요?

「근로기준법」 제60조 제2항에 의하면 계속근로연수가 1년 미만인 근로자에 대하여 1월간 개근 시 1일의 연차유급휴가를 주도록 규정하고 있으며, 동조 제7항에 의하면 동 휴가는 1년간 행사하지 아니한 때에는 소멸하도록 규정하고 있습니다. 이와 같이 동 휴가를 사용하지 않고 시효가 완성된 경우나 중간에 퇴직한 경우에는 해당 미사용휴가일수에 상응하는 임금을 통상임금 수준 이상으로 보상하여야 합니다(임금근로시간정책팀-119, 2007.1.9.).

3) 격일제 근로자 경우에는 어떻게 연차휴가를 부여해야 하나요?

24시간 격일제 근무를 채택하고 있는 사업(장)에서 근무일 다음의 휴무일은 전일의 근무를 전제로 주어지는 것이므로 근로자가 1일의 연차유급휴가를 신청할 경우 회사는 1일의 연차휴가를 신청한 근로자에게 비번일인 휴무일에 근무일의 근로시간의 절반에 해당하는 근로(반일근무)를 시킬 수 있다고 보아야 할 것입니다. 다만, 24시간 격일제 근무에 대하여 근로계약을 체결한 이상 근무일 다음의 휴무일은 전일의 근무를 전제로 주어진다는 점, 휴무일에는 타 근로자의 근무가 예정되어 있는 점 등을 고려할 때 근로자의 휴무일 반일근무 신청에 대하여 사용자가 반드시 수용해야 하는 의무가 발생한다고 볼 수는 없습니다.

따라서 근로자가 1일의 연차유급휴가를 신청하면서 휴무일에 근로제공 의

사를 피력하였다고 하여 근로자의 휴무일 근무신청(12시간)에 대해 유급 처리 하여야 할 의무가 있는 것은 아닙니다(근로개선정책과－4504, 2012.9.7.).

4) 매월 월급 속에 연차수당을 포함하여 지급해도 문제가 없나요?

현장을 방문하다 보면 심심치 않게 연차수당을 월급여액 속에 포함하여 미리 지급하는 근로계약서를 보게 됩니다. 원칙적으로 이러한 포괄근로계약 형태는 그 수당을 지급한 이후에도 해당 근로자가 연차휴가를 사용할 수 있도록 허용하는 경우에만 인정될 수 있으며, 휴가 사용을 허용하지 아니하는 경우에는 「근로기준법」상 근로자에게 인정된 연차휴가를 청구 · 사용할 권리를 제한하는 것이 되어 인정될 수 없습니다(근로기준과－7485, 2004.10.19.).

그러나 통상 이런 사업장에서는 직원들이 연차휴가를 사용할 경우 그만큼 연차수당이 차감되어 월급이 줄어들게 되므로 결과적으로 연차휴가를 사용하는 권리가 제한되게 됩니다. 이런 사업장에게는 임금체계를 변경하는 컨설팅이 반드시 필요하다고 강하게 말하면 되겠습니다.

5) 1년 계약기간(2007.1.1. ~2007.12.31.)으로 채용한 근로자가 1년간 8할 이상 출근한 후 계약기간 만료일인 2007.12.31. 퇴사한 경우 근로자가 매월 단위로 발생하는 연차휴가를 전혀 사용하지 않고 퇴사하였다면 매월 개근 시 1일씩 발생하는 연차휴가 중 사용하지 못한 미사용 연차휴가수당(11일)만 지급하면 되는지? 아니면 2008.1.1. 발생하게 되는 15일의 연차휴가에 대한 연차수당을 지급해야 하는지?

1년 단위의 기간제 근로자가 계약기간(2007.1.1.~12.31.)만 근무하고 퇴직한 경우, 사용자는 1년간 8할 이상 출근한 근로자에게 15일의 연차유급휴가 미사용수당을 지급하여야 할 것입니다. 다만, 계속근로기간이 1년 미만인 기간에 대하여 매월 1일의 유급휴가를 부여하였다면 15일에서 사용한 연차휴가 일수를 제외한 잔여일수에 대하여는 연차휴가 미사용수당을 지급하여야 할 것입니다(임금근로시간정책팀－343, 2008.2.5.).

6) 병가 사용 시 연차휴가를 먼저 사용하도록 지시할 수 있나요?

이에 관해서는 사례를 들어 설명하도록 하겠습니다.

1. 취업규칙 병가조항

(1) 병가를 신청하는 직원은 의사의 진단서를 제출한 후 회사의 승인을 득해야 한다.

(중략)

(7) 세부 내용 및 절차는 회사의 병가규정에 따른다.

2. 병가규정

(1) 직원이 아플 경우, 15일까지는 본인의 연차를 사용함.

(2) 직원이 현재 15일의 연차가 없을 경우(당해 사용 등)에는 다음해 발생할 연차에서 先사용함.

(3) 직원이 아파서 15일을 초과해 치료를 요할 경우에는 15일을 초과한 일수부터는 회사의 승인을 받아 유급병가를 부여함.

(4) 병가시 3개월까지는 기본급 100% 지급, 이후 3개월간은 기본급 50% 지급함.

병가는 「근로기준법」에 규정되어 있지 않으므로 병가 사용에 대해서는 단체협약 및 취업규칙 등에 규정되어 있는 경우 그에 따라 처리하면 되며, 근로자가 업무 외 질병 등으로 병가 사용 시 연차휴가를 먼저 사용하도록 하는 것은 노사 약정에 따른 것으로 법위반으로 단정하기는 어렵다고 할 것입니다.

다만, 근로자 신청 없이 다음해 발생할 연차휴가를 병가 사용 시 의무적으로 선사용하도록 하는 것은 연차휴가 발생 여부가 불확정적이고 근로자의 정신적 · 육체적 휴양기회 제공 등을 위한 연차휴가의 취지에 반할 수 있으며 향후 발생할 연차휴가의 시기지정권을 침해할 우려가 있는 점 등을 고려해 볼 때 「근로기준법」 위반의 소지가 있습니다(근로개선정책과-4027, 2014.7.18.).

7) 육아휴직 기간 중의 연차휴가는 어떻게 계산하나요?

예를 들어 1년간의 소정근로일[1]이 240일 이라고 했을 때 80일의 소정근로일을 육아휴직으로 사용하고 160일을 개근하였을 때 연차는 어떻게 계산되는지 살펴보겠습니다.

$$\underset{\text{(재직연수 2년에 1일 가산)}}{\text{15일}} \times \frac{\text{160일(육아휴직기간을 제외한 소정근로일수)}}{\text{240일(연간 총 소정근로일수)}} = \text{10일}$$

3. 사장들이 합법적으로 연차수당지급의무에서 면제되는 방법

1) 연차휴가대체제도

연차휴가대체제도란 사업주가 근로자대표와의 서면합의로써 특정 근로일에 휴무를 실시하면서 이를 연차유급휴가로 갈음하는 것을 말합니다. 이 제도는 우리 「근로기준법」 제62조에 명시적으로 도입되어 있습니다.

이를 통하여 사업주는 소위 징검다리 휴일을 연휴로 지정하여 연차휴가로 처리하는 것이 가능하게 되었고, 근로자는 보다 긴 휴일을 교통체증의 공포에서 해방되는 일석이조의 효과를 누릴 수 있게 되어 근무만족도가 올라갑니다.

여기서 반드시 명심해야 할 사항은 다음과 같습니다.

첫째, 사용자가 근로자대표와의 서면합의에 의하여 연차유급휴가를 대체할 경우 대체할 근로일을 특정하여야 합니다(근로개선정책과－3099, 2011.9.19.).

둘째, 특정한 근로일을 연차 유급휴가로 대체하기 위해서 **근로자대표**와의 서면합의는 필수이므로

> • **근로자대표**
> 현재 「근로기준법」상 근로자대표 선임방법에 대하여는 명문 규정이 없음.

1) 소정근로일이란 사업주와 근로자가 출근하기로 약정한 근무일을 말하는 것으로, 쉽게 설명하는 365일 중 검은색으로 표시된 날을 의미하는 것으로 보시면 되겠습니다.

단지 「근로기준법」 제62조 규정만을 근거로 사용자가 근로자대표와의 서면합의 없이 법정공휴일을 연차유급휴가로 대체할 수는 없습니다(근로개선정책과-996, 2012.1.31.).

2) 연차휴가사용촉진제도

주변에서 만나는 FC들마다 연차휴가촉진제도 이야기만 나오면 하는 말이 있습니다.

"법조문을 읽어도 도대체 무슨 소리하는지 모르겠습니다."

고민 끝에 아래 표로서 정리해 보았으니 정독을 권합니다.

〈어렵게 느끼는 연차사용촉진제도, 이것만 보세요!〉

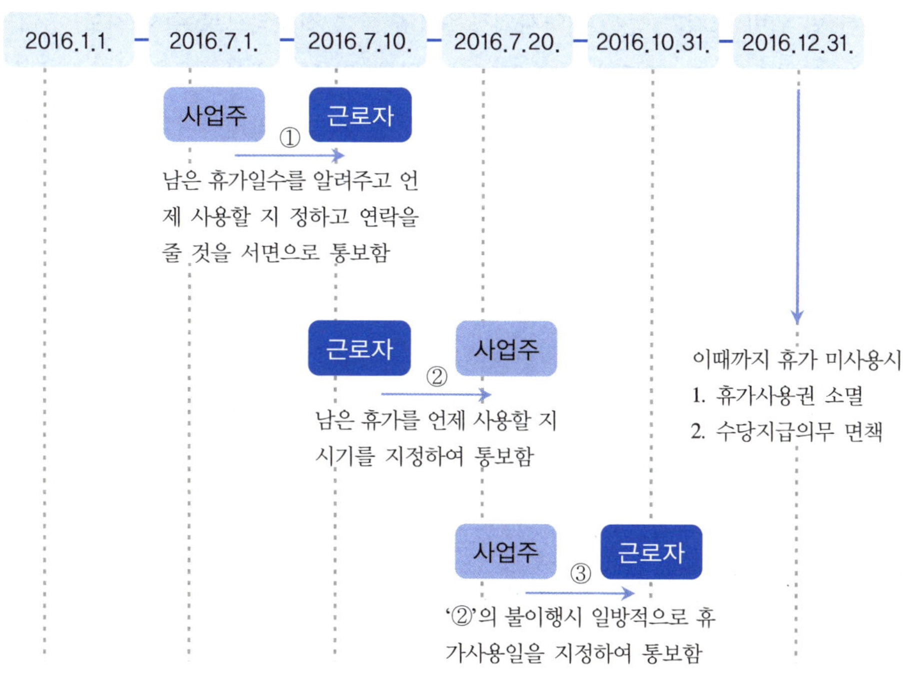

02

모성보호 휴가 법령 및 벌칙 핵심정리

1. 임신 · 출산 부당해고, 육아휴직 미부여! 근로자 신고 없어도 적발

고용노동부는 건강보험공단의 임신 · 출산정보와 연계하여 모성보호제도에 대한 법 위반 소지가 높은 취약사업장을 선별하여 집중적으로 수시 지도 · 점검하는 일명 '스마트 근로감독'을 2016년 6월부터 본격 개시한다고 밝혔습니다.

이는 건강보험공단의 국민행복카드[2] 신청 정보와 연계하여 주요 3가지 법 위반 유형을 추출하여 근로자의 신고가 없더라도 예방적 차원에서 사업장 감독을 실시하는 것입니다. 주요 3가지 법 위반 유형은 다음과 같습니다.

① 임신근로자 출산휴가 미부여(고용보험 출산전후휴가급여 미신청) 의심 사업장

② 출산휴가자수 대비 육아휴직 사용률(30% 미만) 부진 사업장

③ 임신 · 출산 · 육아를 사유로 한 부당해고 의심 사업장

2. 모성보호 휴가제도 관련 법령 및 처벌 도표화

모성보호 휴가와 관련한 주요 법령 내용 및 처벌기준을 정리하면 다음과

2) 임신이 확진된 임산부에게 임신 · 출산 진료비(본인 부담분)을 임신 1회 50만원까지 건강보험 급여로 지원하는 제도

같습니다.

구 분	법률규정	주요 내용	처 벌
출산전후 휴가	「근로기준법」 제74조 제1항	사용자는 임신 중의 여성에게 출산 전과 출산 후를 통하여 90일(한 번에 둘 이상 자녀를 임신한 경우에는 120일) 출산전후휴가를 주어야 한다. 이 경우 휴가기간의 배정은 출산 후에 45일(한 번에 둘 이상 자녀를 임신한 경우에는 60일) 이상 되어야 한다.	2년 이하 징역 또는 1천만원 이하 벌금
출산전후휴가 종료 후 업무복귀	「근로기준법」 제74조 제6항	사업주는 출산전후휴가 종료 후에는 휴가 전과 동일한 업무 또는 동등한 수준의 임금을 지급하는 직무에 복귀시켜야 한다.	5백만원 이하 벌금
출산전후휴가기간 해고 금지	「근로기준법」 제23조 제2항	사용자는 산전 산후의 여성이 이 법에 따라 휴업한 기간과 그 후 30일 동안은 해고하지 못한다.	5년 이하 징역 또는 3천만원 이하 벌금
육아휴직 부여	「남녀고용평등법」 제19조 제1항	사업주는 근로자가 만 8세 이하 또는 초등학교 2학년 이하의 자녀(입양한 자녀를 포함한다)를 양육하기 위하여 휴직을 신청하는 경우에 이를 허용하여야 한다.	5백만원 이하 벌금
육아휴직 중 해고 및 불리한 처우 금지	「남녀고용평등법」 제19조 제3항	사업주는 육아휴직을 이유로 해고나 그 밖의 불리한 처우를 하여서는 아니 되며, 육아휴직 기간에는 그 근로자를 해고하지 못한다.	3년 이하 징역 또는 2천만원 이하 벌금
육아휴직 종료 후 업무복귀	「남녀고용평등법」 제19조 제4항	사업주는 육아휴직을 마친 후에는 휴직 전과 같은 업무 또는 같은 수준의 임금을 지급하는 직무에 복귀시켜야 한다. 육아휴직 기간은 근속기간에 포함한다.	5백만원 이하 벌금

구 분	법률규정	주요 내용	처 벌
감독기관에 대한 신고	「근로기준법」 제104조 제2항	사용자는 위반 사실의 통보를 이유로 근로자에게 해고나 그 밖에 불리한 처우를 하지 못한다.	2년 이하 징역 또는 1천만원 이하 벌금
배우자 출산휴가	「남녀고용 평등법」 제18조의 2	사업주는 근로자가 배우자의 출산을 이유로 휴가를 청구하는 경우에 5일의 범위에서 3일 이상의 휴가를 주어야 한다. 이 경우 사용한 휴가기간 중 최초 3일은 유급으로 한다.	500만원 이하 과태료
육아기 근로시간 단축	「남녀고용 평등법」 제19조의 2	사업주는 육아휴직을 신청할 수 있는 근로자가 육아휴직 대신 근로시간의 단축을 신청하는 경우에 이를 허용하여야 한다.	500만원 이하 과태료

3. 모성보호 관련 지원금

1) 출산전후휴가급여

출산전후휴가를 부여하는 경우 사업주는 최초 60일은 유급으로 처리해야 합니다. 다만, 고용센터에 관련서류를 제출하면 출산전후휴가 급여를 지급하는데, 이 경우 사업주는 그 차액분만 지급하면 됩니다.

구 분	주요 내용
지급 대상	• 사업주로부터 출산전후휴가(유사산휴가)를 부여받아 사용 • 출산전후휴가가 끝난 날 이전에 고용보험 피보험단위기간이 통산 180일 이상
신청 시기	• 우선지원대상기업 : 휴가를 시작한 날 이후 1개월부터 휴가가 끝난 날 이후 12개월 이내 • 대규모기업 : 휴가시작 후 60일이 지난 이후 1개월부터 휴가가 끝난 날 이후 12개월 이내

구 분	주요 내용
지급 액수	• 우선지원대상기업 : 90일분(405만원 한도)에 해당하는 통상임금 상당액 • 대규모기업 : 최초 60일을 초과한 30일분에 해당하는 통상임금 상당액
신청 서류	• 출산전후휴가 급여 신청서 • 출산전후휴가 확인서 1부 • 통상임금을 확인할 수 있는 자료(임금대장, 근로계약서 등) 1부 • 휴가기간 동안 사업주로부터 금품을 지급받은 경우 이를 확인할 수 있는 자료

2) 육아휴직급여

육아휴직은 무급이 원칙이기 때문에 사업주가 별도로 급여 부담을 지는 것은 아닙니다. 그러나 육아휴직 기간 동안 생계가 불안정해지는 등의 문제가 있으므로 고용보험 제도를 통해 무급기간 동안 급여를 보전해주는 제도를 마련하고 있습니다.

구 분	주요 내용
지급 대상	• 30일 이상의 육아휴직을 부여받아야 함. • 육아휴직 개시일 이전에 고용보험 피보험단위기간이 통산 180일 이상 ※ 과거 실업급여를 받았을 경우 인정받았던 피보험단위기간은 제외 • 같은 자녀에 대해 배우자가 동시에 육아휴직 중인 경우 1명만 지급
신청 시기	• 육아휴직을 시작한 날 이후 1개월부터 매월 단위로 신청하되, 당월 중에 실시한 육아휴직에 대한 급여의 지급 신청은 다음 달 말일까지 해야 함. • 매월 신청하지 않고 적치하여 사용 가능 • 육아휴직이 끝난 날 이후 12개월 이내에 신청하지 않을 경우 지급하지 않음.
지급 액수	• 육아휴직기간 동안 매월 통상임금의 100분의 40을 지급 • 상한액 : 월 100만원, 하한액 : 월 50만원. 단, 육아휴직급여의 100분의 25는 직장복귀 6개월 후 합산하여 일시불로 지급 • 사업주로부터 육아휴직을 이유로 금품을 지급받은 경우로서 매달 지급받은 금품과 육아휴직 급여의 100분의 75에 해당하는 금액을 합한 금액이 육아휴직 시작일을 기준으로 한 월 통상임금을 초과한 경우에는 초과 금액을 육아휴직급여의 100분의 75에서 제외하고 지급

구 분	주요 내용
신청 서류	• 육아휴직 급여 신청서 • 육아휴직 확인서 1부 • 통상임금을 확인할 수 있는 자료(임금대장, 근로계약서 등) 1부 • 육아휴직기간 동안 사업주로부터 금품을 지급받은 경우 이를 확인할 수 있는 자료

3) 근로자 육아휴직에 따른 사업주 지원제도

고용보험피보험자인 근로자에게 육아휴직을 30일 이상 허용하고 육아휴직이 끝난 후 30일 이상 계속 고용하는 사업주에게 육아휴직 근로자 1인당 월 20만원을 지원합니다(대규모기업은 월 10만원, 대규모기업이면서 1,000인 이상은 월 5만원).

출산전후휴가, 유산·사산휴가, 육아휴직 등의 시작일 전 60일이 되는 날 이후 대체인력을 고용하여 30일 이상 계속 고용하고, 출산전후휴가 유산·사산휴가, 육아휴직 등이 끝난 후 당해 근로자를 30일 이상 계속 고용한 경우 월 60만원(대규모기업은 월 30만원)의 대체인력 지원금을 추가 지원합니다.

다만, 새로 대체인력을 고용하기 전 3개월부터 고용 후 6개월까지 고용조정으로 다른 근로자를 이직시키지 않아야 합니다.

4) 육아기 근로시간 단축 급여

육아휴직과 육아기 근로시간 단축은 1년의 범위 내에서 혼합하여 사용이 가능합니다. 육아휴직이 아닌 육아기 근로시간 단축을 신청한 직원은 다음과 같이 육아기 근로시간 단축 급여를 지원받을 수 있습니다.

구 분	주요 내용
지급 대상	• 30일 이상의 육아기근로시간단축을 부여받아야 함. • 육아기근로시간단축 시작 이전에 고용보험 피보험단위기간이 통산 180일 ※ 과거 실업급여를 받았을 경우 인정받았던 피보험단위기간은 제외

구 분	주요 내용
	• 같은 자녀에 대해 배우자가 동시에 30일 이상의 육아휴직 또는 육아기근로시간단축을 실시하지 않아야 함.
신청 시기	• 육아기근로시간단축을 시작한 날 이후 1개월부터 매월 단위로 신청하되, 당월 중에 실시한 육아기근로시간단축에 대한 급여의 지급 신청은 다음 달 말일까지 해야 함. • 매월 신청하지 않고 적치하여 사용 가능 • 육아휴직이 끝난 날 이후 12개월 이내에 신청하지 않을 경우 지급하지 않음.
지급 액수	• 통상임금의 60%(하한액 : 50만원, 상한액 : 150만원)×(단축 전 소정근로시간－단축 후 소정근로시간) / 단축 전 소정근로시간 ※ 단축 전 소정근로시간에서 단축으로 줄어든 시간의 비율만큼 지급하는 것임.
신청 서류	• 육아기 근로시간 단축 급여 신청서 • 육아기 근로시간 단축 확인서 1부 • 육아기 근로시간 단축전후의 소정근로시간, 통상임금 등의 근로 조건을 확인할 수 있는 증명자료(임금대장, 근로계약서 등) 1부 • 육아기 근로시간 단축 기간 동안 사업주로부터 금품을 지급받은 경우 이를 확인할 수 있는 자료

4. 임산부의 연장 · 야간 · 휴일근로

1) 야간 · 휴일근로

임신 중인 여성이 명시적으로 청구하여 고용노동부의 인가를 받은 경우 외에는 임산부에게 야간 및 휴일근로를 시킬 수 없습니다.

2) 연장근로

임신 중의 여성은 연장근로가 금지되고, 쉬운 종류의 근무로 전환을 요구한 경우에는 적절한 조치를 취해야 합니다. 이를 위반할 경우 2년 이하의 징역 또는 1천만원 이하의 벌금에 처해질 수 있습니다.

한편 산후 1년이 지나지 아니한 여성에 대하여는 1일 2시간, 1주 6시간,

1년 150시간을 초과하여 연장근로를 시킬 수 없습니다.

3) 그 밖의 근로조건

임신한 직원이 청구하면 임산부정기건강진단을 받는데 필요한 시간을 허용해 주어야 하고, 생후 1년 미만의 유아를 가진 여성이 청구하면 1일 2회 각 30분 이상의 유급 수유시간을 주어야 합니다.

03

육아휴직 핵심정리

> A씨는 병원에서 근무하는 간호사입니다. 결혼 후 병원에 입사한 A씨는 입사한지 얼마 되지 않아 출산하게 되었고, 맞벌이를 하는 탓에 육아휴직을 하고자 합니다. 아이를 돌봐줄 사람이 없어 반드시 휴직이 필요한 상황에서 병원에 육아휴직 신청서를 제출하였습니다. 병원은 근무 기간이 1년이 되지 않았기 때문에 육아휴직을 허가할 수 없다고 합니다. 1년 이상 근무하지 않은 A씨에게 육아휴직을 허용하지 않는 것이 부당한 것일까요?

1. 사업주들의 말 못할 고민

맞벌이 부부들에게 가장 큰 고민은 육아문제이고, 사장 입장에서 가장 큰 고민은 30대 주부 근로자들의 육아휴직 문제일 것입니다. 법에서는 당연히 보장된 모성보호제도 중 하나이지만 실제 사업주 입장에서는 1년씩이나 육아휴직을 허용하면서 그 자리에 신규인력을 채용하면 나중에 잉여인력이 될 것 같고, 그렇다고 채용을 하지 않고 그냥 있으면 업무 공백이 생겨 직원들의 업무스트레스가 가중됩니다. 이와 같은 사장들의 현실적인 문제를 직시하면서 육아휴직 제도에 관하여 정리해 보도록 하겠습니다.

2. 육아휴직이란?

육아휴직은 「남녀고용평등과 일·가정 양립 지원에 관한 법률」에 의거하여 근로자의 육아부담을 해소하여 근로자의 직장생활과 가정생활에 양립을 도모하는 한편, 회사의 우수인력을 확보할 수 있도록 지원하는 제도를 말합니다. 육아휴직 미부여시 사업주는 500만원 이하의 벌금형을 받습니다.

3. 육아휴직 지원 대상자

육아휴직은 당해 사업장에서 육아휴직을 시작하고자 하는 날을 기준으로 1년 이상 근무한 자로 만 8세 이하 또는 초등학교 2학년 이하의 **자녀**가 가진 남녀 근로자가 육아휴직 시작 예정일의 30일 전까지 신청할 수 있습니다.

> • **입양, 대리모**
> 육아휴직은 근로여성이 직접 출산한 경우뿐 아니라 입양, 대리모 등의 방법으로 영아를 가지게 된 경우도 허용됨.

육아휴직을 30일 전까지 신청하게 하는 이유는 결원으로 인한 회사업무의 계속성이 단절되는 것을 방지하고 계속성 확보와 관련하여 업무의 인수인계, 대체인력 채용 등을 진행하기 위함 때문입니다.

다만, 출산예정일 이전에 자녀가 출산하거나 배우자의 사망, 부상, 질병 또는 신체적·정신적 장애나 배우자의 이혼 등으로 육아휴직을 긴밀하게 사용해야 할 경우에는 예외적으로 7일 전까지 신청할 수 있습니다. ① 육아휴직을 시작하려는 날의 전날까지 해당 사업장에서 계속 근로한 기간이 1년 미만인 자, ② 동일한 영유아에 대하여 배우자가 육아휴직을 하고 있는 자에게는 육아휴직을 부여하지 않을 수 있음을 유의해야 합니다.

〈지원대상요건 정리〉

① 30일 이상 육아휴직을 부여받을 것
② 근로한 기간이 1년 이상일 것
③ 같은 자녀에 대해서 배우자가 육아휴직급여를 받지 않고 있을 것

④ 피보험단위기간(보험 기간 중 보수를 받은 날)이 180일 이상일 것

4. 구체적인 육아휴직 신청절차

1) 육아휴직 신청시기

육아휴직은 육아휴직 대상 자녀가 만 8세 또는 초등학교 2학년이 지나지 않으면 언제든지 신청이 가능합니다. 출산전후휴가에 이어 계속해서 사용하는 것도 가능합니다. 다만, 출산전후휴가에 이어 계속하여 사용하는 경우에는 출산전후휴가 기간 중 30일 전에 육아휴직을 별도로 신청하여야 합니다.

2) 육아휴직 신청기간

육아휴직은 1년 이내의 기간을 한도로 직원이 필요로 하는 기간을 정하여 신청하면 됩니다. 육아휴직 기간 중 만 8세를 초과하여도 육아휴직 기간은 모두 사용이 가능합니다.

3) 육아휴직 분할 사용

육아휴직의 분할 사용은 1회까지 가능합니다. 3회까지 분할사용 횟수를 늘이도록 하는 법 개정이 진행되고 있으나 아직 통과되지는 않았습니다.

5. 육아휴직 신청 철회

육아휴직을 신청한 직원이 육아휴직을 철회하고자 할 때에는 육아휴직 시작 예정일 기준으로 7일 전까지 사유를 밝혀 육아휴직 신청을 철회하면 됩니다.

6. 육아휴직 사용의 효과

회사는 육아휴직을 사용했다는 이유로 당해 직원에 대하여 **인사상 불이익한 처우**를 하지 못합니다. 단, 회사가 사업을 계속할 수 없는 경우에는 예외로 합니다. 현장 실무에서는 "과연 어느 경우가 사업을 계속할 수 없는 경우이냐"로 회사와 근로자 간에 많이 다투곤 합니다. 참 어렵고 애매한 문제가 아닐 수 없습니다.

• **육아휴직자 정리해고**
육아휴직 중인 근로자를 정리해고할 수는 없으나 해고예고까지 할 수 없는 것은 아니며, 회사는 해고의 정당한 이유가 있을 경우 동 기간 중에 해고예고를 하여 근로자가 재취업을 위한 준비를 하도록 하고, 기간만료 후에 해고를 하는 것은 가능함.

7. 육아휴직 급여 신청자격과 급여액

1) 신청자격

육아휴직 급여를 받기 위해서는 연속적으로 30일 이상의 육아휴직을 해야 하고 피보험단위기간이 180일 이상이어야 합니다.

2) 육아휴직 급여액

육아휴직급여는 월 통상임금의 40%(상한액 100만원, 하한액 50만원)이고, 육아휴직급여의 25%는 육아휴직 종료 후 해당 사업장에 복귀하여 6개월 이상 계속 근무한 경우에 합산하여 일시불로 지급합니다.

예를 들어 설명하겠습니다.

재직 당시에 기본급이 300만원이었다면 지급액은 기본급의 40%인 120만원이지만 상한액인 100만원을 초과하므로 육아휴직 급여액은 100만원입니다. 다만, 지급액 100만원 중 25만원은 육아휴직 종료 후 회사에 복직해서 6개월 후에 받게 되므로 육아휴직 기간 동안에는 75만원을 지급받게 됩니다.

8. 육아휴직급여 지급 제한 사유

육아휴직기간 중에 회사를 퇴사·이직한 경우에는 그 전일까지만 육아휴직 급여를 지급합니다. 회사로부터 육아휴직을 이유로 금품을 받은 경우 급여를 감액하여 지급합니다. 육아휴직 급여를 거짓 혹은 부정한 방법으로 받았거나 받으려고 한 자에 대하여는 받은 날 또는 받고자 하는 날로부터 육아휴직 급여를 지급하지 않습니다.

04

임신기 근로시간 단축

> 경북 경산시에 위치한 대구한의대 산업보건연구소에서 근무하는 연구원 김씨는 2016년 5월 출산 예정으로 2015년 12월부터 출산 전까지 주 40시간에서 주 30시간으로 근로시간 단축을 하고 있다. 임신기 근로시간 단축제도는 임신 12주 이내 36주 이후에 대해서만 사업주 허용 의무가 있음에도 회사에서 고용부의 '전환형 시간선택제' 지원 제도를 통해 월 40만원의 지원금을 받으면서 임신 12주 초과 36주 미만 기간에 대해서도 근로시간을 단축할 수 있게 됐다.
>
> 김씨는 임신기 근로시간 단축제를 활용하면서 경력단절에 대한 걱정도 사라지고, 체력적 · 심리적 부담도 덜게 됐으며, 회사는 출산 전 근로시간 단축제 도입으로 특히 전문 인력 이직이 줄어서 안정적인 인력관리가 가능해졌다. 동료 직원도 산모의 건강에 대한 우려를 일부 해소했고, 앞으로 개인사정이 생겼을 때 동일한 보호를 받을 수 있을 것 같아 회사에 대한 믿음이 생겼다.
>
> • 고용노동부 보도자료, 2016.4.1.

1. 임신 직원의 근로시간 단축, 법적의무화

2016.3.25.부터 모든 사업장에 임신기 근로시간 단축제도가 적용되었습니

다. 이 제도는 임신 12주 이내 또는 36주 이후에 있는 여성 근로자가 1일 2시간의 근로시간 단축을 신청하면 모든 사용자는 허용해야 하는 제도로써 2014. 9.25.부터 상시근로자 300인 이상 사업장에 적용되어 왔었습니다.

이와 같은 임신 근로자의 근로시간 단축 신청을 사업주가 불허한다면 500만원 이하의 과태료가 부과됩니다. 사업주 입장에서는 임신한 직원에게 인정해 주어야 하던 출산 전 · 후 휴가와 함께 임신기 근로시간 단축까지 허용해야 할 법적 의무가 생긴 것입니다.

2. 신청 대상자

사업주가 모든 임신 직원에 대하여 근로시간 단축을 허용해야 할 법적 의무가 있는 것은 아닙니다. 그 대상자는 바로 '임신 후 12주 이내 또는 36주 이후'에 있는 임신 직원입니다.

따라서 임신 후 12주 이내, 36주 이후에 있지 않은 임산부가 근로시간 단축을 신청하는 경우 사업주가 이를 거부할 수 있습니다. 물론 허용이 금지되는 것은 아니므로 허용해주어도 무방합니다.

다만, 임신 12주 이내에 단축을 신청한 직원이라고 해서 임신 36주 이후에 단축을 또 다시 신청할 수 없는 것은 아닙니다. 두 기간 모두 단축을 신청했다면 두 기간 모두 단축을 허용해야 합니다.

3. 단축 근로시간

허용해야 하는 단축 시간은 1일 2시간입니다. 출 · 퇴근 시간을 조정하거나 휴게시간을 늘리는 방식으로 단축이 가능합니다. 예컨대 출근시간을 1시간 늦추고 퇴근시간을 1시간 당기는 방식, 출근시간을 2시간 늦추는 방식, 중간에 휴게시간을 추가로 늘리는 방식 등 사용 방식에는 제한이 없습니다.

1일 근무시간이 8시간 미만인 직원은 6시간으로 단축할 수 있고, 1일 근무시간이 6시간 이하인 경우 근로시간 단축을 허용하지 않더라도 무방합니다.

4. 사업주가 나서서 단축을 시켜야하는 것은 아니다!

임신기 근로시간 단축을 이용하려면 근로자는 사용 기간, 근무개시 및 종료시각을 적은 문서와 의사의 진단서를 구비하여 단축하고자 하는 날 3일 전까지 사용자에게 제출하여야 합니다.

만약, 이러한 신청이 없는 경우 사업주가 먼저 나서 단축을 시킬 필요는 없습니다. 어디까지나 신청을 한 경우 허용하기만 하면 되는 것이지 적극적으로 단축시켜야 할 의무가 있는 것은 아니기 때문입니다.

5. 전환형 시간선택제 지원제도

정부는 임신기 근로시간 단축 제도의 적극 도입 및 조기 정착을 위해 「전환형 시간선택제 지원제도」와 연계한 지원금 제도를 운영하고 있습니다. 특히, 임신 12주 이내 또는 36주 이후 근로자 뿐 아니라 그 이외 기간에 근로시간을 단축하는 임신 근로자에 대해서도 월 최대 40만원(대체인력지원 포함 시 월 최대 100만원)을 지원하고 있습니다.

〈전환형 시간선택제 지원 중 임신기간 근로시간 단축 지원〉

법적 청구권이 있는 임신 12주 이내 또는 36주 이후에 있는 여성 근로자는 물론, 임신 12주 초과~36주 미만의 여성 근로자도 모두 대상에 포함(출산 전까지 모든 임신기간에 대해 우대 적용)

- 전환장려금

  전환 전·후 임금 차액을 월 20만원씩 1년 간 지원(사업주 통한 근로자 지원)

  * 임신 이외 사유의 전환장려금은 '주15~25시간 : 월20만원, 주25~30시간 : 월12만원'으로 차등화

• 간접노무비 : 중소 · 중견기업 월 20만원 1년 지원

• 대체인력 지원금

대체인력 인건비 50%를 월 60만원(대기업 월 30만원) 한도로 1년 지원

(지원절차) 사업계획서 제출(사업주→고용센터) ⇨ 심사 및 승인 ⇨ 제도 도입 및 시간선택제 전환(사업주 · 근로자) ⇨ 지원금 신청(사업주→고용센터) ⇨ 심사 및 지급

예화로 풀어보는 기업노무

루즈벨트와 트루먼

피터 드러커는 「변화 리더의 조건」에서 다음과 같이 적고 있습니다.

"대개 어느 한 가지 분야에서는 뛰어난 능력을 갖고 있는 사람이라도 다른 분야에서는 그렇지 못한 경우가 많다. 어떤 장교는 전술 지휘관으로서도 특별한 재능이 없었고, 전략을 수립하는 일에 있어서도 소질이 전혀 없었다. 다른 장교는 말실수하는 버릇이 있어서 언론 기관과의 관계에서 자주 마찰을 일으켰다. 또 다른 장교는 허영심이 강하고 이기적이어서 직속 상관과 끊임없이 의견 충돌을 일으켰다. 하지만 훈련 담당장교가 필요한 경우라면 그런 것들에 신경 쓸 게 아니라 오직 그가 신병을 훈련시키는 능력이 뛰어난지 그렇지 않은지에 대해서 파악하는 것이 중요하다.

프랭클린 루스벨트와 해리 트루먼 대통령은 내각 인사를 시행하면서 늘 이렇게 이야기했다. '중요한 것은 그 사람에게 어떤 약점이 있는가가 아니다. 중요한 것은 그 사람이 가장 잘할 수 있는 일이 무엇인가 하는 점이다.' 그 두 대통령이 20세기 미국 역대 대통령들 가운데 가장 강력한 각료진을 구성할 수 있었던 것은 단순한 우연의 일치가 아니다."

인사관리의 핵심을 정확하게 지적한 아주 탁월한 글입니다. 회사가 채용한 사람들의 대부분은 장점보다는 단점을 훨씬 많이 가지고 있습니다. 신입직원일수록 그가 가지고 있는 단점은 주변사람들에게 잘 읽히게 마련입니다. 시간이 지날수록 이제 이 직원의 장점은 전혀 보이지 않게 되고 급기야 주눅이 든 신입직원은 얼마 못가서 퇴사하게 됩니다. 안타깝게도 약점에 파묻혀 버린 이 직원의 장점은 한 번도 발휘될 수 없었습니다. 사람 한 명이 들어왔다 나갈 경우 회사가 입게 되는 유무형의 손실은 엄청납니다. 이런 인사관리로 인하여 회사의 성장은 늦어만 갑니다.

조조가 천하를 통일할 수 있었던 중요한 이유 중 하나가 적재적소에 인재를 배치하는 능력이었습니다. 싸움 실력과 충성심은 탁월하나 지모가 부족한 허저는 사령관이 아니라 호위대장으로 삼았습니다. 반면 싸움실력과 지모까지 갖춘 하후돈은 야전사령관으로 삼았습니다. 그 사람이 가지고 있는 강점을 최대한 활용한 인사관리의 표본이라 할 수 있습니다.

회사를 가면 2명의 직원이 있습니다. 숫기가 없어서 직원들 앞에 나서지는 못하지만 성과는 항상 최고인 직원이 있습니다. 반면 성과는 보통이지만 활달한 성격 탓에 항상 분위기를 화기애애하게 만드는 직원이 있습니다. 둘 다 뚜렷한 강점을 가지고 있는 직원이고 회사 입장에서는 꼭 필요한 직원입니다. 두 직원 간 비교자체는 무의미할 뿐 아니라 바람직하지도 않습니다.

사장은 이 두 직원이 자신의 강점을 최대한 발휘하며 일 할 수 있는 여건을 조성을 해주면 됩니다. 그럼으로써 자연스럽게 회사는 틀을 갖추어 성장해 나가게 됩니다.

Chapter 8

노사분쟁의 화약고, 임금

01

고용노동부, 기초고용질서 일체점검

> 고용노동부는 2016.3.14. "2016년도 근로감독 및 근로감독관집무규정 세부 추진계획" 발표하였습니다. 금년도 사업장 근로감독은 4대 분야에 중점을 두고 2만개 사업장을 대상으로 실시할 계획이라고 합니다. 경영 리스크 감소 방안에 대한 이야기를 주로 하는 FC 입장에서는 이와 같은 고용노동부 발표는 그 어떤 정부 발표보다 관심을 기울여야 하는 사항입니다.

1. 2016년도 사업장 근로감독 종합 시행계획

고용노동부는 다음 4가지 분야를 중점감독분야로 선정하여 단속 계획을 발표하였습니다.

① 비정규직 처우개선과 차별해소 주력	⇒	노동시장 이중격차 해소
② 열정페이 근절 및 취약계층 근로감독	⇒	열정페이 근절과 근로조건 개선
③ 장시간 근로 개선	⇒	가족과 함께 하는 저녁
④ 불공정 인사관행 개선	⇒	능력중심 인력 운영 정착

PC방 · 카페 · 노래방 등 청년을 많이 고용하는 사업장 10곳 중 6곳 이상이 임금을 체불하거나 최저임금조차 지급하지 않는 등 「근로기준법」을 위반하고 있는 것으로 드러났다.

고용노동부는 28일 지난 4월부터 두달간 청년들이 많이 일하고 있는 PC방, 카페, 주점, 노래방, 당구장 등 4589곳을 대상으로 '상반기 기초고용질서 일제점검'을 실시하고 이같은 내용의 결과를 발표했다.

청소년 등을 사용하는 소규모 사업장에 대해 서면 근로계약서 작성, 최저임금 준수 여부, 임금체불 여부 등 핵심근로조건 집중 점검한 결과, 총 2920개소에 대해 4930건의 법 위반사항을 적발했다. 적발률은 63.6%로 작년 상반기보다 23.4%포인트 증가한 수준이다. 특히 올해 상반기 과태료(270건) 부과 건수는 작년 같은 기간 80건에 비해 3배나 늘었다.

• 이투데이, 2016.6.28.

FC들이 찾아가는 고객 가운데에는 제조업체 사장도 있지만 카페, 주점, 음식점과 같은 서비스업체 사장도 많습니다. 약간의 차이는 있겠지만 이런 사업체 대부분은 다음과 같은 특성을 가지고 있습니다.

직원 수가 많아야 10인을 넘지 않고 대부분 가족처럼 지내고 있습니다. 노무와 관련한 규정은 전무합니다. 별도의 노무 담당 직원은 없고, 사장이나 배우자가 노무업무를 처리하고, 세무사 사무실에서는 서비스로 노무를 챙겨주지만 이마저도 노동법을 위반하는 경우가 많습니다. 사장들은 매출에 대한 스트레스와 시간부족으로 노무를 챙겨야 한다는 필요성조차 느끼지 못합니다. 이러다가 임금체불로 노동청을 한번 다녀오고 나면 노무관리의 필요성을 절감하고 규정정비를 시작하게 됩니다.

2. 임금체불 사업장 방문시 유의사항

임금체불 진정사건이 발생한 사업장을 방문했을 때는 먼저 사안을 정리하여 2단계로 나누어 Solution을 주는 것이 가장 적절합니다.

1단계는 지금 발등에 떨어진 **임금체불** 문제를 슬기롭게 해결해내는 것입니다. 아무리 몸에 좋은 보약이라도 지금 당장 내가 아픈 곳을 치료해주지 못한다면 무익한 법입니다. 사장 입장에서는 이번 주 수요일 노동청에 조사받으러 가는 것이 웬만한 치통보다 큰 스트레스입니다.

> • **반의사 불벌죄**
> 임금체불죄는 반의사 불벌죄로 근로자의 의사에 반하여 처벌할 수 없음. 따라서 형사처벌을 원하지 않는다는 진정인의 의사가 있으면 형사처벌은 불가능함.

2단계는 임금체불 문제가 잘 해결되고 난 다음 우리 사업장에 제대로 된 노무 규정 정비를 하는 것입니다. 일종의 사업장의 백년대계를 설정하는 것이자 예방적 기업노무를 실현하는 것입니다. 2단계에서의 최적 화법은 아래와 같습니다.

"사장님, 사업 1~2년만 하실 거 아니지 않습니까? 그리고 회사 매출이 올라가고 회사가 커지면 당연히 직원 수도 늘어나지 않겠습니까? 지금부터라도 노무규정 체계를 갖추셔야 합니다."

3. 임금체불 해결 시 필요한 노하우

임금체불 사건과 관련하여 우리가 명심해야 할 사항이 2가지 있습니다.

첫째, 사업장 방문 전에 이 사업장에 임금체불 사건이 발생했는지 여부를 아는 것은 거의 불가능하다는 사실입니다.

둘째, 사장들은 낯선 사람에게 처음부터 자신의 치부를 드러내지는 않는다는 사실입니다.

정확한 노동법 지식은 없을지언정 임금체불 진정사건이 사업장의 치부라는 것쯤은 사장들이 정확히 잘 알고 있습니다. 그래서 보통 사장들은 노무와 관련한 이야기를 하면서 "이 사람과는 말이 통하는구나", "이 사람한테 자문을 구해야겠구나"라는 확신이 든 순간 자리에서 일어나 종이 한 장을 가지고 오는 경우가 대부분입니다.

그게 바로 출석요구서입니다. 출석요구서는 이렇게 생겼습니다.

제 호

출 석 요 구 서

귀하에 대한 사건(진정인)에 관하여 문의할 일이 있으니 . . 오전(후) 시에 ○○지방고용노동청(○○지청)○○○○과로 출석하여 주시기 바랍니다.

출석하실 때에 반드시 이 출석요구서와 주민등록증(또는 운전면허증) 및 도장, 그리고 아래 증거자료와 기타 귀하가 필요하다고 생각하는 자료를 가지고 나와 주시기 바랍니다.(대리인 출석시 위임장 지참)

지정된 일시에 출석할 수 없는 부득이한 사정이 있거나 이 출석요구서와 관련하여 궁금한 점이 있으면, ○○○○과(전화 -)에 연락하여 출석일시를 조정하시거나 궁금한 사항을 문의하시기 바랍니다.

. . .

○○지방고용노동청(○○지청)
특별사법경찰관
근 로 감 독 관 (인)

출석요구서에는 ① 임금체불의 종류가 어떤 것인지(예컨대 퇴직금미지급인지 연장수당미지급인지 또는 미사용연차휴가수당미지급인지), ② 관할 노동청과 근로감독관이 누구인지, ③ 출석 시 지참해야 서류가 무엇인지 등이 기록되어 있습니다.

여기서 포인트는 2가지입니다.

첫째, 재무설계전문가가 사업장에 방문하여 기업재무제표를 술술 분석하여 썰을 풀듯이 여러분들 역시 기업노무로 영업컨셉을 잡은 이상 출석요구서를 보면서 자신감있게 말을 할 줄 알아야 합니다. 최적 화법은 아래와 같습니다.

> "사장님, 너무 긴장하실 필요 없습니다. 지금 사장님이 저한테 말씀하신 그대로 근로감독관 앞에서 진술하시면 됩니다. 그럼에도 근로자가 터무니없이 많은 금액을 요구하면 검찰조사를 받은 후 법원에 가서 억울한 심정을 호소하겠다고 말하시면 오히려 더 좋은 상황이 될 수도 있으니 지금부터 제가 잘 아는 사건전문 노무사와 함께 준비해 보는 것이 어떻겠습니까?"

둘째, 임금체불 진정으로 노동부에 출석하는 경우 반드시 지참해야 할 서류는 특별히 정해진 것은 없습니다. 다만, 통상 근로감독관은 필요한 정보를 수집하기 위해 다음과 같은 서류 제출을 요구하고 있으므로 이 정도는 메모장에 메모하고 다닌다면 적재적소에 아주 요긴하게 사용할 수 있겠습니다.

필요한 정보	관련 서류
• 성명(법인명) 및 연락처 • 상시근로자수 • 사업장 소재지	• 사업자등록증 • 근로자 명부
• 체불된 임금액	• 급여 대장 ★★★ • 임금 지급명세서 • 급여통장사본 ★★ • 출·퇴근 등 근무기록 ★★

필요한 정보	관련 서류
• 기타 자료	• 근로계약서 ★★★★ • 취업규칙 ★★★ • 단체협약 • 출석요구서 • 주민등록증 ★★ • 도장

4. 인사노무 규정정비 제안 시 필요한 노하우

몇 번의 노동청 출석을 통하여 임금체불 진정건이 해결되고 나면 사장의 표정이 밝아집니다. 그리고 이런 푸념을 늘어놓습니다.

"거참. 살다 살다 이런 데까지 와 보네요. 먹고 살기도 바쁜데"

여기서 최적화법은 이것입니다.

"정말 맞습니다. 사장님, 이 금쪽같은 시간에 가게에서 돈을 버셔야 하는 사장님이 이렇게 노동청 왔다갔다 다니신다고 하루 반나절을 허비하시는 것은 회사 입장에서는 엄청난 큰 손해입니다. 그렇죠? 사장님"

("예"라는 답이 있은 후)
"그런데 사장님, 잘 생각해 보셔야 할 것은 지금 이 시점에 근로계약서나 규정 같은 것을 한 번 정비하시지 않으면 지금 같은 일이 또 다시 벌어집니다. 그럼 사장님은 이번처럼 똑같이 노동청을 왔다 갔다 하면서 거리에 돈을 뿌리시게 됩니다. 어떻게 이번 기회에 노무 규정 정비 받아보시지 않겠습니까?"

5. 사장들이 가장 많이 하는 임금체불 진정사건 관련 질문 베스트

1) 출석요구서에 기재된 출석일에 반드시 출석해야 하나요?

그렇지 않습니다. 어떤 사장은 영업 일정상 도저히 출석일에 출석할 수 없게 되어 발을 동동 구르는데 전혀 그럴 필요 없습니다. 출석일에 출석이 도저히 어려운 경우에는 근로감독관에게 미리 전화를 걸어 양해를 구하고 날짜를 조정하는 것도 가능합니다. 그러나 이런 전화 통화도 하지 않은 채 고의로 2회 이상 불출석하면 사건이 종결되고, 검찰에 송치될 수 있으므로 무단 불출석은 절대 하면 안 됩니다. 참고적으로 출석이 어려운 경우에는 공인노무사를 대리인으로 선임하여 출석하는 것도 가능합니다.

2) 노동청 조사 기간은 얼마 정도 걸리고 어떤 식으로 이루어지나요?

노동청 조사는 보통 2달 정도 걸립니다. 조사는 진정인, 피진정인 조사와 대질조사 2가지 형태로 이루어집니다. 임금체불 사건의 특성상 양 당사자 간 의견이 다를 경우가 많기 때문에 1차례 이상의 대질조사를 실시하는 경우가 대부분입니다.

> • 노동청 조사
> 통상 1차례 조사 시 2시간 정도 진행되고 조사방식은 구술조사와 서면조사가 병행됨. 별도의 조사실에서 진행되는 것이 아니라 오픈된 공간에서 진행됨.

3) 노동청 진정 시 임금은 소급하여 몇 년까지 주어야 하나요?

「근로기준법」 제49조의 규정에 의하여 임금채권의 시효는 3년으로 규정되어 있습니다. 따라서 소급하여 3년분을 주어야 합니다.

4) 근로자의 요구 액수가 너무 많아 도저히 합의가 불가능합니다. 이 경우 합의를 하지 않으면 어떻게 되나요? 혹시 벌금은 어느 정도 나오나요?

정말 많은 사장들이 이런 점을 궁금해 합니다. 일단 근로자가 원하는 금액과 사장이 생각하는 금액과의 차이가 크지 않다면 합의하는 것이 가장 좋습니다. 그러나 업체의 자금 사정을 뻔히 알고 있는 근로자가 과도한 요구를 계속

한다면 법원에서 다투어보는 것도 하나의 좋은 방법이 됩니다.

노동청 · 검찰 수사는 형사절차이고, 법원의 소송은 민사절차로서 양자는 별개입니다. 따라서 형사에서 벌금형을 받더라도 민사법원에서 임금 지급의무가 면제되는 것은 아닙니다.

구체적인 벌금액수는 ① 임금체불이 발생된 경위, ② 과거 사업장의 임금체불 내역, ③ 사업주의 현재 임금체불에 대한 태도 등을 종합적으로 판단하여 결정되는 데 통상 임금체불액의 10~20%선에서 결정됩니다. 다만, 임금체불을 상습적으로 하는 사장은 예외적으로 징역형이 선고될 수도 있다는 점을 주의해야 합니다.

5) 임금체불로 사업주가 받은 불이익에는 어떤 것이 있나요?

현재 「근로기준법」은 ① 상습 체불사업주 명단 공개, ② 신용제재 제도를 도입하고 있습니다.

02

★★★

임금체불 진정사건 진행 프로세스

1. 개념정리부터 확실히!

혹시 이런 용어 들어봤습니까? '진정, 고소, 고발'

들어봤다면 이 용어들의 차이에 대해서도 알고 있습니까?

모르는 분들을 위하여 아래에서 정리를 하였습니다.

구 분	개념정리
진정	진정이란 법위반에 대한 시정을 요구하는 것으로, 임금체불진정은 미지급된 임금을 지급하도록 요구하는 것을 뜻합니다.
고소	고소란 단순한 시정을 넘어 형사처벌을 요구하는 의사표시입니다.
고발	고발은 피해 당사자가 아닌 제3자가 법위반 사실을 신고하여 형사처벌을 구하는 것을 뜻합니다.

2. 진정 및 고소 · 고발의 처리 절차

이제 진정 및 고소·고발 처리 절차에 대하여 알아보도록 하겠습니다.

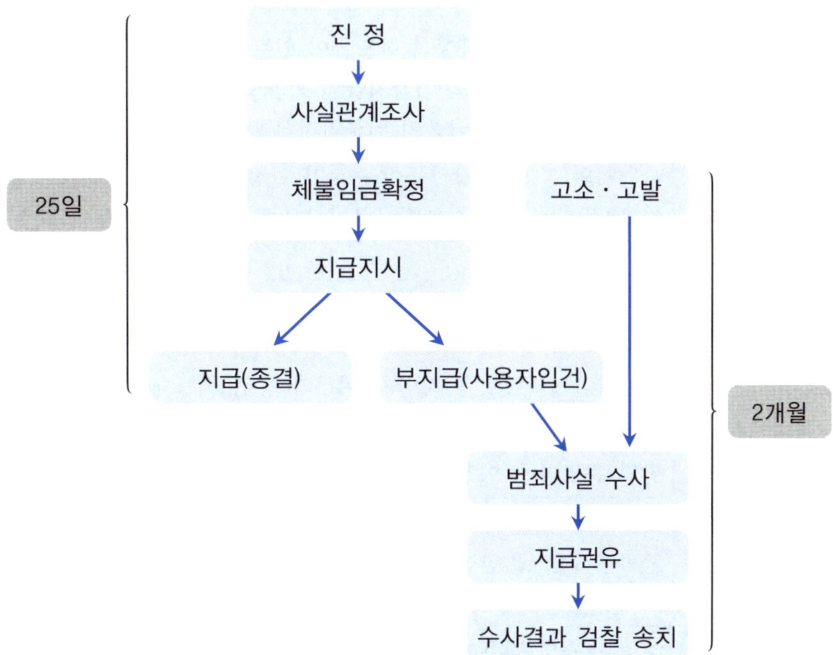

고소는 반드시 진정을 제기한 후에만 할 수 있는 것은 아니므로 진정과 별개로 고소하는 것도 가능합니다. 진정이 접수되면 25일의 처리 기간이 원칙이지만 필요하다고 인정되는 경우 25일을 연장하여 처리할 수 있습니다. 사실관계조사는 체불 경위 및 지급 시기 등 체불 사실을 조사하여 확정하는 절차를 의미합니다.

3. 사업형태별 임금체불 처리 시 핵심 포인트

고용노동청 근로감독관 1인당 매월 처리하는 사건수는 수십건에 달합니다. 따라서 근로감독관들도 사건을 처리함에 있어 사업형태별 체크리스트가 있게 마련입니다. 이런 점을 여러분들이 알고 계신다면 상담 시에 훨씬 많은 팁을 얻을 것입니다.

업 종	임금체불
건설업 분야	건설업의 경우 수차례의 하도급이 있는 경우가 많아 ① 진정인의 근로자 인정 여부, ② 임금지급의 책임소재 여부, ③ 체불임금액의 산정, ④ 진정대상 금품이 임금인지의 여부 등이 중점 체크대상임.
학원업 분야	학원업의 경우 ① 강사들이 근로자 인정 여부가 가장 중요한 문제이고, ② 방학기간을 계속근로기간으로 인정할 지 여부가 중점 체크대상임.
프랜차이즈 분야	단시간 알바생을 주로 고용하는 프랜차이즈 매장의 경우 ① 실제 근무시간이 얼마였는지 여부, ② 휴게시간이 있었는지 여부, ③ 교육시간을 근무로 볼 것인지 여부가 중점 체크대상임.
판매직 분야	판촉사원, 휴대폰 판매직원을 고용하는 판매 매장의 경우 판매사원의 근로자성 인정 여부가 중점 체크대상임.
제조 분야 유통 분야	어느 정도의 장시간 근무가 예상되는 제조나 유동분야의 경우 ① 출퇴근시간, ② 연장근무시간, ③ 연차휴가 사용일수 등이 중점 체크대상임.
병원 분야	대형 병원의 경우에는 단체협약상 각종 수당의 통상임금성 인정 여부가 주로 문제가 되고, 의원급 병원의 경우 구체적인 근무시간 수가 중점 체크대상임.

4. 계속해서 임금을 지급하지 않는 경우는 어떻게 되나요?

임금을 계속해서 지급하지 않으면 근로자는 민사소송을 제기할 수 있습니다.

진정 절차가 마무리되면 근로자는 체불금품확인원을 교부받을 수 있는데, 이 확인원은 가압류 및 민사소송에서 활용이 가능합니다. 체불금품확인원은 다음과 같습니다.

<table>
<tr><td colspan="2">발급번호
제20 －00호</td><td colspan="4">체 불 금 품 확 인 원</td></tr>
<tr><td colspan="6">신 청 내 역</td></tr>
<tr><td rowspan="2">사업장
개 요</td><td>사업장명</td><td colspan="2"></td><td>사업자등록번호</td><td></td></tr>
<tr><td>소 재 지</td><td colspan="4"></td></tr>
<tr><td>신청사항</td><td colspan="5">예시) 2016.1.1. 제기한 진정사건과 관련한 체불임금 내역</td></tr>
<tr><td>사용용도</td><td colspan="5">법 원 제 출 용</td></tr>
<tr><td>신청부수</td><td colspan="5">부</td></tr>
<tr><td colspan="6">이상과 같이 신청하오니 발급해 주시기 바랍니다.
20 . . .
신청인 성 명 : (인)
생년월일 :
주 소 : (전화 :)
e － mail :
○○지방고용노동청(○○지청)장 귀하</td></tr>
<tr><td colspan="6">확 인 내 역</td></tr>
<tr><td rowspan="2">사 용 자</td><td>실제 대표</td><td colspan="4">성명 : (생년월일 : . .)
주소 :</td></tr>
<tr><td>명의 대표</td><td colspan="4">성명 : (생년월일 : . .)
주소 :
※ 명의 대표자가 공란으로 표시된 경우 사건조사 과정에서 파악되지 않은 경우임.</td></tr>
<tr><td>체불내역</td><td colspan="5">예시) 별지 내역과 같이 근로자 ○○○ 등 12명에 대한 임금 및 퇴직금
합계 12,000,000원(개인별 내역 별지) 미지급</td></tr>
<tr><td>확인근거</td><td colspan="5">예시)
① 기소 : ○○지방고용노동청○○지청에서 2016.1.1. 제 ○○○호로 접수된 진정사건 조사시 위 사업장 대표가 확인.
② 기소중지 : ○○지방고용노동청○○지청 2016.1.1. 제 ○○○호로 접수된 진정사건 조사시 위 대표자가 행방불명이나, 고소인 ○○○의 진술 및 거증자료에 따라 위 내용이 확인됨.
※ 위 내용은 사건종결 당시 확인된 것이며, 발급일 현재 변동상황은 알 수 없음.</td></tr>
<tr><td>사용용도</td><td colspan="2"></td><td>확인자</td><td colspan="2">근로감독관 ○○○
(전화 :)</td></tr>
<tr><td>붙 임</td><td colspan="2">1. 2.</td><td>참 고</td><td colspan="2">①수사 중 ②취하종결
③기소송치 ④불기소송치
⑤기소중지 송치</td></tr>
<tr><td colspan="6">위와 같이 확인합니다.
20 . . .
○○지방고용노동청(○○지청)장</td></tr>
</table>

5. 혹시, 체당금 들어보셨어요?

체당금 제도는 기업이 도산하여 임금, 퇴직금, 휴업수당 등을 지급할 수 없는 경우 국가가 대신하여 임금 등을 지급해 주는 제도를 의미합니다.

체당금은 기업이 도산했다는 사실이 인정되어야 하고 도산 인정일 2년 이내에 관할 지방노동관서에 신청합니다. 도산의 인정은 다음과 같이 구분할 수 있습니다.

사실상 도산	지방고용노동관서의 장이 300인 이하 사업장의 도산 사실을 인정한 경우(퇴직한 날로부터 1년 이내에 신청)
재판상 도산	법원에 의해 회생절차가 개시되거나 파산선고를 받은 경우

체당금을 신청하기 위해서는 다음의 요건도 갖추어야 합니다.

사업주	산재보험 적용대상이 되어 6개월 이상 사업을 하였을 것
근로자	파산선고나 사실상 도산 인정 신청일 기준 1년 전부터 3년 이내에 퇴직하였을 것

체당금 지급액은 최종 3월분의 임금·휴업수당 및 최종 3년간의 퇴직금 중 미지급 금액으로서 연령에 따라 상한액이 설정됩니다. 상한액은 다음과 같습니다.

체당금 연령	퇴직 당시 연령				
	30세 미만	30세 이상~40세 미만	40세 이상~50세 미만	50세 이상~60세 미만	60세 이상
임금·퇴직금	180	260	300	280	210
휴업수당	126	182	210	196	147

체당금 신청은 도산한 기업의 직원들을 합하여 한 번에 처리하는 것이 좋고, 사업주의 협조 요청, 도산 사실의 인정 등 절차가 간단한 편은 아니므로

전문가의 조언을 구하는 것이 필요합니다.

2015.7.1.부터 시행된 소액체당금 제도는 도산 기업의 노동자에게 주는 일반 체당금과는 달리 도산·파산 여부와 관계없이 체불임금(퇴직 전 3개월 임금과 최종 3년간 퇴직금) 가운데 최대 300만원을 노동자에게 지급하는 제도입니다.

2016.7.7. 고용노동부에 따르면 2015년 7월부터 1년간 근로자 4만 358명이 950억원의 소액체당금을 받았는데, 시행 첫 달부터 6개월간은 1만 4765명에게 353억원이 지급되었고, 이후 2016년 6월말까지 2만 5593명이 598억원의 체당금을 받아 초기보다 지급액이 69.5% 증가하였습니다.[1)]

1) 이데일리, 2016.7.7.

03

임금체불 진정사건 대응요령

1. 정확한 사실관계 확정에 집중하자![2)]

진정사건의 특성상 사장과 근로자간 주장이 일치하는 경우는 거의 없습니다. 예컨대 근로자는 매일 10시까지 근로하였다고 주장하지만, 사업주는 매일 8시까지 근무하였다고 주장합니다.

그렇다면 시시비비를 가려서 조사결과를 상부에 보고해야 하는 근로감독관 입장에서는 어떤 기준에 입각하여 사실관계를 확정할까요?

만약 이 기준을 안다면 사장 입장에서는 보다 수월하게 사건을 준비할 수 있을 것이고, 억울한 심정을 약간은 덜 가질 수 있을 것입니다.

1) 구체적인 사실 확정 방법

첫째, 컴퓨터서버 사용내역을 통해 근무기간을 확인합니다. 회사 컴퓨터서버상의 사실상의 근무기록을 찾아냄으로써 근무사실을 확인합니다. 둘째, 출근부 및 임금대장 미확보의 경우 사업장등록번호를 파악하여 세무서에 "근로소득세 징수액 집계표, 재무제표" 등을 조회합니다. 셋째, 참고인 진술, 주변정황 등을 철저히 조사합니다.

---

2) 이 부분은 고용노동부가 발간한 임금체불 유형별 업무처리 매뉴얼(2009년 11월)을 참고하였습니다.

2) 사실관계 확인을 위한 증거확보 방법

근로감독관은 사건의 실체를 파악할 수 있는 권한이 부여되어 있으므로 법 위반에 대한 입증책임이 있습니다. 실제 근로감독관은 사용자와 근로자에 대한 출석요구권, 범죄수사권, 심문권 등 수사권을 가지고 있습니다. 구체적인 방법으로 다음과 같습니다.

첫째, 거래처로부터 사실확인서를 제출받는 방법입니다. 둘째, 은행 등 금융기관으로부터 금융거래정보 등의 금융자료를 확보하는 방법이 있습니다. 셋째, 핸드폰의 통화내역, 통신기지국을 확인함으로써 당시 소재지를 파악하여 근무 여부 등을 확인할 수 있습니다. 넷째, 제조업이 아닌 서비스업종의 영세사업장의 경우 출퇴근자료 등을 비치하지 않는 경우가 대부분인데, 이런 경우 근로자는 지하철 또는 버스 등의 대중교통을 이용해 출퇴근하는 경우가 많아 교통카드사용내역도 입증자료로 활용할 수 있습니다. 다섯째, 근로계약서가 작성되지 않아 채용 시 당사자간 합의한 임금액이나 근로시간이 불명확한 경우, 채용사이트(예를 들어 사람인, 잡코리아) 게시글을 통하여 확인할 수 있습니다.

2. 노사전문가의 도움을 받자!

노동청 진정 사건의 체불금액은 적게는 몇 십만원에서부터 많게는 몇 천만원에 이르기까지 천차만별입니다. 사업장의 재정난이나 근로자와 사장간의 미묘한 감정싸움 등의 변수가 존재하지만 대부분 진정사건은 합의로 마무리됩니다.

그 합의과정에서 누가 더 설득력 있는 자료를 제시하여 근로감독관에게 정당성을 인정받는지에 따라 합의금액수는 올라갈 수도 있고 내려갈 수도 있습니다.

그리고 그와 같은 설득력 있는 자료는 현행 노동관계법령을 포함하여 고용노동부 행정해석 및 업무처리지침을 분석하여 작성한 서면이 될 것입니다.

통상 이런 서면은 사업주 또는 인사담당자들이 준비하기는 힘든 측면이 있어 노사전문가의 도움을 받는 것이 효율적입니다.

3. 근로감독관 입장을 이해하고 최대한 예의를 갖추자!

노동청을 다녀온 근로자는 이렇게 투덜댑니다.

> "근로감독관이라서 다 근로자 편인 줄 알았는데 전혀 아니더라고요. 내가 억울하다고 말하면 그건 어쩔 수 없다고 하고, 10시까지 근무했다고 말하면 입증할 수 있는 자료를 가져오라는 말만 하더라고요. 제 느낌인지는 모르지만 회사 입장을 더 생각해주는 것 같아요."

반면 사업주는 한숨을 쉬며 이렇게 말합니다.

> "노동청은 내 말은 들으려고 하지도 않고 무조건 근로자편만 드는데 우리 사업주 편을 들어주는 곳은 어디 없습니까? 이건 해도 해도 너무 하지 않습니까? 일은 엉망진창으로 해놓고 그걸 가지고 똑바로 좀 하라고 한마디 하니까 다음날부터 연락도 없이 회사에는 나오지도 않다가 이제 와서 연장수당, 야근수당을 달라고 하니까… 앞으로 어떻게 사업해야 할지 막막합니다."

과연 근로감독관은 누구 편일까요? 도대체 근로감독관이 누구 편을 들기는 든 것일까요? 두 사람 모두 자기감정에 편승하여 근로감독관을 일방적으로 해석한 것은 아닐까 의심이 듭니다.

몇 해 전 어느 일간신문 기사 내용입니다.

고용노동청에 따르면 2013년 말 기준 대구고용노동청 근로감독관이 지도·감독해야 하는 사업장은 49,287곳, 노동자는 440,260명이다. 월평균 7,000여 건의 신고가 접수된다.
그에 비해 2013년 말 기준 대구지방고용노동청 근로감독관은 33명으로, 그중 실무인력은 30명이다. 사업장 1,643곳, 13,342명의 노동자가 근로감독관 1명이 담당하고 있다. 하루 평균 7건의 신고사건을 처리한다.

• 뉴스민, 2014.9.25.

기사에서 보듯이 근로감독관은 밤낮 사건에 파묻혀서 일상을 보내는 공무원입니다. 그래서 언뜻 보기에는 상당히 무뚝뚝하고 불친절하다는 인상을 받을 수 있습니다. 그러나 조금만 그들의 일상을 들여다본다면 그와 같은 태도가 자의에서가 아니라 점심도 제시간에 먹지 못할 만큼 부과되는 업무량에서 기인하는 것임을 알게 됩니다.

04

통상임금 핵심정리

> 이젠 우리에게 너무나 익숙한 고유명사가 되어버린 "통상임금"
> 다들 통상임금이 문제다 문제다라고 하지만, 정작 통상임금에 대해서 대부분 잘 모르고 있는 것 같습니다. 일반 근로자라면 별 문제가 안 되겠지만 법인 영업을 주 업무로 하는 FC라면 직무유기(?)에 가깝습니다.
> 이건 마치 스텔스기가 활보하는 하늘에 F-16 전투기를 타고 가는 것에 비유할 수 있습니다. 이번 기회에 스텔스기로 갈아타는 게 어떻겠습니까?

1. 뜨거운 감자 통상임금

먼저 2015.1.16.자 뉴스기사를 한번 살펴보겠습니다.

> 중소기업계가 서울중앙지방법원의 통상임금 판결에 대해 우려를 나타냈다. 16일 중소기업중앙회는 논평을 통해 서울중앙지방법원이 현대자동차 노조가 회사를 상대로 상여금·휴가비 등 6개 항목을 통상임금에 포함해 달라는 취지로 제기한 소송에서, 일할상여금을 통상임금으로 인정하는 등 원고 일부승소 판결한 것에 대해 이같이 밝혔다.
>
> 완성차회사는 단체협약에 의해 「근로기준법」을 상회하는 높은 할증률을 적용받고 있어 통상임금 재산정에 따라 임금이 대폭 상승할 경우 중소·중견 부품업체와의 임금격차 심화로 인한 양극화가 더욱 가속화 될 것이란 설명이다.

특히 "완성차업체에서 늘어난 인건비 부담이 협력업체에 전이될 경우 제조업 전체 평균보다도 낮은 영업이익률을 보이고 있는 중소부품업체는 고사할 위기에 처할 수밖에 없다"며 "이는 자동차부품산업의 근간 업종인 도금, 도장, 열처리 등 뿌리산업 업계에도 큰 타격을 미칠 것"이라고 내다봤다.

• 아주경제, 2015.1.16.

보는 바와 같이 2013.12.18. 통상임금과 관련된 대법원 전원합의체 판결 이후 통상임금은 우리사회에서 가장 뜨거운 감자 중 하나가 되었습니다. 그만큼 통상임금에 대한 법원의 판결이 현장에 미치는 파급력이 크다는 것을 잘 보여줍니다.

그러면 여기서 FC 머릿속에는 이런 고민이 모락모락 피어오릅니다.

"그래. 통상임금이 많은 회사에서 문제가 되고 있는 것은 잘 알겠어. 그런데 이것을 가지고 어떻게 영업하지?"

이번 통상임금 편에서는 이 화두에 대한 답을 찾아가도록 하겠습니다.

2. 각 사업장 현장 스케치

사업장을 방문하면 회사의 임금대장을 손에 받아 쥐게 됩니다. 대부분 사업장의 임금대장은 비슷합니다.

한번 보실까요?

수도권 자동차 부품 조립공장 생산직 직원의 임금대장 샘플입니다.

인적사항	기본급	정기상여	연장수당	휴일수당
	생산장려수당	가족수당	식대	차량유지비

기본급부터 정기상여, 각종수당, 식대, 차량유지비까지 8가지의 임금항목이 빼곡히 들어가 있습니다. 임금대장을 처음 보시는 FC는 이런 샘플자료를 구해서 틈날 때마다 보는 연습을 해야지만 현장에서 당황하지 않고 자연스럽게 상담을 진행하실 수 있다는 점 유의하십시오.

3. 통상임금 급소, 베스트 6

이 대목에서 가끔 신참 FC는 번쩍 손을 들고 이런 질문을 던집니다.

"임금구성항목 중 통상임금은 아무리 찾아도 없는데요?"

웃으면 안 됩니다. 누구나 처음에 겪는 통과의례입니다.

지금부터 통상임금의 급소, 베스트 6에 대해서 설명하겠습니다.

1) 베스트 1

통상임금은 개념적이고 추상적인 임금이어서 실제 임금대장에는 적혀 있지 않습니다.

2) 베스트 2

통상임금을 사용하여 산정되는 수당에는 ① 해고예고수당, ② 연장·야간·휴일수당, ③ 연차수당 등이 있습니다. 주의할 점은 퇴직금은 통상임금이 아니라 평균임금으로 산정된다는 점입니다.

3) 베스트 3

통상임금은 시간급으로 산정하는 것이 원칙입니다.

월급÷통상임금 산정기준 시간수(대부분 209H)=통상시급

4) 베스트 4

통상임금 산정시 이슈는 '월급을 어느 범위까지 포함하여 인정할 것인지' 입니다. 예컨대 상기 임금대장을 기준으로 말씀드리면 ① 기본급까지만 인정하여 209로 나눌 것인지, ② 기본급과 상여금 그리고 각종 수당까지 포함한 금액을 209로 나눌 것인지가 문제됩니다.

5) 베스트 5

베스트 4와 관련하여 지난 2013.12.18. 대법원에서 세상을 떠들썩하게 만드는 판결이 나왔습니다. 이 판결에서 꼭 기억해야 할 사항은 ① 2달에 한 번, 3달에 한 번씩 지급하는 상여금도 통상임금에 포함되고, ② 연장수당 계산시 시급산정에 있어 상여금도 포함된다는 사실입니다. 현장 사업장 대부분이 상여금 제도를 마련하고 있으니 이 점은 반드시 기억하고 있어야 합니다.

6) 베스트 6(시간적 여유가 있는 분은 여기까지 보세요)

여기까지 말씀드려도 상당수 FC는 다음과 같은 질문을 합니다.

> "구체적으로 이것은 통상임금이고, 저것은 통상임금이 아니다. 이런 식으로 정리해 주실 수는 없나요?"

그래서 대법원에서 정리한 **임금유형별 통상임금 예시표**를 다음에 정리하였으니 업무에 참고하시면 많은 도움을 받으리라 생각합니다.

> • **임금유형별 정리표**
> 현장의 사장들의 특징은 구체적인 결론에 관심이 많기 때문에 이 표는 암기하는 것이 영업에 절대적으로 필요함.

〈통상임금인지 문제되는 임금유형별 정리[3]〉

임금명목	임금의 특징	통상임금 해당 여부
기술수당	기술이나 자격보유자에게 지급되는 수당(자격수당, 면허수당 등)	통상임금 ○

3) 대법원 보도자료, 2013.12.18.

임금명목	임금의 특징	통상임금 해당 여부
근속수당	근속기간에 따라 지급 여부나 지급액이 달라지는 임금	통상임금 ○
가족수당	부양가족 수에 따라 달라지는 가족수당	통상임금 × (근로와 무관한 조건)
	부양가족 수와 관계없이 모든 근로자에게 지급되는 가족수당분	통상임금 ○ (명목만 가족수당, 일률성 인정)
성과급	근무실적을 평가하여 지급 여부나 지급액이 결정되는 임금	통상임금 × (조건에 좌우됨, 고정성 인정 ×)
	최소한도가 보장되는 성과급	그 최소한도만큼만 통상임금 ○ (그만큼은 일률적, 고정적 지급)
상여금	정기적인 지급이 확정되어 있는 상여금(정기상여금)	통상임금 ○
	기업실적에 따라 일시적, 부정기적, 사용자 재량에 따른 상여금 (경영성과분배금, 격려금, 인센티브)	통상임금 × (사전 미확정, 고정성 인정 ×)
특정시점 재직 시에만 지급되는 금품	특정시점에 재직 중인 근로자만 지급받는 금품(명절귀향비나 휴가비의 경우 그러한 경우가 많음)	통상임금 × (근로의 대가 ×, 고정성 ×)
	특정시점되기 전 퇴직 시에는 근무일수 비례하여 지급되는 금품	통상임금 ○ (근무일수 비례하여 지급되는 한도에서는 고정성 ○)

4. 통상임금 이슈와 영업포인트

자! 이제 통상임금에 대해 어느 정도 감을 잡았습니까?

그럼 본격적으로 영업포인트에 대하여 알아보도록 하겠습니다.

1) "사장님, 연장 · 특근수당 어떻게 주고 계세요?"

이렇게 질문을 던져 보세요. 그러면 거의 대부분 사장들이 ① 기본급에 연장 · 특근시간을 곱하고 1.5배를 가산해서 주거나 ② 기본급에 연장 · 특근시간만을 곱하여 수당을 주고 있다고 말을 합니다.

여기서 포인트는 "대부분 사업장에서 정기적이고 고정적으로 지급하는 각종 수당(정근수당, 가족수당 등)이나 상여금을 통상임금 산정에서 제외하고 있다"는 것을 캐치해내는 것입니다.

2) "사장님, 이렇게 운영하시다간 나중에 직원 1인당 몇백만씩 추가적으로 지급하셔야 합니다. 괜찮으시겠어요?"

실제 대부분의 사업장에서는 세무사의 자문을 얻어 급여계산을 하기 때문에 이와 같은 리스크를 고스란히 떠안고 있습니다.

여러분의 말에 객관성을 더하기 위하여 다음의 자료를 인용하시는 것도 좋은 방법입니다.

> 통상임금 소송에서 패소할 경우 기업들이 최대로 부담해야 하는 비용은 평균 '2015년도 인건비 대비' 41.2%이다. 소송에서 제기된 상여금 및 각종 수당이 모두 통상임금으로 인정될 경우 '통상임금 인상률'은 평균 48.4%였다.
> 기업들은 통상임금 소송으로 가장 피해를 볼 것으로 생각되는 것에 대해 '과도한 인건비 발생'(16곳, 64.0%)을 가장 많이 꼽았고 '유사한 추가소송 발생 가능성'(4곳, 16.0%), '노사 신뢰하락'(2곳, 8.0%), '인력운용 불확실성 증대'(2곳, 8.0%) 등이 뒤를 이었다.
>
> • 파이낸셜뉴스, 2016.5.9.

3) "사장님, 이런 문제를 해결하는 방법은 추가 연장근로를 시키지 않는 것이지만 그건 쉽지 않으실 겁니다. 그렇다면 방법은 규정을 손보는 방법밖에는 없습니다."

현장을 조금만 들여다보면 통상임금 이슈에도 불구하고 기존에 이루어지던 연장근무나 주말 특근시간을 줄인다는 것은 불가능이나 다름없습니다. 대부분 중소기업들이 대기업의 하청업체들이어서 납기일이 정해져 있기 때문입니다.

그래서 대안은 임금체계 변경(상여금이나 각종 수당의 지급 조건 변경 등)과 그에 따른 규정을 정비하는 것이 유일합니다.

이런 포인트를 잡아 상담을 한다면 사장들의 니즈 환기를 잘 할 수 있고 나아가 주변 업체 사장들의 소개도 받을 수 있을 것입니다.

05

평균임금 핵심정리

경기도 수원에서 15명의 직원을 고용하여 물건도매업을 운영하고 있는 김사장. 지난 20년간 직원들과 동고동락하면서 가족처럼 지내면서 열심히 일하셔서 지금은 주변 분들의 부러움을 받고 있는 알짜 회사로 거듭나게 되었는데요. 그런 김사장의 요즘 고민은 얼마 전 퇴사한 박부장이 퇴직금을 못 받았다고 고집부리다가 결국 노동청에 진정을 낸 사건입니다. 회사 입장은 경영성과급은 당연히 기본 월급 외에 주는 것이기 때문에 퇴직금 산정에서는 제외되어야 한다는 것이지만, 박부장은 경영성과급도 당연히 퇴직금 산정시 포함해야 한다는 것입니다.
현장에서 이런 문제는 생각보다 자주 발생하고 있습니다. 누구 말이 맞을까요?

1. 평균임금 왜 중요한가요?

노동법에서는 통상임금이라는 용어 외에 평균임금이라는 표현도 쓰고 있습니다. 노무를 전문으로 하는 사람이 아니고서 이 평균임금 개념에 대하여 정확히 아는 사람은 별로 없습니다. 그래서 평균임금 개념은 앞서 설명한 통상임금 개념보다 덜 이슈화되어 있는 것 같습니다.

그럼에도 불구하고 평균임금 개념은 퇴직금의 산정기준이기 때문에 노무영업에 나서는 우리 FC에게는 그 어떤 개념보다 중요하지 않을 수 없습니다.

2. 평균임금, 이 정도는 알고 가자!

평균임금은 퇴직 전 3개월간 지급된 총 급여를 그 기간의 총일수로 나누어 산정한 임금개념입니다. **통상임금**이 실제 지급된 임금이 아닌 지급하기로 정한 금액이지만 평균임금은 실제로 지급된 임금 액수를 의미합니다.

> • **평균임금, 통상임금**
> 평균임금 개념이 통상임금 개념보다 일반적으로 더 넓음.

이와 같이 평균임금은 직원의 실제 임금 수준을 반영할 수 있는 임금 개념으로 임금으로 볼 수 있는 급여는 평균임금 산정에 포함됩니다. 이러한 개념을 도식화하면 다음과 같이 나타낼 수 있습니다.

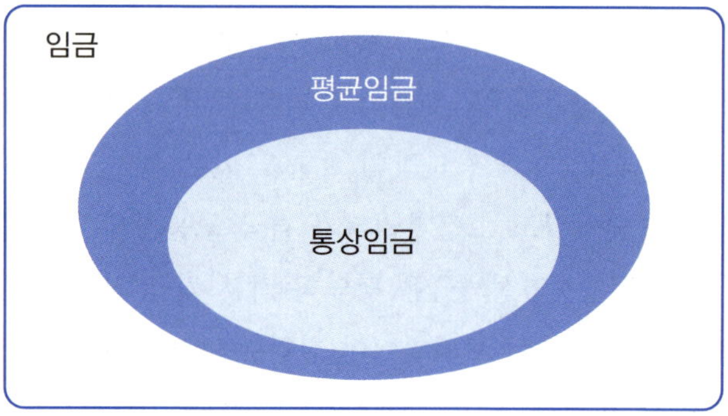

실제 지급받은 임금은 평균임금에 포함됩니다. 반대로 임금이 아닌 것은 평균임금의 계산에 포함될 수 없습니다.

임금으로 보기 힘든 급여로는 실비 변상적으로 지급되는 급여(음료대, 피복비 등), 결혼식 축의금, 재해 위로금, 조의금, 기타 복리후생 차원에서 지급되는 급여 등이 있습니다.

연장근로수당, 휴일근로수당, 야간근로수당과 같은 법정 수당들은 평균임금의 계산에서 제외되는 것은 아니므로 이러한 수당을 제외하고 평균임금을 산정하는 것은 문제가 될 수 있습니다. 평균임금은 근로자가 받은 총임금을 기준으로 하므로 세전금액으로 계산하여야 합니다.

평균임금을 활용하여 산정하는 수당은 다음과 같은 것들이 있습니다.

① 퇴직금
② 각종 재해보상
③ 감급 제한
④ 휴업수당

평균임금은 다음과 같이 계산합니다.

$$평균임금 = \frac{사유가\ 발생한\ 날\ 이전\ 3개월\ 동안의\ 임금\ 총액}{사유가\ 발생한\ 날\ 이전\ 3개월\ 동안의\ 총일수}$$

평균임금을 산정 기간에 다음과 같은 기간이 있는 경우에는 그 기간과 그 기간에 지급받은 임금은 산정에서 제외합니다.

〈평균임금 산정에서 제외되는 기간(「근로기준법 시행령」 제2조)〉

1. 수습 사용 중인 기간
2. 사용자의 귀책사유로 휴업한 기간
3. 출산전후 휴가 기간
4. 업무수행으로 인한 부상·질병의 요양을 위하여 휴업한 기간
5. 육아휴직 기간
6. 쟁의행위 기간
7. 「병역법」·「향토예비군설치법」 또는 「민방위기본법」에 의한 의무이행을 위하여 휴직하거나 근로하지 못한 기간
8. 업무 외 부상·질병 기타의 사유로 인하여 사용자의 승인을 얻어 휴업한 기간

3. 평균임금에 대한 중요 사례 정리

평균임금과 관련된 중요한 사례는 거의 대부분 퇴직금과 관련된 문제들이기 때문에 편의상 'Chapter 9 퇴직금' 편에서 자세히 논하도록 하겠습니다.

06

근로자의 날 근무 시 급여

1. 법정휴일

노동관계 법령상 법정 유급휴일은 개근한 근로자에게 주어지는 주휴일(보통은 일요일)과 5월 1일 근로자의 날 2가지가 있습니다. 이 중 근로자의 날은 법정휴일은 맞지만 법정공휴일은 아니기 때문에 관공서 공무원들은 쉬지 않습니다. 한편, 민간 기업은 근로자의 날에 근무를 하지 않는 것이 원칙인데 서비스업종(음식점, 마트, 숙박업 등)에서는 통상 평일인 근로자의 날 휴무가 거의 불가능합니다. 이 경우 근로자의 날 근무에 대한 급여는 어떻게 할지, 대체휴무가 가능한지 등의 문제가 발생하고 있습니다.

2. 모든 휴일이 같은 휴일은 아니다!

근로자의 날과 관련된 노무문제 해결에 앞서 '휴일'에 대한 이야기를 먼저 하고자 합니다. 앞서 설명한대로 법정 휴일은 '주휴일'과 '근로자의 날' 2가지가 있습니다. 여기서 살펴야 하는 것이 바로 달력에 표시된 빨간 날의 의미입니다.

달력에 표시된 빨간 날은 「관공서의 공휴일에 관한 규정」에서 지정한 휴일로써 명칭에서도 알 수 있듯이 '관공서'의 휴일을 의미합니다. 구체적으로 동 규정에서 정하고 있는 법정 **공휴일**은 다음과 같습니다.

- 일요일
- 국경일(3 · 1절, 제헌절, 광복절, 개천절, 한글날)
- 1월 1일
- 음력 1월 1일(설날)과 전후 이틀
- 석가탄신일(음력 4월 8일)
- 어린이날(5월 5일)
- 현충일(6월 6일)
- 음력 8월 15일(추석)과 전후 이틀
- 성탄절(12월 25일)
- 임기 만료에 의한 선거일 등 정부에서 수시로 지정하는 날

엄격히 말하면 일요일 역시 관공서의 휴일이기 때문에 빨간 날인 것이지, 민간 기업의 휴일로 정해진 것은 아닙니다. 민간 기업에서는 관공서의 휴일에 맞추어 일요일을 통상 '주휴일'로 정하고 있는 것일 뿐입니다. 백화점이나 음식점에 종사하는 직원들이 대부분 월요일과 같은 평일을 주휴일로 쉬는 것을 자주 볼 수 있는 것도 이와 같은 이유 때문입니다.

3. 주휴일과 근로자의 날

주휴일과 근로자의 날은 법정 휴일이라는 점에서는 동일하지만 한 가지 차이점이 있습니다. 바로 휴일이 '특정 일'로 지정이 되어있는지 여부입니다. '주휴일'은 「근로기준법」상 1주일에 평균 1회를 주도록 되어 있을 뿐 1주일 중 어느 날에 주도록 특정되어 있지 않지만, '근로자의 날'은 5월 1일로 「근로자의 날 제정에 관한 법률」에 날짜가 특정되어 있습니다.

4. 휴일대체

이러한 특징으로 인해 주휴일은 '휴일대체'가 가능하지만 근로자의 날은 '휴일대체'가 불가합니다. 휴일대체란 「근로기준법」에 규정된 제도는 아니지만 판례상 인정되고 있는 근무일과 휴일을 맞바꾸는 제도입니다.

휴일대체를 위해서는 단체협약이나 취업규칙 등에 휴일대체의 요건이 정

해져 있거나, 사전에 근로자의 동의를 얻어야 합니다(최소 24시간 이전). 근로자가 예상할 수 있도록 미리 동의 절차 등을 거쳐야 하는 것입니다.

요건을 갖추어 휴일대체를 한 경우에는 휴일과 근무일이 바뀐 것이기 때문에 휴일수당을 지급하지 않을 수 있습니다. 기존의 휴일에 근무하더라도 휴일수당이 발생하지 않습니다. 예컨대, 일요일을 주휴일로 정하고 있는 회사에서 미리 동의를 얻어 화요일로 휴일대체를 하면, 일요일에 근무를 하더라도 평일근무와 같이 취급하여 휴일수당을 주지 않아도 되는 것입니다.

그러나 근로자의 날은 그와 같은 대체가 불가하기 때문에 근로자의 날에 근무를 하고 화요일에 쉬도록 하더라도 근로자의 날을 평일근무와 같이 취급할 수가 없습니다. 근로자의 날에 근무를 했다면 반드시 휴일수당을 지급해야 하는 것입니다.

5. 근로자의 날에 대한 노무관리 방안

앞서 설명한대로 근로자의 날은 휴일대체가 불가합니다. 사업장에서 근로자의 날에 근무를 하고 그 다음 날 쉬었으니 괜찮다고 생각하는 경우가 종종 있는데, 휴일근로수당 50%를 추가로 지급하지 않았다면 법적으로 문제가 됩니다.

부득이 근로자의 날에 근무를 했다면 휴일근로수당 50%를 가산하여 지급하고, 근무일에 하루를 쉬도록 하더라도 50%의 추가 수당을 반드시 지급해야 합니다.

근로자의 사기진작과 법적 리스크를 고려하면, 근로자의 날은 되도록 쉬도록 하는 것이 바람직합니다. 그러나 부득이 근로자의 날에 근무를 했다면 휴일근로수당 50% 지급은 꼭 챙기셔야 합니다.

07

최저임금에 미달하는 임금을 받기로 한 근로계약은 무효인가요?

1. 2016년 최저임금과 2017년 최저임금

〈2016년 최저임금〉

• 시급 : 6,030원 • 일급 : 48,240원 • 월급 : 1,260,270원

〈2017년 최저임금〉

• 시급 : 6,470원 • 일급 : 51,760원 • 월급 : 1,352,230원

2. 최저임금에 미달하는 근로계약

최저임금은 법적으로 강제되는 최소한도의 급여수준이고 이에 미달하는 부분은 무효입니다. 그렇다고 해서 근로계약 전부가 무효가 되는 것은 아닙니다. 미달된 급여 부분만 무효가 되고 이 무효가 된 부분은 최저임금이 적용됩니다.

따라서 최저임금에 미달하더라도 최저임금액 이상의 급여를 지급하여야 하고, 이를 지급하지 않는 경우에는 임금체불의 책임을 지게 됩니다.

3. 최저임금 미달 여부는 어떻게 계산하나요?

최저임금에 미달되는지 여부를 계산하기 위해서는 먼저 받고 있는 임금 중

최저임금에 포함되는 임금을 가려낸 후 그러한 임금을 시간급으로 환산하여 매년 고시되는 최저임금액과 비교하여 판단합니다.

> • **식대, 교통비**
> 식대와 교통비는 최저임금액에 산입되지 않음.

최저임금에 포함되지 않는 임금에 대하여 「최저임금법 시행규칙」은 다음과 같이 분류하고 있습니다.

구 분	임금의 범위
매월 1회 이상 정기적으로 지급하는 임금외의 임금	1. 1월을 초과하는 기간의 출근성적에 의하여 지급하는 정근수당 2. 1월을 초과하는 일정기간의 계속근무에 대하여 지급하는 근속수당 3. 1월을 초과하는 기간에 걸친 사유에 의하여 산정하는 장려가급 · 능률수당 또는 상여금 4. 기타 결혼수당 · 월동수당 · 김장수당 · 체력단련비 등 임시 또는 돌발적인 사유에 따라 지급하거나 지급조건이 사전에 정하여진 경우에도 그 사유발생일이 확정되지 아니하거나 불규칙적인 임금 · 수당
소정의 근로시간 또는 소정의 근로일에 대하여 지급하는 임금외의 임금	1. 연 · 월차휴가 근로수당, 유급휴가 근로수당, 유급휴일 근로수당 2. 연장시간 근로 · 휴일근로에 대한 임금 및 가산임금 3. 야간근로에 대한 가산임금 4. 일 · 숙직수당 5. 기타 명칭여하에 관계없이 소정근로에 대하여 지급하는 임금이라고 인정할 수 없는 것
기타 최저임금액에 산입하는 것이 적당하지 아니한 임금	가족수당 · 급식수당 · 주택수당 · 통근수당 등 근로자의 생활을 보조하는 수당 또는 식사, 기숙사 · 주택제공 · 통근차 운행 등 현물이나 이와 유사한 형태로 지급되는 급여 등 근로자의 복리후생을 위한 성질의 것

최저임금에 포함되는 임금에 대하여 「최저임금법 시행규칙」은 다음과 같이 분류하고 있습니다.

구 분	임금의 범위
공통요건	1. 단체협약·취업규칙 또는 근로계약에 임금항목으로서 지급근거가 명시되어 있거나 관례에 따라 지급하는 임금 또는 수당 2. 미리 정하여진 지급조건과 지급률에 따라 소정근로(도급제의 경우에는 총근로)에 대하여 매월 1회 이상 정기적·일률적으로 지급하는 임금 또는 수당
개별적인 임금·수당의 판단기준	위의 공통요건에 해당하는 것으로 별표 1의 규정에 의한 임금·수당 외에 다음 각호의 1에 해당하는 임금 또는 수당 1. 직무수당·직책수당 등 미리 정하여진 지급조건에 따라 담당하는 업무와 직책의 경중에 따라 지급하는 수당 2. 물가수당·조정수당 등 물가변동이나 직급 간의 임금격차 등을 조정하기 위하여 지급하는 수당 3. 기술수당·면허수당·특수작업수당·위험작업수당 등 기술이나 자격·면허증 소지나 특수작업종사 등에 따라 지급하는 수당 4. 벽지수당·한랭지 근무수당 등 특수지역에서 근무하는 자에게 일률적으로 지급하는 수당 5. 승무수당·항공수당·항해수당 등 버스·택시·화물자동차·선박·항공기 등에 승무하여 운행·조정·항해·항공 등의 업무에 종사하는 자에게 매월 일정한 금액을 지급하는 수당 6. 생산장려수당 등 생산기술과 능률을 향상시킬 목적으로 매월 일정한 금액을 지급하는 수당 7. 기타 제1호 내지 제6호에 준하는 것으로서 공통요건에 해당하는 것이 명백하다고 인정되는 임금 또는 수당

4. 최저임금은 누구에게나 적용되는 것인가요?

최저임금은 근로자를 사용하는 모든 사업장에 적용됩니다. 정규직 근로자는 물론 일용직·기간제·외국인 근로자에게도 적용됩니다.

그러나 다음과 같은 경우는 적용이 제외됩니다.

① 정신 또는 신체장애로 고용노동부장관의 적용제외 인가를 받은 자
② 동거하는 친족만을 사용하는 사업에 종사하는 동거 친족
③ 가사 사용인(가정부 등)
④ 「선원법」이 적용되는 선원

3개월 이내의 수습적용 중인 근로자인 경우는 최저임금의 10%를 감액하여 지급할 수 있습니다. 다만, 이 경우 근로계약기간이 최소 1년 이상이어야만 합니다.

한편 고용노동부장관의 승인을 받은 감시 · 단속적 근로자는 2015년부터는 최저임금이 전액 적용되며 감액하여 지급할 수 없습니다.

5. 최저임금 위반에 대한 처벌

최저임금에 미달한 임금을 지급한 경우 미달분에 대한 민사 책임은 물론 형사처벌의 대상이 됩니다. 최저임금보다 적은 임금을 지급한 경우에는 3년 이하의 징역 또는 2천만원 이하의 벌금에 처해질 수 있습니다.

최저임금에 미달된 임금을 지급한 경우뿐만 아니라 최저임금액 등을 주지하지 않을 경우도 100만원 이하의 과태료에 처해질 수 있습니다. 최저임금을 주지[4]시킨다는 것은 최저임금액을 근로자가 쉽게 볼 수 있는 장소에 제시하거나 적당한 방법으로 근로자에게 널리 알리는 것을 뜻합니다.

최저임금에 미달되면 임금체불 진정이 가능합니다.

4) 구체적인 주지방법은 '별책부록 8'을 참고하기 바랍니다.

6. 최저임금 관련 사례

- 상여금이 최저임금에 산입되는 임금인지 여부(근로기준정책과-6817, 2015. 12.14.)

「최저임금법 시행규칙」 제2조 [별표 1]에 따라 상여금을 연간 단위로 정하는 등(연 800%) 1개월을 초과하는 기간에 걸친 사유에 따라 산정하여 매월 분할 지급하는 것이라면 최저임금 산입범위에 포함되지 않을 것이나, 산정주기가 1개월을 초과하지 아니하고 소정근로시간 또는 소정의 근로일에 대하여 매월 1회 이상 정기적으로 지급하는 경우에는 상여금 등의 명칭과 관계없이 최저임금 적용을 위한 임금에 산입될 수 있을 것으로 사료된다.

- 식비, 교통비의 최저임금 산입 여부(임금 68200-828, 2003.10.16.)

최저임금의 적용을 위한 임금의 범위에 급식수당이나 통근수당 등과 같이 근로자의 복리후생을 위한 성질의 것은 산입하지 않도록 「최저임금법」 및 시행규칙에서 정하고 있다. 따라서 귀하가 지급받은 임금의 내역에 급식수당·통근수당 등이 별도로 책정되어 있다면 이러한 수당은 최저임금 적용을 위한 임금의 범위에서 제외하여야 할 것이다.

- 성과급의 최저임금 산입여부 등 관련(근로기준과-5092, 2009.12.1.)

판매실적에 따라 매월 지급하는 성과급은 「최저임금법 시행령」 제5조 제2항에서 정하고 있는 생산고에 따른 임금에 해당된다 할 것이므로 최저임금의 적용을 위한 임금에 산입될 수 있다고 사료된다.

08

근로자의 과실로 발생한 손해를 임금에서 공제할 수 있을까요?

제조 회사 직원 A는 얼마 전 근무 도중 회사의 기계를 망가뜨렸습니다. 회사의 사장 B는 사원 A에게 기계를 망가뜨렸으니 다음 달 급여에서 기계 값을 빼고 주겠다고 합니다. 사원 A의 임금에서 기계 값을 공제하는 것이 타당한 것일까요?

1. 임금채권과 손해배상청구권

회사를 방문하다 보면 가끔씩 이런 하소연하는 사장을 만납니다.

"이 직원이 입사하자마자 가장 먼저 교육시킨 것이 바로 기계다루는 것이었습니다. 제가 말했어요. 이 기계 한 대가 몇 십억 하는 비싼 기계이니 항상 조심해서 다루어야 한다고요. 그런데도 내 말을 듣는 둥 마는 둥 하였고, 어느 날 입사 3년이 넘었다는 직원이 기계를 잘못 다루어 고장이 생겼어요. 그러면 당연히 그 직원이 일정부분 책임을 지는 것이 당연한 거 아닌가요?"

이런 문제에 대한 검토를 함에 있어서는 항상 아래 그림을 생각하셔야 됩니다.

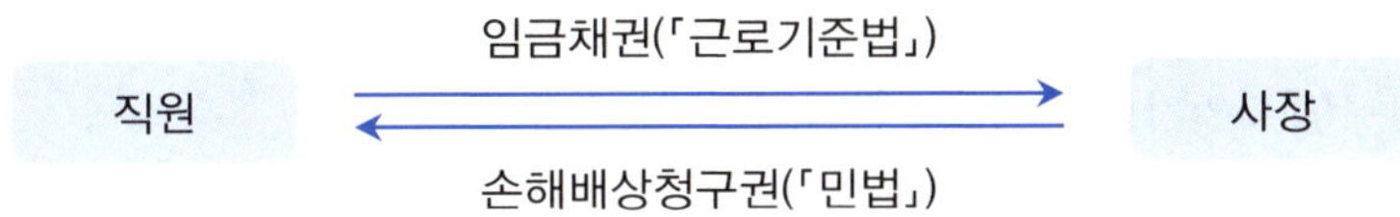

즉, 직원은 사장에 대하여 「근로기준법」에 근거한 임금채권을 가지고 있는 반면, 사장은 직원에 대하여 「민법」에 근거한 손해배상청구권을 가지고 있습니다.

여기에서 보듯이 양 당사자가 서로에게 가지는 대금지급청구권의 근거법이 상이합니다. 따라서 어느 일방이 그 의무를 이행함에 있어 본인이 상대에게 가지고 있는 권리를 일방적으로 공제하고 지급해도 문제가 없는지 논의됩니다.[5)]

2. 임금지급의 4대 원칙

이 문제를 풀기 위해서는 먼저 「근로기준법」이 규정하고 있는 '임금지급 4대 원칙'을 먼저 알아야 합니다.

직접지급 원칙	전액지급 원칙
통화지급 원칙	정기일지급 원칙

구체적으로 살펴보면 ① 임금은 근로자에게 직접 지급되어야지 다른 직원 등에게 대신 지급하면 안 되고(직접지급 원칙), ② 임금은 근로계약서에 기재된 월급을 전액 지급하여야지 사장이 임의로 그 중 일부를 공제하고 지급하면 안 되며(전액지급 원칙), ③ 임금은 반드시 통화로 지급하여야지 물건 또는 상품

5) 예컨대 사업주가 직원에 대한 임금지급 의무(300만원)를 이행함에 있어 본인이 직원에게 가지고 있는 손해배상청구권(150만원)을 직원의 동의 없이 일방적으로 공제하여 150만원을 월급으로 지급하여도 문제가 없는지가 쟁점이 됩니다.

권으로 지급하면 안 되며(통화지급 원칙), ④ 임금은 정해진 지급일자에 지급하여야 한다(정기일지급 원칙)는 원칙입니다.

3. 기계 값을 공제하는 것이 가능할까?

일견 사장은 근로자에 대하여 「민법」상의 손해배상 청구권을 가지기 때문에 그 금액만큼 임금에서 공제할 수 있을 것 같습니다. 그러나 원칙적으로 임금은 '전액지급 원칙'에 따라 그 전액이 지급되어야 하므로 일방적으로 임금에서 손해배상액을 공제할 수는 없습니다.

다만, 예외적으로 사원이 월급에서 손해배상액 공제에 대하여 동의를 하였다거나 사업주와 합의를 하였다면 가능할 수 있습니다. 물론 이 경우 근로자의 자발적인 의사가 있었느냐가 중요한 포인트가 됩니다.

따라서 이러한 공제절차를 진행함에 있어서는 일종의 **확인서**를 통하여 양 당사자의 자필서명을 받음으로써 추후 불필요한 분쟁을 예방하는 것이 현명한 방법입니다.

> • **확인서**
> 특별한 양식은 없으나 양 당사자 이름 · 주소 · 연락처, 합의사항, 추후 이에 관하여 문제제기를 하지 않는다는 내용을 기재 후 서명하는 것이 일반적임.

4. 사례

1) 근로자가 받을 퇴직금도 임금의 성질을 가진 것으로 직접 전액지급의 원칙이 적용되어 불법행위를 원인으로 하는 채권으로 상계할 수 없다

사장이 지급하여야 할 임금 · 퇴직금은 근로자에게 직접 그 전액이 지급되어야 하므로(「근로기준법」 제42조), 사장은 근로자의 임금 · 퇴직금 채권에 대하여 그가 근로자에 대하여 가지고 있는 손해배상청구권을 가지고 상계할 수 없다(대법원 1976.9.28. 선고 75다1768 판결; 서울지법 1999.3.26. 선고 98나54150 판결).

2) 임금채권 상계의 적부는 근로자 동의 여부를 먼저 따져야 한다

사장이 근로자에 대하여 가지는 채권으로써 일방적으로 근로자의 임금채권과 상계하는 것은 금지되지만, 사용자가 근로자의 동의를 얻어 상계하는 경우에 그 동의가 근로자의 자유로운 의사에 터잡아 이루어진 것이라고 인정할 만한 합리적인 이유가 객관적으로 존재하는 때에는 「근로기준법」 제42조 제1항 본문에 위반하지 아니한다고 보아야 할 것이다(대법원 2001.11.27. 선고 2000다51544 판결).

3) 운수업체에서 운전자의 과실에 의한 사고가 발생한 경우 그 차량수리비를 당해 운전자의 가불신청에 따라 임금에서 공제 가능한지 여부

「근로기준법」 제42조 제1항에서 "임금은 통화로 직접 근로자에게 그 전액을 지급하여야 한다"고 하여 임금전액지불의 원칙을 규정한 취지는 임금이 근로자의 유일한 생계수단이므로 근로자의 생존권을 보장해주기 위한 것입니다. 따라서 동조 단서규정에서 법령 또는 단체협약에 특별한 규정이 있는 경우에만 임금의 일부를 공제할 수 있도록 정하고 있는 것입니다.

근로자 과실에 의한 사고로 발생된 차량수리비는 그 성격상 손해배상청구 등 민사절차에 의한 방법으로 변제받아야 할 사안으로서 당해 근로자의 가불신청절차에 의한다 하더라도 이를 임금에서 공제한 것은 손해배상금과의 상계를 행한 것으로 보아야 할 것입니다(임금 68207-104, 2000.5.23.).

09

★★★

주휴수당 계산방법

한 편의점에 아르바이트생으로 근무하고 있는 A군. A군은 얼마 전 인터넷을 보고 새로운 사실을 알게 되었습니다. 바로 '주휴수당'이라는 것입니다. 일주일에 5일만 일하더라도 6일치 급여를 받을 수 있다는 사실에 A군은 쾌재를 불렀습니다. 그러나 기쁨도 잠시.
다음날 A군은 풀이 죽어 집으로 귀가를 하게 됩니다. 그게 무슨 말도 안 되는 소리냐며 사장에게 혼이 났기 때문입니다. 분명히 인터넷에 그렇게 적혀 있었는데, 주휴수당을 주지 않겠다는 사장에게 A군은 분노와 억울함을 느끼게 되었고, 다음날 노동청을 찾아갑니다. 그 후 며칠 후 사장에게는 출석 통지서가 날아갑니다.

1. 사장의 Number 1 취약점, 주휴수당!

2016.4.23.자 뉴스 기사입니다.

「근로기준법」에 따르면 야간 수당은 업주를 제외한 근로자 5인 미만의 사업장에서는 적용되지 않는다.
하지만 근로자 5인 미만 사업장이라 해도 결근 없이 주 15시간 이상 근무하면 주휴수당은 받을 수 있다. 주휴일에는 일을 하지 않아도 1일분의 임금을 추가로 지급받을 수 있다는 것이다. 예를 들어 주 5일 근무제의 경우 토요일은 무급휴일, 일요일은 주휴일이 된다.

(중략)
또 주휴수당에 대해 인지하는 비율은 사업주의 경우 60.3%로 10명 중 4명이 모르고 있고, 아르바이트생의 경우에는 44.3%로 절반이 채 되지 않는 것으로 조사됐다.

2. 주휴수당 문제의 핵심

「근로기준법」 제55조 및 동법 시행령 제30조에 의하여 회사는 1주간의 소정근로일수를 개근한 근로자에 대하여 1주일에 평균 1회 이상의 유급휴일을 주어야 하고, 이 휴일에 대한 수당은 정상근로일의 소정근로시간을 기준으로 산정되어야 하는데, 이게 바로 주휴수당입니다.

쉽게 말해 1주일 꼬박 출근한 알바생에게는 일요일에 집에서 쉬어도 하루치 일당을 주어야 한다는 것입니다.

논란이 되는 주휴수당의 핵심은 다음의 3가지입니다.

① 모든 근로자들이 다 주휴수당을 받을 수 있는지
② 지급되어야 할 주휴수당은 어떤 식으로 계산되는지
③ 근로자가 주휴수당으로 노동청에 문제를 제기했을 때 어떤 식으로 진행해야 하는지

3. 주휴수당 관련 이슈정리

첫째, 주휴수당은 모든 사업장에 적용됩니다. 즉, 직원 1~3명이 근무하는 작은 햄버거가게에도 적용이 된다는 것을 일단 먼저 알아야 합니다.

둘째, 4주 동안을 평균하여 1주 동안의 소정근로시간이 15시간 미만인 근로자에 대하여는 주휴수당이 지급되지 않습니다. 예를 들어 월요일에서 토요일까지 하루 2시간씩 편의점에서 일한 아르바이트 휴학생은 주휴수당을 받을

수 없습니다.

셋째, 주 15시간 이상을 근무할 경우라도 1주 동안의 소정근로일을 모두 출근했어야 합니다. 예컨대 주5일 근무하기로 했다면 5일을, 주4일 근무하기로 했다면 주4일을 모두 출근했어야 합니다.
다만, 지각을 했거나 도중에 조퇴한 경우라도 주휴수당은 지급해야 합니다. 지각이나 조퇴를 결근으로 보기는 어렵기 때문입니다.

넷째, 주휴수당이라는 자체가 다음 주 이루어질 근무 때문에 부여하는 주휴일을 전제한 개념인 까닭에 근무 마지막 주는 약간의 논란은 있으나 지급하지 않아도 되겠습니다. 즉, 마지막 주 금요일까지 근무한 경우에는 그 주 주휴수당은 지급하지 않을 수 있습니다.

다섯째, 월급근로자의 경우 소정 근로시간이 월 209시간이므로 별도로 주휴수당을 지급할 필요는 없습니다. 왜냐하면 이미 월급 속에 주휴수당이 포함되어 있기 때문입니다.

4. 주휴수당 계산방식

주휴수당 계산법은 「(1주일 총 근로시간/40시간)×8×시급」으로 계산하면 됩니다. 예컨대 주 3일 근무에 하루에 6시간, 시급이 7,000원이라면 25,200원입니다.

5. 주휴수당 미지급 시 법적 처벌

2011년 10월, 카페베네는 본사 직영점에서 근무하는 아르바이트생들에게 미지급된 주휴수당을 모두 정산하여 지급하고 퇴직자의 경우도 기존에 미지급된 주휴수당을 지급하도록 하는 것에 합의했습니다. 커피빈 역시 3,000여 명의 아르바이트생에게 약 5억원을 지급하며 주휴수당 문제를 마무리 하였습니다.

대형 커피체인점이 청년유니온이라는 생소한 단체가 제기한 주휴수당이라는 이슈에 대하여 이처럼 발 빠른 대응을 한 이유는 다음의 2가지 이유 때문인 것으로 풀이됩니다.

첫째, 실정법규정이 만만치 않다는 것입니다.

주휴수당을 지급하지 않는 경우에는 2년 이하의 징역 또는 1천만원 이하의 벌금에 처하게 됩니다. 또한 주휴수당을 지급하는 유급 휴일은 근로계약서에 명시해야 할 사항으로 이를 명시하지 아니한 경우에는 500만원 이하의 벌금에 처해질 수 있습니다.

둘째, 자칫 이 문제가 언론에 집중 부각되었을 때 브랜드 전체가 입게 되는 이미지 실추가 너무나 크다고 판단했기 때문입니다.

실제 2014년말 '채용 갑질' 논란이 되었던 위메프는 소비자 불매운동으로 사용자수가 급감하여 급기야 2014년 290억원의 손실을 보게 되었습니다. 참고로 위메프는 소비자 불매운동이 있기 전까지는 소셜커머스 3사 중 가장 고객 방문자가 많았지만, 지금은 그 상황이 달라진 것으로 업계는 파악하고 있습니다.

패밀리 레스토랑, 커피숍 등 대형 프랜차이즈 매장 사장들과 대화하면서 이런 내용을 주제로 한다면 아주 유익할 것으로 생각됩니다.

6. 사장들을 위한 TIP

알바생에는 2가지 부류가 있는 것 같습니다.

한 부류는 '사장에게 주휴수당 달라고 하면 결국 나만 손해다'고 생각하여 이의제기를 하지 않는 스타일이고, 다른 한 부류는 '주휴수당 달라고 해서 짤리더라도 노동청에 신고해서 돈은 받고야 만다'는 스타일입니다.

중요한 사실은 요즘은 어느 부류든 퇴사하면 거의 모두가 노동청에 가서 진정을 한다는 점입니다. 바로 이 점이 사장들이 정확히 알아야 할 대목이고, 바로 이 점을 여러분들이 사장들에게 전달해야 할 사항입니다.

사례와 같은 경우는 실제로도 매우 흔하게 일어나고 있습니다. 얼마 안 되는 것 같은 주휴수당도 그 기간이 길어져 금액이 쌓이다 보면 제법 큰 액수가 되어 사장들에게 만만치 않은 부담이 되곤 합니다.

직원들이 아무런 이유 없이 진정을 제기하는 경우는 드물기 때문에 지급책임이 없다고 사건이 종결되는 경우는 거의 없습니다. 따라서 사전에 미리미리 문제를 예방해 두는 것이 바람직합니다. 평소 다음과 같이 관리를 해두는 것이 좋습니다.

- 근로계약을 체결하면서 유급 휴일을 명시해 둘 것
- 월급제 근로자의 경우 기본급이 주휴수당을 포함한 금액에 미달되지 않도록 할 것
- 시급제 근로자의 경우 반드시 주휴수당을 별도로 책정하여 지급할 것
- 주휴수당이 지급되고 있다는 사실을 분명하게 확인할 것

7. 주휴수당 사례

- 원어민 강사는 「근로기준법」상의 근로자에 해당하므로 퇴직금과 주휴수당 등을 지급할 의무가 있다(대법원 2014다88161, 2015.6.11.).
- 포괄제임금에 주휴일근로수당이 포함되었다고 보기 어렵다(중노위 2001단협2, 2001.3.20.).
- 주휴일과 다른 유급휴일이 중복될 경우 1일분만 유급처리하면 될 뿐, 중복하여 유급휴일수당을 지급해야 할 의무는 없다(근로기준과-2571, 2005.5.11.).

  근로자가 1주 동안 1일 8시간씩 3일 근무하기로 약정하고 개근한 경우와 1주일에 토요일, 일요일 9시간씩 2일 근무하기로 약정하고 개근한 경우 주휴수당 발생 여부에 대하여 소정근로시간이 1주 15시간 이상이므로

다음 주의 근로가 예정되어 있는 경우에는 주휴수당이 발생할 것으로 사료되며, 주휴수당의 구체적인 산정방법은 단시간근로자에 대한 「근로기준법」 적용지침(근로기준과-4532, 2004.8.30.)을 참고하시기 바랍니다. 다만, 단시간근로자가 규칙적으로 연장근로를 하였다 하더라도 주휴수당 계산에 관하여는 연장근로를 제외한 소정근로시간으로 주휴수당을 계산함이 타당하다고 사료됩니다(근로개선정책과-4640, 2011.11.21.).

10

임금채권 소멸시효

A씨는 2011.1.1.부터 2015.12.31.까지 매월 15일에 200만원을 받기로 하고 근무를 해왔습니다. 그런데 퇴직일까지 사장으로부터 급여를 한 푼도 지급받지 못한 채 업무 수행만 가능하도록 차비나 식비 같은 실비 변상적인 금품만 받아왔습니다. 이에 A씨는 퇴직 후 2016.2.1.에 받지 못한 임금에 대한 진정을 제기하려고 합니다.
A씨는 모든 근로기간에 대한 임금을 지급받을 수 있을까요?

1. 임금채권의 소멸시효

'권리 위에 잠자는 자는 보호받지 못한다'는 법언이 있습니다. 이러한 법언에 부합하는 제도가 바로 소멸시효입니다. 임금채권 소멸시효는 3년으로 정해져 있어 임금을 청구할 수 있는 때로부터 3년이 지나면 더 이상 청구할 수 없습니다. 임금이 아닌 일반적인 채권은 보통 소멸시효가 10년이지만 임금은 3년이라는 비교적 단기의 소멸시효를 갖고 있습니다.

따라서 3년이 지난 임금채권은 소멸시효가 완성되어 더 이상 지급할 의무가 없게 됩니다.

2. 임금의 소멸시효는 어느 때를 기준으로 계산하나요?

소멸시효 완성 여부는 권리를 행사할 수 있을 때를 기준으로 계산합니다. 이에 따른 각종 수당의 소멸시효 기산일은 다음과 같습니다.

구 분	내 용
월 급여, 시간 외 수당	정기 지급일
퇴직금	퇴직한 날
상여금	상여금의 정기 지급일
연차휴가수당	연차휴가를 사용할 수 있는 날부터 1년이 도과하여 연차수당을 청구할 수 있는 날

이러한 기준에 따라 계산한 기간이 3년을 넘어서게 된다면 그러한 임금에 대해서는 별다른 사정이 없는 한 지급해야 할 의무는 없습니다.

3. 소멸시효를 중단시키는 경우

소멸시효는 일정한 경우 중단될 수 있고 그러한 기간은 소멸시효 기간이 진행되지 않습니다.

법원을 통해 임금의 지급을 요구하는 재판상 청구를 하는 경우, 즉 민사소송을 제기하는 경우에는 임금 채권의 소멸시효는 중단됩니다.

임금채권에 대해 압류나, 가압류, 가처분을 하는 경우도 소멸시효가 중단됩니다.

임금 지급을 내용으로 하는 내용증명 우편을 통해 소멸시효를 중단시킬 수도 있습니다. 다만, 이러한 경우에는 6개월 이내에 소를 제기해야 한다는 점을 유의하셔야 합니다. 체불임금에 대해 지급을 확인하는 확인서나 각서를 쓰는 경우에도 채무가 있음을 승인하는 것이 되어 시효 중단으로 간주될 수 있습니다.

참고로 근로자가 노동청에 진정을 제기하거나 임금체불로 고소를 한다고 해서 소멸시효가 중단되는 것을 아님을 유의해야만 합니다.

4. 소멸시효가 완성 효과

소멸시효가 완성된 경우라면 직원은 더 이상 임금을 청구할 수 없게 되고, 임금의 지급 의무도 사라지게 됩니다.

5. 소멸시효 VS 공소시효

소멸시효와 공소시효는 다른 개념이므로 혼동해서는 안 됩니다.

임금 체불의 경우 공소시효는 5년으로 소멸시효 3년이 지났다 하더라도 5년이 넘지 않은 경우라면 형사 고소는 가능합니다.

6. A씨가 청구할 수 있는 임금과 퇴직금

A씨는 임금을 청구하는 2016.2.1.을 기준으로 하여 3년 내에 지급받을 수 있었던 임금만을 청구할 수 있습니다. 따라서 2013.2.1.부터 2015.12.31. 사이의 임금만을 청구할 수 있고, 그 기간 이전에 대해서는 소멸시효가 만료되어 청구가 불가합니다.

반면 퇴직금은 퇴직과 동시에 청구가 가능한 것이기 때문에 퇴직일부터 비로소 소멸시효가 기산됩니다.

따라서 퇴직한 2015.12.31.을 기준으로 3년이 지나지 않았기 때문에 5년의 계속 근로에 대한 퇴직금을 청구할 수 있을 것입니다.

11

연봉제 핵심정리

1. 연봉제가 무엇인가요?

연봉제는 「근로기준법」 등에 규정되어 있는 법적인 개념은 아닙니다. 직원의 성과나 능력, 업적 등을 고려하여 연간 임금액을 매년 결정하는 제도로 개인의 능력에 따른 임금 결정 방식의 하나라고 할 수 있습니다.

따라서 1년간의 성과 등을 기준으로 하여 다음 해의 연봉액수는 증가, 동결 또는 감액될 수 있습니다. 근속기간에 따라 자연스럽게 임금이 상승되는 호봉제 등 연공급제와는 차이가 있는 제도라 할 수 있습니다.

2. 연봉계약 체결 시 유의사항

연봉제의 경우도 근로계약을 체결하는 것이기 때문에 「근로기준법」의 기준은 반드시 준수해야 합니다. 따라서 연봉제라고 하더라도 근로계약서에는 임금의 구성항목, 계산방법 및 지급방법을 서면으로 명시해야 합니다. 따라서 근로계약서에는 다음과 같은 사항을 명시하는 것이 바람직합니다.

- 연봉 총액
- 연봉 계산 방법
- 연봉 구성 항목

- 연봉 지급 방법
- 연봉 결정 방법
- 연봉의 산정 기간

3. 연봉제에 법정 수당을 포함시킬 수 있나요?

정해진 연봉에 모든 수당을 포함시켜 지급하는 경우에는 「근로기준법」에 위반될 소지가 있습니다. 그러나 다음과 같은 경우에는 법정 수당을 포함시켜 지급할 수 있을 것입니다

1. 포괄임금제를 적용하고 있는 직원
2. 재량간주근로시간제를 시행하고 있는 직원(연구직, 전문직 등)
3. 감시 · 단속적 근로자로서 고용노동부장관의 승인을 받은 직원(야간수당은 ×)
4. 관리 · 감독자 및 기밀을 취급하는 직원(야간수당은 ×)

다만, 퇴직금은 퇴직한 경우에 지급되어야 하는 것이므로 연봉에 퇴직금을 포함시키는 것은 원칙적으로 무효입니다.

4. 연봉제의 경우 임금은 어떻게 지급하나요?

연봉제를 시행하는 경우에도 「근로기준법」상 임금 지급의 원칙은 지켜야 합니다.

따라서 연봉제의 경우에도 연봉 총액을 12등분하여 매달 지급한다면 「근로기준법」에 위반되지 않게 될 것입니다. 또한 연봉을 정하더라도 최저임금은 상회하는 수준이어야 하고, 이에 미달한다면 그 차액을 지급해야 합니다. 연봉은 1년 동안 지급하기로 정한 고정급이므로 약정한 각종 수당은 평균임금에 해당하고, 통상임금의 성질도 갖는 것으로 볼 수 있습니다.

5. 연봉제 근로자의 임금을 삭감할 수 있나요?

연봉제는 성과, 능력 등의 평가를 기준으로해서 1년의 급여액을 결정하는 것이므로 정해진 연봉을 연봉계약 기간 도중에 임의로 삭감할 수는 없습니다. 만약 연봉제 직원이 결근 · 지각을 하더라도 별다른 규정 없이 합의된 연봉을 삭감하는 것은 문제가 될 수 있습니다.

그러한 문제가 있었다면 원칙적으로 다음 연봉 협상 때 이를 반영해야 할 것이고, 이미 전년도를 기준으로 협상된 금액을 삭감하는 것은 바람직하지 않습니다. 다만 직원에게 회사의 징계규정까지 적용하는 것을 부정할 수는 없으므로 이러한 직원에 대한 징계 조치로 몇 개월간 감봉처분을 하는 것은 가능합니다.

또한 연봉을 합의로 조정하는 것은 어느 경우나 문제없을 것입니다.

6. 관련 사례

1) 회사가 임대업 불황으로 수입이 감소하자 급여수준을 낮춰 연봉제 계약을 요구하였고 신청인들은 이를 거부하였으나 이를 이유로 해고한 것은 부당하다(중노위 99부해491, 1999.12.15.)

피신청인 회사는 빌딩을 소유하고 임대업을 경영하는 회사로 1997년부터 2년간 적자가 발생하고 1999년에도 적자가 예상되자 근로자들의 급여수준을 낮추기로 하고 연봉제를 실시하면서 신청인들에게 연봉제 근로계약을 요구하였으나 신청인들이 이를 거절하자 해고한 바, 비록 피신청인 회사가 경영상의 급박한 사정은 인정된다 하더라도 근로조건을 저하시키면서 하자있는 연봉제 계약을 일방적으로 요구하여 거절하자 해고회피노력이나 정당한 해고자 선정 없이 신청인들을 해고한 것은 부당해고이다.

2) 연봉제 형태의 근로계약을 체결하고 매월 퇴직금을 포함시켜 임금을 지급했다 하더라도 퇴직금 지급으로서의 효력은 없다(서울중앙지법 2004.12.24. 선고 2004노3724 판결)

피고인은 근로계약서상 연봉에 퇴직금이 포함되어 있다는 내용을 추가하도록 근로자들에게 요구한 후 급여지급 항목에 퇴직금 항목을 포함시켜 임금을 지급한 후 퇴직금 지급의무를 부인하면서 현재에 이르기까지도 이를 지급하지 아니하고 있는 점 등 이 사건 근로자들과 연봉제 형태의 근로계약을 체결하면서 매월 지급하는 임금 속에 **퇴직금 명목의 금원을 포함시켜 지급하기로 약정하고 그에 따라 임금을 지급하였다 하더라도 이로써 퇴직금 지급의 효력이 발생한다 할 수 없다.**

> • **부당이득반환청구**
> 이 경우 사장은 퇴직금 명목으로 이미 지급한 금액에 대하여 법원에 부당이득반청구의 소를 제기할 수 있음.

3) 연봉제 도입을 위한 취업규칙 변경 시 불이익한 변경으로 보아야 한다(근기 68207-988, 2000.3.31.)

4) 연봉확인서를 전자문서로 개인별로 열람, 출력케 한 경우 근로조건을 서면으로 명시하였다고 볼 수 있다(근로기준팀-812, 2005.10.28.)

사용자가 개인별 연봉계약서의 비밀을 유지하기 위하여 노사 당사자 간에 연봉액을 합의할 때 연봉과 관련된 근로조건은 별도의 연봉확인절차로 갈음토록 근로계약서를 작성한 후 근로자가 지정된 인터넷사이트에서 개인별 연봉확인서를 서면으로 출력하여 보관하도록 하였을 경우 근로계약서 및 연봉확인서에 임금의 구성항목, 계산방법 및 지불방법에 관한 사항이 포함되어 있다면 근로조건을 서면으로 명시하였다고 볼 수 있다.

5) 전년에 비해 연봉을 감액 지급한 것은 부당감봉에 해당한다(중노위 2008부해31, 2008.4.11.)

일반직 근로자의 연봉이 전년에 비해 0~19.6% 인상되었음에도 이 사건 근로자들에게만 전례에도 없는 삭감한 연봉을 제시하고, 이에 불응한다고 감액 지급한 것은 부당감봉이며, 불이익 취급으로 구제의 실익이 있다할 것이므로 초심의 각하 결정을 취소하고 부당감봉이라고 인정하고, 위와 같이 삭감한 연봉을 제시하고, 결국 연봉을 감액하여 지급한 것은 전국금속노조에 가입한 사실을 알고 탈퇴를 압박하기 위한 부당노동행위임이 인정된다.

12

임금피크제 핵심정리

1. 임금피크제, 왜 도입해야 할까?

우리나라의 많은 기업들은 호봉제를 택하고 있습니다. 호봉제는 근속연수가 올라가면 그에 따라 임금도 올라가는 임금제도를 의미합니다. 다음은 2015. 4.5.자 뉴스기사입니다.

> 앞으로 고참 은행원들은 지점 내에서 눈칫밥을 먹고 살아야 할 것으로 보인다.
>
> 실제 신한·국민·우리·하나·외환·기업은행 등 주요 시중은행 6곳의 최근 4년(2010~2014년)간 인건비(급여+퇴직금) 현황을 살펴보면 모두 매년 큰 폭으로 증가했다. 특히 신한은행의 인건비는 이 기간 1조14억원에서 1조7349억원으로 급증했다. 인건비 상승률만 73.2%나 된다. 국민은행도 같은 기간 1조5920억원에서 2조1500억원으로 5580억원 증가했다.
>
> 은행 관계자는 "은행의 생산성은 갈수록 떨어지고 있지만 인력 구조는 고참급이 많아 인건비가 해마다 증가하고 있다"며 "내년부터 정년이 연장되면 급여체계 개편 등이 불가피할 것"이라고 말했다.
>
> • 대한금융신문, 2015.4.5.

호봉제는 근속연수가 긴 직원에게 더 많은 임금을 지급해야 하는 제도입니다. 다시 말해 그 직원의 회사 기여도와는 무관하게 급여가 결정되는 제도입니다. 이러한 호봉제는 인건비 상승, 정태적 분위기 조성 등의 문제를 야기할 수 있습니다.

그렇다고 해서 고호봉의 인력을 무조건 방출하는 것이 능사는 아닙니다. 자칫 부당해고에 해당될 가능성이 있고, 업종에 따라서는 고령 인력의 숙련된 기술과 리더십이 필요하기도 합니다.

더욱이 2016년부터는 60세 정년이 법적으로 의무화됩니다.

초고령 사회에 급속도로 진입하고 있는 우리나라에서 직장 내 고령인력에 대한 문제는 앞으로도 더욱 확대될 전망입니다. 그렇다면 이러한 문제는 어떻게 해결해야 할까요? 그 해결책 중 하나가 바로 임금피크제입니다. 임금피크제의 원리는 간단합니다. 고령자의 인건비를 줄이고, 고용 기간을 늘리는 것입니다.

2. 임금피크제 도입 포인트

임금을 낮추고 고용을 늘린다는 임금피크제의 원리를 이해하셨다면 이에 입각한 임금피크제의 유형은 크게 두 가지를 생각해 볼 수 있습니다.

첫째, 정년을 늘리고 일정 시점부터 임금을 낮추는 형태(예컨대 정년을 55세에서 60세로 늘리는 대신 53세부터 급여를 삭감)

둘째, 정년퇴직한 직원을 다시 고용하는 대신 임금을 낮추는 형태(예컨대 정년 55세로 퇴직한 직원을 3개월 내에 다시 채용하되, 급여 수준은 종전보다 낮게 책정)

이 두 가지 유형에서도 임금피크제는 매우 다양하게 나타날 수 있습니다. 다음과 같은 물음이 제기될 수 있기 때문입니다.

① 전 직원을 대상으로 임금피크제를 도입할 것인가?

② 정년을 언제로 설정할 것인가?

③ 몇 세를 정점으로 하여 임금을 삭감할 것인가?

④ 임금을 얼마나 삭감하여 지급할 것인가?

이러한 질문들에 대한 정확한 답변은 업종별 연령과 생산성의 관계, 근로자 측의 의견 등 회사의 구체적인 사정을 검토해 보아야 하고, 그러한 과정을 통해 보다 적합한 임금피크제의 도입이 가능하게 될 것입니다.

3. 임금피크제 지원금

임금피크제 지원금을 이용하는 경우 직원들은 감소되는 임금을 상당히 지원받을 수 있게 되고 이러한 지원금을 이용하면 임금피크제를 수월하게 도입하는데 도움이 될 수 있습니다. 근로시간 단축형 지원금은 사업주도 지원금을 직접 받을 수 있다는 점을 숙지하면 좋을 것 같습니다.

1) 정년연장형 지원금

지원 요건	• 18개월 이상 근무 • 정년을 56세 이상으로 연장 • 55세 이후 일정 시점부터 임금 감액 • 감액율 : 피크임금 대비 1년차 10%, 2년차 15%, 3~5년차 20%(300인 미만 사업장은 연차 구분 없이 10%) 이상 감액
지원 수준	• 피크임금 대비 1년차 90%, 2년차 85%, 3~5년차 80%(300인 미만 사업장은 90%)와 해당 기간 임금의 차액 • 60세 이상으로 연장한 경우 1인당 연간 1,080만원 한도 • 56세 이상 60세 미만으로 연장한 경우 1인당 연간 720만원 한도 • 최대 5년간 지급

2) 재고용형 지원금

지원 요건	• 18개월 이상 근무 • 정년이 55세 이상일 것 • 정년에 이른 자를 퇴직시키지 않거나 퇴직 후 3개월 이내에 재고용하면서 임금 감액 • 감액율 : 피크임금 대비 20%(300인 미만 사업장은 10%) 이상 감액

지원 수준	• 피크 임금 대비 80%(300인 미만 사업장은 90%)와 해당기간 임금의 차액 • 1인당 연간 600만원 한도 • 최대 5년간 지급

3) 근로시간 단축형 지원금

지원 요건	• 18개월 이상 근무 • 정년연장형 또는 재고용형 임금피크제를 시행하면서 근로시간이 15시간 이상 30시간 미만으로 단축 • 감액율 : 피크연도 대비 30% 이상
지원 수준	• (근로자) 피크 임금 대비 70%와 해당기간 임금의 차액을 1인당 연 500만원 한도로 최대 5년간 지원 • (사업주) 근로자 1인당 월 30만원을 1인당 연 360만원 한도로 1년간 지원

4. 임금피크제와 영업 포인트

재계 한 관계자는 다음과 같이 말합니다.

"정년연장과 관련해서 임금피크제 도입 여부는 현재 노동시장의 가장 큰 쟁점"이라며 "임금피크제를 통해 고용안정성 및 고용창출 효과를 기대할 수 있지만 무엇보다도 친화적인 노사관계를 바탕으로 산업계와 노동계가 모두 '윈윈'할 수 있는 합의가 우선시 되어야 할 것입니다."

이렇듯 정년 60세는 이제 피해갈 수 없는 법적인 제도가 되어 버렸습니다.

다음과 같이 임금피크제에 관하여 사장들과 대화를 나누기 바랍니다.

"회사 입장에서는 해고를 하지 않는 이상 기존 55세 이상 60세 미만자를 계속 고용할 수밖에 없게 되었고, 그만큼 신규인력 채용도 줄여야 하는 상황에 직면하게 되었습니다. 다시 말해 인건비는 계속 증가하지만 그만큼의 생산성은 담보할 수 없는 어려운 처지에 놓이게 되었습니다. 자! 이런 상황에서 어떤 대응책이 필요하지 않을까요? 정답은 바로 임금피크제입니다."

13

도급사업의 경우 도급인에게 임금 지급의 책임이 있나요?

> 제조업을 운영하는 김사장은 중요한 부품 제조를 다른 부품 제조업체인 B업체에 하도급을 주고 있습니다. 도급 대금도 정확히 지급해주고 별다른 문제없이 부품을 납품받고 있었습니다. 그러던 중 B업체가 도산을 하게 되었고, 임금을 받을 길이 요원해진 B업체 소속 직원들은 도급업체 김사장을 상대로 진정을 제기했습니다.
> 김사장은 B업체 소속 직원들에게 임금을 지급하여야 할까요?

1. 원칙적인 임금 지급 책임

상수급인과 하수급인은 원칙적으로 별개이므로 상수급인이 하수급인의 근로자에게 임금을 지급해야 할 책임은 없습니다. 그러나 현실적으로 하수급인은 영세한 경우가 많고, 직상수급인에게 의존하거나 종속되어 있는 경우가 많기 때문에 「근로기준법」은 예외적인 규정을 두고 있습니다. 일정한 경우 직상수급인도 하수급인의 직원에게 임금 지급 책임을 지도록 규정하고 있는 것입니다.

2. 임금 지급 책임을 지는 경우는?

다음과 같은 직상수급인의 사유로 하수급인이 임금을 지급하지 못했다면 직상수급인은 하수급인과 임금 지급 연대 책임을 지게 됩니다.

- 정당한 사유 없이 도급계약에서 정한 도급 금액 지급일에 도급 금액을 지급하지 아니한 경우
- 정당한 사유 없이 도급계약에서 정한 원자재 공급을 늦게 하거나 공급을 하지 아니한 경우
- 정당한 사유 없이 도급계약의 조건을 이행하지 아니하여 하수급인이 도급사업을 정상적으로 수행하지 못한 경우

만약 상기 사유가 있다면 직상수급인은 연대책임을 지므로 하수급인의 근로자는 직상수급인과 하수급인 중 어느 한 사람에 대하여 임금을 청구하거나 두 사람에게 동시에 또는 순차적으로 임금의 전부 또는 일부에 대하여 청구할 수 있습니다.

한편 직상수급인의 귀책사유가 그 상위 수급인의 귀책사유 때문에 발생한 것이라면 상위 수급인 역시 임금 지급의 연대 책임을 지게 됩니다.

사업이 여러 차례에 걸쳐 이루어지지 않고 단 한 차례뿐인 경우라도 상기한 사유가 있다면 임금 지급 책임이 있고, 우리 행정해석 역시 같은 입장입니다.

3. 건설사업의 경우

「근로기준법」은 건설사업의 경우 일용 건설근로자들에 대한 임금 체불이 빈번히 발생하고 있는 현실을 고려하여 특별한 규정을 두고 있습니다. 건설사업의 경우 일정한 경우에는 귀책사유가 없더라도 직상수급인이 임금 지급 책임을 지도록 되어 있습니다.

다음의 요건을 갖춘 경우에는 건설사업자인 상수급인은 해당 공사 현장에서 발생한 임금 지급에 대하여 연대책임을 지게 됩니다.

- 2차례 이상 공사도급이 이루어질 것
- 「건설산업기본법」에 따른 건설업자가 아닌 하수급인이 임금을 지급하지 못하였을 것

한편 다음과 같은 경우는 하수급인의 근로자가 청구하면 직상수급인이 임금을 직접 지급하여야 합니다.

- 직상수급인이 하수급인을 대신하여 하수급인이 사용한 근로자에게 지급하여야 하는 임금을 직접 지급할 수 있다는 뜻과 그 지급방법 및 절차에 관하여 직상수급인과 하수급인이 합의한 경우
- 「민사집행법」 제56조 제3호에 따른 확정된 지급명령, 하수급인의 근로자에게 하수급인에 대하여 임금채권이 있음을 증명하는 같은 법 제56조 제4호에 따른 집행증서, 「소액사건심판법」 제5조의 7에 따라 확정된 이행권고결정, 그 밖에 이에 준하는 집행권원이 있는 경우
- 하수급인이 그가 사용한 근로자에 대하여 지급하여야 할 임금채무가 있음을 직상수급인에게 알려주고, 직상수급인이 파산 등의 사유로 하수급인이 임금을 지급할 수 없는 명백한 사유가 있다고 인정하는 경우

이때 지급해야 하는 임금은 하수급인에게 지급하여야 하는 하도급 대금의 범위에서 해당 공사현장에서 발생한 임금에 한정됩니다.

4. 사례 해결

김사장은 제조업을 영위하고 있으므로 건설 사업에 대한 특례는 적용되지 않습니다. 따라서 도급금액을 지급하지 않았다거나 지급하기로 한 원자재를 공급하지 않는 등 귀책사유가 있는 경우에만 연대책임을 지게 될 것입니다. 김사장은 도급금액도 잘 지급해왔고, 별다른 귀책사유도 보이지 않으므로 B회사 소속 직원들에게 임금 지급 책임이 없습니다.

14

★★★ 임금 삭감, 동결, 반납 핵심정리

1. 해고 VS 임금 삭감, 동결, 반납

경영 상태가 악화될 경우 사장은 먼저 인건비를 줄이고자 합니다. 경영진 입장에서는 불필요한 설비 매각과 유휴 인력에 대한 정리해고가 비슷한 가중치로 해석될 수 있습니다.

그러나 인적자원은 물적자원과는 명백히 다릅니다. 예컨대 10개의 생산시설 중 7개를 매각한다 해도 나머지 3개의 시설은 그 전과 똑같이 작동합니다. 그러나 인적자원인 사람은 생산 설비와는 달리 감정체이기 때문에 10명의 직원 중 7명을 해고하면 잔류한 3명의 직원에게 분명히 많은 영향을 미치게 됩니다.

해고된 직원의 공백은 잔류 직원의 업무 효율성을 떨어뜨릴 수 있습니다. 고용안정에 대한 불안감과 사기저하로 업무 능률이 하락할 수도 있고, 노・사 불신을 야기하여 회사 정책에 비협조적인 분위기가 형성될 수 있습니다. 또한 회사에 대한 충성심과 동반자 의식이 사라져 강성노조가 결성될 수 있는가 하면, 직원들의 이직 분위기를 조성하여 상대적으로 이직이 용이한 핵심 인력의 유출도 우려됩니다.

직원의 해고는 단순한 인건비 절약차원의 문제가 아닙니다. 기업의 노무관리를 한 순간에 그르칠 수 있는 매우 중대한 문제입니다. 이러한 의미에서 직원에 대한 해고는 항상 최후의 수단으로 고려하는 것이 바람직합니다.

따라서 경영 악화 상황에서 사장은 정리해고를 고민하기 전 ▲임금 삭감, ▲동결, ▲반납을 검토해야 하고, 임금의 반납·삭감 등은 향후 평균임금 산정 시 포함 여부, 퇴직금 보전문제 등을 둘러싼 법률분쟁을 야기할 소지가 있어 정확한 지식이 요구되는 법적 쟁점[6]입니다.

〈용어의 정리〉

구 분	내 용
반납	기왕의 근로에 대하여 발생된 임금 또는 향후 근로에 대해 발생할 임금의 일부에 대한 청구권을 포기하기로 약정하고 회사에 반납하는 것
삭감	장래 일정시점 이후부터 현재와 동일한 내용의 근로제공에 대해 종전보다 임금을 낮추어 지급하는 것
동결	임금을 인상하지 않고 현재의 임금수준을 장래에도 계속 지급하는 것

2. 임금반납

회사 사정이 심각하게 어렵다면 직원들로 하여금 기존에 지급된 임금을 자진하여 반납하는 방안을 고려해 볼 수 있습니다. 이 경우 주의해야 할 사항은 다음과 같습니다.

첫째, 그 반납결정은 개별근로자와 사용자 간의 명시적인 계약에 의해야 합니다. 즉, 동의서를 받으셔야 합니다. 양식은 다음과 같습니다.

6) 임금 반납·삭감·동결 등에 관한 해석기준, 노동부 근로기준국(2009.3.) 참조

〈동의서 양식〉

임금반납동의서

계속되고 있는 경기침체 속에서 내적 · 외적 경영환경이 우리의 발전과 생존을 심하게 위협하고 있습니다.

이러한 현실을 임직원 모두가 공감하고, 각자에게 주어진 역할에 최선의 노력을 다하여 지금 당면한 심각한 경영위기를 지혜롭게 극복하는데 앞장설 것을 동의하며 다짐합니다.

경영위기 극복을 위한 노력의 일환으로 아래와 같이 본인의 임금을 반납함에 동의합니다.

— 아 래 —

• 임금 반납액
  ① 급여 반납액 :
  ② 상여 반납액 :

• 임금 반납기간
  회사 경영환경이 정상화되었다고 판단되는 시점

년 월 일

직 책 :
직 위 :
성 명 : (인)

둘째, 집단적 의사결정 방식(노조 또는 근로자대표)에 의해 합의가 있었다 하더라도 개별 근로자의 동의가 필요하고 동의하지 않는 한 근로자의 임금부분에 대한 집단적 합의는 무효입니다.

셋째, 최종 퇴직 시 발생하는 퇴직금청구권을 사전에 포기하는 약정은 「근로기준법」 위반으로 무효입니다(대법원 2002.7.26. 선고 2000다27671 판결).

넷째, 반납한 임금은 기왕의 근로에 대한 임금채권이므로 퇴직금 등의 평균임금 산정에는 포함되어야 합니다(대법원 2001.4.10. 선고 99다39531 판결).

3. 임금삭감

임금삭감은 장래 일정시점 이후부터 종전보다 임금을 낮추어 지급하는 것으로 다음과 같은 점들을 주의하셔야 합니다.

첫째, 임금삭감은 임금반납과 달리 아직 사적 재산화 이전 단계이기 때문에 집단적 의사결정 방식(단체협약이나 취업규칙 변경절차)에 의해 결정이 가능하며 반드시 개별 근로자의 동의를 받아야 하는 것은 아님을 명심하십시오.

둘째, 그렇다고 하더라도 최저임금 수준 이하로 삭감할 수 없으며(「최저임금법」) 「근로기준법」에서 정하고 있는 법정수당에 대해서는 법정기준 미만으로 삭감할 수 없습니다.

셋째, 삭감액은 근로자의 임금채권으로 볼 수 없어 평균임금 산정시 포함되지 않는 것이 원칙입니다. 이 점에서 임금반납과 결정적 차이가 있습니다.

넷째, 근로시간 단축에 의한 임금감소는 「근로기준법」상의 휴업수당 지급문제와 연관이 있습니다.

4. 임금동결

임금동결은 임금을 인상하지 않고 현재의 임금수준을 장래에도 계속 유지시키는 것으로써 노사가 자율적으로 결정할 사항으로 다음을 주의하여야 합니다.

첫째, 임금삭감과 마찬가지로 집단적 의사결정 방식에 의해 단체협약이나 취업규칙 변경절차에 따른 결정이 가능합니다.

둘째, 정기 호봉승급이 명시적으로 규정된 경우 취업규칙 불이익변경절차나 단체협약 개정 절차를 진행하여야 합니다.

5. 휴업수당 지급과 그 예외사유

회사의 사정으로 휴업을 하게 되는 경우 평균임금의 70%를 휴업수당으로 지급해야 합니다. 그러나 사업계속이 불가능하여 노동위원회의 승인을 받은 경우라면 휴업수당을 지급하지 않거나 적게 지급할 수 있습니다.

휴업수당과 관련하여 지침을 살펴보면 노동위원회가 승인을 위해 고려하는 사항을 다음과 같습니다.

① 기업 외적인 요인과 내적인 요인 등을 종합적으로 고려
- 기업 외적인 요인 : 거래처 상황, 전반적인 사회·경제적 상황, 당해 업종·지역경제의 사정, 금융시장 상황 등
- 기업 내적인 요인 : 생산량, 매출액, 재고량, 영업실적, 채무상황, 인건비 변동상태, 근무시간 축소, 적자부분의 계속성 여부, 주가 변동상황, 사업규모의 축소조정, 사업지속 노력정도 등

② 사용자가 선량한 관리자로서 최선을 다하였음에도 부득이하게 휴업할 수밖에 없는 상황이 초래된 것이 사회통념상 인정될 수 있는지 여부

③ 법정기준(평균임금 70%) 이상을 지급하는 것이 기업회생에 걸림돌로 작용하여 기업도산으로 근로자 보호에 역행할 소지가 있는지 여부

④ 그 밖에 성실한 노사협의 또는 당사자 동의가 있었는지 여부
사용자가 승인신청에 앞서 반드시 노사협의나 합의 등의 절차를 거쳐야 하는 것은 아니지만 휴업결정에 앞서 기업도산 방지, 해고회피 노력의 일환으로 근로자대표, 해당 근로자 등과 성실한 협의 등을 거친 경우 기준미달 휴업

수당 지급 필요성이 있는 것으로 일응 인정할 수 있을 것임.

이상의 요건을 검토하여 노동위원회의 승인을 받은 경우라면 사업의 전부 또는 일부에 대한 휴업을 하더라도 법정 휴업수당에 미달하는 금액을 지급하는 것이 가능합니다.

예화로 풀어보는 기업노무

등산과 인생 그리고 쉼표

산을 잘 타는 사람의 가방은 언제나 가볍습니다. 등산에 꼭 필요한 물건만이 가방에 담기기 때문입니다. 오이, 물, 주먹밥, 수건. 단출합니다.

반면 등산 초보자의 가방은 물 먹은 스펀지 마냥 무겁습니다. 필요와 불필요에 대한 경계가 불분명한 데에서 오는 참극입니다. 밥, 반찬, 물, 과자, 음료수, 과일, 떡, 커피 등…

비만입니다.

산을 잘 타는 사람과 가방은 언제나 일심동체입니다. 오르막에서나 내리막에서나 걸을 때나 뛸 때나 물을 마실 때나 땀을 닦을 때나.

반면 등산 초보자와 가방은 언제나 분리됩니다. 쉴 새 없이 흔들리고 어깨를 짓누르고 천근만근 다리는 무겁습니다.

우리네 인생 역시 이와 흡사합니다.

지혜로운 사람 주변은 항상 단출합니다. 꼭 필요한 물건만을 가까이 하기 때문입니다. 고전, 일기장, 클래식, 빛바랜 사진 속의 아버지 얼굴. 사랑이라는 감정이 가슴을 적십니다.

반면 뭇사람의 주변은 항상 많은 것들로 넘쳐납니다. 자신에게 꼭 필요한 존재를 모름의 반증입니다. 최신가요, 신문, 잡지, 언제든지 안면을 바꿀 수 있는 수많은 친구들.

화려하고 세련미가 넘쳐납니다.

산을 잘 타는 사람이 꼭 행복하고 장수하는 것이 아니듯 지혜로운 사람이 꼭 평창동에 살고 벤츠를 타는 것은 아닙니다. 그러나 산을 잘 타는 사람과 지혜로운 사람은 마침표를 찍기 전 쉼표 찍는 법을 알고 있는 사람들입니다.

색연필로 치면 쉼표는 보라빛 색연필일 것입니다. 가끔 사용하면 최고로 멋스럽지만 자주 사용하면 그보다 촌스러운 게 없는 보라빛 색연필. 초보 산행가와 뭇사람들은 쉼표를 모르고 살아갑니다. 남들 하는 대로 출근하고, 일하고, 퇴근하고. 그냥 쭉 살아갑니다.

언제 쉴 지도, 쉬면서 뭘 해야 할지도 모릅니다. 철들 무렵부터 시작된 주입식 교육과 1년 앞을 모르는 입시제도가 안겨준 고질병을 앓고 있는 것입니다.

유명 스님이 책에서 이런 말을 하였습니다.

"멈춰야 비로소 보이는 게 있습니다."

쉼표 없이 고속 질주하는 삶은 언젠가 심각한 허탈감을 불러옵니다. 아니 허탈감을 느끼기에 앞서 스스로 주저앉을 가능성이 농후합니다.

위암 말기 100억 자산가의 눈에 심신 건강한 1천만원 소시민의 존재는 하늘과 같이 높은 존재입니다. 쉼표의 중요성을 알고 그를 실천했느냐 여부의 차이일 것입니다.

고충상담을 하다보면 생각보다 많은 직원들이 업무 이외의 스트레스로 힘들어하고 있다는 사실에 놀라곤 합니다. 부부간의 문제, 자녀문제, 고부간의 문제, 건강상의 문제, 재산문제 등등 다양한 분야에 걸쳐 있습니다.

그러나 안타깝게도 이런 직원들에게 회사가 해주는 것은 거의 없습니다. 아니 관심조차 기울이지 않는 회사가 더 많아 보입니다. 이런 직원이 일에 집중하지 못하여 다치거나 사직을 하면 회사에게는 크나 큰 손실일 텐데도 말입니다.

이런 상황에서 유익한 것이 바로 복지제도 확충입니다.

큰 돈 들이지 않고도 얼마든지 깨끗한 직원휴게실을 만들 수 있습니다.

휴게실 벽은 직원들에게 희망이라는 글자를 아로새기는 흰색과 푸른색으로 칠합니다.

거기에 중고 책장을 들여 놓고 직원들이 원하는 책들을 들여 놓습니다.

직원들은 읽은 책 내용을 혼자서도 고민하고 주변 동료와도 이야기하기 시작

합니다.

어떤 직원은 글로도 적기 시작합니다.

퇴근 무렵 읽으려고 책을 빌려가는 직원도 하나 둘 늘어갑니다.

사내에 독서토론 모임도 1년째 되는 날 생겨났습니다.

직원휴게실 하나로 회사 전체가 변화기 시작한 것입니다.

사장들은 이런 이야기를 참 좋아합니다.

Chapter 9

또 하나의 임금, 퇴직금

01

★★★

퇴직금 질문 베스트 5

> A씨는 3년 8개월 동안 성실히 근무해 온 직원입니다. 평소 내 집 마련이 큰 목표였던 A씨는 근무 기간 3년을 채운 해에 주택 구입을 위해 퇴직금 중간정산을 받았습니다. 퇴직금을 주택 구입에 요긴하게 활용한 A씨는 그 이후에도 계속해서 근무하다가 9개월이 되는 달에 퇴사하였습니다. 이에 A씨는 중간정산 이후 근무한 달에 대한 퇴직금을 요구했지만 회사는 중간정산 이후 1년이 되지 않았기 때문에 퇴직금을 지급할 수 없다고 합니다.
>
> 회사는 A씨에게 퇴직금을 지급해야 할까요?

1. 퇴직금이란?

퇴직금은 1년 이상 계속 근무한 직원이 퇴직할 경우 직원에게 지급해야 하는 금품으로 퇴직과 동시에 청구가 가능합니다. 퇴직금은 퇴직일을 기준으로 산정한 평균임금에 1년 이상 근속한 기간을 곱해서 산정됩니다. 퇴직 후 14일 이내에 지급되어야 하므로 이 기간을 넘어서도 지급이 되지 않는 경우에는 노동청 진정 대상이 됩니다.

2. 퇴직금 질문 베스트 5

1) 직원이 5인이 안 되어도 퇴직금을 지급해야 하나요?

현재 퇴직금은 모든 사업장에서 의무적으로 지급해야 합니다. 즉, 상시 근로자 수가 5인 미만인 사업장인 경우에도 예외 없이 퇴직금을 지급하여야 합니다.

다만, 5인 미만 사업장에서는 2013.1.1.부터 전액을 지급하도록 법률이 개정되어, 2010.12.1.부터 2012.12.31.까지의 기간은 지급해야 할 퇴직금의 50%만 지급할 수 있습니다.

2010년 12월 이전	5인 미만 사업장 지급 의무 없음.
2010년 12월 1일~2012년 12월 31일	5인 미만 사업장 50% 지급 의무
2013년 1월 1일 이후	5인 미만 사업장 100% 지급

2) 근무기간이 1년 6개월인 경우 6개월분도 퇴직금을 지급하나요?

퇴직금은 1년 이상 근속하지 않은 직원에게는 지급하지 않아도 무방합니다. 그러나 근무한 기간이 1년 6개월인 경우라면 총 근로기간은 1년 이상이 되므로 6개월분의 퇴직금도 월할 계산하여 지급되어야 합니다.

1년 근무 후 퇴직금 중간정산을 하였고, 이후 6개월을 근무한 후 퇴사한 경우에도 총 근로기간은 1년 이상이 되므로 6개월분의 퇴직금을 지급해야 합니다.

3) 퇴직금을 지급하지 않아도 되는 경우는?

첫째, 「근로기준법」상 근로자에 해당하지 않는 경우에는 퇴직금을 지급하지 않아도 무방합니다. 예컨대 프리랜서[1])와 같이 위탁용역계약서를 체결하고

1) 'Chapter 4. 도대체 누가 근로자죠?'를 참조하기 바랍니다.

업무를 수행하는 자는 근로자가 아니기 때문에 퇴직금 지급대상이 아닙니다.

둘째, 퇴직금은 4주간을 평균하여 1주간의 소정 근로시간이 15시간 미만인 직원에 대하여는 지급하지 않을 수 있습니다. 1주간의 소정 근로시간이 15시간 미만인 경우는 초단시간 근로자에 해당하고, 이러한 경우는 법률상 지급의무가 면제됩니다.

4) 사장이 근로자에게 퇴직금을 지급받지 않는다는 각서를 받으면 퇴직금을 지급하지 않아도 되나요?

그렇지 않습니다. 「근로자퇴직급여 보장법」은 **강행규정**이기 때문에 이와 같은 각서에도 불구하고 퇴직금은 지급하여야 합니다.

> • **강행규정**
> 노동법은 기본적으로 근로자가 불리한 처지에 있다는 것을 전제로 하기 때문에 양 당사자의 합의의 효력을 부인하고 있음.

퇴직금 지급 요건을 정리하면 다음과 같습니다.

- 1년 이상 계속 근로하였을 것
- 4주간을 평균하여 1주당 근로시간이 15시간 이상일 것
- 「근로기준법」상 근로자일 것

5) 영업직원들에게 지급하는 커미션도 퇴직금 산정시 포함되나요?

일반 회사들의 경우 영업직원들에 대하여는 소정의 급여와 영업업무를 100% 달성하였다고 가정하였을 때의 커미션을 합한 액수를 기준임금으로 설정하고 매월 급여는 상기 소정의 급여액과 영업성과의 퍼센트에 따른 커미션을 합한 액을 지급하는 것이 대부분입니다.

따라서 소정의 급여는 일정하나 해당 직원의 매월 업무성과에 따른 커미션이 변동되므로 매월 급여는 일정하지 않고, 업무성과가 클 경우에는 매월 급여액수가 많고 업무성과가 미흡할 경우에는 월급여의 액수가 작아지는 것이

일반적입니다.

이때 소정의 급여와 실제 지급된 커미션(또는 지급하기로 확정된 커미션)은 평균임금 산정에 산입하여야 합니다(법무 811－4279, 1980.2.22.).

3. 사례 해결

A씨는 중간정산을 받은 후에 8개월 밖에 근무하지 않았습니다. 그러나 총 근로기간은 3년 8개월로 총 근속기간은 1년 이상에 해당하고, 상기한 바와 같이 8개월 기간에 대해서도 퇴직금이 지급되어야 할 것입니다.

02

경영성과급과 퇴직금

1. Case by Case

> DB를 통해 어렵사리 시화공단에 있는 자동차 부품공장을 방문하게 된 장FC. 간밤의 좋은 꿈 때문이지는 몰라도 오늘따라 사장과의 대화가 잘 풀려 "잘하면 큰 계약하겠는걸"이라는 기대감이 스멀스멀 밀려오는 찰라, 사장이 갑자기 질문 하나를 던집니다.
>
> "갑자기 생각난 것인데요. 회사에 이번 달 말일까지 근무하고 퇴사하는 직원이 있는데 우리 회사는 전체적으로 연말 실적이 좋으면 성과급을 지급해 왔어요. 그런데 그 성과급도 퇴직금 산정시 포함해서 주어야 하나요?"
>
> 평소 전혀 생각지 못했던 사안에 대하여 질문을 받자 장FC의 가슴은 두근거리기 시작하였습니다. 어떻게 대답했는지 자신도 모를 정도로 둘러댔고 계약성사도 그 대답만큼이나 미궁에 빠져들고 말았습니다.

위 사례는 실무에서 자주 논해지는 사안입니다. 이런 사례는 경영성과급 지급이 사전에 확정되어 있는지 여부에 따라 구별하여 상담해야 합니다.

첫째, 회사가 성과급 지급 기준을 문서화하였기 때문에 근로자가 당연히 지급받을 수 있다는 기대감을 가진 경우에는 퇴직금 산정에 포함됩니다.

둘째, 그렇지 않고 어떠한 명문 규정도 없어 사장의 재량에 따라 그 지급여부, 지급시기, 지급액수 등이 변동된다면 퇴직금 산정에 포함되지 않습니다.

> 성과급에 대해서는 노동관계법에 따로 규정되어 있지 아니하나, 만일 회사의 단체협약·취업규칙 등에 지급조건, 금액, 지급시기를 미리 정하여 지급하거나 전 근로자에게 관례적으로 지급하여 사회통념상 근로자가 당연히 지급받을 수 있다는 기대를 갖게 되는 경우에는 임금성이 인정된다고 할 수 있으나,
>
> 지급조건, 금액, 지급시기가 단체협약·취업규칙 등에 정하여져 있다고 하더라도 개인의 실적에 따라 결정되는 경우나 단체협약·취업규칙 등에 지급조건, 금액, 지급시기 등에 관하여 아무런 규정도 없이 사용자의 재량에 의해 매년 그 지급시기 및 지급액을 달리하거나 지급되지 아니하는 경우에는 근로자의 근로제공 자체의 대가라고 볼 수 없고, 사용자에게 그 지급의무가 확정되는 임금성을 갖는다고 보기 어려울 것이다.
>
> • 대법원 2005.5.14. 선고 2001다76328 판결; 임금정책과-588, 2005.2.5. 등 참조

2. 공공기관의 사례

참고로 공공기관이 경영실적평가결과에 따라 직원에게 지급하는 경영평가 인센티브의 경우에도 "취업규칙 등 자체 규정에 정해진 지급 조건에 따라 계속적·정기적으로 지급해 지급 의무가 설정돼 있는 것이 아니라 「공공기관의 운영에 관한 법률」에 따라 정부 산하 기관 경영 실적 평가 결과에 따라 비로소 그 지급 여부 및 지급액이 결정되고, 정부산하기관 예산관리기준에 의해 편성된 정부 예산에 따라 지급하는 것으로 정부의 예산 반영이 이뤄지지 않은 경우에는 인센티브 성과급의 지급 의무가 예정돼 있다고 보기는 어렵다"는 입장입니다.

03

상여금, 연차수당과 퇴직금

몇 번의 사업실패 끝에 이제는 경기도 남양주에서 직원 150명을 고용하여 자동차 부품공장을 건실하게 운영하고 있는 박사장. 최근 회사에서 관리부장으로 근무하던 A씨가 개인적인 사정으로 사직하게 되어 요즘 박사장 가슴 한구석은 텅 빈 것만 같습니다. 2005.7.1. 대학을 졸업하고 바로 회사에 입사한 A씨는 2013.6.30.까지 성실하게 근무한 모범직원이었습니다.

그동안 열심히 일한다고 연차휴가도 제대로 사용하지 못한 A씨. 과연 퇴직금은 어떻게 지급해야 할까요?

1. 퇴사 전 A씨에게 지급된 임금

퇴사하기 3개월 전 기간 동안 회사에서 A씨에게 지급한 급여는 다음과 같습니다.

다만, 급식비와 통근수당은 매달 출근일수에 따라 차등지급하였습니다.

(단위 : 원)

구 분	기본급	직책수당	급식비	통근수당	합 계
2013년 4월	2,600,000	200,000	100,000	100,000	3,000,000
2013년 5월	2,600,000	200,000	95,000	95,000	2,990,000

구 분	기본급	직책수당	급식비	통근수당	합 계
2013년 6월	2,600,000	200,000	110,000	110,000	3,020,000

상여금은 매년 3월, 6월, 9월, 12월 4차례 기본급의 100%가 지급되었습니다.

연차휴가미사용수당은 2012년 7월에 1,100,000원을, 2013년 7월에 1,100,000원을 지급하였습니다.

2. 퇴직금 계산 방식

1) 퇴직금 산정에 포함되는 임금항목

A씨의 퇴직금 산정에 포함되는 임금항목은 다음과 같습니다.

① 기본급
② 직책수당
③ 상여금
④ 2012년 7월 지급한 연차휴가미사용수당
※ 2013년 7월 지급한 연차휴가미사용수당은 퇴직으로 인하여 비로소 지급사유가 발생한 것이므로 평균임금에 산입하지 않음.

출근일수에 따라 변동적으로 지급된 급식비, 통근수당은 통상임금 산정지침에 따라서 평균임금 산정에서 제외됩니다.

2) 상여금 계산방식

상여금 계산방식은 "연간 고정상여금×3/12"입니다.

3. 퇴직금 산정결과

박사장이 A씨에게 지급하여야 하는 퇴직금은 29,736,000원이고, 구체적인 계산식은 다음과 같습니다.

<table>
<tr><td colspan="2">산정사유 발생일</td><td colspan="2">2013.7.1.</td><td>입사일자</td><td colspan="2">2005.7.1.</td></tr>
<tr><td colspan="2">근 무 기 간</td><td colspan="3">2005.7.1.~2013.6.30. (2,922)일간</td><td>고용형태</td><td>정 규 직</td></tr>
<tr><td colspan="2">임금지급방법</td><td colspan="5">월 급</td></tr>
<tr><td colspan="7">산 정 내 역</td></tr>
<tr><td colspan="2">임금계산기간</td><td>2013.4.1.부터
2013.4.30.
까지</td><td>2013.5.1.부터
2013.5.31.
까지</td><td>2013.6.1.부터
2013.6.30.
까지</td><td>부터
까지</td><td>합 계</td></tr>
<tr><td colspan="2">총 일 수</td><td>30</td><td>31</td><td>30</td><td></td><td>91</td></tr>
<tr><td rowspan="5">임
금
내
역</td><td>기 본 급</td><td>2,600,000</td><td>2,600,000</td><td>2,600,000</td><td></td><td>7,800,000</td></tr>
<tr><td>수당(직책)</td><td>200,000</td><td>200,000</td><td>200,000</td><td></td><td>600,000</td></tr>
<tr><td>연차휴가
미사용수당</td><td colspan="4">1,100,000×3/12</td><td>275,000</td></tr>
<tr><td>상 여 금</td><td colspan="4">10,400,000×3/12</td><td>2,600,000</td></tr>
<tr><td>합 계 액</td><td colspan="5">11,275,000원</td></tr>
<tr><td colspan="2">평 균 임 금</td><td colspan="4">11,275,000원÷91일</td><td>123,900원</td></tr>
<tr><td colspan="2">통 상 임 금</td><td colspan="4">2,800,000원÷30일</td><td>93,333원</td></tr>
<tr><td colspan="2">퇴 직 금
산 정 내 역</td><td colspan="4">123,900원×30×{8년 $+ \frac{0}{365}$}</td><td>29,736,000원</td></tr>
<tr><td colspan="2">퇴 직 금</td><td colspan="5">29,736,000원</td></tr>
</table>

04

계속근로기간 중 단절이 있었다면 퇴직금을 지급받을 수 없나요?

1. 계속근로기간

> A씨는 경륜선수로 매 시즌 활동을 해오고 있습니다. 그러나 매일 출근하여 경기에 출전하는 것이 아니라 시즌에만 선수로 활동을 하였고, 자연히 경기 시즌이 아닌 달은 별다른 활동을 하지 않은 채 휴식기를 보냈습니다. A씨는 업체와 계약직으로 매년 계약을 체결하여 왔고, 10년째 선수로 활동을 해오고 있습니다. 은퇴를 결심한 A씨는 더 이상 계약을 체결하지 않겠다는 의사를 표시하였고, 업체에 대하여 퇴직금 지급을 요청합니다. 그러자 업체는 시즌이 아닌 기간은 근로기간이 아니기 때문에 계속하여 기간의 단절이 있었고, 그렇기 때문에 퇴직금은 지급할 수 없다고 합니다.
>
> A씨는 퇴직금을 청구할 수 있을까요?

퇴직금은 퇴직일을 기준으로 평균임금을 산정한 후 계속근로기간 1년에 대하여 30일분 이상의 평균임금을 주어야 하므로 계속근로기간이 1년 미만인 직원에게는 퇴직금을 지급하지 않아도 무방합니다.

예컨대 10년을 근속한 직원의 경우 10×30일분의 평균임금이 총 지급받을 수 있는 퇴직금이 되는 것이지만 10개월을 근무하고 재입사한 직원은 원칙적으로 퇴직금을 받을 수 없게 됩니다. 따라서 퇴직금 산정에서 계속근로의 인정은 매우 중요한 부분이라고 할 수 있습니다.

2. 근로기간이 중간에 단절된 경우는 어떻게 되나요?

직원이 퇴사한 후 재입사하는 경우에는 계속근로가 단절되는 것이 명백하므로 재입사한 때부터 새로 퇴직금 정산기간을 기산하여야 합니다.

그러나 실무상 계속근로기간으로 볼 수 있는지 여부가 모호하여 혼란스러운 경우가 종종 존재합니다. 사례와 같이 일부 공백 기간이 있는 경우가 그러한 예라고 할 수 있습니다.

3. 근로계약을 계속해서 체결해온 경우는 근로기간이 단절된 것인가요?

1년 미만의 근로계약을 체결한 경우라도 동일한 조건으로 계속해서 반복 갱신되었고, 또 업무를 지속적으로 수행해 온 경우라면 근로 기간이 단절된 것으로 볼 수 없습니다. 따라서 이 경우에는 근무기간을 모두 인정할 수 있을 것이고 계약 종료 후 근속한 기간이 1년 이상이라면 퇴직금을 청구할 수 있을 것입니다.

4. 업무의 공백이 있었던 경우는?

만약 재계약을 했지만 중간에 공백이 있었던 경우까지도 계속근로기간으로 인정될 수 있을까요? 이러한 기간을 형식적으로 보면 분명히 공백이 존재합니다. 그러나 실질적으로 계속근로계약이 유지되는 것임에도 다소간의 공백이 생긴 경우라면 계속근로를 인정하는 것이 타당합니다.

따라서 일부 공백이 있다고 하더라도 그 기간이 전체 근로계약 기간에 비하여 길지 않고, 계절적 요인이나 방학 기간 등 업무의 성격에 기인하거나 대기 기간, 재충전을 위한 휴식기간 등의 이유로 근무를 하지 않게 된 상당한 이유가 있다면 계속근로를 인정할 수 있습니다.

예컨대 공백 기간이 매우 짧은 경우, 방학기간이라 수업을 할 수 없었던 경우, 업무 수행을 위해 휴식기가 반드시 필요한 경우라면 공백기를 이유로 퇴직금 지급을 거부할 수는 없을 것입니다.

5. 사례 해결

사례의 A씨는 시즌이 아닌 때에는 휴식을 가졌기 때문에 근로의 공백이 있는 것은 사실입니다. 그렇지만 A씨는 시즌이 아니면 경기가 자체가 없어 공백기를 가질 수밖에 없는 이유가 있었습니다.

그리고 1년 내내 선수활동을 할 수는 없기 때문에 계속적인 활동을 위해 어느 정도의 휴식기가 반드시 필요한 경우이기도 합니다. 또한 10년간 같은 내용으로 계속해서 계약을 반복 체결하여 왔기 때문에 실질적으로는 계속해서 근로를 제공해 왔다고 보는 것이 타당합니다.

결론적으로 A씨는 별다른 사유가 없다면 10년간 근무한 기간에 대하여 퇴직금을 청구하는 것이 가능할 것입니다.

05

★★★

월급에 포함된 퇴직금

1. 퇴직금 지급 시기는?

> 회사와 근로 계약을 체결한 A씨는 월 급여 300만원을 지급받기로 합의하였고, 별도로 매달 퇴직금을 분할하여 지급하기로 했습니다. 이에 따라 급여명세서에 퇴직금이라는 항목으로 매달 20만원씩 책정되어 있었습니다. 5년 후 A씨는 퇴사를 하면서 퇴직금지급을 요구했지만 회사는 매달 퇴직금을 지급했으므로 더 이상 지급할 퇴직금은 없다며 이를 거부했습니다.
> A씨가 퇴직금을 지급받을 수 있을까요?

법적으로 퇴직금은 퇴직과 동시에 발생하는 것으로서 퇴직일을 기준으로 14일 이내에는 지급이 되어야만 합니다.

따라서 퇴직을 하지 않았음에도 불구하고 재직 중 퇴직금 명목으로 금품을 지급했다면 이는 원칙적으로 퇴직금에 해당하는 것으로 볼 수 없습니다.

2. 퇴직금 중간정산

퇴직금을 매달 임금에 포함시켜 지급한 것이 유효하다면 직원은 퇴사시 사장에게 더 이상 퇴직금 지급을 요구할 수 없을 것입니다. 따라서 매달 임금에 퇴직금을 포함시켜 지급한 것이 유효한지를 따져봐야 하고 이것이 바로 퇴직금 중간정산입니다.

최근 근로자들이 장래에 대한 명확한 계획 없이 곶감 빼먹듯 퇴직금 중간정산을 하다 보니 노후생활에 많은 문제가 발생하였고 커다란 사회문제가 되었습니다. 이에 정부는 퇴직금의 노후소득보장 기능을 강화하기 위하여 「근로자퇴직급여 보장법」을 개정하여 원칙적으로 퇴직금 중간정산을 금지하고 일부 사유에 해당되는 경우에 한해 지급할 수 있도록 하였습니다(2012.7.26. 시행).

3. 퇴직금 중간정산제도 관련 고용노동부 업무지침

기업노무와 관련하여 주무부서인 고용노동부의 공식적인 입장은 아무리 강조해도 지나침이 없을 정도로 중요합니다.

2012년 9월 개정된 고용노동부 "퇴직금 중간정산제도 업무처리지침"은 다음과 같습니다.

연봉액에 퇴직금을 포함하여 매월 분할 지급하는 유형
⇒"2012.7.26. 이후부터 유효한 중간정산으로 볼 수 없음"
연봉계약서와는 별도로 기왕에 근로를 제공한 기간에 대하여 퇴직금을 매월 분할 지급받는 내용으로 근로자가 매월 중간정산 신청[2])을 하는 경우에 2012.7.25. 이전에 이루어진 중간정산 신청에 대해서만 유효한 중간정산으로 볼 수 있고, 2012.7.26. 이후 중간정산을 신청하는 경우에는 유효한 중간정산으로 볼 수 없음.

정리를 하면 다음과 같습니다.

2012.7.25. 이전 연봉액에 퇴직금을 포함하여 매월 월급으로 지급한 경우라

2) 이 중간정산이 유효하기 위하여서는 일정한 요건을 따라야 하는바, ▲ 연봉액에 포함될 퇴직금의 액수를 명확히 할 것, ▲ 매월 지급받은 퇴직금 합계가 법정퇴직금액보다 적지 않을 것, ▲ 별도의 퇴직금 중간정산 요청서가 있어야 하고 중간정산금을 매월 분할 지급한다는 내용이 명확히 포함되어 있을 것, ▲ 기왕에 계속근로를 제공한 기간을 대상기간으로 할 것이 그 요건입니다.

도 일정한 중간정산 신청 요건을 갖추었다면 유효한 중간정산으로 볼 수 있습니다.

이 경우 대부분 영세사업장에서는 중간정산 신청 시 요건을 구비하지 못한 경우가 많은데 이런 사업장은 신의칙 위반을 주장할 수 있습니다.

4. 사례 해결

사례가 2012.7.25. 이전이라면 사업주는 중간정산이 일정 요건 하에 이루어졌음을 주장하면서 퇴직금을 지급하지 않을 수 있으나 2012.7.25. 이후라면 퇴직금을 지급해야 할 것입니다. 그러나 이렇게만 말씀드리면 사장 입장에서는 너무나 황당하고 억울할 것입니다.

그러나 법의 무지로 발생한 법위반은 용서받지 못하는 법입니다.

이와 같은 상황의 처리에 관한 고용노동부의 입장을 보면 다음과 같습니다.

법정 요건을 갖추지 않은 퇴직금 중간정산에 대한 고용노동부 입장

계속근로기간 전체에 대한 퇴직금을 지급하지 않는 경우 퇴직금 체불로 인한 민·형사상 책임을 지게 되며, 기 지급한 금품은 근로자에게 착오로 과다 지급한 금품에 해당하므로 부당이득반환 소송 등 「민법」상으로 해결해야 합니다.

유효하지 않은 중간정산을 실시한 경우 사용자는 근로자에게 부당이득 반환 청구 소송을 제기하는 등 「민법」상으로 해결해야 합니다.

근로감독관은 당사자 간 합의하여 유효하지 않게 중간정산한 퇴직금을 전체 퇴직금 중 일부금액을 먼저 지급한 것으로 보고, 사업주가 전체 계속근로기간에 대한 퇴직금과 기 지급한 퇴직금의 차액만큼을 지급하기로 하였다면 **별도의 사법처리를 하지 않도록 하여 불필요한 소송을 지양합니다**.

> • **노동청 합의**
> 실제 근로감독관은 사건의 소송화를 될 수 있으면 막고 최대한 합의를 유도하려고 노력함.

당사자 합의가 이루어지지 않아 부득이 사법처리하게 되는 경우 사용자에게 해당 금품에 대하여 민사소송을 할 수 있음을 서면으로 안내하도록 합니다.

06

퇴직금 중산정산 유의사항

1. 퇴직금 중간정산은 아무 때나 가능한가요?

퇴직금 중간정산이 아무 때나 가능한 것은 아닙니다. 중간정산은 퇴직일에 지급되는 원칙적인 퇴직금 지급과는 다른 것이므로 허용되는 사유가 정해져 있습니다.

퇴직금 중간정산이 가능한 사유는 다음과 같습니다.

① 무주택자인 근로자가 본인 명의로 주택을 구입하는 경우
② 무주택자인 근로자가 주거목적으로 전세금 또는 보증금을 부담하는 경우 (당해 사업장 1회로 한정)
③ 본인, 배우자 또는 부양가족[3]의 질병 · 부상으로 6개월 이상 요양하는 경우
④ 최근 5년 이내 파산선고를 받거나 개인회생절차 개시 결정을 받은 경우
⑤ 임금피크제를 실시하여 임금이 줄어드는 경우
⑥ 태풍, 홍수 등 천재지변으로 고용노동부장관이 정한 사유와 요건에 해당하는 경우

이상의 사유가 있고, 직원이 중간정산을 요구한다면 적법하게 중간정산을 하는 것이 가능하게 됩니다.

3) 「소득세법」 제50조 제1항에 따른 근로자 또는 근로자의 배우자와 생계를 같이하는 부양가족을 말하는 것으로 ▲ 60세 이상의 직계존속, ▲ 20세 이하의 직계비속 또는 동거 입양자, ▲ 20세 이하 또는 60세 이상인 형제자매 등이 해당되고 이들의 소득수준은 고려하지 않습니다.

그러나 해당 요건이 모두 충족된다고 하여 회사에게 중간정산 의무가 있는 것은 아니므로 회사가 이를 반드시 해주어야 하는 것은 아닙니다.

2. 퇴직금 중간정산은 몇 번까지 가능한가요?

퇴직금 중간정산의 기간이나 횟수에 대한 별도의 법적 제한이 있는 것은 아니기 때문에 그 내용은 직원과의 합의로 정할 수 있습니다. 따라서 법적인 사유만 있다면 몇 차례 중간정산을 하는 것도 무방합니다.

만약 중간정산 시점에 근무한 기간의 일부에 대해서만 중간정산을 하기로 합의를 했다면 그러한 방식의 정산도 가능할 것입니다.

그러나 중간정산이라는 명목으로 임금에 일정액을 포함시켜 지급한다면 이는 퇴직금 지급으로서의 효력이 없다고 인정될 수 있고, '3. 상여금, 연차수당과 퇴직금'에서 서술한 내용대로 퇴직 시점에 퇴직금을 산정해서 지급해야 할 것입니다.

3. 중간정산 이후의 퇴직금은 어떻게 되나요?

근무 도중 중간정산을 했다면 그 시점부터 퇴직금 정산 시점은 새로이 기산됩니다. 따라서 퇴직일에는 중간정산 이후의 기간에 대한 퇴직금만 지급하면 충분합니다.

퇴직금 중간정산을 했다고 해서 직원의 실제 계속 근로가 단절된 것은 아니므로 연차유급휴가나 승진, 호봉 등에 있어서 근로가 단절된 것으로 취급해서는 안 될 것입니다.

퇴직 시 중간정산에도 불구하고 전체 기간에 대한 퇴직금을 지급하는 것은 법정 퇴직금을 상회하는 것이므로 문제될 것이 없습니다.

4. 중간정산 가능한가요? 사례 총정리[4)]

1) 주택을 소유했다가 되팔고 다시 주택을 취득하는 경우에도 무주택자 요건을 충족하는지?

중간정산신청 전에 주택을 소유한 사례가 있다하더라도 신청일을 기준으로 확인하여 본인 명의의 주택이 없는 경우에는 무주택자로 봅니다.

2) 근로자가 전세로 살고 있던 주택을 구입하는 경우로서 주택매매계약체결, 주택구입 대금 지급, 소유권 이전 등기가 동시에 이루어진 경우 퇴직금 중간정산받을 수 있는지?

증빙서류를 구비하여 소유권 이전 등기일로부터 1개월 이내에 중간정산을 신청하는 경우에는 가능합니다.

3) 전세계약기간을 연장하는 경우에 중간정산할 수 있는지?

전세금(임차보증금)을 부담하기 위한 경우를 신규 전세계약을 체결하는 경우로 한정하고 있지 않으므로 임대차계약 기간을 연장하여 계약을 체결하는 경우에도 중간정산을 할 수 있습니다.

4) 본인 명의가 아닌 배우자 등 세대주 명의로 주택 임대차계약을 체결하는 경우에도 중간정산받을 수 있는지?

원칙적으로 중간정산 신청을 하는 근로자 스스로 부담하는 전세금(임차보증금)에 대하여 중간정산받을 수 있으므로 근로자와 세대를 같이하는 동거인의 명의로 주택 임대차계약을 체결하는 경우에는 중간정산을 받을 수 없습니다. 그러나 배우자, 직계 존비속, 형제자매 등 세대원 명의로 계약한 경우로서 향후 전입신고 등을 통해 해당 주택에 거주함을 증명할 것을 서약하는 문서를

4) 고용노동부, 퇴직금 중간정산제도 업무처리지침(2012.9.) 참고

제출한다면 주거를 목적으로 임대차계약을 체결하는 경우로 갈음할 수 있습니다.

5) 근로자의 시모(55세)가 교통사고로 인해 6개월 이상 진단받은 경우 중간정산할 수 있는지?

근로자의 시모는 배우자의 직계존속에 해당하나 60세 미만이므로 6개월 이상의 요양을 한다고 하더라도 중간정산할 수 없습니다.

6) 입원기간만 요양기간으로 인정되는지 혹은 통원치료기간도 요양기간으로 볼 수 있는지?

요양은 질병 또는 부상 등으로 인하여 일정 치료를 필요로 하는 경우를 말하므로 입원치료뿐만 아니라 통원치료, 약물치료 기간도 요양기간으로 봅니다.

7) 임플란트 등 치과치료의 경우에도 6개월 이상의 진단서를 제출하면 중간정산 가능한지 여부?

미용목적의 치료는 중간정산 요건에 해당하지 않지만 치과계질환으로 인해 임플란트가 필요하고 6개월 이상 지속적으로 치료할 필요가 있는 경우에는 가능한 것으로 봅니다.

07

일용직, 아르바이트생의 퇴직금

2014.1.1.부터 아르바이트생 A를 고용하여 식당을 운영하고 있는 B사장. 아르바이트생 A는 금 · 토 · 일요일 하루 6시간의 근무를 하고 있습니다. A의 급여는 시급으로 계산되고 4대보험도 2014.3.1. 전까지는 가입이 되어 있지 않은 상태였습니다. 그러던 중 A씨는 2015.2.1.에 일을 그만 두고 나가면서 B사장에게 퇴직금을 요구합니다. B사장은 4대보험도 2014.3.1.에 가입되었고, 아르바이트로 고용된 것이기 때문에 퇴직금을 줄 수 없다고 합니다.
B사장은 A에게 퇴직금을 주어야 할까요?

1. 퇴직금 지급을 요구할 수 있나요?

일용직이나 아르바이트생도 근로자이므로 일정한 요건이 갖추어진 경우라면 당연히 퇴직금을 지급해야 합니다. 그 요건은 4주간을 평균하여 1주간 근로시간이 15시간 이상이고, 1년 이상 계속근로를 제공한 경우를 말합니다.

이런 요건을 충족하는 경우라면 주중 파트타임으로 근무를 하든, 주말에 아르바이트를 하든 상관없이 퇴직금 지급 청구가 가능합니다.

2. 정규직으로 전환된 경우 언제부터 계속근로기간을 산정하나요?

일용직이나 아르바이트로 근무해오던 직원을 정규직으로 전환한 경우 정규직 전환 시점부터 계속근로기간을 계산해서 그 기간에 해당하는 부분만 퇴직금을 지급하면 충분한 것일까요?

그렇지 않습니다. 퇴직금 산정의 기초가 되는 계속근로기간은 실질적인 입사시기를 기준으로 산정하여야 합니다. 정규직으로 전환된 시점부터 퇴직금을 계산해서 지급한다면 그 이전에 대한 퇴직금은 지급이 안 된 것이므로 그에 대한 지급 의무는 여전히 남게 됩니다.

3. 4대보험을 가입하지 않은 경우도 지급해야 하나요?

퇴직금 지급을 위한 계속근로기간은 4대보험 가입 여부와는 상관이 없습니다. 따라서 4대보험을 입사 이후 특정 시점에 가입했더라도 그 시점이 아닌 실제 입사일을 기준으로 해서 퇴직금을 계산해야 할 것입니다.

다만, 이 경우 다툼이 생긴다면 실제 근무일을 입증해야 할 필요가 있을 수 있습니다. 그러한 경우 출퇴근 기록부나 급여 지급 기록 등이 실제 입사일을 증명하는 자료가 될 수 있습니다.

4. 퇴사하였다가 다시 입사한 경우는 어떻게 되나요?

일용직이나 아르바이트가 계속해서 업무를 하는 도중 정규직으로 전환된 것에 불과하다면 입사 시기부터 계속 근로한 것으로 인정할 수 있습니다.

그러나 일용직으로 근무를 하다가 퇴사를 하고, 일정 기간이 지난 후 다시 입사 절차를 거쳐 정규직으로 입사한 직원이라면 근로 기간은 단절된 것으로 보아야 합니다.

즉, 퇴사 이전의 기간에 대해서는 퇴직금을 산정하여 지급하고, 정규직으로 재입사한 이후의 기간은 재입사 시점을 기준으로 퇴직금을 산정하면 될 것입니다.

5. 사례 해결

A는 하루 6시간씩 3일을 근무하였으므로 1주에 18시간을 근무한 것이 됩니다. 따라서 1주 15시간 이상 근무해야 한다는 퇴직금 지급 요건은 충족합니다.

한편 퇴직금을 요구하려면 계속근로기간이 1년 이상이 되어야 하는데, 근로기간을 4대보험 가입일이 아닌 실제 입사일을 기준으로 계산한다면 계속근로기간은 1년 이상이 되므로 이 요건 역시 충족됩니다.

또한 A는 별다른 사정이 없는 한 B사장에게 고용된 「근로기준법」상 근로자에도 해당하는 것으로 볼 수 있습니다.

따라서 A는 B사장에게 2014.1.1.부터 2015.2.1.까지의 근로기간에 대하여 퇴직금 지급을 요청할 수 있습니다.

08

퇴직연금제도란?

1. 퇴직연금제도란?

퇴직연금제도는 퇴직 시 일시금으로 지급되는 기존의 퇴직금과는 달리 연금의 형태로 지급되는 퇴직급여를 의미합니다.

퇴직연금의 유형은 다음과 같습니다.

확정급여형(DB형)	직원이 받을 연금급여가 사전에 확정되어 있는 연금제도
확정기여형(DC형)	사업주의 부담금이 사전에 확정되어 있는 연금제도

2. 퇴직연금제도를 도입하는 이유가 무엇인가요?

퇴직연금제도를 도입한 가장 큰 이유는 노후를 보다 더 확실하게 대비하기 위해서입니다.

현재 우리나라의 고령화는 빠르게 진행되고 있고, 기대 수명 역시 늘어나고 있는 추세입니다. 이에 따른 장수리스크가 증가하고 있어 조금 더 안정적인 대비가 필요한 상황입니다.

기존의 퇴직금은 이를 생활자금 등으로 소진해버리기 쉽고, 또 기업이 도산하는 경우 수급이 보장되지 않는 등 몇 가지 문제가 있어 연금 형태로 지급되는 퇴직급여 제도를 도입하게 된 것입니다.

3. DB형과 DC형은 무엇이 다른가요?

DB형과 DC형의 가장 큰 차이는 사용자의 부담금과 퇴직급여 액수의 확정 여부에 있습니다.

구 분	사용자부담금	운용주체	퇴직급여
확정급여형(DB형)	변동	사용자	사전확정 (퇴직금과 동일)
확정기여형(DC형)	사전확정 (임금총액의 12분의 1)	근로자	변동

확정기여형은 사용자가 납입해야 할 부담금이 정해져 있고 그 금액은 임금 총액의 1/12 이상이 되어야 합니다. 이렇게 납입한 금액은 근로자가 운용할 수 있고 이에 따라 최종적인 퇴직급여의 액은 변동이 생길 수 있게 됩니다.

반면 확정급여형은 퇴직급여의 액수가 정해여 있지만 사용자의 부담금은 변동이 있을 수 있습니다. 사용자가 부담금을 운용하여 부담 부분을 줄일 수도 늘릴 수도 있게 되는 것입니다.

확정급여형과 확정기여형을 표로 나타내면 다음과 같습니다.

구 분	확정급여형(DB형)	확정기여형(DC형)
적용 대상	모든 사업장	모든 사업장
운용 계약 주체	사용자와 퇴직연금 사업자	사용자와 퇴직연금 사업자
부담금 납부	사용자	사용자
퇴직급여 수준	퇴직 시 평균임금×근속연수	적립금 운용 실적에 따라 다름
퇴직급여 형태	연금 또는 일시금	연금 또는 일시금
운용위험부담	사용자	근로자
중도인출	불가	특정한 사유가 있을 경우 가능

4. 퇴직연금제도를 도입하면 좋은 점이 무엇인가요?

첫째, 퇴직금을 떼일 염려가 없게 됩니다. 기존의 퇴직금은 기업이 도산하는 등 지급 여력이 없는 경우 퇴직금을 떼이는 경우가 있었고, 지급을 받더라도 오랜 기간이 걸리는 문제가 있었습니다. 그러나 퇴직연금은 금융기관에 적립하는 제도이기 때문에 기업이 도산하더라도 이를 떼일 염려는 적다고 할 수 있습니다.

둘째, 노후대비에 효과적입니다. 기존의 퇴직금은 일시적으로 지급받아 생활비 등으로 소진해버리는 경우가 많았습니다. 그러나 퇴직연금제도는 이직하는 경우에도 퇴직금을 통산하여 관리할 수 있어 계속 적립이 가능하게 되므로 일시적으로 소진될 가능성은 현저히 줄어듭니다.

셋째, 최근의 변화된 인사노무 관리에 적합합니다. 오늘날 기업은 연공보다는 성과에 따른 연봉제나 성과급제를 도입하고 있습니다. 이러한 환경에서는 퇴직 시 성과에 따라 금액 차이가 나는 퇴직금보다 퇴직연금제도가 더 합리적이라 할 수 있습니다.

09

퇴직연금제도는 반드시 도입해야 하나요?

1. 퇴직연금제도는 의무인가요?

노후보장 등 퇴직연금제도의 장점을 생각하면 이를 도입하는 것이 바람직하겠지만 모든 사업장에 퇴직연금제도가 의무사항인 것은 아닙니다.

현재 퇴직연금은 2012.7.26. 이후에 새로 성립된 사업장의 경우에만 의무사항으로 되어 있습니다. 따라서 2012.7.26. 이후에 성립된 사업장은 근로자대표의 의견을 들어 1년 이내에 퇴직연금제도를 도입해야 합니다.

새로 성립된 사업장 개념에 기존의 사업장이 합병되거나 분할되어 조직형태가 변경된 경우까지 포함하는 것은 아닙니다.

2. 의무 사업장이 퇴직연금제도를 도입하지 않는 경우 어떻게 되나요?

퇴직연금제도를 도입해야 하는 2012.7.26. 이후에 설립된 사업장에 해당하더라도 퇴직연금 미설정에 대한 벌칙 규정을 따로 두고 있지는 않습니다.

3. DB형과 DC형을 동시에 도입할 수 있나요?

하나의 사업장에 어느 한 가지 유형의 퇴직연금제도만을 도입할 수 있는 것은 아닙니다. 두 가지를 도입하여 한 직원이 두 가지 제도에 동시에 가입하는 것도 가능합니다.

그러나 한 사업장에서 두 가지 제도를 도입하는 경우 각각의 제도에 대한 설정 비율은 모든 근로자에게 동일하게 적용되어야 합니다. 예컨대 어느 한 직원에게 DB형 50%, DC형 50%로 설정을 하였다면 다른 직원에게도 이러한 비율이 적용되어야 합니다.

그러한 비율은 근로자대표의 의견을 들어 변경이 가능하며, 이 경우 변경된 규약을 관할 노동청에 신고해야 합니다. 이때 주의해야 할 점은 각각 비율의 합이 1 이상이 되도록 설정해야 한다는 점입니다.

4. 이미 도입한 유형을 변경할 수 있나요?

이미 설정한 퇴직연금 제도의 유형을 다른 유형으로 변경하는 것도 불가능한 것은 아닙니다. 이 경우 역시 근로자대표의 의견을 들어 변경하는 것이 가능합니다.

그러나 변경으로 인해 직원들에게 불리하게 되는 경우 이는 불이익 변경에 해당되므로 근로자 대표의 동의를 받아야 합니다.

5. 퇴직연금을 도입한 경우 도입 이전 근로기간은 어떻게 처리하나요?

도입 이전의 퇴직금은 합의를 통해 여러 가지 방법으로 처리가 가능합니다.

예컨대 과거 근로기간 전부를 퇴직연금 가입기간에 포함시키는 방법, 과거 근로기간의 일부만 가입기간에 포함시키는 방법, 전부 포함시키지 않는 방법 등으로 합의가 가능합니다.

그렇다면 가입기간에 포함되지 않는 기간은 어떻게 해야 할까요? 이 기간에 대해서는 기간만큼의 퇴직금을 지급해 주어야 합니다.

문제는 어느 시점을 기준으로 퇴직금을 계산해야 하는가입니다.

퇴직연금제도 도입 이전의 기간에 대한 퇴직금은 실제 퇴사일을 기준으로 산정합니다.

퇴직연금제도를 도입할 당시의 평균임금이 아니라 실제 퇴사일을 기준으로 산정한 평균임금을 가지고 도입 이전의 기간에 대한 퇴직금을 계산하여 지급해 주어야 합니다.

10

퇴직연금제도 도입 시 유의사항

1. 퇴직연금 도입 시 유의 사항

퇴직연금을 도입하는 경우 다음의 사항을 체크해 보아야 합니다.

- 퇴직연금 규약을 작성하고 신고할 것
- 가입자 교육을 실시할 것
- 노사 합의 및 동의 절차를 거칠 것
- 퇴직연금사업자를 신중히 선택할 것

규약 미신고, 가입자 교육 미실시, 협의 절차 생략과 같은 경우는 과태료 부과 등 처벌 대상이므로 반드시 검토해야 합니다.

2. 퇴직연금 규약은 반드시 작성해야 하나요?

퇴직연금제도를 도입하는 경우 근로자대표의 동의나 의견을 들어 퇴직연금 규약을 작성하고 이를 지방 노동관서에 신고하여야 합니다.

규약의 기재 사항은 다음과 같습니다.

1. 퇴직연금사업자 선정에 관한 사항
2. 가입자에 관한 사항

3. 가입기간에 관한 사항
4. 급여수준에 관한 사항
5. 급여 지급능력 확보에 관한 사항
6. 급여의 종류 및 수급요건 등에 관한 사항
7. 「근로자퇴직급여보장법」 제28조에 따른 운용관리업무 및 동법 제29조에 따른 자산관리업무의 수행을 내용으로 하는 계약의 체결 및 해지와 해지에 따른 계약의 이전(移轉)에 관한 사항
8. 운용현황의 통지에 관한 사항
9. 가입자의 퇴직 등 급여 지급사유 발생과 급여의 지급절차에 관한 사항
10. 퇴직연금제도의 폐지·중단 사유 및 절차 등에 관한 사항
11. 그 밖에 확정급여형퇴직연금제도의 운영을 위하여 대통령령으로 정하는 사항

이상의 내용을 기재한 규약을 신고하지 않았다고 해서 퇴직연금제도 자체가 무효라고 볼 수는 없습니다. 규약 신고의 취지는 제도의 적법 타당한 운영을 담보하기 위한 것이므로 이를 효력발생 요건으로 보는 것은 무리이기 때문입니다.

그러나 규약 신고를 하지 않는다면 5백만원 이하 과태료 부과 대상이 되고, 또 제도의 운영에 있어 필요한 사항은 서면으로 작성해 확실히 해두는 것이 분쟁 예방 차원에서도 좋으므로 신고 의무는 되도록 이행하는 것이 바람직할 것입니다.

3. 가입자 예방교육은 반드시 해야 하나요?

확정급여형 또는 확정기여형 퇴직연금제도를 설정한 경우 매년 1회 이상 가입자에게 퇴직금 운영 상황 등에 대한 교육을 해야 합니다.

이러한 교육은 원칙적으로 의무 사항이고 이를 불이행할 경우 1천만원 이하의 과태료가 부과됩니다.

교육은 제도의 형태에 따라 교육내용이 조금씩 달라지지만 다음과 같은

사항은 공통적으로 그 내용으로 해야 합니다.

1. 급여 종류에 관한 사항, 수급요건, 급여액 등 제도별 특징 및 차이점
2. 담보대출, 중도인출, 지연이자 등 해당 사업의 퇴직연금제도 운영에 관한 사항
3. 급여 또는 부담금 산정의 기준이 되는 임금 등에 관한 사항
4. 퇴직 시 급여 지급절차 및 개인형퇴직연금제도로의 적립금 이전에 관한 사항
5. 연금소득세, 퇴직소득세 등 과세 체계에 관한 사항
6. 해당 사업의 퇴직연금제도를 중단하거나 폐지하는 경우 그 처리방법
7. 가입자의 소득, 자산, 부채, 나이 및 근속연수 등을 고려한 자산·부채관리의 일반적 원칙과 노후 설계의 중요성에 관한 사항

교육은 사업주가 해야 하지만 필요한 경우 그 실시를 위탁하여 시행할 수도 있습니다.

4. 노사 합의 및 동의 절차는 꼭 필요한가요?

퇴직연금제도를 도입하기 위해서는 근로자대표의 의견을 들어 규약을 작성·신고해야 하고, 또 불리하게 변경할 때에는 동의를 받아야 할 경우도 있습니다.

또한 적합한 유형의 선택이나 제도 도입 이전에 직원들과의 활발한 커뮤니케이션이 이루어지는 것이 바람직합니다.

퇴직연금제도의 설정 및 제도 변경 시 의견을 듣지 않거나 동의를 받지 않은 경우 5백만원 이하의 벌금이 부과될 수 있습니다.

5. 퇴직연금 사업자의 선택 기준은?

퇴직연금 사업자는 노사 합의로 정하게 되어 있습니다. 따라서 여러 사업장으로부터 제안서 제출을 요구하여 이를 검토한 후 노사 합의로 정하는 것이

바람직합니다.

한편 퇴직연금 사업자는 홈페이지에 적립금 운용방법 및 운용 수익률, 수수료, 퇴직연금 사업자가 수행하는 업무의 종류 및 방법 등을 공시하도록 되어 있으므로 이를 꼼꼼히 확인하고 선택하는 것이 좋습니다.

예화로 풀어보는 기업노무

레몬주스 이야기와 마쓰시다 고노스케

카네기 경전에 나오는 이야기입니다.

시카고대학교 총장인 로버트 메니너드 허친스에게 "어떻게 그렇게 즐겁게 지내십니까?"라고 물은 적이 있었다. 그는 이렇게 대답했다. "시어스 로벅의 이사장이었던 고 줄리어스 로젠월드가 내게 해준 충고를 기억하고 있다네. 레몬이 있으면 레몬주스를 만들어라. 난 단지 이 말대로 살려고 노력할 뿐이네."

이것이 바로 위대한 교육자가 실천하는 방법이다. 하지만 세상의 바보들은 이와 정반대로 행동한다. 즉, 결과가 시디신 레몬처럼 되어버리면 곧바로 자포자기하며 "난 안돼. 이게 운명이야! 이제 기회는 없어."라고 절망한다. 그리고는 세상을 원망하고 자기연민 속으로 빠져드는 것이다. 그러나 현명한 자들은 인생의 시디신 레몬이 생겼을 때 "여기서 뭘 배울 수 있을까? 어떻게 해야 상황이 나아질까? 이 레몬으로 레몬주스를 만들 수 있겠지?"라고 묻는다.

경영의 신이라 불리는 마쓰시다 고노스케에게 한 직원이 물었습니다.

"회장님은 어떻게 해서 이렇게 큰 성공을 거두셨습니까?"

회장은 이렇게 답합니다.

"나는 하늘로부터 3가지 은혜를 입었다.

가난한 것, 허약한 것, 못 배운 것이 바로 그것이다.

가난은 부지런함을 낳았고, 허약함은 건강의 중요성을 깨닫게 해주었으며, 못 배웠다는 사실 때문에 누구한테라도 배우려고 하였다."

항상 불만만을 이야기하는 사장들이 있습니다.

"직원들이 입사한지 얼마 지나지 않아 퇴사를 해서 사업하기 너무 힘들다.",

"매출은 안 오르는데 직원들은 매년 월급을 올려 달라고 해서 스트레스 받는다.", "직원들이 다들 내 일처럼 생각하고 일해주면 좋겠는데 그러질 않아 답답하다."

이런 생각은 긍정의 에너지를 만들어 내지 못합니다.

아마도 이런 상황에서 허친스 총장과 마쓰시다 고노스케는 이렇게 생각했을 겁니다.

"왜 직원들이 오래 근무하지 못하고 빨리 그만둘까? 뭐가 문제일까? 직원들의 근속연수가 짧은 회사는 비전이 없는 법. 어떻게 해서든지 직원들이 오래 다니는 회사를 만들어야겠다. 근무시간과 직원들의 초임월급수준을 다시 한번 체크해봐야겠어. 출퇴근이 힘든지도 한번 알아봐야겠군. 대부분이 지하철로 출퇴근하니까 봉고차 1대를 마련해서 출퇴근에 직원들이 힘들지 않고 즐겁게 회사를 다니는 방법을 강구해야겠어."

주어진 현실을 받아들이되 어떻게 하면 그 현실을 극복할 수 있는지에 대하여 끊임없이 고민하고 그 고민에 대한 결론을 과감하게 실천에 옮기는 사람.

우리는 그 사람을 성공한 CEO라고 부릅니다.

Chapter 10

기업변동과 인사이동

01

개인사업자에서 법인으로 전환한 김사장의 기업노무 점수

맨손으로 시작하여 지금은 어엿한 매출 30억원대의 작지만 탄탄한 회사의 사장이 된 우리 김사장. 얼마 전 거래하는 세무사의 권유로 개인사업자에서 법인으로 회사 형태를 전환하였습니다. 요즘 김사장의 고민은 바로 이겁니다.

"세금 문제 때문에 법인으로 전환하기는 했는데, 요즘 CEO 모임에 나가 보면 다들 노무가 문제라고 하더란 말이야. 과연 내가 결정을 잘 한 것인지… 통 알 수가 없네."

과연 김사장의 의사결정은 기업노무로 봤을 때는 몇 점일까요?

1. 세무와 노무, 이것이 다르다!

개인사업자와 법인의 차이점은 무엇일까요? 많은 차이가 있겠지만 세법상 가장 큰 차이점은 개인사업자에게는 종합소득이 과세되는데 반해, 법인의 경우 법인에게는 법인세, 대표자에게는 근로소득세가 과세되고 배당 시 배당소득세가 과세된다는 점일 것입니다.

그렇다면 노동법상 차이점은 무엇일까요?

2. 체크포인트! 종업원 수

노무는 회사에 상시 근무하는 직원이 몇 명인지에 따라[1] 취업규칙 신고 등의 법적의무가 부과되는 것이지 회사 형태가 개인사업자이냐 법인이냐에 따라 달라지지는 않습니다.

그래서 법인사업체로 전환한 것만을 가지고서 인사노무점수가 몇 점이다라고 단언하는 것은 불가능합니다. 이 질문에 대하여는 구체적인 상황을 몇 가지로 나누어 살펴봅시다.

3. 구체적인 상황별 인사노무 체크포인트

개인사업체에서 법인으로 전환을 계획하고 있거나 이미 전환을 마친 회사의 경우 설립 초기에 비하여 매출액과 종업원이 늘어난 것이 일반적인 형태일 것입니다.

이와 같은 상황에서 어떤 회사는 개인사업체를 법인으로 전환할 것이고 어떤 회사는 개인사업체는 그대로 두고 법인으로 전환할 수도 있을 것입니다. 이하에서는 이런 2가지 형태로 나누어서 살펴보도록 하겠습니다.

1) 개인사업체에서 법인으로 전환한 경우

회사형태를 변경하는 가장 전형적인 형태입니다. 회사의 매출이 어느 정도 증가하면 시간의 차이는 있지만 대부분 이런 식으로 법인전환을 합니다. 이 경우 다음을 주의해야 합니다.

법인 전환 후 퇴직하는 직원의 퇴직금은 개인사업체 입사 시부터 기간을 계산하여 지급해야 합니다. 직원들은 법인전환에 대하여 아무런 관심이 없고

---

1) 'Chapter 2. 사업장 방문 시 반드시 챙겨야 할 사항, 2. 사장이 꼭 알아야 하는 법규정'을 참고하기 바랍니다.

실제 법인으로 전환된 사실조차 모르는 경우가 대부분입니다. 결국 직원들은 법인 전환과 무관하게 항상 똑같은 일을 해왔는데, 이는 퇴직금 기간 산정시에도 그대로 반영되어 최초 입사일부터 퇴직금 산정되어야 합니다.

연차휴가 역시 고용기간의 단절 없이 계속근무로 간주하여 연차휴가 일수를 산정하여 종업원에게 부여하여야 합니다. 직원수가 5인 이상이 되는 경우, 10인 이상이 되는 경우, 30인 이상이 되는 경우 적용되는 노동관련 법률 규정이 달라지는 바, 이에 대한 세심한 주의가 필요합니다.

2) 개인사업체는 유지한 채 별도의 법인을 설립한 경우

기존 개인사업체는 그대로 두고 별도의 법인을 설립하는 경우 조금 더 체크해야 할 항목이 많습니다.

대부분 사장들은 "회사 소속 직원수를 5인이 되지 않게 하기 위해서 또는 10인이 되지 않게 하기 위해서" 개인사업체는 그대로 두고 별도의 법인을 설립하였다고 말합니다.

직원수가 늘어나면 노동관계 법률에 따른 부담이 늘어나기 때문에 개인사업체에 4명의 직원을, 신설법인에 4명의 직원을 입사시키는 경우가 대표적인 예입니다. 일견 타당성 있는 말입니다. 그러나 사안을 자세히 들여다보면 꼭 그렇지도 않습니다.

왜냐하면 이런 대부분의 사업장이 급여계산이나 4대보험을 신고함에 있어 회사별로 직원을 구분하여 처리하고 있으나 실제 업무는 회사 구분없이 사장 편의대로 시키는 경우가 많기 때문입니다 실제 현장에서는 ▲ 개인사업체 명의와 법인대표자 명의가 동일하거나 배우자 명의인 경우, ▲ 인사발령 등 전체적인 인사노무관리가 법인 또는 개인사업체 어느 일방에서 일괄적으로 행하는 경우, ▲ 자금관리 및 손익 계산 등에 있어 사업장별로 구분하여 재무제표를 작성하고 있으나 실제로 별도의 회계단위를 설정한 독립채산제가 아닌 등의 경우라면 **개인사업체와 법인을 별도의 사업장으로 보기에는 상당한 어려움이 있습니다.**

> •**상시 인원수 판단**
> 이런 사업장의 상시 인원수 판단은 개인사업체와 법인사업체 직원수를 모두 합한 수가 상시 인원수가 됨.

한편 기존 개인사업체에 입사하여 근무하던 종업원을 법인을 설립하면서 근무장소, 업무를 달리하여 새로운 일을 시키는 경우에도 기존 고용관계가 그대로 유지되는 한 연차유급휴가, 퇴직금 산정 시 최초 입사일이 기준점이 되는 것은 첫 번째 사례와 같습니다.

4. 중요한 것은 실질이다!

결국 개인사업체를 법인으로 전환하면서 직원을 추가적으로 고용하게 되어 그 인원수가 5인, 10인, 30인을 넘어선다면 그에 따른 노동관계 법률을 적용하여 인력을 운영하여야 할 것입니다.

그리고 기존 직원들과의 고용관계가 단절되지 않은 채 법인전환이 되었다면 회사가 법인으로 전환되었다 하더라도 최초 입사일 당시부터 퇴직금 등의 근로조건은 산정되어야 마땅할 것입니다.

따라서 개인사업체는 유지한 채 별도의 법인을 설립하거나 인위적으로 고용관계를 종료하는 방법을 사용하는 사장들과의 상담 시 이런 대화를 나누어야 합니다.

"사장님, 중요한 것은 실질입니다. 서류상으로 별개의 회사에 속한 직원으로 처리하시더라도 실제 업무를 부여하거나 인사발령을 내면서 거의 하나의 회사인 것으로 운영하신다면 하나의 사업장인 것으로 법적 처리됩니다."

02

인사이동의 종류

1. 다양한 경영변수와 경영

저성장 기조가 당분간은 지속될 것이라는 암울한 경제전망이 여기저기서 나오고 있습니다.

고용 없는 성장이라는 말이 이제 더 이상은 낯설지 않게 다가오는 요즘입니다.

이런 상황에서 회사라는 한 척의 배는 점점 거칠어지는 파도와 맞서며 항해를 계속해 나가야 합니다. 그러면서 때로는 조리실에 일하는 인력이 갑판에 동원되기도 하고, 때로는 조타실에 있는 인력이 선실 청소에 동원되기도 합니다. 물론 이런 인력운영에 대한 최종 결정은 최고책임자인 선장이 내립니다.

사장은 경영상 필요에 의하여 업무배치에 변화가 필요하다고 판단 시 얼마든지 변경할 **권한**이 있습니다. 그리고 **권한**은 특별히 권리남용이라고 볼 수 있는 경우가 아닌 한 상당한 재량이 인정됩니다.

> • **인사경영권**
> 근로자에게 근로3권이 있다면 사장에게는 인사경영권이 있음.

2. 인사이동에는 어떠한 것들이 있나요?

인사이동은 크게 기업 내부적인 인사이동과 외부적인 인사이동으로 구분할 수 있습니다.

내부적 인사이동	전보, 전직 : 근무 장소는 유지하되 담당 업무 변경
	전근 : 근무 장소 변경
외부적 인사이동	전출 : 소속 회사에 적은 유지한 채 타 사업장에 종사
	전적 : 적을 옮겨 새로운 타 사업장과 근로관계 형성

인사이동은 이 외에도 승진·강등과 같은 수직적 인사이동을 포함합니다.

3. 사업장 현실

노동위원회에서 문제된 사례를 한번 살펴볼까요?

첫째, 관리직으로 채용된 직원을 뚜렷한 이유 없이 생산직으로 발령낸 사례

둘째, 채용 시 서울 본사에서 근무하기로 근로계약서를 작성하였음에도 근로자의 동의 없이 광주로 발령낸 사례

셋째, 채용 시 경력을 인정하여 월 400만원으로 임금지급을 하였으나 6개월 후 능력부족을 이유로 월 250만원을 지급하겠다고 한 사례

모두가 사업주가 패소할 가능성이 상당히 높은 사례들입니다. 그런데 지금 이 순간에도 이와 유사한 인사결정을 하는 사장들이 많습니다.

여기서 중요한 것은 시대가 변했다는 것입니다.

예전에는 사장이 이런 인사이동을 하더라도 대부분의 근로자들은 다음 인사발령 때까지 기다리는 등 자신의 권리보호에 소극적이었던 반면, 요즘 근로자들은 인터넷을 통하여 정보를 수집하고 바로 노동위원회에 구제신청을 하는 적극적인 모습을 보입니다.

어느 날 갑자기 부당전보 사건이 접수되었다는 노동위원회 조사관의 전화를 받으며 대부분의 사장은 고개를 가로 젓습니다.

"이상하다. 내가 지금껏 10년 동안 사업을 하면서 이런 일이 없었는

데…"

이런 상황에서 우리들은 어떻게 행동해야 할까요?

우선 법적 판단을 하는 법원과 노동위원회의 입장을 정확히 파악하고, 이를 토대로 사장에게 어떤 내용의 자문을 할 것인지를 정리하는 것이 필요합니다.

4. 정당성 판단, 어렵지 않아요!

법원과 노동위원회는 어떤 기준에 입각하여 인사이동의 정당성을 판단할까요?

사안마다 조금씩은 다르지만 대체적으로 다음과 같은 4가지 기준에 입각하여 판단을 하고 있습니다. 이 4가지는 반드시 기억하여야 합니다.

〈인사이동의 정당성 판단 기준 4가지〉 ★★★★

실체적 정당성	업무상 필요성	회사가 근로자에게 그와 같은 인사처분을 할 수밖에 없는 업무상 필요성이 있는가?
	생활상 불이익	그와 같은 인사처분으로 인하여 근로자가 입게 되는 생활상 불이익이 있는가?
	비교형량	회사의 업무상 필요성과 근로자의 생활상 불이익을 비교하면 어떤 것이 보다 더 설득력이 있는가?
절차적 정당성	협의절차	회사가 인사처분을 하는 과정에서 근로자와 면담은 진행하였는가?

앞으로 어떤 상황에서 어떤 사업주와 어떤 인사이동과 관련한 상담을 하더라도 절대 당황하지 말고 4가지 기준에 입각하여 정당성 판단에 대한 자문을 해주십시오. 여기서 벗어나는 사안은 거의 없습니다.

5. 사례

- 배치전환에 대해 사전에 성실한 협의절차를 거치지 않았다는 사정만으로 권리남용이라 할 수 없다(서울행정법원 2003.12.5. 선고 2003구합10367 판결).
- 경영상 어려움으로 조직축소개편에 따른 잉여인력을 보직대기시키고 배치전환을 위한 교육을 실시하고 있다면 이는 정당한 인사명령이다(중노위 98부해213, 1998.7.10.).
- 배치전환으로 근로자들의 출퇴근 거리가 늘어났다는 사정만으로 그 배치전환이 정당한 인사권 행사의 범위를 벗어난 것이라고 단정하기에 부족하다(대구지방법원 2011.4.15. 선고 2010가합777 판결).
- 적정한 배치전환 등을 고려하기 위해 임금, 상여금 등의 저하 없이 자택대기 발령한 것은 경영상의 필요에 따른 해고회피 노력이므로 정당하다(중노위 98부해317, 1998.10.12.).
- 전근발령에 불만을 가지고 부임자체를 거부하면서 부당전보구제신청 및 재심신청이 모두 기각된 이후에까지 아무런 사유신고 없이 무단결근한 것은 징계사유에 해당한다(서울행정법원 2002.4.16. 선고 2001구43003 판결).
- 회사의 부당한 전근명령에 불복하여 출근거부, 근무지이탈을 이유로 한 해고는 징계권 남용으로 부당해고이다(대법원 1993.1.12. 선고 91누5426 판결).
- 사내부부 전보발령에 있어서 업무상의 필요성이 인정될 뿐만 아니라 그로 인해 현저한 불이익이 없다면 노조활동에 다소의 불편함이 예상된다 하더라도 이를 노동조합의 운영을 지배·개입하는 부당노동행위로 보기 어렵다(중노위 2000부노64, 2000.10.10.).
- 제공할 근로의 종류를 주차지도 업무로 한정하여 근로계약을 체결하였음에도 주차지도 업무에서 노상주차장 요금수납 업무로 전보한 것은 부당전보이다(서울행정법원 2013.6.26. 선고 2012구합41134 판결).
- 업무상의 필요성과 전보 등에 따른 근로자의 생활상의 불이익을 비교·교량하고, 근로자측과의 협의 등 그 전보처분 등의 과정에서 신의칙상

요구되는 절차를 거쳐 근로자에게 행한 전보발령은 부당하다고 볼 수 없다(경남지노위 2006부해223, 2007.2.16.).

- 다른 직무를 담당하게 하는 전보처분을 하기 위해서는 원칙적으로 근로자의 동의가 있어야 할 것이나, 여기서 동의는 반드시 명시적인 동의에만 한정되는 것은 아니고 묵시적인 동의도 가능하다(서울행정법원 2013.12.19. 선고 2013구합17268 판결).
- 직장질서의 유지나 회복, 근로자간의 인화를 위한 업무상 필요에 따라 통근거리는 10여분 남짓 차이 나는 곳으로 전보처분한 것은 정당하다(서울행정법원 2009.4.7. 선고 2008구합46514 판결).
- 성실한 협의 절차를 거치지 않은 전보 처분이라도 그 이유만으로 권리남용에 해당해 당연 무효가 된다고 볼 수 없다(서울행정법원 2009.2.6. 선고 2008구합29779 판결).
- 근로자와 체결한 근로계약에서 근로내용 또는 근로장소 등을 특별히 한정한 경우 이를 변경하는 내용의 전보는 원칙적으로 근로자의 동의가 있어야 할 것이고, 적어도 근로자 본인과 성실한 협의절차를 거쳐야 한다(서울행정법원 2013.6.20. 선고 2012구합41271 판결).
- 업무상 필요성이 부족하고, 생활상 불이익이 현저하며, 성실한 협의를 거치지 않아 인사재량권을 남용한 전보발령은 부당전보에 해당한다(중노위 중앙2014부해1205, 2015.2.2.).

03

전직명령에 불응하여 무단결근한 직원에게도 임금을 지급해야 하나요?

서울에서 근무하는 직원 A씨는 수년간 열심히 회사생활을 하였습니다. 그러던 어느 날 회사로부터 강원도에 있는 지점으로 출근하라는 명령을 받게 됩니다. A씨는 열심히 근무하고 있는 본인에게 아무 이유 없이 이러한 명령을 한 회사의 처사가 부당하다는 생각을 하여 노동위원회에 구제신청을 하였습니다. 한편 A씨는 구제신청 기간 동안 강원도에서 근무하라는 회사의 인사명령에 반하여 무단으로 출근을 하지 않았는데요. 회사는 무단결근한 A씨가 회사의 허락 없이 무단으로 결근하여 근로를 제공하지 않았으므로 임금 역시 지급하지 않겠다고 합니다.
A씨는 회사에 대하여 무단결근 기간 동안의 임금을 청구할 수 있을까요?

1. 부당한 인사이동에 대해 직원이 다툴 수 있는 방법이 있나요?

전근이나 전보 등 인사이동이 부당하다고 생각하는 직원은 노동위원회에 구제신청을 제기할 수 있습니다. 인사이동은 반드시 정당성을 갖추어야 하고, 그렇지 못한 경우 인사이동이 없었던 상태로의 복직 및 그 기간 동안의 임금 차액을 지급해야 합니다.

2. 부당한 인사이동에 대한 구제신청은 언제나 제기가 가능한가요?

노동위원회에 부당전직 등 구제신청을 하는 것은 그러한 인사명령이 있은 날로부터 3개월 이내에 이루어져야 하고, 3개월이 넘었다면 구제신청을 할 수 없습니다. 다만, 사업장의 상시 근로자 수가 5인 미만인 경우에는 노동위원회에 구제신청을 할 수 없습니다.

3. 인사이동이 부당한 것으로 결정된 경우는?

노동위원회가 회사의 전직명령을 부당하다고 결정하였다면 전직명령 이전 상황으로 원상회복시켜야 합니다. 만약 부당 전직으로 결정이 되었음에도 불구하고, 그러한 조치를 취하지 않는 경우에는 **이행강제금**이 부과될 수 있습니다.

> • **이행강제금**
> 노동위원회는 구제명령을 받은 회사가 기한 내 구제명령을 이행하지 않게 되면 2천만원 이하의 이행강제금을 매년 2차례씩 2년 동안 부과를 할 수 있음. 결국 이행강제금은 총 8천만원까지 부과할 수 있는 것으로 상당히 그 액수가 큰 제재임.

지방노동위원회의 결과에 대해 이의가 있는 경우에는 10일 이내에 중앙노동위원회에 재심청구가 가능합니다. 결정일 이후 10일 이내에 재심을 청구하지 않는 경우에는 구제명령은 그대로 확정이 되게 됩니다.

중앙노동위원회의 재심에도 불복을 하는 경우에는 15일 이내에 행정소송의 제기가 가능합니다.

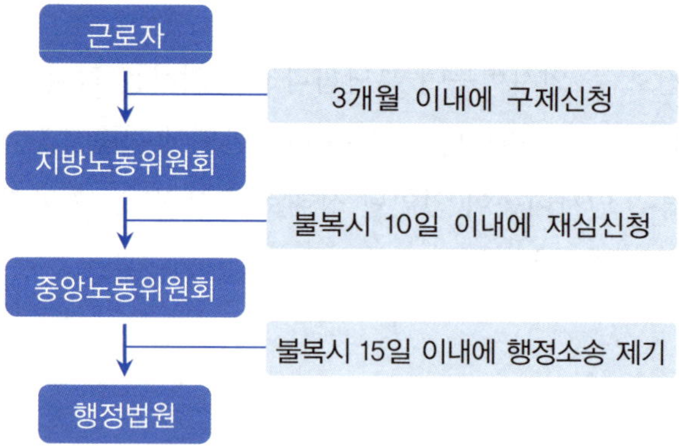

4. 사례 해결

A씨의 임금 청구가 가능한지 여부는 회사가 A씨에게 한 전근 명령이 정당한지 여부에 따라 나누어 생각해 볼 수 있습니다. 전근 명령이 정당하다고 결정된 경우 A씨는 그러한 명령에 따라서 출근을 했어야 하므로 무단결근은 A씨의 책임이라고 할 수 있습니다. 따라서 이 경우 A씨가 회사에 임금을 청구하기는 어려울 것입니다.

그러나 전근 명령이 부당하다고 결정된 경우에는 A씨가 무단결근을 하게 된 이유는 회사의 부당한 전근 명령 때문이고, 이는 회사의 귀책사유로 볼 수 있으므로 회사는 부당한 전근을 하지 않았더라면 A씨가 지급받을 수 있었던 급여를 지급하여야 함이 타당합니다.

대법원은 "근로자에 대한 전보나 전직은 원칙적으로 인사권자인 사용자의 권한에 속하므로 업무상 필요한 범위 내에서 사용자는 상당한 재량을 가지는 것이나, 그것이 「근로기준법」 등에 위반되거나 권리남용에 해당되는 등의 특별한 사정이 있는 경우에는 무효가 된다고 볼 것이고, 이러한 무효인 부당전직의 경우 근로자가 이에 불응하여 전직명령의 효력을 다투면서 전직발령지에서 근로를 제공하지 아니하는 경우 이는 부당한 전직명령을 한 사용자의 귀책사유로 말미암은 것이므로, 근로자는 전직명령 시부터 원직복귀 시까지의 기간 동안 종전 근무지에서 계속 근로하였을 경우에 받을 수 있는 임금의 지급을 청구할 수 있다 할 것이다"고 판시하고 있습니다(대법원 2006.9.14. 선고 2006다33531 판결).

04

전출, 전적 시 직원의 근로조건

1. 전출이나 전적을 하는 경우는?

전출이나 전적은 기업 외부적인 인사이동이라는 점에서 기업 내적으로 이루어지는 전직이나 전근과는 차이가 있습니다.

전출과 전적의 가장 큰 차이점은 인사명령을 하는 회사에 적을 남겨 놓는지 여부라고 할 수 있습니다. 전출은 기존 회사에 적을 그대로 유지하지만, 전적은 적을 옮겨 근로관계를 새로이 형성한다는 점에서 차이가 있습니다.

이러한 **전출** 및 **전적**은 보통 계열사와 같은 관련 기업 사이에 이루어지는 경우가 많습니다.

> • **전출, 전적**
> 일반적으로 전출, 전적은 그 자체로 독립적으로 이루어지기보다는 경기불황에 따른 기업의 고용조정의 일환으로 이루어지는 것이 대부분임.

2. 전출이나 전적은 반드시 동의를 받아야 하나요?

사내 인사이동과는 달리 전출이나 전적은 근로계약의 변경을 초래하는 것이므로 반드시 직원의 동의를 받아야 합니다.

따라서 직원에 대한 아무런 합의 없는 일방적인 전출이나 전적 명령은 부당하며 그러한 인사명령권은 인정될 수 없습니다.

3. 동의 없는 전적이 인정될 수 있는 경우

한편 우리 대법원은 사전 동의를 받거나 동의를 받지 않는 경우에도 전적이 유효할 수 있다는 내용의 판시를 한 바 있습니다. 즉, 대법원은 "① 미리 전적할 계열기업을 특정하고 그 기업에서 종사하여야 할 업무에 관한 사항 등의 기본적인 근로조건을 명시하여 사전동의를 얻은 경우나, ② 기업그룹 내에서 근로자의 동의를 얻지 아니하고 다른 계열기업으로 근로자를 전적시키는 관행이 있어서 그와 같은 관행이 기업 내에서 일반적으로 근로관계를 규율하는 규범적 사실로 명확하게 승인되거나 기업의 구성원이 일반적으로 아무런 이의를 제기하지 아니한 채 당연한 것으로 받아들여 기업 내에서 사실상의 제도로 확립되어 있는 근로계약의 내용을 이루는 것으로 인정되는 경우처럼, 특별한 사정이 있는 경우에 한하여 근로자의 구체적인 동의를 얻지 아니하더라도 근로자를 다른 계열기업으로 유효하게 전적시킬 수 있다"고 판시하고 있습니다(대법원 1996.5.10. 선고 95다42270 판결).

그러나 동의를 얻지 않고 전적을 할 수 있는 경우는 관행이 제도로 인식될 정도가 되어야 하므로 쉽게 인정되기는 어려울 것이고, 되도록 명시적 동의를 받아서 전적을 하는 것이 바람직할 것입니다.

4. 전출 직원의 근로관계는 어떻게 되나요?

전출은 근로자 파견과 비슷하므로 파견근로자의 경우와 유사하게 근로조건을 처리하면 됩니다. 따라서 근로의 제공을 전제로 하지 않는 부분(임금, 해고, 퇴직금 등)은 종전의 회사의 규율에 따르고, 근로의 제공을 전제로 하는 부분(휴게, 휴일, 근로시간, 산업안전 등)은 전출받은 회사의 규율에 따라서 처리할 수 있습니다.

5. 전적 전 · 후의 근로조건은 어떻게 되나요?

전적은 원칙적으로 근로관계가 단절되는 것으로 새롭게 형성된 기업의 취업규칙 등에 따라 근로조건이 결정될 것입니다. 따라서 전적된 직원의 근로조건은 새로운 회사에 의해 결정이 된다고 할 수 있습니다.

근로기간의 계속 역시 단절되는 것으로 보아야 하므로 퇴직금 역시 전적 시에 원래 회사에서 퇴직금을 지급받고, 새로운 회사에 입사한 때부터 새로이 계속 근로 기간을 기산해야 할 것입니다.

다만, 전적 전 · 후의 기업 사이에 근속 기간을 통산한다는 특약이 있거나 취업규칙에 특별한 통산 규정이 있는 경우라면 그러한 규정에 따라 통산이 될 수는 있을 것입니다.

05

직원에 대한 **휴직명령**은 언제나 가능한가요?

A씨는 B회사에서 수년간 근무를 해오고 있는 직원입니다. A씨는 직장 생활에는 큰 문제가 없었으나 술버릇이 나빠 술만 마시면 난폭해지는 성향이 있었고 이를 잘 아는 A씨는 술을 마시더라도 항상 조심하는 습관을 갖고 있었습니다. 그렇게 별 탈 없이 지내오던 중 오랜만에 친구들을 만난 A씨는 그날따라 술을 과하게 마시고 다른 사람들과 시비가 붙어 폭행을 저지르고 맙니다. 이에 A씨는 구속까지 되는 지경에 이르게 됩니다. 한편 B회사 취업규칙에는 「형사사건으로 구속되는 경우 휴직을 명할 수 있다」는 규정이 있고, 이에 따라 A씨는 휴직명령을 받게 됩니다. 그러던 중 A씨 사건을 맡고 있던 검사는 A씨를 구속 취소하고 불구속 기소된 상태로 재판을 진행하게 됩니다.
이러한 상황에서 B회사는 A씨에게 휴직을 계속 명령할 수 있을까요?

1. 휴직이란 무엇인가요?

휴직이란 직원이 근무를 하는 것이 불능·부적당한 경우 일정기간 근로의 제공을 면제하거나 금지하는 것을 의미합니다. 휴직은 근로계약을 체결한 직원으로서의 지위는 계속 유지하되, 일시적으로 근로관계가 정지되는 것으로 볼 수 있습니다.

2. 휴직을 하는 경우는?

휴직은 크게 직원의 사정으로 인한 경우와 회사의 사정으로 인한 경우로 나누어 볼 수 있습니다. 직원의 사정으로 인한 휴직은 직원이 부상을 당한 경우, 노동조합의 전임자가 되는 경우, 군복무를 하는 경우 등이 있습니다. 회사의 사정으로 인한 휴직은 경영상 어려움이 있는 경우, 사외로 직원을 파견 보내는 경우 등이 있습니다.

3. 휴직은 언제나 가능한가요?

직원이 휴직을 요청하여 이를 허가하는 경우는 직원이 휴직하기를 희망하는 것이므로 정당성의 문제는 발생하지 않습니다. 그러나 회사 측에서 직원에게 휴직을 명령하는 경우라면 반드시 '정당한 이유'가 있어야만 하고, 만약 정당성이 없다면 이는 휴직으로서의 효력이 부정됩니다. 한편 정당한 이유만 있다면 취업규칙상 규정이 없더라도 휴직은 유효하게 가능합니다. 휴직의 '정당한 이유'가 무엇인지는 법령에 구체적으로 정해진 사항은 없으나, 상당한 기간 동안 근로를 제공하는 것이 불능 · 부적당하다고 객관적으로 인정되는 경우이어야 합니다.

대법원 역시 "휴직근거규정에 의하여 사용자에게 일정한 휴직사유의 발생에 따른 휴직명령권을 부여하고 있다 하더라도 그 정해진 사유가 있는 경우, 당해 휴직규정의 설정목적과 그 실제기능, 휴직명령권 발동의 합리성 여부 및 그로 인하여 근로자가 받게 될 신분상, 경제상의 불이익 등 구체적인 사정을 모두 참작하여 근로자가 상당한 기간에 걸쳐 근로의 제공을 할 수 없다거나, 근로제공을 함이 매우 부적당하다고 인정되는 경우에만 정당한 이유가 있다고 보아야 할 것이다"고 판시하고 있습니다(대법원 2005.2.18. 선고 2003다63029 판결).

4. 사례 해결

A씨에 대한 휴직이 정당한 것인지는 휴직의 이유가 객관적으로 부적당한 것인지를 살펴야 할 것입니다. 따라서 A씨가 폭행으로 구속이 된 상태라면 근무지에 나와 근로를 제공하는 것이 불가능하므로 구속 기간 동안 휴직 명령을 하는 것은 정당하다고 판단할 수 있겠습니다. 그러나 A씨는 검사의 구속 취소로 석방되었고 석방되어 근로의 제공이 가능하다면 계속해서 휴직 명령을 유지하는 것은 정당성을 인정하기 어려울 것입니다.

06

휴직자가 복직원을 제출하지 않을 시 자동퇴사하도록 하는 것이 가능한가요?

> A씨는 질병으로 인해 1달간 휴직을 하고 있는 상황입니다. 회사로부터 1달간의 휴직을 승인받고 이제 내일이면 휴직 기간이 끝나 출근을 하여야 합니다. 1달의 휴직으로 인해 A씨의 질병은 완쾌되었고 근무를 다시 하는데 별 무리는 없는 상태입니다. 한편 회사의 취업규칙에는 '휴직자가 복직하는 경우 휴직기간 만료 3일 전까지 복직원을 제출하여야 하고 이를 제출하지 않는 경우 자동퇴사 처리한다'는 규정이 있습니다. 그러나 A씨는 복직원을 제출하지 않은 채 회사에 출근을 하였고, 회사에 출근한 A씨는 복직원의 제출이 없어 자동 퇴사처리되었다는 통보를 받게 됩니다. A씨는 일부러 제출하지 않은 것도 아니고 실수였기 때문에 부당하다며 복직을 주장합니다.
> A씨는 회사에 복직을 요구할 수 있을까요?

1. 복직원 미제출시 자동퇴사의 효력은?

직원은 휴직기간 만료일 전 복직원을 제출하여야 하고, 이를 제출하지 않는 경우 자동퇴사 처리한다는 취업규칙 규정을 두는 경우가 종종 있습니다. 이러한 취업규칙 규정에 따라 직원을 퇴사 처리하는 것이 유효한 것일까요? 정답은 '상황에 따라 다를 수 있다'입니다.

그러한 규정을 두는 것 자체가 인정되지 않는다거나, 법령에 위반되는 규정으로 평가할 수는 없습니다. 그러나 이를 이유로 무조건 퇴사 조치가 가능한 것 역시 정답은 아닙니다.

2. 어떠한 경우에 퇴사 처리가 가능한가요?

자동 퇴사 규정이 있더라도 이는 회사의 해고 사유 중 하나일 뿐이고, 이것만을 이유로 직원을 당연 퇴사 처리하는 것은 부당한 해고에 해당할 수 있습니다. 따라서 회사의 자동 퇴사처리 규정이 있는 경우 이 규정을 이유로 자동적으로 직원이 퇴사하게 되며, 회사의 통보는 이미 퇴사된 직원에 대한 통지에 불과하다고 볼 수는 없을 것입니다.

결국 이러한 규정은 복직원을 제출하지 않은 경우 회사가 퇴사처분을 할 수 있고, 퇴사 처리가 되었을 때에 비로소 근로관계가 종료되는 것으로 보아야 하지, 회사의 어떠한 처분도 없이 자동적으로 근로관계가 종료되는 것은 아니라고 해석할 수 있습니다.

이렇게 본다면 자동 퇴사 규정이 있더라도 회사는 퇴사조치를 할 만한 정당한 이유가 있어야 하므로 자동 퇴사는 실질적으로 해고와 크게 다르지 않게 됩니다.

대법원은 "피고 회사의 취업규칙과 인사규정이 "복직원을 제출하지 아니한 때에는 자진퇴직으로 간주하고 면직시킬 수 있다"고 규정한 취지는, 휴직한 직원이 복직원을 제출하지 아니하면 피고 회사가 퇴직처분을 할 수 있고 퇴직처분을 하였을 때 피고 회사와 직원사이의 근로계약관계가 종료된다는 의미로 해석하여야 할 것이지, 이와 달리 "자진퇴직으로 간주한다"는 문구에 구애되어 근로관계의 당연종료사유를 규정한 것으로 보아서는 안 될 것이다" 라고 판시하고 있습니다(대법원 1993.11.9. 선고 93다7464 판결).

3. 복직의사를 밝혔으나 복직원은 제출하지 않은 경우

복직의사를 밝힌 경우라면 복직원을 제출하지 않았다 해서 퇴사 처리하는 것이 부당하다고 볼 여지가 큽니다. 이러한 경우에도 퇴사처리를 하려면 그에 대한 정당한 사유가 있어야만 합니다.

4. 사례 해결

회사의 규정은 자동퇴사가 아니라 복직원을 제출하지 않은 경우 퇴사 처분을 할 수 있고 그때 비로소 퇴사한 것으로 해석함이 타당합니다.

따라서 A씨에게 퇴사 처리가 가능한 정당한 사유가 있는지를 살펴 복직이 가능한지를 판단해야 합니다.

사례의 경우 A씨는 질병도 다 치유가 된 상태이고 근무에 별다른 지장이 없는 상황이라고 나와 있습니다. 그렇기 때문에 별다른 사정이 없다면 복직원 미제출시 퇴사 처리는 부당하다고 인정될 여지가 클 것입니다.

07

휴직 중인 직원에게도 임금을 지급해야 하나요?

A회사는 최근 경영 환경이 악화되어 재정을 감축할 필요가 있었고, 이에 따라 직원들에 대한 무급 휴직을 시행할 계획입니다. 무급 휴직 명령의 대상이 된 B씨는 몇 개월 동안 생계가 막막해졌고, 일방적으로 본인을 휴직하도록 하는 것은 부당하므로 임금을 지급해 달라는 주장을 하는데요. A회사가 B씨에게 임금을 지급하지 않고 일방적인 무급 휴직 명령을 하는 것이 가능할까요?

1. 직원의 사정으로 휴직한 경우 임금은 어떻게 처리해야 하나요?

휴직기간은 직원이 근로를 제공하지 않고 있는 기간이기 때문에 임금 역시 지급하지 않는 것이 원칙이라 할 수 있습니다. 따라서 취업규칙이나 단체협약 등에서 휴직기간의 급여는 무급으로 한다는 규정이 있으면 그에 따라 무급처리가 가능할 것입니다.

그러나 노·사간 합의로 휴직기간 동안 임금을 지급하기로 정했다면 그러한 합의에 따라 유급으로 처리하는 것도 무방합니다.

요컨대 휴직기간의 임금은 취업규칙이나 단체협약 등에 따라 처리할 수 있고, 그에 따라 무급으로 처리하는 것 역시 가능한 것입니다.

2. 회사 사정으로 휴직 처리한 경우는?

직원은 근무를 하려고 했으나 회사의 사정으로 취업하지 못하여 휴직하게 된 경우라면 그 기간을 무급 처리하는 것은 법령에 위반될 소지가 있습니다. 직원의 근로제공 의사에도 불구하고 회사의 사유로 이를 거부하는 경우에는 휴업수당을 지급해야 하기 때문입니다. 그러한 경우는 엄밀히 말해 휴직이라기보다 회사 사정으로 인한 휴업으로 보아야 할 것입니다.

휴업수당은 회사의 사정으로 휴업하게 되는 경우 고의·과실 여부를 묻지 않고 지급하여야 하며 지급되어야 하는 금액은 평균임금의 70% 이상입니다. 형식적으로 휴직 처리를 하더라도 회사의 사정으로 인해 일방적인 휴직을 명하는 것이라면 직원 의사에 반하여 휴업을 한 것으로 보아 휴업수당을 지급해야 한다는 점을 유의해야 할 것입니다.

3. 휴직기간이 있는 경우 평균임금은 어떻게 산정하나요?

평균임금의 산정 기간에 무급인 휴직 기간이 포함되어 있다면 평균임금은 그 만큼 낮아질 수밖에 없을 것입니다. 이러한 불합리로 인해 「근로기준법 시행령」은 특정한 기간을 산정 대상 기간에서 제외하고 있습니다.[2)]

그러나 회사의 사유가 아닌 직원의 귀책사유로 인한 휴직 기간은 법령에 명시되어 있지 않으므로 평균임금 산정기간에서 제외되지 않습니다. 따라서 휴직의 사유가 직원의 개인적인 사정에 의한 것이라면 그러한 기간은 평균임금의 산정 기간에 포함되는 것으로 볼 수 있을 것입니다.

고용노동부 역시 "만일 평균임금 산정기준이 되는 기간에 근로를 제공하지 못한 사유가 결근 등 근로자 귀책사유에 해당되는 경우에는 동기간도 평균

2) 'Chapter 8. 노사분쟁의 화약고, 임금, 5. 평균임금 핵심정리'를 참고하세요.

임금산정 기준기간에 포함하여 평균임금을 산정하여야 한다"는 입장입니다 (임금 68207－132, 2003.2.27.).

4. 사례 해결

사례의 경우 B씨는 개인적인 사정으로 인해 휴직을 신청하는 경우가 아니고, 회사의 사정으로 휴직을 하게 되는 것이라 할 수 있습니다. B씨는 근로제공 의사에 반해서 취업이 거부되고 있는 것이므로 이는 휴업수당의 지급 대상이 되는 경우라 할 수 있습니다.

따라서 A회사가 B씨를 휴직처리하였다면 평균임금의 70% 이상의 휴업수당을 지급하여야 하고 무급으로 휴직 처리하는 것은 타당하지 않습니다.

예화로 풀어보는 기업노무

연(燕)나라 소왕과 천리마

중국인이 즐겨 읽는 「변경」에는 강국 제나라를 타도하기 위해 널리 인재를 구했던 연(燕)나라 소왕에게 곽외가 들려준 다음과 같은 이야기가 실려 있습니다.

"옛날에 금 천냥을 주고 천리마를 사려는 왕이 있었습니다. 하지만 3년이 지난도록 사지 못했지요. 어느 날 궁궐의 시종 한 명이 그에게 아뢰었습니다. 자신에게 천 냥을 주면 꼭 천리마를 사오겠노라고 말이지요. 왕은 쾌히 승낙하고 그를 보냈습니다. 그런데 3개월 만에 돌아온 시종은 살아 있는 천리마가 아닌 죽은 천리마를 가져왔습니다. 금 5백냥을 주고 말뼈를 사온 겁니다. 크게 노한 왕이 시종에게 '내가 사오라고 한 건 산 말인데, 어찌 5백냥이나 주고 죽은 말을 사왔느냐?'하고 호통을 쳤습니다. 이에 시종이 자신만만하게 대답했습니다. '죽은 말도 기꺼이 5백냥을 주고 사는데 하물며 산 말은 어떻겠습니까? 천하 사람들은 분명히 대왕이 정말로 좋은 말을 구한다고 생각할 겁니다. 그러니 천리마는 저절로 굴러들어오지 않겠습니까?'라고요.

과연 1년이 채 되지 않아 천리마 3천필을 구할 수 있었습니다."

수천년 전의 짧은 이야기이지만 여기에 바로 기업이 핵심인재를 어떻게 채용해야 할 것인지가 잘 나타나 있습니다.

인재는 구하려고 노력한다고 해서 다 구해지는 것이 아닙니다.

경영자가 진정으로 인재를 대우한다는 세간의 평가가 있을 때 비로소 한 기업을 먹여 살릴 인재를 구할 수 있습니다.

예화에서는 금 천냥, 금 5백냥으로 금전적 보상만을 적고 있으나 기업노무에서는 이와 같은 금전적 보상 이외에도 비금전적 보상 역시 상당히 중요하고 요즘 젊은 직장인들 중에는 비금전적 보상에 보다 큰 가치를 부여하는 수가 늘고 있는 추세입니다.

제조공정의 고질적인 문제를 혁신적으로 개선할 수 있는 아이디어를 제안하는 직원에게는 해외여행을 가족동반으로 보내주는 복리후생 제도를 도입하는 회사도 있습니다.

한 쪽에서는 '채용할 직원이 없다'고 볼멘소리를 하지만, 또 한 쪽에서는 '취업하고 싶어도 취업할 곳이 없다'며 실업난을 질타하는 아이러니한 현실이 계속되고 있습니다.

회사와 구직자 간 눈높이의 상이함에서 비롯된 가슴 아픈 현실이 아닐 수 없습니다.

천리마를 구하기 위하여 기업은 충분한 보상을 해주려고 노력해야 할 것이고, 구직자는 천리마가 되기 위하여 구직 기간에도 직무능력 향상 교육 등을 통하여 부단한 자기계발을 계속해야만 하겠습니다.

Chapter 11

사장의 최후의 보루, 징계

01

★★★

부당해고 구제신청 핵심정리

1. 부당해고 구제신청 본질

부당해고를 당하였다는 근로자의 다급한 목소리가 수화기 너머에서 들려옵니다. 회사 사정이 어려워 몇 명의 근로자만이라도 고용하기 위하여 정리해고 절차를 물어오는 사장이 있습니다.

살아날 기미가 보이지 않는 우리 경제만큼이나 노사 모두 절박하기는 마찬가지입니다.

부당해고 구제신청의 본질은 사장에게 주어진 인사권의 핵심인 징계권 행사의 정당성을 노동위원회라는 국가기관에서 다양한 관점에서 따져 보는 것입니다. 그래서 만약 그 정당성에 문제가 있다면 근로자를 원직에 다시 복직시키도록 명령을 내리고 더불어 그 때까지 지급받지 못했던 임금도 소급해서 지급하도록 하는 것입니다.

반면 그 정당성이 인정된다면 구제신청을 기각하는 명령을 내려 사장의 인사권의 행사가 유효하였음을 공식적으로 확인시켜 주어 기업질서를 보장해 주는 역할을 하게 됩니다.

2. 부당해고 구제신청은 어디에 하나요?

부당해고 구제신청은 사업장이 소재해 있는 지역 관할 노동위원회에 제기합니다. 노동위원회 관련하여서는 'Chapter 2. 사업장 방문 시 반드시 챙겨야 할 사항, 9. 노동청, 노동위원회, 근로복지공단 비교분석'에서 자세히 설명하였습니다.

3. 부당해고 구제신청, 언제까지 제기해야 하는가?

부당해고 구제신청은 부당해고가 있은 날로부터 3개월 이내[1]에 근로자가 제기해야 하기 때문에 만약 이 기간이 지나버리면 어떤 이유로도 노동위원회에서 해고의 부당성을 다툴 수 없게 됩니다.

4. 부당해고 구제신청사건, 진행은 어떤 식으로 되나요?

부당해고 구제신청은 전체적으로 5가지 단계로 이루어집니다.

① 신청서 접수

② 심판위원회 구성

③ 사건조사

- 회사에 신청서 송부, 답변서제출안내
- 근로자에게 답변서 송부

(보통 이유서, 답변서는 2번 정도 제출합니다)

④ 심문회의 일정 통지

⑤ 심문회의 개최

- 심문회의는 신청서 접수일을 기준으로 보통 60일 되는 날 개최
- 심문회의 당일 부당해고 여부가 결정

1) 보다 정확하게는 해고통지서를 수령한 날로부터 90일 이내에 제기하여야 합니다.

5. 부당해고 구제신청은 무엇을 판단하나요?

1) 「근로기준법」 제23조 "정당한 이유"

우리 「근로기준법」은 징계해고의 정당성과 관련하여 제23조 제1항 조문만을 두고 있습니다. 기업노무에서 있어 징계해고 정당성이라는 이슈가 가지는 파급력에 비해 관련 법조문은 너무나도 초라합니다.

「근로기준법」 제23조 제1항은 "사용자는 근로자에게 정당한 이유 없이 해고, 휴직, 정직, 전직, 감봉 그 밖의 징벌을 하지 못한다"고 규정하고 있습니다. 이 조문의 핵심은 바로 "정당한 이유"라는 추상적인 문구입니다.

입법자들은 징계해고의 정당성에 관한 구체적 기준은 열거하지 아니한 채 그 모든 책임을 "정당한 이유"라는 문구에만 부과하였던 것입니다. 해고를 둘러싼 수많은 쟁송이 전국 각지에서 진행되는 현실 또한 따지고 보면 너무나도 단출한 법규정에서 기인하는 것입니다.

2) 징계해고의 정당성 3가지

일반적으로 논해지는 징계해고의 정당성은 3가지로 나누어 볼 수 있습니다.

첫째, 징계**해고 사유의 정당성**

둘째, 징계**해고 절차의 정당성**

셋째, 징계**해고 양정의 정당성**

아래에서는 이에 관하여 간단히 살펴보도록 하겠습니다.

> • **해고의 정당성**
> 해고사유의 정당성과 양정의 정당성을 묶어서 실체적 정당성이라고 함.
> 실체적 정당성과 절차적 정당성 중 어느 하나라도 갖추지 못하면 해고 자체의 정당성을 상실하게 됨.

① 징계해고 사유의 정당성

회사는 근로자의 징계를 함에 있어 취업규칙 또는 징계규정(상벌규정)에 명시된 징계사유만을 근거로 해야지 그렇지 않을 경우에는 정당성을 결하게 됩니다.

또한 징계시점 이후 발생한 사유를 근거로 징계를 하였을 경우도 정당성을 결하게 됩니다.

이는 성문법 국가인 우리나라에서 당연한 것이고, 취업규칙의 게시의무를 부과하고 있는 우리 「근로기준법」 취지에 비추어 보아서도 타당성이 있는 태도입니다.

② 징계해고 절차의 정당성

회사는 징계대상자에게 징계위원회에 출석할 것을 사전에 통보해 주어 충분한 소명기회를 제출할 기회를 주어야 하며, 피징계자가 재심을 청구할 경우에는 재심을 진행해야만 합니다.

이러한 징계절차를 위반하여 징계해고가 이루어졌다면 이러한 징계권 행사는 징계사유의 정당성이 인정되는지와 관계없이 절차적 정당성에 반하여 무효가 됩니다.

실체적 정당성 못지않게 절차적 정당성을 중요시 여기는 최근 노동위원회, 법원의 태도에 비추어 회사 역시 징계절차의 정당성 확보에 주의를 기울어야 합니다.

③ 징계해고 양정의 정당성

독일법 격언에 "참새를 잡는데 대포를 쏘지 말라"는 유명한 말이 있습니다.

어떤 일을 함에 형평의 원칙을 세우라는 말로써 근로자 개인에게 무엇보다 중요한 영향력을 행사하는 징계의 경우에도 이 원칙은 적용됩니다.

즉, 징계사유가 인정된다 하더라도 담당업무와 해고 경위에 비추어 사회통념상 고용관계를 계속할 수 없을 정도로 책임 있는 사유가 있어야만 양정의 정당성이 있다는 것입니다. 다만, "사회통념상 고용관계를 계속할 수 없을 정도" 역시 대단히 추상적인 표현이 아닐 수 없습니다.

그래서 징계양정 정당성 판단에 있어서는 항상 Case by Case로 살펴보는 태도를 갖추는 것이 반드시 요청됩니다.

02

★★★

징계위원회 진행 핵심정리

1. 사장의 관심 사항

현장에 나가보면 사장들이 가장 알고 싶어 하는 노무 정보 중 하나가 바로 징계 프로세스입니다. 사실 이 부분만 설명하려 해도 족히 1시간이 걸리는 대목입니다.

아래에서 쉽게 풀어서 설명하도록 하겠습니다.

2. 위원장은 징계절차에 흠결 여부를 확인하고 징계위원회 회의 진행

징계는 징계사유 · 징계절차 · 징계양정 3가지 부분으로 구성되는데 각 단계별 정당성을 확보하여야 합니다. 징계위원회는 징계사유를 확인하고 징계양정을 결정하는 중요한 징계절차에 해당하기 때문에 회사 취업규칙에서 정한 바에 따라 정당하게 이루어져야 합니다.

징계위원회 개최 및 의결요건, 위원의 자격, 징계대상자의 기피 · 신청권 보장 등을 확인하고 징계위원회를 개최하여야 합니다.

절차상 흠결이 있는 경우 절차위반에 의한 부당해고로 인정받을 수 있기 때문에 인사담당자는 취업규칙 또는 징계규정을 정확히 확인 · 숙지하여 절차상 흠결이 발생하지 않도록 각별히 주의하여야 합니다.

아울러 인사담당자는 징계위원회 진행시 회의록을 작성하고, 추후 확인이 가능하도록 녹취를 하는 것이 바람직합니다.

3. 위원장은 징계위원회 회의 진행을 절제되고 엄격하게 관장

징계대상자가 논쟁을 일으키거나 질문에 대한 답변외의 문제를 제기하는 등 회의장을 소란스럽게 하는 경우 신속히 상황을 정리할 필요가 있습니다.

징계대상자가 질문에 적합하지 않는 대답을 하거나 논쟁을 야기하는 경우 “위원의 질문요지에 맞는 대답만을 하시기 바랍니다”, “최종진술기회를 부여할 때 말씀하여 주십시오”라고 하면서 대처하는 자세가 요구됩니다.

특히 위원장은 징계대상자의 불량한 태도에 대하여 엄격하게 지적하는 방법으로 징계대상자의 도발적 행위를 제지시켜야 합니다.

위원과 징계대상자가 심문 과정에서 언성이 높아지는 경우 위원장은 위원에게도 시정을 요구하면서 징계대상자에게 주의를 주어 회의가 격양되지 않도록 회의 분위기를 유도하여야 합니다. 회의가 격양되는 경우 잠시 “정회”를 실시하는 방법도 활용할 수 있을 것이나 정회는 가급적 지양하는 것이 바람직합니다.

4. 위원장과 위원의 적정역할 수행

위원장은 회의를 관장하고, 위원들이 주로 징계대상자에게 심문을 하는 것이 바람직합니다.

위원장이 적극적으로 심문하는 경우 회의를 관장하는 위원장의 존엄성 · 중립성을 해칠 수 있다는 점 유의하시기 바랍니다.

5. 위원장 및 위원들은 심판관 역할 수행

위원장 및 위원들은 상급자라는 인식을 버리고 심판관의 지위에서 객관적이고 공정한 태도를 유지하여 중립적 위치에서 징계위원회를 진행하는 모습을 보여 주어야 합니다.

다시 말하여 호칭·말투 등에서 상급자가 하급자에게 대하는 방식은 삼가하고 존칭어를 사용하도록 하며, 징계대상자 진술에 귀를 기울이는 모습을 보여주는 것이 바람직합니다.

6. 위원장 및 위원들은 당당한 자세로 회의 진행

위원장 및 위원은 징계대상자들의 비위행위에 대한 사실관계를 확인하고 판정하는 지위에 있으므로 차분하고 당당한 자세로 임하여야 할 것입니다.

7. 위원장 및 위원은 "예" 또는 "아니오"라고 답할 수 있도록 심문

비위행위 자백 또는 시인을 얻어내기 위한 유도성 질문 등은 되도록 자제하셔야 하고 간단·명료한 대답으로 요구하는 질문을 하는 것이 바람직합니다.

따라서 채증된 자료를 사전에 충분히 확인·숙지하여 사실관계 확인을 중심으로 심문하는 것이 바람직합니다.

징계대상자에 대한 질문을 미리 작성해 두는 것이 바람직합니다.

8. 위원들은 심문과정에 보완적 관계 유지

심문과정에서 위원이 난처한 상황에 빠지는 경우 다른 위원이 보완 질문 또는 상황을 전환하는 질문을 함으로써 회의가 매끄럽게 진행되도록 지원하는 등 상호보완적으로 진행하는 것이 바람직합니다.

특히 위원들은 스스로 심문수준을 잘 조절하여 오히려 징계대상자들에게 심문을 당하는 상황이 발생하지 않도록 각별히 주의하여야 할 것입니다.

9. 위원들은 징계대상자를 사실관계 확인을 중심으로 심문

위원들은 비위행위 사실 확인 중심으로 심문하여야 할 것이지 비위행위에 대하여 일일이 지적하고 시시비비를 가리는 방식으로 진행하는 것은 바람직하지 못합니다.

특히 징계대상자의 비위행위에 대하여 직접적으로 책임을 부여하겠다는 자세로 진행하거나, 올바른 생각을 갖도록 설득하는 등의 방식으로 진행하는 바람직하지 않습니다.

심문과정에서 징계대상자에 대하여 징계양정 수준을 예고하거나, 그러한 예상케 하는 발언을 하지 않도록 주의해야 합니다.

10. 징계대상자에게 최종진술 기회 부여

위원장은 심문을 마치기 전에 징계대상자에게 최종진술 기회를 부여하여 징계위원회에서 소명권을 충분히 보장하였음을 인정받도록 할 필요가 있습니다.

위원장 및 위원들은 징계대상자의 최종진술에 관여하지 말고 청취만 하는 것이 바람직합니다. 다만, 최종진술이 너무 장황해질 수 있으므로 위원장은 2~3분 정도를 부여하고 최종진술을 하도록 하고, 최종진술 내용 및 태도 등에 따라 추가적 시간을 허용하는 것이 바람직합니다.

11. 공정성 · 형평성에 입각한 징계양정 의결

징계대상자들의 징계양정 의결시 위원들은 징계대상자들의 비위행위 행태, 내용, 횟수, 징계전력, 징계위원회에서의 태도 등을 종합적으로 고려하여 공정성·형평성에 입각하여 결정하여야 할 것입니다. 이때 인사담당자는 위원들이 각 법인의 징계양정 결정기준을 확인할 수 있도록 하여 취업규칙에 근거한 징계양정 결정이 이루어지도록 하여야 할 것입니다.

03

상사에게 욕설을 한 직원 대응요령

> 은행에서 창구 업무를 보는 A씨는 평소 자신의 상사인 김대리에게 불만이 많았습니다. 자신과 나이도 비슷하고 입사일도 1년 밖에 차이가 나지 않지만 상사라며 심한 하대를 했고, 업무를 처리할 때에도 불협화음이 잦았기 때문입니다. 그러던 어느 날 김대리는 은행 이용 고객들이 다 보는 자리에서 A씨를 꾸중하였고, 이를 못 참은 A씨는 김대리에게 심한 욕설을 하는 일이 발생하게 됩니다. 은행 입장에서는 은행의 이미지가 실추되는 등 문제가 있다고 판단하여 A씨를 다른 부서로 발령하려고 합니다.
> A씨를 전보 또는 전근하는 것이 가능할까요?

1. 조직관리의 중요성

어떠한 조직이든 사람들이 모여 있는 곳이라면 크고 작은 분쟁이 발생하기 마련입니다. 특히 매일 얼굴을 맞대고 업무를 하는 직장 내 직원들 사이에서는 분쟁 그 이상의 문제들이 자주 발생하곤 합니다.

직원 사이의 불화를 그대로 방치하는 것은 회사의 인력 관리에 치명적인 문제를 야기할 수 있습니다. 직장 내 보고체계를 완전히 무너뜨리거나 직원들의 집단 퇴사를 초래하는 등 회사에 심각한 손해를 끼치기 때문입니다.

조직관리는 기계부품 수리처럼 손쉬운 일이 결코 아닙니다. 인간 사이의 문제는 기계 부품과 같이 정형화 되어 있지 않고, 눈에 보이지 않는 미묘한 무엇인가가 존재하기 때문입니다.

2. 직원 사이의 불화! 어떻게 처리해야 할까?

직원 사이의 불화를 그대로 방치하는 것은 기업 운영에 잠재적인 위험요소가 됩니다. 이럴 때 사장이 강구할 수 있는 조치로는 크게 두 가지가 있습니다.

1) 전보나 전근 등 인사발령을 통한 해결

직원사이의 불화가 회복될 여지가 없는 경우, 인사 발령을 하더라도 대체 인력의 투입이 가능한 경우, 징계 사유가 인정되지 않는 등 징계 처리가 어려운 경우에는 인사발령을 통해 해결하는 것이 가능할 것입니다.

2) 징계를 통한 해결

사장의 강경한 대응을 통해 추후 동일한 사례 예방이 필요한 경우, 대체 인력의 투입이 어려워 인력이 재배치가 제한되는 경우에는 징계 조치를 통한 해결을 강구해볼 수 있을 것입니다.

다만, 보다 장기적인 측면에서 본다면 징계보다는 인사 발령을 통해 직원과 업무의 적합성을 높이는 방안을 강구하는 것이 효과적일 것입니다. 따라서 징계처분을 하기에 앞서 인사 조치를 통한 방안을 모색하는 것이 바람직합니다.

3. 실제 사례

1) 동료를 폭행한 직원의 사례

> 제조업체에 근무하는 A씨는 노동조합 활동 중 문제가 발생하여 B직원과 불화가 생기게 되었습니다. 이에 다른 근무지에서 근무하는 B직원을 자가용으로 찾아가 야구방망이로 구타를 하게 되었습니다.
> 이러한 경우 회사는 A직원을 어떻게 처리하여야 할까요?

이러한 경우는 두 직원이 같은 근무지에 있던 것도 아니고 업무 외적인 마찰로 계획적인 폭행이 이루어진 경우입니다. 이와 같은 경우는 직장 질서가 문란하게 되는 등 기강의 약화가 우려되므로 징계 처분을 통해 회사의 기강을 잡는 것이 필요하다 할 것입니다.

실제로 위와 유사한 사례에서 A씨는 징계해고 처리되었고, 노동위원회 역시 이를 정당하다고 판단하였습니다.

흉기가 아니더라도 널리 사람의 생명, 신체에 해를 가하는 데 사용할 수 있는 위험 한 물건인 야구방망이를 휴대하고 근무시간 중에 피신청인이 근무하는 장소에서 약 18㎞나 떨어진 부하직원이 근무하는 장소까지 찾아가서 부하직원을 야구방망이로 폭행하였다는 것은 우발적인 행동이라기보다 사전 계획적인 폭행으로서 회사 내의 질서를 문란하게 한 것이 인정되는 바, 이는 사회통념상 고용계약을 존속시킬 수 없을 정도의 책임있는 사유에 해당되어 피신청인을 해고처분한 것은 정당한 이유 있는 해고이다.

• 중노위 99부해743, 2000.2.25.

2) 동료와의 불화로 무단결근한 직원의 사례

> 생산직 사원으로 근무하는 A와 B 두 직원은 평소 협업이 잘 되지 않아 다툼이 종종 있었습니다. 그러던 중 A직원의 핀잔으로 B직원이 무단으

> 로 조퇴를 하는 일이 발생하고, 이에 따라 업무의 손실이 발생하였습니다. 회사는 어떠한 조치를 통해 문제를 해결해야 할까요?

B직원은 무단으로 조퇴를 하였으므로 적당한 징계처분이 가능할 것입니다. 그러나 업무적인 문제로 다툼이 있어 왔고, 같은 근무지에서 A와 B가 계속해서 업무를 보게 된다는 점을 고려하면 B에게 징계처분을 하는 것은 분란의 해결에 큰 도움이 되지 못할 것입니다.

따라서 이러한 때에는 B직원에게 인사 발령을 하여 다른 생산 라인으로 배치 전환하는 것이 바람직합니다. 생산직 사원이므로 다른 인력을 배치하는 것도 크게 어렵지 않고, 징계를 하는 경우 B직원의 불만을 야기하여 역효과가 우려되기 때문입니다.

4. 사장들을 위한 인사발령 TIP

직원에 대한 인사발령은 기본적으로 사장에게 상당한 재량이 인정됩니다. 따라서 현저한 권한 남용이 없다면 대체로 인사발령은 유효한 것으로 인정됩니다.

판례는 구성원 사이의 화합도 인사발령의 이유가 될 수 있다고 판시하고 있습니다.

> 사용자가 전직처분 등을 함에 있어서 요구되는 업무상의 필요란 인원 배치를 변경할 필요성이 있고 그 변경에 어떠한 근로자를 포함시키는 것이 적절할 것인가 하는 인원선택의 합리성을 의미하는데, 여기에는 업무능률의 증진, 직장질서의 유지나 회복, 근로자 간의 인화 등의 사정도 포함된다.
>
> • 대법원 2013.2.28. 선고 2010두20447 판결

따라서 직원 사이의 화합이 이루어지지 않아 업무상 차질이 생기는 경우라면 유효한 인사발령이 가능합니다.

다만, 그러한 경우에도 직원에 대한 불이익이 현저히 커서는 안 되므로 이를 주의해야 합니다. 예컨대 직원 간 불화가 있어 직원을 다른 부서로 전환했는데, 전환된 부서까지의 통근이 어려운 경우라면 유효한 인사발령으로 인정되기는 힘들 것입니다.

지금까지의 내용을 바탕으로 유효한 인사발령을 위해 유의해야 할 사항은 다음과 같습니다.

〈인사발령 시 유의사항〉

1. 인사발령의 이유가 있어야 한다. 아무런 이유 없이 인사발령을 하는 것은 문제가 될 수 있다.
2. 인사발령으로 인해 직원의 근무 여건이 매우 나빠져서는 안 된다.
3. 직원의 동의를 받아 두는 것이 추후 문제의 예방 차원에서 도움이 된다.

04

성희롱 직원 대응요령

> 증권회사의 지점장으로 근무하고 있는 A지점장은 여직원들 사이에서 경계해야 할 상사로 소문이 자자합니다. 회식 자리에서 여직원들에게 성적인 농담을 하기도 하고 신체적인 접촉을 시도하는 등 불쾌한 행동을 서슴없이 하기 때문입니다. 심지어 한 직원에게는 개인적으로 연락을 시도하여 추태를 부리기도 하였습니다. 그러던 중 A지점장에게 큰 시달림을 당하던 한 직원이 A지점장이 한 성희롱 내용이라며 사내 인트라넷에 글을 게재하게 되는 일이 발생합니다. 직장 내 모든 직원들에게 공개적으로 성희롱 사실이 드러나면서 A지점장에 대한 제재를 요구하는 여론이 형성되었습니다.
> 사장은 A지점장을 어떻게 처리해야 할까요? 또 A지점장은 어떠한 처벌을 받게 될까요?

1. 본인도 의식하지 못하는 직장 내 성희롱

오늘날 여성 인력의 노동시장 진출 확대로 직장에서의 여성 근로자의 비율은 상당히 높은 편입니다. 이러한 근무 환경 속에서 직장 내 성희롱 문제는 어느 때보다 빈번하고 심각하게 발생하는 문제입니다.

직장 내 성희롱은 직장 질서의 혼란을 야기하는 것은 물론, 피해자의 인권을 침해하는 심각한 문제로, 인권 침해의 방지 측면에서 반드시 예방하고 주의해야 할 문제입니다.

그러나 우리나라의 성희롱 사건을 보면, 대부분 가해자는 그것에 대해 큰 문제의식을 갖지 않고 있는 경우가 많습니다. 가벼운 농담이나 장난으로 한 행동이라거나 성희롱 의도가 전혀 없었다는 이야기를 하는 경우가 상당히 많습니다. 오히려 '이것이 무슨 큰 문제가 되느냐'라며 적반하장으로 역정을 내는 경우도 있습니다.

2. 직장 내 성희롱 예방교육

이러한 문제로 인해 사업주는 직장 내 성희롱 예방교육을 반드시 해야 합니다. 가해자의 문제의식 결여로 인한 성희롱 사례가 많음에 착안하여 예방교육을 법적으로 의무화하고 있는 것입니다.

모든 사업장은 연 1회 이상 성희롱 예방 교육을 실시하여야 하며 이를 실시하지 않는 경우 300만원 이하의 과태료에 처하게 됩니다.

〈성희롱 예방교육에 포함되어야 할 내용〉

1. 직장 내 성희롱에 관한 법령
2. 해당 사업장의 직장 내 성희롱 발생 시 처리 절차와 조치 기준
3. 해당 사업장의 직장 내 성희롱 피해 근로자의 고충상담 및 구제 절차
4. 그 밖에 직장 내 성희롱 예방에 필요한 사항

3. 성희롱과 성추행은 다른 개념

성희롱과 성추행은 비슷해 보이지만 법적으로는 차이가 있는 개념입니다. 성추행은 폭력과 협박 등이 수반되어 성적 자기결정을 침해하는 수준에 이르러야 하는 반면, 성적 수치심 유발에 불과한 경우라면 성희롱에 해당합니다.

이러한 점에서 성희롱은 성추행보다 경미한 성적 수치심 유발이라 할 수 있습니다. 따라서 그에 따른 처벌도 다른데 성희롱과 성추행의 처벌은 다음과 같습니다.

〈성추행과 성희롱의 처벌 근거와 수위〉

	성추행	성희롱
처벌 근거	•「형법」 •「성폭력범죄의 처벌 등에 관한 특례법」	•「남녀고용평등과 일·가정 양립 지원에 관한 법률」 •「국가인권위원회법」
처벌 수위	강제 추행 시 10년 이하 징역 또는 1,500만원 이하 벌금	• 사업주가 성희롱을 한 경우 1천만원 이하 과태료 • 사업주가 성희롱 발생에 대한 적절한 조치를 하지 않은 경우 500만원 이하 과태료

성추행에 해당될 경우 형사처벌의 대상이 되어 전과기록이 남지만 직장 내 성희롱의 경우 사업주에게 과태료가 부과될 뿐이고, 사업주가 아닌 가해자는 사업주로부터 징계 등 적절한 조치를 받게 됩니다. 즉, 사업주가 아닌 직원이 성희롱을 한 경우 그에 대한 직접적인 처벌조항은 없습니다.

따라서 성희롱에 그친 경우 사내 징계 처분으로 끝날 수 있겠지만 폭력이나 협박이 수반된 강제적 추행이 있었던 경우라면 회사 차원의 징계를 넘어 징역형이 내려질 수도 있음을 주지해야 할 것입니다.

4. 형사처벌과 별개인 사내 징계

직원의 행위가 성추행에 해당되어 벌금형을 받았다면, 그 직원에 대해서 사내 징계 등 조치를 취해달라는 요구를 할 수 없게 되는 것일까요?

이에 대해 행정해석은 성추행에 해당되더라도 피해자의 요구가 있으면 적절한 조치를 취해야 한다고 하고 있습니다. 이에 따르면 성추행에 해당되는 경우 법률에 근거한 직접 처벌과 함께 사내 징계 등 적절한 인사처분 역시 받을 수 있게 되는 것입니다.

> 성추행행위자가 「성폭력범죄의 처벌 및 피해자보호 등에 관한 법률」에 의거 형사처벌을 받았다는 이유로 「남녀고용평등법」상 직장 내 성희롱에 해당되지 않는다고 볼 수 없는 경우 행위자에 대해 피해근로자의 요구가 있을 시 사업주는 징계 등의 조치를 취하여야 함.
>
> • 여정 68241-207, 2002.4.16.

5. 실제 사례

1) 육체적 성희롱

> A상사는 부하 여직원으로 하여금 자신의 어깨를 주무르도록 하였고, 이를 거부하면 큰소리로 화를 내어 거절하기 힘들게 하였습니다. 또 본인이 시범을 보여 주겠다며 여직원의 어깨를 주무르다가 껴안기도 하였습니다.
>
> A상사의 행위는 성추행에 해당되어 「형법」 및 「성폭력법」에 의한 처벌을 받을 수 있을까요?

A상사의 행위는 성추행일까요? 성희롱일까요? 성추행의 경우 형사처벌을 받게 되지만 두 가지 모두 사업주는 징계 등 적절한 조치를 취해야 한다는 점은 동일할 것입니다.

사례의 경우 A상사는 여직원에게 단순한 농담이나 장난을 친 것이 아닙니다. 소리를 지르는 등 여직원의 의사에 반하여 강제로 어깨를 주무르도록 하고, 강제로 껴안기도 했기 때문에 단순 성희롱을 넘는 성추행에 해당될 가능성이 높다고 할 수 있습니다.

판례는 이러한 사례가 성추행에 해당된다 하여 가해자에게 유죄판결을 한 바 있습니다.

> 여성에 대한 추행에 있어 신체부위에 따라 본질적인 차이가 있다고 볼 수는 없다 할 것인데, 피고인의 어깨를 주무르는 것에 대하여 평소 수치스럽게 생각하여 오던 피해자에 대하여 그 의사에 명백히 반하여 그의 어깨를 주무르고 이로 인하여 피해자로 하여금 소름이 끼치도록 혐오감을 느끼게 하였고, 이어 나중에는 피해자를 껴안기까지 한 일련의 행위에서 드러난 피고인의 추행 성행을 추행에 관한 법리에 비추어 볼 때 이는 20대 초반의 미혼 여성인 피해자의 성적 자유를 침해할 뿐만 아니라 일반인의 입장에서도 도덕적 비난을 넘어 추행행위의 행태와 당시의 경위 등에 비추어 볼 때 피고인의 범의나 업무상 위력이 행사된 점 또한 넉넉히 인정할 수 있다.
>
> • 대법원 2004.4.16. 선고 2004도52 판결

2) 언어적 성희롱

> B과장은 평소 성희롱과는 거리가 먼 사람으로 따르는 직원들도 많았고, 별다른 문제없이 직장 생활을 해오고 있었습니다. 그러던 어느 날 B과장은 회식자리에서 술에 취해 무의식적으로 성적인 농담을 하였습니다. 이를 들은 여직원 A씨는 B과장을 평소와는 조금 다르게 생각하게 됩니다. 이후 B과장은 술만 취하면 그러한 농담을 종종 하게 되고, A씨는 그러한 B과장의 성적 발언 때문에 수치심을 느꼈습니다.
>
> 이러한 A씨의 고충을 알게 된 사업주는 B과장에게 어떠한 처분이 가능할까요?

B과장의 발언으로 A씨가 성적 수치심을 느꼈다면, 직장 내 성희롱에 해당하여 사업주에게 적절한 조치를 요구할 수 있습니다. 따라서 B과장에게는 징계처분은 물론, 적절한 인사발령도 가능할 것입니다.

그러나 평소에는 별다른 문제가 없었고, 술에 취한 때에만 간헐적으로 그러한 행동을 했다는 점에서 B과장을 징계 해고하는 등 중징계를 하는 것은

무리가 있을 것입니다.

6. 사장들을 위한 직장 내 성희롱 관련 TIP

기업노무 차원에서 직장 내 성희롱은 조직문화에 상당히 큰 악영향을 끼치는 문제입니다. 그렇기 때문에 평소 성희롱 예방 교육을 충실히 하여 이를 사전에 예방하는 것이 최선이라 할 수 있습니다.

만약 직장 내 성희롱이 발생한 경우라면 사장은 반드시 그에 대한 적절한 조치를 취해야 합니다. 이는 법적 제재를 피하기 위한 이유도 있지만 이를 방치하는 것은 기업 경영의 측면에서도 바람직하지 않기 때문입니다.

직장 내 성희롱의 경우 직장 질서를 바로 잡고 추후 그러한 사건 예방을 위해 인사 배치전환과 함께 징계 처분을 하는 것이 바람직합니다. 사안의 경중에 따라 다르게 처리할 수 있겠지만 심한 경우 징계 해고까지도 가능할 것입니다.

다만, 경미한 성희롱에도 불구하고 너무 과한 징계를 가하는 것은 부당징계로 문제가 될 수 있으니, 징계처분을 할 때에도 징계의 양정이 과한 것인지 여부는 항상 염두에 두어야 하겠습니다.

05

전자우편(e-mail), 문자메시지에 의한 해고통지 가능성

유통회사에 다니는 A씨는 평소 근무태도가 매우 불성실합니다. 걸핏하면 조퇴를 요청하는가 하면 업무 도중 실수로 물건을 파손한 적도 수차례 있습니다. 또한 회사 내 직원들과 다툼도 잦아 직원으로 계속 관계를 이어가는 것이 어려운 지경입니다. 이에 사업주는 A씨를 해고하기로 결정하고 모바일 문자 메시지를 통해 30일 후부터 회사에 나오지 말라는 통보를 합니다. 당장의 생계가 막막해진 A씨는 여기저기 수소문 끝에 부당해고구제신청을 하기에 이릅니다.
문자 메시지로 해고 통보를 한 것이 유효한 해고로 인정될 수 있을까요?

1. 해고는 연필로 쓰세요!

한 명의 근로자가 회사와 근로계약을 체결한다는 것은 인생에 있어 매우 중요한 일이 아닐 수 없습니다. 노동은 스스로가 원하는 인생을 살기 위한 수단임과 동시에 인생 그 자체라 해도 과언이 아니기 때문입니다. 이러한 의미에서 노동의 중단을 뜻하는 해고 역시 인생에서 매우 중대한 사건이라 할 수 있습니다.

그래서 우리 「근로기준법」은 상시 근로자 5인 이상 사업장은 서면으로 해고통보를 하도록 정하고 있습니다. 해고가 개인에게 끼치는 파급력을 고려하여 무슨 이유로 언제부터 해고되는 지를 명확히 알려 주어야 한다는 것이 법의 취지입니다. 더불어 근로관계의 단절을 쉽게 판단하지 말라는 의미도 있습니다.

2. 해고 통보서에는 무슨 내용을 적어야 할까?

해고 통보서에는 해고의 사유와 시기를 반드시 적어야 합니다.

1) 해고의 사유

해고의 사유는 최대한 구체적으로 작성하는 것이 좋습니다. 해고의 사유를 작성하도록 한 것은 실질적으로 왜 해고되는 것인지를 알 수 있어야 한다는 것을 뜻합니다. 따라서 위반한 취업규칙의 조문만을 나열하여서는 안 되고 구체적인 비위행위를 적시하여야만 합니다.

2) 해고의 시기

해고의 시기는 해고의 효력 발생일을 의미합니다. 한편 해고는 적어도 30일 전에 예고를 해야 하고 예고를 하지 않는 경우라면 30일분 이상의 통상임금을 지급해야 합니다. 30일의 기간을 두어 해고의 시기를 정한다면 그러한 서면 통지만으로도 해고 예고를 한 것으로 볼 수 있기 때문에 별도의 예고 절차는 필요하지 않게 됩니다.

3. 이메일이나 문자를 통한 해고 통보도 괜찮을까?

서면이란 종이로 된 문서를 의미합니다. 따라서 해고 통보서는 사장의 날인이 들어간 종이 문서를 직접 또는 등기우편으로 전달하는 것이 원칙이라 할 수 있고, 전자적 문서를 통한 통보는 해고의 적법한 서면통보로 인정될 수 없습니다.

법원은 "「근로기준법」 제27조 제2항의 '서면'이란 종이로 된 문서뿐만 아니라 회사가 전자결재체계를 완비하여 전자문서로 모든 업무의 기안, 결재, 시행 과정을 관리하는 등 특별한 사정이 있는 경우의 전자문서도 포함된다고 봄이 타당하다"는 입장을 취하고 있습니다(서울행법 2014.3.6. 선고 2013구합79 판결).

그러나 예외적으로 전자문서를 통한 서면통지가 유효하다고 판단되는 경우가 있습니다. 평소 일반적인 문서 교환 수단으로 이용되었거나, 전자결재체계를 완비하여 내부 기안, 결재, 시행 등의 업무를 전자문서로 처리하고 있었던 경우입니다.

따라서 사내 인트라넷이 구축되어 평소 업무를 전자 문서로 해왔다거나 동 떨어진 장소에 근무를 하여 전산을 통해 지속적인 교신을 해 온 경우에는 전자문서를 통한 해고통보도 유효할 수 있을 것입니다.

법원 역시 "해외연수 기간 동안 이메일로 교신하여 왔고, 피고는 원고에게 해고사실을 기재한 이메일만 발송한 것이 아니라 해고의 사유가 담긴 '인사위원회 의결통보서'를 첨부하여 발송하였으며, 원고는 종전과 같이 이를 정상적으로 수신하여 확인하였다는 점을 종합하면 (중략) 이 사건 이메일에 의한 해고 통지는 '서면'에 의한 통지이다. 따라서 해고통지에 하자가 없다"고 판시하고 있습니다(서울중앙지법 2009.9.11. 선고 2008가합42794 판결).

4. 실제 사례

> A씨는 근무 태도가 심히 좋지 않아 징계 해고를 당했습니다. 회사는 취업규칙 제35조 7호에 '근무태도나 근무성적이 극히 불량하고 개선의 여지가 없다고 판단되는 자'를 해고 사유로 정하고 있습니다. A씨에 대한 징계 해고 통보서에는 해고 사유로 '취업규칙 제35조 7호 위반'이라고만 명시를 하였습니다.

A씨에 대한 해고 통보는 유효할까요?

해고 통보서에 기재해야 할 해고 사유는 구체적이어야 합니다. 따라서 도대체 무엇 때문에 해고되는 것인지를 알 수 없게 기재한 경우는 적법한 해고 통보로 인정될 수 없습니다.

만약 사례와 같이 징계 해고의 근거조문만을 사유로 작성한다면 구체적으로 어떠한 행위가 해고 사유인지 명확히 알기 어려워 적법한 해고통보로 인정되지 않을 수 있을 것입니다.

대법원도 "사용자가 해고사유 등을 서면으로 통지할 때는 근로자의 처지에서 해고사유가 무엇인지를 구체적으로 알 수 있어야 하고, 특히 징계해고의 경우에는 해고의 실질적 사유가 되는 구체적 사실 또는 비위내용을 기재하여야 하며 징계대상자가 위반한 단체협약이나 취업규칙의 조문만 나열하는 것으로는 충분하다고 볼 수 없다"고 판시하고 있습니다(대법원 2011.10.27. 선고 2011다42324 판결).

06

★★★

퇴사 후 경쟁 업체에 취업하지 못하게 하는 것이 가능한가요?

A씨는 화장품 개발 업체의 연구원으로 근무하는 근로자입니다. A씨는 신제품 개발 및 제품 원료 시험을 주로 하는 R&D부서에서 근무를 하였고 8년 정도 근무를 하여 직급도 상당히 높은 편입니다. 과거에는 A씨 주도로 신제품을 개발하여 꽤 히트를 친 상품도 있었습니다. 그러한 A씨가 돌연 회사를 그만 두고 경쟁사에 스카우트되어 이직을 하였습니다. 회사의 제품 개발에 중요한 역할을 담당하던 A씨의 퇴사는 회사에게 큰 손실이 아닐 수 없었습니다. 회사는 A씨의 종사 업무나 직급을 고려할 때 과거에 작성한 '경업금지약정'을 근거로 A씨는 다른 회사로 이직할 수 없다고 주장합니다. 회사와 A씨는 과거 영업 비밀의 누설을 방지하기 위해 그와 같은 약정을 체결한 사실이 있었기 때문입니다.
회사가 '경업금지약정'을 근거로 A씨에게 이직을 금지하거나 손해배상을 청구하는 것이 가능할까요?

1. 우리 회사의 기밀을 들고 경쟁사로 간다고?

정보의 홍수 속에서 하루하루를 살아가는 우리에게 있어 정보와 지식은 매우 중요한 자원이라 할 수 있습니다. 왜냐하면 그 사람의 오늘과 내일은 그 사람이 가지고 있는 정보와 지식의 양과 질에 비례하여 결정되기 때문입니다. 현 정부에서 캐치프레이즈로 내걸고 있는 '창조경제'라는 말도 지식 정보의 중요성에 대한 인식에서 출발한 것으로 볼 수 있습니다. 무에서 유를 창조하는 것은 우리의 생각과 발상에 기반을 두고 있기 때문입니다.

이러한 지식정보사회 속에서 회사의 영업 비밀을 외부로 유출하는 것, 심지어 동종의 경쟁 업체로 유출하는 것은 회사 경영상 막대한 손실이 아닐 수 없습니다. 엄청난 비용을 투자하여 개발한 제품이 경쟁업체에서 먼저 출시한다면 크나큰 손해가 발생할 것이라는 점은 쉽게 예측이 가능하기 때문입니다.

이러한 현실 속에서 실제 기업들은 영업 비밀 유출을 우려하여 경쟁 업체로의 전직이나 개업을 제한하는 약정을 체결하는 경우가 증가하고 있습니다.

2. 경업금지약정만 있으면 끝?

경업금지약정은 회사의 영업 비밀을 보호하는 측면이 있지만 한편으로는 근로자의 자유를 제약하는 측면도 가지고 있습니다. 따라서 경업금지약정이 무조건 유효한 것으로 평가되는 것은 아닙니다.

경업금지약정이 유효한 것으로 평가되기 위해서는 직업선택의 자유를 과도하게 침해해서는 안 됩니다.

직업선택의 자유를 과도하게 침해한 것인지를 판단하는 구체적인 기준은 다음과 같습니다.

〈경업금지약정의 유효성 판단 기준〉

- 전직을 금지하여 보호할 가치 있는 사용자의 이익이 있어야 함. 아무 이익이 없는데도 전직이나 경업을 금지해서는 안 됨.
- 근로자의 퇴직 전 지위가 관리감독권이 전혀 없거나 영업 비밀에 접근이 제한되는 직급이었다면 경업금지약정이 무효일 수 있음.
- 경업 제한 기간이 과도하게 길거나, 회사의 영업과 관련이 적은 먼 지역에서까지 경업을 금지하는 것은 무효가 될 수 있음.
- 경업 금지에 대한 대가의 지급이 있었다면 유효로 인정될 소지가 높아질 수

있음.
- 사용자의 귀책사유로 근로자를 해고한 경우 무효가 될 수 있음.
- 경업금지로 인해 공공의 이익이 저해되는 경우 약정이 무효가 될 수 있음.

이상의 기준에 비추어 약정으로 인한 규제가 과도하다면 그러한 약정은 무효가 될 수 있을 것입니다.

3. 경업금지약정이 무효가 되면 영업 비밀을 보호할 방법이 없나요?

경업금지 약정이 무효가 되는 경우 그러한 약정에 근거하여 근로자의 경업을 금지할 수는 없습니다. 그러나 그러한 경우에도 회사의 영업 비밀을 보호할 수 있는 방법이 전혀 없는 것은 아닙니다.

바로 「부정경쟁방지법」에 따른 영업 비밀 보호가 가능할 수 있기 때문입니다. 회사에서 보호하고자 하는 영업 비밀이 「부정경쟁방지법」의 보호 대상에 해당한다면 법률에 근거해서 경업금지가 가능할 수 있습니다.

「부정경쟁방지법」에 따른 영업 비밀에 해당하려면 다음의 요건을 갖추어야 합니다.

〈「부정경쟁방지법」상 영업 비밀에 해당하기 위한 요건〉

1. 공공연히 알려져 있지 않을 것
2. 독립된 경제적 가치가 있을 것
3. 상당한 노력에 비밀로 관리되고 있을 것

예컨대 제조회사의 신제품 디자인이 회사의 내부 기밀로 관련자 외에는 알 수가 없고(1번) 그러한 디자인을 적용한 제품을 통해 경제적 가치가 창출될 수 있으며(2번), 기밀이라는 것을 다른 사람이 알 수 있을 정도로 관리되고 있다면(3번) 영업 비밀에 해당되는 것으로 볼 수 있습니다.

4. 실제 사례

1) 경업금지 관련 Leading 판례(대법원 2010.3.11. 선고 2009다82244 판결)

사용자와 근로자 사이에 경업금지약정이 존재하더라도, 그와 같은 약정이 「헌법」상 보장된 근로자의 직업선택의 자유와 근로권 등을 과도하게 제한하거나 자유로운 경쟁을 지나치게 제한하는 경우에는 「민법」 제103조에 정한 선량한 풍속 기타 사회질서에 반하는 법률행위로서 무효라고 보아야 하고, 이와 같은 경업금지약정의 유효성에 관한 판단은 보호할 가치 있는 사용자의 이익, 근로자의 퇴직 전 지위, 경업 제한의 기간·지역 및 대상 직종, 근로자에 대한 대가의 제공 유무, 근로자의 퇴직 경위, 공공의 이익 및 기타 사정 등을 종합적으로 고려하여야 하는데, 여기에서 말하는 '보호할 가치 있는 사용자의 이익'이란 「부정경쟁방지 및 영업비밀보호에 관한 법률」 제2조 제2호에 정한 '영업비밀'뿐만 아니라 그 정도에 이르지 아니하였더라도 당해 사용자만이 가지고 있는 지식 또는 정보로서 근로자와 이를 제3자에게 누설하지 않기로 약정한 것이거나 고객관계나 영업상의 신용의 유지도 이에 해당한다.

2) 미용사와 미용실 사이에 체결한 경업금지약정의 효력은 무효이다(서울동부지법 2010.12.10. 선고 2010가합11116 판결)

미용사로서의 업무성격에 비추어 피고가 이 사건 미용실에서 다른 미용실로 이직하는 경우 그 고객이 피고를 따라 다른 미용실을 이용하게 될 우려가 있다고 보이기는 하나, 피고가 이 사건 미용실에서 근무하는 동안 교육훈련 등을 통하여 특별한 미용기술을 전수받는 등의 방법으로 어떠한 영업비밀을 지득하였다고는 보이지 않는 점, 원고가 주장하는 원고의 사용자로서의 이익은 원고가 동종업체보다 더 많은 비용을 지출하는 방법으로 높인 이 사건 미용실의 브랜드 가치인데, 이러한 이익은 고객이 미용실의 브랜드가치를 보고 미용실을 선택한다는 점을 전제로 하므로 피고가 다른 미용실로 이직한다고 하여 침해될 수 없어 이 사건 경업금지약정에 의해 보호할 가치가 있는 이익이라 볼 수 없는 점, 미용사와 고객사이의 신뢰관계는 그 미용업무 수행과정에서 자연스럽게 형성되는 것에 불과하여, 고객이 피고를 따라 다른 미용실을 이용하게 된다 하더라도 이러한 인적관계는 경업금지약정을 통하여 보호할 가치가 있는 이익에 해당한다고 보기 어렵거나 그 보호가치가 상대적으로 적은 경우라고 보이는 점, 경업금지약정은 일반적으로 사용자에 비하여 경제적으로 약자인 근로자에 대하여 「헌법」상의 직업선택의 자유 및 영업의 자유를 제한하고 그 생존을 위협할 우려가 있고, 특히 쉽게 다른 직종으로 전직할 수 있는 기술이나 지식을 갖지 못한 피용자는 종전의 직장에서 습득한 기술이나 지식을 이용하는 업무에 종사하지 못할 경우 그 생계에 상당한 위협을 받을 수 있는 점, 원고가 피고에게 이 사건 경업금지약정과 관련하여 어떠한 대가를 지급하지도 않은 점, 이 사건 경업금지약정에 의한 공공의 이익이 피고의 직업선택의 자유 등을 침해하여 얻는 이익보다 크다고 보기도 어려운 점 등을 종합하여 보면, 비록 이 사건 경업금지약정이 그 기간과 장소를 일정한 범위 내로 제한하고 있다는 사정을 감안하더라도, 이 사건 경업금지약정은 근로자인 피고의 직업선택의 자유와 근로권 등을 과도하게 제한하거나 자유로운 경쟁을 지나치게 제한하고 있어 「민법」 제103조에 정한 선량한 풍속 기타 사회질서에 반하는 법률행위로서 무효라고 봄이 상당하다.

3) **사용자와 피용자 사이에 체결되는 전직금지약정의 효력은 유효하다**(서울지법 1997.6.17. 선고 97카합758 판결)

경업금지약정의 목적이 피용자로 하여금 퇴사 후 그가 취직 중 알게 된 판매 방법 등에 관한 정보 및 고객 명단 등을 이용하여 동종의 영업 분야에서 일하거나 다른 경쟁 판매회사 등에 취업함으로써 결국 그가 소속했던 회사에 손해를 끼치는 행위를 막기 위한 것이라는 점, 금지기간이 1년으로서 그 피용자에게 과도한 제약이 되지 아니하는 점을 고려하여, 그 약정을 유효하다.

4) 유효한 전직금지 약정이 있는 경우 퇴직일부터 약정 기간까지는 동일하거나 유사한 제품을 생산하는 다른 회사에 취업하여 근무하거나 그 업무에 종사하여서는 아니될 의무가 있다(서울고법 2012.5.16. 선고 2011라1853 판결)

근로자의 전직금지 기간을 퇴직일로부터 1년 동안으로 정한 이 사건 전직금지약정이 비록 근로자의 직업선택 자유와 근로권을 제한하고 있지만, 보호할 가치 있는 사용자의 이익, 근로자의 퇴직 전 지위와 직무 내용, 전직금지 기간, 지역 및 대상 직종, 근로자에 대한 대가 제공 유무, 근로자의 퇴직 경위, 공공의 이익 및 기타 사정 등을 종합적으로 고려하여 볼 때 「민법」 제103조에서 정한 선량한 풍속 기타 사회질서에 반하는 법률행위로서 무효라고는 볼 수 없다. 유효한 전직금지 약정이 있음에도 그 기간 내에 신청인 회사와 동일하거나 유사한 제품을 생산하는 다른 회사에 입사한 피신청인은 신청인 회사 퇴직일부터 1년이 되는 기간까지는 그 회사에 취업하여 근무하거나 그 업무에 종사하여서는 아니될 의무가 있다.

5) 전문수탁검사기관인 甲 연구소의 직원 乙이 경업금지약정을 하고 근무하다가 퇴사 후 경쟁업체에 입사하여 영업활동을 한 것이 경업금지약정에 위반한 것인지가 문제된 사안에서, 위 경업금지약정은 「민법」 제103조에서 정한 선량한 풍속 기타 사회질서에 반하여 무효이다(서울동부지법 2010.11.25. 선고 2010가합10588 판결)

전문수탁검사업계의 관행상 검사위탁계약의 체결 및 지속에 있어 거래처인 병·의원들과 전문수탁검사기관의 영업사원 사이의 인적관계가 중시되어, 어느 전문수탁검사기관의 영업사원이 다른 전문수탁검사기관으로 이직하는 경우 그 영업사원이 관리하던 거래처가 그 영업사원을 따라 다른 전문수탁검사기관과 거래하게 되는 상황이 발생할 우려가 있는 사실을 인정할 수 있으나, 한편 앞서 든 증거들에 의하여 알 수 있는, 피고가 원고의 영업사원으로 근무하면서 습득한 이 사건 각 정보는 이미 동종업계 전반에 어느 정도 알려져 있던 것이거나, 설령 일부 구체적인 내용이 알려지지 않은 정보가 있다 하더라도 이를 입수하는데 그다지 많은 비용과 노력이 필요하지 않을 것으로 보이는 점, 전문수탁검사기관의 거래처인 병·의원은 여러 전문수탁검사기관 중 가격이나 서비스 등 경쟁력이 있는 조건을 제시하는 전문수탁검사기관과 거래를 하게 될 것이므로, 비록 원고의 기존 거래처라 하더라도 원고가 그 거래처들과 다른 전문수탁검사기관 사이의 거래를 막는 등의 방법으로 그 거래를 독점할 수는 없는 점, 거래처인 병·의원과 전문수탁검사기관 영업사원 사이의 신뢰관계는 그 업무수행 과정에서 자연스럽게 형성되는데 불과한 점, 피고가 원고의 영업사원으로 근무하면서 특별한 영업비밀을 지득하였다고 보이지도 않는 점, 경업금지약정은 일반적으로 사용자에 비하여 경제적으로 약자인 근로자에 대하여 「헌법」상의 직업선택의 자유 및 영업의 자유를 제한하고 그 생존을 위협할 우려가 있고, 특히 쉽게 다른 직종으로 전직할 수 있는 기술이나 지식을 갖지 못한 피용자는 종전의 직장에서 습득한 기술이나 지식을 이용하는 업무에 종사하지 못할 경우 그 생계에 상당한 위협을 받을 수 있는 점, 경업금지기간도 비교적 장기인 2년이고, 그 지역적 범위도 재직시 근무한 특별시, 광역시, 시, 군에다가 그 외 인접한 특별시, 광역시, 시, 군으로 매우 광범위하며, 그 대상도 모든 동종업계를 포함하여 지나치게 포괄적인 점 등까지 합하여 보면, 위 경업금지약정은 근로자인 피고의 직업선택의 자유와 근로권 등을 과도하게 제한하거나 자유로운 경쟁을 지나치게 제한하는 경우로서 「민법」 제103조에서 정한 선량한 풍속 기타 사회질서에 반하여 무효라고 봄이 상당하다.

5. 사장들을 위한 TIP

사장들에게 강조해야 할 포인트는 다음과 같습니다.

전직금지약정의 유효성에 대하여 법원은 엄격한 판단을 하고 있습니다.

그리고 법원이 대체로 인정하고 있는 전직금지 기간은 1년입니다. 그 범위를 넘어서는 전직금지 기간은 다시 한 번 고려를 해보아야 합니다. 또한 전직금지 지역은 근로자가 근무한 지역에 한정하는 것이 적당합니다. 보다 안정하기 위하여 지역을 확대하였을 경우 자칫 약정 자체가 무효가 될 수 있습니다.

07

감봉 시 유의사항

> A씨는 생산직에 종사하는 근로자입니다. A씨는 평소 잦은 지각으로 상사로부터 지적을 받아왔습니다. 1년 동안 무려 60회가 넘는 지각을 한 것으로 기록이 남아 있습니다. 회사는 A씨에 대하여 정시에 출근하라는 구두 경고만을 해왔고 별도의 징계 처분은 하지 않았습니다. 지각이 너무 과하여 다른 직원의 사기에도 영향을 미친다고 평가한 회사는 A씨에게 감봉 처분을 하려고 합니다. A씨의 급여는 월 300만원으로 1일 평균임금은 10만원입니다. 감봉 수준은 어느 정도로 정하는 것이 타당할까요? 사장의 재량에 따라 마음껏 감봉을 해도 무방한 것일까요?

1. 정당한 급여 삭감

'약속은 지켜져야 한다(pacta sunt servanda).' 너무나도 당연하게 받아들여지는 이 문구는 「계약법」의 기본 원리가 되는 경구라 할 수 있습니다. 자유롭게 합의한 사항은 별다른 사정이 없는 이상 반드시 지켜져야 하고 이를 어길 시 그에 대한 책임이 따라야 한다는 것은 누구나 자연스럽게 수긍할 수 있을 것입니다.

근로계약 역시 두 사람 사이의 약속입니다. 따라서 그 약속된 내용을 함부로 바꾸어서는 안 될 것입니다. 근로계약을 체결할 때 정하는 주된 약속사항

중 하나가 임금 수준입니다. 근로계약 체결 시 결정된 임금 수준은 서로 약속된 사항이므로 함부로 낮추어서는 안 되고, 이를 함부로 낮추는 경우 임금체불 등 계약 불이행에 따른 책임이 따르게 됩니다.

그러나 일정한 경우 급여를 정당하게 삭감할 수 있는 경우가 있습니다. 그 경우는 다음의 두 가지입니다.

① 직원과의 합의로 급여 수준을 다시 정하는 경우
② 징계로 인한 급여 삭감

2. 어떠한 경우에 감봉을 할 수 있을까?

징계의 일환으로 감봉 조치를 하기 위해서는 감봉의 정당한 이유가 있어야 합니다.

아무런 이유도 없이 감봉을 하는 것은 부당한 징계로 효력이 부인될 수 있습니다.

감봉은 징계해고나 정직에 비해 징계수위가 비교적 낮은 경징계에 해당합니다. 따라서 직원의 경미한 잘못에 대해서는 감봉을 하는 것이 적합합니다. 잘못이 크지 않음에도 중징계인 해고나 정직을 하는 것은 징계의 양정이 과한 것으로 볼 수 있기 때문입니다. 예컨대 10회의 지각에 대해 징계 해고를 하는 것은 징계의 양정이 너무 과한 것으로 평가할 수 있을 것입니다.

결과적으로 감봉 처리가 정당한 것으로 인정되는 직원의 비위는 중징계보다 광범위하게 인정될 수 있습니다.

3. 감봉의 한도는 정해져 있다!

감봉을 할 만한 정당한 이유가 있더라도 감봉의 금액은 일정한 제한이 있습니다. 감봉의 한도는 다음과 같습니다.

〈감급 한도액〉

1회의 금액	평균임금 1일분의 2분의 1까지 가능
총 액	1임금 지급기에 지급되는 임금의 10분의 1까지 가능

사례의 A씨로 예를 들어 보자면 A씨에게 1회에 할 수 있는 감봉 금액은 1일 평균임금 10만원의 2분의 1인 5만원입니다. 이렇게 1회에 5만원씩 감봉하되, 감봉의 총액은 월 300만원의 10분의 1인 30만원까지 감봉이 가능합니다.

이러한 감봉은 1회의 금액과 총액의 제한이 있습니다. 그러나 금액적인 제한 외에 횟수에 대한 제한은 별도로 규정되어 있지 않습니다. 금액적인 제한을 넘지 않는다면 횟수에는 제한이 없는 것일까요? 사례를 통해 확인하도록 하겠습니다.

4. 실제 사례

> 회사는 A씨를 감봉 조치하려고 합니다. 1회의 금액을 1일 평균임금의 2분의 1까지, 총액을 1임금 지급기에 지급되는 임금의 10분의 1로 정하여 1회에 4만원의 감봉을 하기로 했는데요. 4만원씩 10차례 감봉을 하기로 정했습니다.
> 10차례 감봉을 하는 것이 가능할까요?

사례에서는 1회의 금액을 4만원으로 정해 총 10차례 40만원의 감봉을 결정했습니다. 이러한 감봉이 유효한 것일까요? 감봉 횟수에 대해서 행정해석은 다음과 같이 말하고 있습니다.

> 「근로기준법」 제95조는 (중략) 감급의 횟수나 그 기간에 대한 제한을 하고 있지 않음. 따라서 위 1회 및 총액에 관한 감액 제한규정을 준수하는 한, 1개월 동안

수회 또는 수개월 동안 수회의 감급을 할 수 있을 것임.

• 근로기준팀 - 462, 2008.1.25.

따라서 A씨 월급의 10분의 1을 넘지 않는 한도 내에서는 횟수 제한 없이 감봉 처리가 가능할 것입니다.

5. 사장들을 위한 TIP

직원의 경미한 비위행위에는 비교적 가벼운 징계인 감봉 처분이 적당합니다. 예를 들어 1회의 무단결근에 대하여 해고를 하는 것은 징계양정상 부당한 인사처분으로 판정받을 수 있습니다.

감봉 처분을 할 때에는 횟수의 제한은 없지만 금액의 제한이 있음을 염두하면서 처분을 내려야 합니다. 부당한 감봉에 대해서는 노동위원회에 구제신청이 가능하기 때문입니다.

노동위원회가 감봉 처분의 정당성을 인정한 경우는 ① 음주상태에서 안전사고 발생의 위험이 상존하는 회사에 새벽에 무단출입하여 취침을 위해 시설물을 이용한 행위 등에 대한 감봉 1월의 징계처분, ② 업무를 소홀히 하여 회사 실적의 저하를 유발한 지점장에 대한 감봉 처분, ③ 직원 사이의 다툼으로 사내 분위기를 흐린 직원에 대한 감봉 처분입니다.

08

시말서 작성지시를 거부하는 직원 대응처리요령

A회사의 취업규칙에는 직원이 결근하면 시말서를 작성하여 제출하도록 규정하고 있습니다. 어느 날 A회사의 직원 B는 부득이하게 결근을 하게 되고, 이에 회사는 B에게 시말서를 작성하여 제출하도록 지시하였습니다. 그런데 B가 본인의 잘못이 아니라며 계속 시말서 제출을 거부하자 회사는 B에게 감봉 3개월의 징계 처분을 결정하였습니다.
A회사가 B의 시말서 거부를 이유로 해서 B에게 징계처분을 하는 것이 가능할까요? 만약 회사가 시말서 제출을 지시한다면 이에 반드시 따라야만 하는 것일까요?

1. 시말서를 꼭 써야 할까?

시말서는 직원이 잘못이나 사고를 일으킨 경우 그에 대한 경위나 전말을 작성하는 문서를 말합니다. 시말서는 법적으로 그 내용이나 형식에 정해진 사항은 없기 때문에 어떠한 내용을 작성해야 하는지는 사장의 재량에 따라 달라질 것입니다.

시말서는 사장 입장에서 제출을 요구할 정당한 필요성이 있다고 할 수 있습니다. 직원의 비위 행위로 인해 손실이 초래되었다면 왜 그런 손실이 일어난 것인지를 정확히 파악할 필요가 있고, 또 직원의 인사평가에도 이를 고려할 수 있습니다.

그렇다면 회사의 시말서 제출 지시에 직원은 무조건 응해야 하는 것일까요? 제출을 거부할 만한 이유에는 어떠한 것들이 있을까요?

2. 시말서가 전부 똑같은 것이 아니다!

같은 이름의 시말서라 할지라도 시말서 내용은 회사마다 조금씩 차이가 있을 것입니다. 정해진 양식이나 내용이 없기 때문입니다.

대체로 시말서는 육하원칙에 따라 있었던 사건을 기술하라고 합니다. 때로는 사건의 진행 순서대로 겪었던 일을 기술 하도록 하거나 어떠한 경우는 백지에 자유롭게 작성하도록 하기도 합니다.

〈시말서 양식 샘플〉

시 말 서

○ 소속 : ○ 직위 : ○ 성명 :

상기 본인은 개인적인 사유로 무단결근을 5일간 하였는바, 이와 같은 행위로 인하여 회사업무에 심각한 차질이 빚은 것은 인정하고 있습니다. 추후 이와 같은 행동을 하지 않을 것이며 재발시 이에 대한 처벌을 감수할 것을 확인 드립니다.

○○○○. ○. ○.

(주) ○○ 대표이사 귀하

한편 이에 더하여 시말서에 앞으로의 계획이나 반성 내용까지 작성하도록 하는 경우가 있습니다. 있었던 일을 기술하는 것에 더 나아가 시말서에 반성 내용까지 포함시키도록 하는 것인데 시말서에 반성 내용을 담도록 하는 것이 가능한 것일까요?

3. 반성문과 시말서는 다른 것!

시말서가 과거 사실에 대한 기술인 반면, 반성문은 그러한 사실을 적는 것에서 더 나아가 마음속으로 가지고 있는 내면적 사상까지도 기술하는 것입니다.

따라서 시말서에 반성문을 포함하는 것이라면 직원이 갖는 내면의 판단을 강요하는 것으로 문제가 될 수 있습니다.

이에 대해 우리 대법원은 다음과 같이 말하고 있습니다.

> 그 시말서가 단순히 사건의 경위를 보고하는 데 그치지 않고 더 나아가 근로관계에서 발생한 사고 등에 관하여 자신의 잘못을 반성하고 사죄한다는 내용이 포함된 사죄문 또는 반성문을 의미하는 것이라면, 이는 「헌법」이 보장하는 내심의 윤리적 판단에 대한 강제로서 양심의 자유를 침해하는 것이므로, 그러한 취업규칙 규정은 「헌법」에 위반되어 「근로기준법」 제96조 제1항에 따라 효력이 없고, 그에 근거한 사용자의 시말서 제출명령은 업무상 정당한 명령으로 볼 수 없다.
>
> • 대법원 2010.1.14. 선고 2009두6605 판결

시말서에 잘못을 반성하고 사죄하는 내용을 담도록 하고 있다면 이는 「헌법」이 보장하는 양심의 자유에 반하기 때문에 정당성이 없습니다.

4. 사례

- 택시 운송수입금 입금을 수차례 이행하지 않았고, 시말서 제출을 거부하면서 폭언한 행위에 대한 해고사유는 정당하다(중노위 99부해430, 1999.

12.6.).

- 시말서를 4회 제출했더라도 생산현장의 근무질서를 문란케 하지 않았다면, 회사 승인없는 노조공청회 참석을 이유로 해고한 것은 부당하다(중노위 98부해97, 1998.5.12.).
- 수습기간 중 일방과실의 교통사고를 유발하고, 시말서 제출요구에 불응하는 등 근로자의 불성실행위를 이유로 한 해고는 정당하고, 노동조합 가입을 이유로 해고하였다고 볼 수 없어 부당노동행위는 아니다(중노위 2000부해440, 2000.12.7.).
- 과속운전을 이유로 시말서 제출을 요구하였으나 근로자가 거부하여 이를 사유로 한 징계처분을 정당하다고 본 사례(중노위 2001부노100, 부해34, 2001.8.29.)

  사용자는 근로자들에게 과속운전 적발시 시말서 제출을 요구하여 왔고, 다른 근로자와 동일하게 3회에 걸쳐 과속 운전한 근로자에게 시말서 제출을 요구한 것은 기업질서 유지 차원에서 정당하고, 정당하게 요구한 시말서 제출을 근로자가 거부한 것은 정당하지 아니한 행위로써 사용자가 이를 사유로 하여 근로자에게 행한 13일의 승무정지 처분은 정당한 징계처분으로 보여지고, 사용자가 근로자를 징계 승무정지한 것 이외에는 사용자가 노동조합 활동에 대하여 어떠한 방해 내지는 압력을 가하였는지에 관한 구체적인 입증을 근로자가 하지 못하고 있는 이상 부당노동행위를 하였다고 볼 수 없다.
- 직장상사에게 폭력을 행사하고 업무태만으로 두 차례에 걸쳐 시말서를 제출했다면 해고는 정당하다(서울행정법원 2006.8.29. 선고 2006구합15219 판결).
- 무단조퇴 및 결근 일수가 적더라도 과거 다른 사유로 경고 및 시말서 등을 받은 것이 빈번한 경우에 있어서 해고는 정당하다(중노위 2000부해387, 2000.9.5.).

  동료근로자들과의 빈번한 언쟁은 물론 평소 근무태도가 불량하여 피신청인 회사로부터 해고의 원인이 될 수 있는 6가지 사유를 통보받은 이후에도 시말서 등을 통하여 다시 경고를 하였으나, 직근 상급자인 공장장의 정당한 업무지시에 반항 내지는 반발하다가 임의 퇴근하고, 이후 3일간 무단결근을 하였으며, 동료근로자들로부터도 신청인과 함께 근무할 수 없다는 연대 서명서가 제출되어 해고한 사건에 대하여, 해고사유가 더 이상 신청인과 근로관계를 지속할 수 없는 정당한 것이고, 취업규칙이 징계위원회나 소명의 기회부여 등에 관하여 정해져 있지 아니하므로 이를 거치지 아니하였다 하여 부당한 해고라고 볼 수 없다.

- 시말서 제출을 거부하는 등 회사의 정당한 지시명령을 한 경우, 이를 이유로 해고한 것은 부당해고가 아니다(중노위 92부해99, 1992.6.30.).
- 근로자의 과실로 인한 교통사고와 관련하여 3회의 시말서를 제출하였고, 교통사고 다발로 인하여 회사에 막대한 피해를 준 것 등을 사유로 한 해고처분은 정당하다(중노위 2010부해137, 2010.4.26.).

예화로 풀어보는 기업노무

종이를 50번 접은 두께는 얼마일가요?

여기 두께가 0.1㎜인 종이 한 장이 있습니다. 이 종이를 50번 접으면 그 높이는 얼마나 될까요? 이런 질문을 하면 보통 사람들은 30㎝ 정도라고 대답을 하고, 조금 스케일이 크다고 하는 사람 중 일부가 1m 정도라고 대답을 합니다. 정말 스케일이 큰 사람은 10층 높이의 건물이라고 대답할 것입니다.

그런데 정답은 지구와 달 사이의 거리를 292번 왔다 갔다 한 정도의 어마어마한 거리입니다. 놀랍지 않습니까? 안 믿기시는 분을 위하여 자세히 설명을 드리자면 다음과 같습니다. 0.1㎜의 종이를 한 번 접으면 0.2㎜, 이것을 또 접으면 0.4㎜, 또 접으면 0.8㎜, 한 번 더 접으면 1.6㎜…. 두께는 기하급수적으로 증가됩니다. 수식은 $(0.1\text{㎜})\times2\times2\times2\times\cdots=(0.1\text{㎜})\times2^{50}=112589990684262.4\text{㎜}$ 참고로 지구와 달사이의 거리는 38만㎞에 불과(?)합니다.

대부분의 사람들은 머리로 생각할 수 있는 범위를 넘어서는 난제에 부딪히면 보통 '감'으로 해결하려고 합니다. 그것이 회계문제이든지 법률문제이든지 마찬가지입니다. 그러나 위 사례처럼 실제로 문제의 정답은 우리의 '감'을 말할 수 없을 정도로 크게 빗나갈 경우가 가끔은 있습니다. 기업노무에 있어서도 이와 같은 일은 종종 발생합니다.

몇 해 전 대법원은 매월 지급하는 각종 수당을 통상임금으로 인정하는 판결을 내렸고, 그 여파로 전국적으로 많은 회사와 노동조합 간에 지리한 법정소송이 진행되고 있습니다. 일률적으로 말할 수는 없지만 대부분은 원고인 노동조합이 유리한 상황입니다. 이와 같은 통상임금 리스크를 낮추기 위한 방편으로 현재의 임금체계 개선을 중소기업 사장들에게 제안하지만 반응은 신통치 않습니다. 아마도 그 리스크가 크지 않다는 생각에서 그런 것 같습니다. 마치 종이 50번을 접은 두께가 30㎝라고 사람들 같습니다. 몇 번이나 그 높이가 수십만 킬로라고 말해주었지만 귀담아 들으려 하지 않습니다.

대부분의 우리는 스스로를 합리적인 사람으로 생각합니다. 어느 누구도 자신이 평균인 이하의 비합리적인 사람이라고는 생각하지 않습니다. 그런데 실제 객관적 데이터를 놓고 보면 합리적인 사고와 행동을 하는 사람은 소수에 불과합니다. 기업체를 운영하는 사장들 또한 마찬가지입니다. 문제는 사장들의 비합리적인 사고와 행동은 회사 자체의 운영에 치명적일 수 있다는데 있습니다. 임금제도, 규정정비, 인력운영, 징계 등 많은 부분에서 위험이 발생할 수 있습니다. 보험가입을 위해 리스크 헤지의 필요성을 강조하듯이 안정적인 기업운영을 위해 노무 리스크의 헤지에 대해서도 잘 설명해야만 하겠습니다.

Chapter 12

말도 많고 탈도 많은 4대보험

01

★★★

4대보험 비교정리

구 분		국민연금	건강보험	고용보험	산재보험
적용대상		(사업장) 상시 1인 이상의 근로자를 사용하는 사업장의 18세 이상 60세 미만의 사용자 및 근로자 (지역) 사업장가입자가 아닌 자로서 18세 이상 60세 미만의 자. 다만 27세 미만으로서 소득이 없는 자는 제외(연금보험료를 납부한 사실이있는 자 제외)	(사업장) 상시 1인 이상의 근로자를 사용하는 사업장 및 공무원 및 교직원을 임용 또는 채용한 사업장 ※ 법인사업장은 대표자 1인만 있어도 의무가입대상임. (지역) 직장가입자와 그 피부양자를 제외한 자	① 근로자를 사용하는 모든 사업 또는 사업장 ② 2천만원 이상 건설공사(건설업종 면허를 가진 경우 공사금액에 상관없이 적용) ③ 농업·임업·어업 및 수렵업 중 상시 5인 이상(법인인 경우 1인 이상) 근로자를 고용하는 사업	① 상시근로자 1인 이상의 사업 또는 사업장 ② 2천만원 이상 건설공사(건설업종 면허를 가진 경우 공사금액에 상관없이 적용) ③ 농업·임업(벌목업 제외)·어업 및 수렵업 중 상시 5인 이상(법인인 경우 1인 이상) 근로자를 사용하는 사업
적용 제외	일용직	1개월 미만	1월 미만	해당 없음	해당 없음
	기한부	1개월 미만	해당 없음	해당 없음	해당 없음
	계절적 일시적	1개월간의 근로시간이 60시간 미만 단시간 근로자	비상근근로자(교직원) 또는 1월간의 소정근로시간이 60시간 미만인 시간제근로자·공무원 및 교직원	1개월간 소정근로시간이 60시간 미만인 자 ※ 단, 생업을 목적으로 3개월 이상 계속하여 근로를 제공하는 자는 적용	해당 없음

구 분	국민연금	건강보험	고용보험	산재보험
관리단위	개인	개인(세대주)	사업(장) (실업급여는 개인단위 가입)	사업(장)
당연적용연령	18세 이상 60세 미만	제한 없음	65세 미만 (고용안정·직업능력개발사업은 65세 이상자도 해당)	제한 없음
둘 이상 사업장	각 사업장에서 적용	각 사업장에서 적용	주된 사업장에서 관리	각 사업장에서 적용
사용자 적용 여부	근로자와 동일한 가입자로 관리	직장가입자로 관리	50인 미만 또는 근로자 없는 자영업자 임의가입 가능	50인 미만 사업주, 화물지입차주 등 임의가입 가능
소득의 범위	근로소득에서 비과세소득을 차감한 소득	해당 사업장에서 받은 총보수를 기준으로 함.	근로소득에서 비과세소득을 차감한 소득	
적용기간	해당연도 7월~다음연도 6월	좌 동	해당연도 1월~12월	
부과소득 상한선	408만원(2014.7.~2015.6.까지 적용)	상한선 있음. 7,810만원(등급없음)	상한선 없음.	
보험료율	9%	6.07%(직장)	• 실업급여 : 1.3% • 고용안정·직업능력개발사업 : 0.25~0.85%	매년 사업의 종류별로 고용노동부 장관이 고시
보험료부담	• 사업장가입자 – 사용자와 근로자가 각각 1/2씩 부담 • 지역가입자 – 가입자 본인	• 사업장가입자 – 사용자와 근로자가 각각 1/2씩 부담 • 지역가입자 – 가입자 본인	• 실업급여 : 사용자와 근로자가 각 50%씩 부담 • 고용안정·직업능력개발사업 : 사업주 전액 부담	사업주가 전액 부담

02

산재보험 핵심정리

4대보험 중 사업장에서 가장 이슈가 되고 사장들이 가장 관심을 가지는 부분이 바로 산재보험입니다. 그렇다고 자세히 알아보려면 한도 끝도 없는 것이 산재보험입니다. 아래에서는 FC들이 영업을 하면서 "이 정도는 알고 가야 하지 않을까"하는 정도의 내용을 쉽게 정리했습니다.

1. 산재보험이란?

근로자가 산업현장에서 업무상 재해를 당한 경우 사업주가 부담해야 할 재해보상 책임을 국가가 대행하여 신속 공정한 보상을 행함으로써 산재근로자 및 그 가족의 생활안정을 도모하는 제도를 말합니다.

2. 모든 사업장 의무적 가입

일부 업종을 제외한 모든 사업 또는 사업장은 산재보험에 의무적으로 가입해야 하는데, 실무적으로는 사업이 개시되어 근로자를 사용한 날로부터 14일 이내에 근로복지공단에 보험관계 성립신고를 하여야 합니다.

3. 산재보험 적용제외사업은?

방문하는 사업장이 산재보험 적용제외 사업장인지 아닌지 정도는 말할 수 있어야 하겠습니다. 아래를 참고하시고 특히 3번을 유의해야겠습니다.

1. 「공무원연금법」 또는 「군인연금법」에 따라 재해보상이 되는 사업
2. 「선원법」, 「어선원 및 어선 재해보상보험법」 또는 「사립학교교직원 연금법」에 따라 재해보상이 되는 사업
3. 「주택법」에 따른 주택건설사업자, 「건설산업기본법」에 따른 건설업자, 「전기공사업법」에 따른 공사업자, 「정보통신공사업법」에 따른 정보통신공사업자, 「소방시설공사업법」에 따른 소방시설업자 또는 「문화재수리 등에 관한 법률」 제2조 제5호에 따른 문화재수리업자가 아닌 자가 시공하는 다음 각 목의 어느 하나에 해당하는 공사
   가. 「고용보험 및 산업재해보상보험의 보험료징수 등에 관한 법률 시행령」 제2조 제1항 제2호에 따른 총공사금액(이하 "총공사금액"이라 한다)이 2천만원 미만인 공사
   나. 연면적이 100제곱미터 이하인 건축물의 건축 또는 연면적이 200제곱미터 이하인 건축물의 대수선에 관한 공사
4. 가구 내 고용활동
5. 제1호부터 제4호까지의 사업 외의 사업으로서 상시근로자 수가 1명 미만인 사업
6. 농업, 임업(벌목업은 제외한다), 어업 및 수렵업 중 법인이 아닌 자의 사업으로서 상시근로자 수가 5명 미만인 사업

4. 산재보험 급여 종류

산재신청이 받아들여져서 근로복지공단이 재해자에게 지급하는 급여 종류는 다음 표와 같습니다.

구 분	내 용	중요도
요양급여	• 병원비 : 치료에 소요된 병원비용 • 간병료 : 간호에 따른 비용 • 이송료 : 통원치료에 소요된 비용 • 기 타 : 보조기, 본인이 직접 낸 치료비용	★★★
휴업급여	치료기간 중 일하지 못한 기간 동안 하루 평균적으로 받는 임금의 70%에 해당하는 보상금 지급	★★★
상병보상연금	치료기간이 2년 경과하고 폐질등급(1급~3급)에 해당하는 경우 상병보상연금 지급	★
장해급여	치료 후 신체에 장해가 남은 경우 1급~14급에 해당하는 장해보상비 지급	★★★
간병급여	치료 후 간호가 필요한 경우 실제 간병을 받은 날에 대하여 간병급여 지급	★★
직업재활급여	제1급~제12급 장해판정(예정)자의 조기 직업복귀를 위한 직업훈련 및 제1급~제12급 산재장해인을 원직장 복귀, 직장적응훈련 실시 또는 재활운동 실시한 사업주에 대한 지원	★
유족급여	사망한 근로자와 생계를 같이하는 유가족에게 연금(일시금) 지급	★★★
장의비	장례를 치른 사람에게 지급(평균임금 120일분)	★

5. 「산업안전보건법」상 산재발생신고

사업주는 산업재해로 사망자가 발생하거나 3일 이상의 휴업이 필요한 부상을 입거나 질병에 걸린 사람이 발생한 경우에는 해당 산업재해가 발생한 날부터 1개월 이내에 별지 제1호 서식의 산업재해조사표를 작성하여 관할 지방고용노동청장에게 제출하여야 합니다.

다만, 사업주는 ① 사망자가 1명 이상 발생한 재해, ② 3개월 이상의 요양이 필요한 부상자가 동시에 2명 이상 발생한 재해, ③ 부상자 또는 직업성질병자가 동시에 10명 이상 발생한 재해 등 소위 중대재해가 발생한 사실을 알게 된 경우에는 지체 없이 관할 지방고용노동관서의 장에게 보고하여야 합니다.

현장을 방문해보면 회사 사장이나 직원들의 경우, 실제 산재사고가 발생했을 때 그 처리에 관하여만 관심을 기울이지 이와 같은 노동청에 보고 등에 관해서는 거의 신경을 쓰지 못하는 것이 대부분입니다. 그러나 만약 사업주가 「산업안전법」상 보고를 하지 않거나 허위보고를 했을 경우에는 동법 제72조 제3항 제1호에 의거 1천만원 이하의 과태료 처분을 받게 되기 때문에 이 또한 사업주 입장에서는 반드시 챙겨야 할 사항입니다.

03

★★★

산재보험 질문 베스트

1. 산재가 발생한 경우 산재신청방법은?

요양급여신청서를 작성하여 사업장 소재지를 관할하는 근로복지공단에 제출하여야 합니다.

요양급여신청서에는 재해자 인적사항, 재해목격자, 사고경위 등을 기재해야 하고 사업주와 재해자가 날인합니다. 그리고 병원에서 초진소견서를 발급받아 제출하여야 합니다.

2. 회사에서 산재보험에 가입하지 않은 경우에도 산재보상을 받을 수 있나요?

네, 받을 수 있습니다. 다만, 사업주는 재해근로자에게 1년 동안 공단이 지급한 보험급여액의 50%를 급여징수금으로 고지됩니다.

3. 사고가 발생 시 근로자의 과실이 있는 경우에는 산재보상을 받을 수 없나요?

아닙니다. 산재보험은 무과실 책임주의로 고의적인 사고(자해행위)가 아니면 산재보상을 받을 수 있습니다.

4. 60세 이상의 나이가 많은 근로자도 산재보상을 해주나요?

네, 그렇습니다. 나이와 상관없이 임금을 목적으로 근로를 제공하다가 발생한 업무상 재해는 산재보상을 받을 수 있습니다.

5. 회사 지정병원이 있는 경우 산재치료는 회사 지정병원에서만 받을 수 있나요?

그렇지 않습니다. 산재요양은 회사 지정병원과 상관없이 가능합니다.

6. 병원을 옮기거나 치료를 위하여 병원에 통원할 경우 발생하는 교통비 등도 공단에 청구할 수 있나요?

네, 청구 가능합니다. 이송 또는 병원을 옮기거나 통원 중 발생한 교통비는 근로복지공단에서 부담합니다. 교통비 등을 지급받기 위해서는 요양비청구서에 이송비 내역을 첨부하여 제출하여야 합니다.

7. 근로자가 업무 중 폭행을 당하거나 타인의 과실로 교통사고를 당한 경우에도 산재보상이 가능한가요?

네, 가능합니다. 업무수행 중 다른 사람의 폭력행위 또는 잘못으로 인하여 근로자가 다친 경우 재해발생경위나 다친 근로자의 업무성격상 다른 사람의 가해행위를 유발할 수 있다고 인정되고 가해행위와 사고행위와 사고 간 상당인과관계가 인정되면 산재보상이 가능합니다.

8. 가해자가 있는 경우 합의금과 별도로 산재보상이 가능할까요?

그렇지 않습니다.

가해행위로 인하여 재해발생시, 공단이 손해배상청구권을 대위하는 조건으로 산재보상금을 지급하는 것이기 때문입니다. 따라서 재해 근로자는 가해자와 공단에 손해배상과 산재보상금을 동시에 청구하는 것은 불가능합니다.

다만, 가해자와 합의를 한 후 산재보상금을 신청하는 경우 손해배상액 한도에서 보험급여 지급액이 제한되게 됩니다.

9. 산재보상을 받기 전 사장이 보상금을 지급하였다면 산재청구가 불가능한가요?

그렇지 않습니다. 보상금에 상당하는 보험급여액에 대해서만 지급이 중지되고 그 이후부터는 산재보상이 이루어집니다.

다만, 사업주는 보험급여대체지급청구·증명서를 제출하여 대신 지급한 금액을 공단에 청구할 수 있습니다.

10. 산재치료를 받으면서 일하는 경우에도 부분 휴업급여를 받을 수 있다는데 사실인가요?

네, 맞습니다. 종사업무와 근로시간이 정해져 있고 치유가 지연되거나 악화되지 않는다는 의학적 소견이 있는 경우 부분 휴업급여를 인정하여 보상금을 지급하고 있습니다.

04

산재보험/근재보험/단체보험

1. 산재보험의 한계

사업장의 위험으로부터 근로자를 보호하기 위하여 1964년 도입된 산재보험은 공적부조의 대표적인 제도입니다. 이러한 산재보험이 지금껏 우리 산업현장에 기여한 바는 실로 대단하다고 할 수 있습니다. 그러나 실제 사업장을 둘러보면 산재보험의 한계 또한 너무나 또렷하게 보입니다. 그 한계라는 것은 ① 산재보험의 특성상 질병이나 상해에 대한 업무수행성이 인정되어야 하는데 현실적으로 이 요건에 부합하는 것이 쉽지 않다는 점과 ② 막상 사업장에서 산재처리를 할 경우 산재요율이 올라가는 결과를 가져와서 사업주 입장에서는 커다란 부담으로 작용한다는 점입니다.

2. 산재보험과 근재보험 비교

우리 주변에서 산재보험이나 단체보험에 비하여 근재보험에 대하여 알고 있는 이를 만나기는 쉽지 않습니다. 근재보험은 주로 사업장 위험이 큰 건설사업장에서 가입하는 보험으로써 산재보험으로 충분한 보상이 되지 않아 추가적인 손해(예컨대 「민법」상의 사업주의 관리감독 소홀로 인한 손해배상책임 등)가 문제되는 경우를 대비하여 가입하는 보험입니다. 즉, 재해발생 후 산재처리가 진행되었음에도 불구하고 민사상 손해발생이 남아 있는 경우를 대비하여 사업주가 가입하는 보험이 바로 근재보험입니다. 산재보험이나 근재보험 모두 업무수행과 관련이 있는 업무상 재해에 대해서만 보상이 된다는 점에서 공통점이 있습니다. 바로 이 점에서 업무와 무관하게 지급되는 단체보험과 차이가 있습니다.

〈산재보험과 근재보험의 비교〉

구 분	산재보험	근재보험
가입처	근로복지공단	보험회사
근거법	「산재보상보험법」	「보험업법」/「상법」
업무수행성	요구	요구
강제성	○ (의무적 가입)	× (임의적 가입)
사업주 책임	무과실책임	과실책임
과실상계	불허용	허용
보상내용	사업주의 과실 여부와 무관 하에 발생한 업무상 재해에 대하여 보상	사업주의 과실로 발생한 재해에 대하여 산재보험을 초과하는 범위에 대한 「민법」상 보상
보상방식	정률보상방식	손해배상금은 피해자가 얻을 수 있었던 개개의 소득에서 사고발생에 따른 노동력 상실이나 사망으로 인하여 수입의 전부 또는 일부상실로 인한 손해를 말하는 재산적 손해와 위법한 행위로 인하여 느끼는 정신적 고통을 금전으로 환산한 정신적 손해로 분류하여 보상

3. 점점 중요해지는 근재보험

앞에서 설명한 근재보험은 최근 들어 더욱 그 가입이 중요해지고 있습니다. 그 이유는 다음과 같습니다.

첫째, 작업장 환경의 위험지수가 대형화, 고도화 되고 있습니다. 고층건물, 지하철 공사, 대형 프레스 기구 등 현장 근로자들은 잠깐만 방심하여도 목숨이 위험한 작업 환경에 노출되어 있습니다.

둘째, 과거와 비교해서 요즘 근로자들의 의식수준은 상당히 높아져서 자신이 받을 수 있는 권리를 행사하려고 합니다. 요즘 사업장의 고의나 과실로 다수의 근로자들이 재해를 입을 경우 집단적으로 소송이 제기되는 것을 쉽게 볼 수 있는 것도 이 같은 이유입니다.

셋째, 집단소송을 통한 사업주에 대한 민사상 손해배상청구는 사업주에 대한 엄청난 경영리스크를 초래하여 급기야 사업 운영을 중단시키게 됩니다. 소송을 통한 엄청난 액수의 손해배상금액이 당장 큰 문제가 되겠지만 이와 같은 법적 다툼 과정에서 회사 내 조직분위기가 완전히 저해된다는 것이 가장 큰 리스크입니다.

이와 같은 문제점을 사전에 예방하고 건전한 사내분위기 형성을 통한 회사의 수익 창출을 위하여 근재보험의 가입 필요성이 점점 높아져가고 있습니다.

4. 산재보험과 단체보험

단체보험이란 회사가 회사 구성원을 피보험자로 하여 가입하는 것으로 공적부조제도인 산재보험의 부족한 점을 보완한 제도입니다. 최근 젊은 직원들에 대한 새로운 복리후생 제도로 인식되고 있습니다.

〈산재보험과 근재보험의 비교〉

구 분	산재보험	단체보험
보험금 수령	종업원 또는 유가족	회사, 사업주
보장범위	업무상 재해에 국한	업무 외에 발생한 재해도 가능(24시간, 365일 가능)

구 분	산재보험	단체보험
보험료	사고 발생 시 할증	최초 보험료와 동일
	보험료 소멸	만기 시 납부 보험료 환급 (상품마다 차등)

이미 언급한 대로 사업장에서 단체보험에 가입해야 하는 필요성은 점점 늘어가고 있습니다. 왜냐하면 요즘 직원들은 업무시간 이후에도 많은 위험에 노출되어 있는데 이런 상황을 직원 개개인의 부담으로 내버려 두는 것은 기업에게는 또 하나의 리스크이기 때문입니다.

최근의 인사트렌드가 직원들의 복리후생에 있다는 이야기도 이와 무관하지 않습니다. 근무시간을 줄이고 휴가사용을 보장하여 근로자의 삶의 질을 높이는 것이 결국에는 회사의 매출 증대로 이어진다는 것, 이제는 더 이상 새로운 이야기가 아닙니다. 그 과정에서 직원 개개인의 건강과 직원 가족의 행복을 지키는 수단으로 단체보험의 중요성은 높아져 갑니다.

05

출 · 퇴근 재해의 산재처리 핵심정리

2016.7.22. 연합뉴스 기사입니다.

> 오토바이를 타고 출근하던 중 교통사고로 숨진 한 근로자의 아내가 유족급여 등을 달라며 근로복지공단을 상대로 행정소송을 제기했지만 패소했다. 법원은 출근 버스와 같이 회사가 직접 교통수단을 근로자에게 제공하지 않았다면 출근 중 교통사고를 업무상 재해로 볼 수 없다고 판단했다.
>
> 인천지법에 따르면 인천 서구의 한 회사에서 용접공으로 일한 A씨는 평소 중구에 있는 자택에서 오토바이를 타고 매일 출퇴근을 했다. 일은 오전 8시부터 시작했지만 조회가 있어 항상 10분 전에는 회사에 도착해야 했다. 퇴근은 보통 오후 6시였고, 가끔 잔업이 있을 때는 오후 10~11시나 돼야 집에 갈 수 있었다. A씨가 오토바이를 타고 출퇴근을 한 건 집에서 회사까지 한 번에 가는 버스나 지하철이 없었기 때문이다.
>
> 집에서 가까운 동구 배다리삼거리 정류장에서 서구 율도선착장 입구 정류장까지 버스를 탈 수 있었지만, 이후 회사까지 다시 택시를 타고 3.5㎞ 가량을 더 가야 했다. 율도선착장에서 회사까지 다니는 버스가 없었기 때문이다. 걸어가면 50분이나 걸리는 거리였다. 회사는 따로 통근 버스를 운영하거나 교통비를 지급하지 않았다. 승용차나 오토바이를 이용할

수밖에 없었다.

A씨는 지난해 1월 16일 오전 7시 15분께 오토바이를 타고 출근하다가 인천시 서구 가좌동의 한 사거리에서 화물차량과 충돌했고 머리 등을 크게 다쳤다. 그는 병원 치료를 받다가 10여 일 뒤 숨졌다. 조사결과 A씨가 신호를 위반해 사고가 난 것으로 확인됐다. A씨의 아내는 "남편의 사고가 출근길에 일어났기 때문에 업무상 재해에 해당한다"며 근로복지공단에 유족급여와 장의비를 청구했다. 그러나 공단 측은 지난해 4월 「산업재해보상보호법」상 업무상 재해에 포함되는 출퇴근 사고가 아니라며 유족급여 등의 지급을 거부했다.

인천지법 행정1부(임민성 부장판사)도 A씨의 아내가 근로복지공단을 상대로 제기한 유족급여 및 장의비 부지급 처분(결정) 취소 소송에서 원고의 청구를 기각했다.

재판부는 22일 "출퇴근 중에 발생한 사고가 업무상 재해로 인정받으려면 사업주가 제공한 교통수단을 이용했다거나 출퇴근 중 업무를 한 경우라야 한다"고 전제했다. 이어 "원고의 남편은 자신의 오토바이를 타고 출근하던 중 사고를 당해 업무상 재해에 해당하지 않는다"고 판단했다.

1. 산재 신청의 조건

산재보험의 핵심은 '업무상 재해'라는 용어로 요약할 수 있습니다. 산재보험의 가장 기본적이고 핵심적인 개념은 근로자의 재해가 업무상 발생한 재해여야 한다는 점이기 때문입니다. 근로자가 휴양지에서 휴식을 하다가 다친 재해는 산재보험으로 처리하는 것이 불가능합니다. 일을 하다가 다친 것이 아니기 때문에 산재보험의 취지에 맞지 않기 때문입니다.

따라서 부상이나 질병이 어떠한 형태로 발생하였든지 업무 때문에 재해가 발생한 것으로 인정된다면 산재 처리가 가능합니다. 예컨대 근무지에서의 단순 반복적인 작업 때문에 손목 부상을 당한 경우라면 산재처리가 가능하지만 휴일에 개인적인 동호회에서 야구 경기를 하다 손목을 다친 경우라면 산재는 불가능합니다.

같은 맥락에서 출·퇴근 도중 당한 사고 역시 업무의 일부라고 인정할 수 있다면 산재처리가 가능하지만 업무의 일부가 아니라고 본다면 산재처리가 어렵습니다. 과연 출·퇴근을 업무의 일부로 볼 수 있을까요?

2. 통근재해가 업무의 일부일까?

일반적으로 출·퇴근 중 발생한 재해는 업무상 발생한 재해로 인정되기가 어렵습니다. 출·퇴근은 회사에서의 업무를 위해 이루어지는 것이므로 업무의 일부로 볼 수도 있지만 보통 출·퇴근 경로나 수단의 선택이 근로자에게 맡겨져 있기 때문에 업무의 일부가 아니라고 판단됩니다.

그러나 예외적으로 출·퇴근 재해가 업무상 재해로 인정되는 경우도 있습니다. 대표적으로 회사에서 통근 차량을 제공하고 이를 이용해 통근을 하는 경우와 같이 사업주가 출·퇴근을 지배·관리하는 것으로 인정되는 경우입니다.

출·퇴근 중 발생한 재해가 업무상 재해로 인정되는 구체적인 경우는 다음과 같습니다.

〈통근재해가 업무상 재해로 인정될 수 있는 경우〉

- 사업주가 출퇴근용으로 제공한 교통수단이나 사업주가 제공한 것으로 볼 수 있는 교통수단을 이용하던 중에 사고가 발생한 경우
- 사업주가 특정한 교통편을 지정하고 지정한 대로 출퇴근을 하던 중 사고가 발생한 경우

- 출퇴근 시 이용할 수 있는 교통수단이 한정되어 있어 실제로 특정 교통수단을 이용하는 것 이외에 선택의 여지가 없었던 경우

이상의 경우는 통근 시 이용한 교통수단이 사업주의 지배 · 관리 하에 있다고 인정되는 경우로 전적으로 자기의 책임 하에 자가용을 이용에 출퇴근한 경우와는 차이가 있다고 볼 수 있습니다.

3. 실제 사례

1) 오토바이로 출퇴근 중 사고

> A씨는 강원도 원주에서 근무를 하고 있는 근로자입니다. A씨의 회사는 통근버스를 운행하고 있지만 통근버스가 A씨의 집 근처는 경유하지 않기 때문에 A씨가 회사의 통근버스를 이용하려면 대략 1시간 간격으로 오는 마을버스를 타고 이동을 해야만 합니다. 또한 회사까지 향하는 교통수단이 별도로 운행되고 있지 않은 상황입니다. 이러한 이유로 A씨는 회사 통근버스를 이용하지 않고 본인 소유의 오토바이를 이용해 통근을 하였습니다. 그러던 어느 날 출근 도중 오토바이가 전복되는 사고를 당하게 됩니다.
> A씨는 산재 신청이 가능할까요?

A씨의 회사는 통근버스를 운행하기는 하지만 A씨가 이를 이용하는 것이 사실상 어려운 상태입니다. 또한 회사까지 이용할 수 있는 다른 교통수단이 없어 본인 소유의 자가용이나 오토바이를 이용할 수밖에 없는 상황입니다. 따라서 A씨는 통근수단에 있어 선택의 여지가 없는 상황이라 할 수 있습니다.

이러한 사례와 같이 근로자의 자유로운 통근 수단의 선택이 어려운 경우라면 사장의 지배 · 관리를 인정할 수 있어 산재 신청이 가능할 것입니다.

원고가 출·퇴근을 위해 대중교통수단이나 통근버스를 이용하는 것은 사실상 불가능하거나 현저한 육체적 노고와 일상생활의 부담을 감수해야 하는 것이어서 사회통념상 원고가 자신의 오토바이나 승용차 등 개인적인 교통수단이 아닌 다른 출·퇴근 방법을 선택하도록 기대하는 것은 무리이고, 따라서 원고에게는 출·퇴근의 방법 등에 선택의 여지가 없어 실제로는 그것이 원고에게 유보된 것이라고 볼 수 없고 사회통념상 아주 긴밀한 정도로 업무와 밀접 불가분의 관계에 있다고 판단되며, 이러한 출·퇴근 중에 발생한 재해와 업무 사이에는 직접적이고도 밀접한 내적 관련성이 존재하여 그 재해는 사업주의 지배 관리 아래 업무상의 사유로 발생한 것이라고 보아야 한다.

• 대법원 2009.5.28. 선고 2007두2784 판결

2) 도보로 출퇴근 중 사고

평소 직장과 집이 가까워 도보로 출근을 하는 B씨는 도보로 출근을 하는 도중 빙판길에 넘어져 뼈가 부러지는 부상을 당하게 되었습니다. B씨가 도보로 회사에 출근하던 중 다친 것이 업무상 사고에 해당되어 산재 신청을 하는 것이 가능할까요?

도보로 통근을 하는 것은 자기 소유의 차량으로 이동을 하는 것과 같이 사업주의 지배·관리가 있었다고 보는 것은 무리입니다. 따라서 이러한 경우는 업무상 재해에 해당하는 것으로 보기 힘들고, 산재 신청 역시 어려울 것입니다.

4. 사장들을 위한 TIP

직원이 출근 도중 교통사고를 당했다면 가장 먼저 그러한 사고가 업무상 재해에 해당하는 지를 확인해야 할 것입니다. 만약 업무상 재해에 해당한다면 사업주는 산재처리 또는 공상처리와 같은 산재 이외의 개별적인 보상을 생각해볼 수 있습니다.

사고로 인해 후유증이 남는다거나 재발의 가능성이 있다면 산재보험을 통해 처리하는 것이 개별적인 보상을 하는 것보다 명료한 해결방법이 될 수 있을 것입니다.

또한 사장이 산재처리를 원하지 않는다 하더라도 직원이 스스로 산재 신청을 하는 것이 제한되는 것은 아니라는 점도 주의하여야 합니다.

06

실업급여

1. 근로관계 종료의 또 다른 쟁점, 실업급여

우리가 흔히 말하는 실업급여란 실직 후 재취업 활동을 통해 고용센터로부터 받는 구직급여를 의미합니다. 실직 후라고 했기 때문에 자발적인 사직이나 이직의 경우는 실업급여 대상이 되지 않습니다. 그러나 실제 사업현장에서는 사직과 해고의 경계가 불분명한 경우가 많고 이런 경우 실업급여가 또 하나의 퇴사조건으로 거론되는 경우가 심심치 않게 볼 수 있습니다.

한편, 실업급여 수급 요건을 갖추지 못하였음에도 노사간 합의에 의하여 마치 요건이 갖추어 진 것으로 신고가 되어 실업급여가 지급된 경우 조사를 거쳐 부정수급으로 판명이 되면 회사와 직원 모두에게 처벌이 따르게 됩니다. 실업급여를 받으려는 근로자는 물론, 회사도 정확한 요건과 처리 방법을 반드시 알고 있어야 후일의 문제를 확실히 예방할 수 있습니다.

2. 실업급여 수급 요건

실업급여는 퇴사했다고 해서 무조건 받을 수 있는 것이 아닙니다. 구체적으로 다음의 요건을 갖추어야 합니다.

① 이직일 이전 18개월간(기준기간) 피보험단위기간이 통산하여 180일 이상일 것
② 근로의 의사와 능력이 있음에도 불구하고 취업(영리를 목적으로 사업을 영위하는 경우 포함)하지 못한 상태에 있을 것
③ 재취업을 위한 노력을 적극적으로 할 것
④ **이직사유가 비자발적인 사유일 것**(이직 사유가 「고용보험법」 제58조에 따른 수급자격의 제한사유에 해당하지 아니할 것)

상기한 요건 중 주로 문제가 되는 부분은 '④'입니다. '비자발적 이직'이 있어야 하는데, 대표적인 경우가 회사로부터 해고나 권고사직을 당하는 경우입니다.

그러나 근로자가 자발적으로 퇴사를 하더라도 수급이 가능한 경우가 있습니다. 계속 근로하는 것이 어려워 부득이하게 퇴사하는 경우가 바로 그 경우입니다. 구체적으로 「고용보험법 시행규칙」 별표 2는 다음과 같은 사유를 열거하고 있습니다.

1. 다음 각 목의 어느 하나에 해당하는 사유가 이직일 전 1년 이내에 2개월 이상 발생한 경우
   가. 실제 근로조건이 채용 시 제시된 근로조건이나 채용 후 일반적으로 적용받던 근로조건보다 낮아지게 된 경우
   나. 임금체불이 있는 경우
   다. 소정근로에 대하여 지급받은 임금이 「최저임금법」에 따른 최저임금에 미달하게 된 경우
   라. 「근로기준법」 제53조에 따른 연장 근로의 제한을 위반한 경우
   마. 사업장의 휴업으로 휴업 전 평균임금의 70퍼센트 미만을 지급받은 경우
2. 사업장에서 종교, 성별, 신체장애, 노조활동 등을 이유로 불합리한 차별대우를 받은 경우
3. 사업장에서 본인의 의사에 반하여 성희롱, 성폭력, 그 밖의 성적인 괴롭힘을 당한 경우
4. 사업장의 도산·폐업이 확실하거나 대량의 감원이 예정되어 있는 경우
5. 다음 각 목의 어느 하나에 해당하는 사정으로 사업주로부터 퇴직을 권고받거

나, 인원 감축이 불가피하여 고용조정계획에 따라 실시하는 퇴직 희망자의 모집으로 이직하는 경우

가. 사업의 양도 · 인수 · 합병

나. 일부 사업의 폐지나 업종전환

다. 직제개편에 따른 조직의 폐지 · 축소

라. 신기술의 도입, 기술혁신 등에 따른 작업형태의 변경

마. 경영의 악화, 인사 적체, 그 밖에 이에 준하는 사유가 발생한 경우

6. 다음 각 목의 어느 하나에 해당하는 사유로 통근이 곤란(통근 시 이용할 수 있는 통상의 교통수단으로는 사업장으로의 왕복에 드는 시간이 3시간 이상인 경우를 말한다)하게 된 경우

가. 사업장의 이전

나. 지역을 달리하는 사업장으로의 전근

다. 배우자나 부양하여야 할 친족과의 동거를 위한 거소 이전

라. 그 밖에 피할 수 없는 사유로 통근이 곤란한 경우

7. 부모나 동거 친족의 질병 · 부상 등으로 30일 이상 본인이 간호해야 하는 기간에 기업의 사정상 휴가나 휴직이 허용되지 않아 이직한 경우

8. 「산업안전보건법」 제2조 제7호에 따른 "중대재해"가 발생한 사업장으로서 그 재해와 관련된 고용노동부장관의 안전보건상의 시정명령을 받고도 시정기간까지 시정하지 아니하여 같은 재해 위험에 노출된 경우

9. 체력의 부족, 심신장애, 질병, 부상, 시력 · 청력 · 촉각의 감퇴 등으로 피보험자가 주어진 업무를 수행하는 것이 곤란하고, 기업의 사정상 업무종류의 전환이나 휴직이 허용되지 않아 이직한 것이 의사의 소견서, 사업주 의견 등에 근거하여 객관적으로 인정되는 경우

10. 임신, 출산, 만 8세 이하 또는 초등학교 2학년 이하의 자녀(입양한 자녀를 포함한다)의 육아, 「병역법」에 따른 의무복무 등으로 업무를 계속적으로 수행하기 어려운 경우로서 사업주가 휴가나 휴직을 허용하지 않아 이직한 경우

11. 사업주의 사업 내용이 법령의 제정 · 개정으로 위법하게 되거나 취업 당시와는 달리 법령에서 금지하는 재화 또는 용역을 제조하거나 판매하게 된 경우

12. 정년의 도래나 계약기간의 만료로 회사를 계속 다닐 수 없게 된 경우

13. 그 밖에 피보험자와 사업장 등의 사정에 비추어 그러한 여건에서는 통상의 다른 근로자도 이직했을 것이라는 사실이 객관적으로 인정되는 경우

실업급여를 신청하게 되면 고용센터는 근로자의 이직사유를 확인하게 됩

니다. 비자발적으로 사직을 했거나, 부득이하게 자발적 사직을 했는지를 확인하게 되는데, 만약 그러한 사유가 없다면 실업급여를 수급할 수 없습니다.

3. 구직급여 액수

구직급여는 "퇴직 전 평균임금의 50%×소정급여일수"로 계산되나, 상한액을 초과하거나 하한액에 미달될 수는 없습니다. 구직급여의 하한액은 "최저임금의 90%×1일 소정근로시간(8시간)"으로 정해지는데, 이에 따라 매년 최저임금과 함께 하한액도 변동이 있게 됩니다. 2016년 7월 기준으로 구직급여액은 1일 43,416원으로 상한액·하한액이 동일합니다.

한편, 구직급여는 연령 및 고용보험 가입기간에 따른 구체적인 구직급여 수급일에 차이가 있습니다. 구체적인 구직급여 수급일은 다음과 같습니다.

연령 및 가입기간	1년 미만	1년 이상 3년 미만	3년 이상 5년 미만	5년 이상 10년 미만	10년 이상
30세 미만	90일	90일	120일	150일	180일
30세 이상~50세 미만	90일	120일	150일	180일	210일
50세 이상 및 장애인	90일	150일	180일	210일	240일

4. 실업급여 수급 시 회사가 받는 불이익은?

퇴사 직원이 실업급여를 받는다고 해서 회사가 직접적으로 받는 불이익은 거의 없습니다. 다만, 해고나 권고사직을 이직사유로 하여 실업급여를 받게 된다면, 향후 정부 지원 사업이나, 외국인 고용 허가 등에 있어 제한이 생길 수 있습니다. 몇몇 정부 지원 사업이나 외국인 고용 허가 시 일정 기간 동안 직원을 이직시키지 않아야 하는 요건이 요구되기 때문입니다.

그러나 이 역시 대부분 몇 개월의 기간 내에 이직 시킨 이력이 없으면 되기 때문에 당장 지원 사업에 참여하거나 외국인을 고용할 계획이 없다면 크게 문제되지 않습니다. 예를 들어 일반외국인고용 허가를 받기 위해서는 내국인 구인신청을 한 날 전 2개월 이내에 내국인 직원을 이직시킨 이력이 없으면 되므로, 직원을 해고하더라도 2개월이 지났다면 외국인고용허가에 문제가 되지는 않습니다.

5. 실업급여 부정 수급

부정한 방법으로 실업급여를 받으면 실업급여 지급이 중지되며, 부정수급액의 반환 및 이 금액의 2배가 추가 징수되고, 형사처벌(1년 이하의 징역 또는 300만원 이하의 벌금) 등의 제재를 받게 됩니다.

또한 의도하지 않게 부정수급을 하게 되었을 경우 자진해서 신고하면 추가 징수를 면제 받을 수 있습니다.

07

4대보험에 있어 신의 한 수, 두루누리 사회보험

1. 4대보험료를 줄일 수 있는 방법

직원 4대보험료. 적은 것 같지만 사장님들 입장에서는 상당히 신경 쓰이는 부분이 바로 이것입니다. 이러한 보험료를 조금이나마 줄일 수 있는 방법이 있습니다. 바로 두루누리 사회보험제도입니다. 두루누리 사회보험은 국민연금・고용보험료의 1/2을 국가에서 지원해주는 제도로 근로자는 물론 사장도 보험료를 지원받을 수 있는 제도입니다.

2. 어떻게 지원받을 수 있나요?

1) 지원 요건

보험료를 지원받으려면 사업장과 근로자는 다음과 같은 요건을 갖추어야 합니다.

구 분	요 건
사업장 기준	• **고용보험가입대상 근로자 수가 10명 미만일 것** －고용보험 당연적용대상 근로자와 임의가입 근로자 모두 포함 －일용직은 월 사용된 연인원을 22.3으로 나누어 산정 • **국민연금 사업장 가입자 중 사용자를 제외하고 10명 미만일 것**
근로자 기준	**월 평균 보수가 140만원 미만일 것**

한편 사업장 근로자 수가 10명 미만인지 여부는 다음과 같은 기준에 의하여 판단합니다.

구 분	요 건	
신청일이 속한 연도 이전에 성립된 사업장	**전년도 월평균 가입자 수가 10명 미만인 경우**	신청월 말일 기준 가입자 수가 10명 미만인 사업장
	전년도 월평균 가입자 수가 10명 이상인 경우	신청월 직전 3개월간 연속 10명 미만이고 신청월 말일 기준 10명 미만인 사업장
신청일이 속한 연도에 성립된 사업장	신청일이 속한 달의 직전 3개월 동안 가입자 수가 연속 10명 미만이고 신청월 말일 기준 가입자 수가 10명 미만인 사업장	

2) 지원 금액

근로자 월평균 보수	지원 수준
140만원 미만 근로자	사업주 및 근로자 고용·국민연금보험료 최대 60%까지 지원 (신규가입근로자 : 60%, 기존가입근로자 : 40%)

※ 고용보험료율 : 근로자 0.65%, 사용자 0.9%(실업급여 0.65%, 고용안정·직업능력개발사업 0.25%)

※ 국민연금보험료율 : 근로자 4.5%, 사용자 4.5%

예를 들어 월급이 130만원인 신규가입 근로자와 사업주가 두리누리 사회보험을 가입함으로써 지원받는 지원금액은 다음과 같습니다.

구 분		근로자	사업주
고용보험	연간 부담액	101,400원	140,400원
	지원금	60,840원	84,240원
국민연금	연간 부담액	702,000원	702,000원
	지원금	421,200원	421,000원
총 지원금액		482,040원	505,400원

지원금은 당해 보험료를 완납한 경우 다음 달 보험료에서 당해 지원금만큼을 차감하는 방식으로 지급이 이루어집니다.

단, 보수총액 신고를 하지 않거나 피보험자 자격 취득신고를 늦게 한 경우에는 지원이 제한될 수 있습니다.

3) 신청 방법

두루누리 사회보험은 근로복지공단 또는 국민연금공단 중 한 곳을 통해 신청이 가능합니다. 기존에 운영을 해오던 사업장은 공단에 보험료지원신청서를 제출하면 됩니다.

기존 사업장이 아닌 신규 사업장 같은 경우에는 보험성립신고와 함께 지원신청 여부를 기재하여 제출하거나 보험료지원신청서를 별도로 제출하는 방법으로 신청이 가능합니다.

4) 지원금 환수

두루누리 사회보험을 지원받는 경우에도 다음과 같은 경우에는 지급된 지원금이 환수 처리될 수도 있습니다.

〈환수 기준〉

- 지원신청 당시 지원요건을 갖추지 못하였음에도 거짓 또는 부정한 방법으로 신청하여 지원받은 경우 지원금 전부
- 고용 · 연금보험료 지원이 시작된 이후 해당 보험 연도 중에 매월 말일을 기준으로 하여 고용보험 가입근로자 수가 3개월 연속 10인 이상이 되었음에도 계속 지원받았음이 확인된 경우 3개월째 된 달의 다음 달 이후부터 지원받은 금액
- 보험 연도 중에 새로 고용된 근로자에 한해 사업주가 다음연도에 신고한 보수총액으로 산정한 월평균 보수액이 상한액 보수기준의 110%를 초과하는 해당 근로자에 대하여 지원받은 금액 전부
- 사업주의 미신고 등의 사유로 지원 대상이 아닌 자에게 지원되었음이 확인된 경우 잘못 지원된 금액

예화로 풀어보는 기업노무

회사를 성공으로 이끄는 방법

카네기 경전에 나오는 이야기입니다.

어느 집 앞에 백발이 성성한 노인 세 명이 서 있었습니다. 친절한 아내는 잠시 들어와 쉬라고 권유했는데, 집에 남편이 없다는 얘기를 들은 노인들은 아내의 호의를 정중히 거절했습니다. 늦은 밤, 마침내 남편이 돌아왔고 아내의 이야기를 들은 남편은 공손하게 다시 노인들을 청했지만 노인들은 "우리들은 다 같이 들어갈 수가 없다네."라고 대답했습니다. 왜일까? 부부는 그 이유가 무척 궁금해졌습니다. 사실은 그 노인들은 재물, 성공, 사랑의 신이었고, 집에는 단 한 명만이 들어갈 수가 있었습니다.

부부는 한참을 고민한 끝에 '사랑'을 들이기로 결정했습니다. 이윽고 '사랑'이 집에 들어오자 문밖에 있던 '재물'과 '성공'도 뒤따라 집으로 들어왔습니다. 이에 깜짝 놀란 아내가 물었습니다. "저희는 사랑만 청했을 뿐인데 어찌 다 같이 들어오십니까?" 그러자 노인은 웃으면서 이렇게 말했습니다. "재물이나 성공을 청했다면, 다른 두 명은 들어오지 못했을 걸세. 허나 사랑을 청했잖은가. 무릇 사랑이 있는 곳에는 재물과 성공이 따르는 법이라네."

짧은 이야기 속에 세상을 살아가는 지혜가 가득 담겨있습니다. 사랑, 성공, 재물 모두를 가지기 위해서는 사랑을 선택해야 한다는, 어찌 보면 너무나도 교과서적인 내용입니다. 그러나 막상 현실에서 이 3가지 중 하나를 선택해야 하는 순간이 되면 대부분의 사람들은 성공이나 재물 중 하나를 택하게 됩니다. 그래서 더더욱 이 이야기가 각박한 현대를 살아가는 우리들에게 더 필요한 것일지도 모릅니다.

한 기업을 경영하는 사장의 입장에서도 이 이야기는 큰 의미가 있습니다. FC에게도 이 이야기는 깊이 음미해 보아야만 하는 주제입니다. 초창기 어려움을 딛고 성공한 기업가들 대부분은 직원들과 오랜 세월 동고동락을 한 공통점이 있습니다. 그리고 그 동고동락의 비결은 임직원 간 '끈끈함'이었습니다. 이 '끈끈함'의 다른 표현이 '사랑'인 것 같습니다. 직원에게 사랑이 있다면 퇴사 하루 전 사직서를 제출하는 행동은 절대 하지 못합니다. 사장에게 사랑이 있다면 인건비 몇 푼 줄이자고 절대 정리해고를 단행하지 못합니다. 사장과 직원은 '사랑'으로 맺어진 또 하나의 가족이기 때문입니다.

요즘은 생활고와 경영난이 이 '사랑'을 위협하기도 합니다. 실제 노동현장에서 이 '사랑'을 대하는 사장과 직원들의 태도가 예전만 못하다는 것이 느껴집니다. 그렇다고 해서 사업장 내 살을 맞대고 살아가는 사람들 사이에 '사랑'이 없어지면 정말 큰 일이 생깁니다. 사업장에서 일하는 사람은 나약한 감정의 동물이기 때문입니다.

별책부록

1. 취업규칙(변경)신고서

취업규칙 [ ]신고서
[ ]변경신고서

※ [ ]에는 해당되는 곳에 √ 표시를 합니다.

접수번호	접수일	처리기간 1일

신고 내용	사업장명	사업의 종류
	대표자 성명	생년월일
	소재지 (전화번호 :)	
	근로자수 명 (남 명, 여 명)	노동조합원수 명
	의견청취일 또는 동의일 년 월 일	

「근로기준법」 제93조와 같은 법 시행규칙 제15조에 따라 위와 같이 취업규칙을 [ ]신고, [ ]변경신고]합니다.

년 월 일

신청인 (서명 또는 인)

대리인 (서명 또는 인)

○○지방고용노동청(지청)장 귀하

첨부서류	1. 취업규칙(변경신고 하는 경우에는 변경 전과 변경 후의 내용을 비교한 서류) 2. 근로자의 과반수를 대표하는 노동조합 또는 근로자 과반수의 의견을 들었음을 증명하는 자료 3. 근로자의 과반수를 대표하는 노동조합 또는 근로자 과반수의 동의를 받았음을 증명하는 자료 (근로자에게 불리하게 변경하는 경우에만 첨부합니다.)	수수료 없음

처 리 절 차

신청서 제출	→	접 수	→	내용검토	→	결 재	→	통 보
신청인		지방고용노동청(지청)장 (민원실)		지방고용노동청(지청)장 (근로개선지도과)		지방고용노동청(지청)장 (청장 · 지청장)		변경명령 (법령 또는 단체협약에 저촉되는 경우)

210mm×297mm[일반용지 70g/㎡(재활용품)]

2. 노사협의회 규정 제출서

[ ] 제정
협의회규정 제출서
[ ] 변경

※ [ ]에는 해당되는 곳에 √ 표시를 합니다.

접수번호	접수일	처리기간 즉시

제출인	성명	생년월일
	주소	전화번호
사업체	사업장명	전화번호
	노동조합명칭	노동조합대표자 성명
	주소	조합원 수 명 (남 : 명, 여 : 명)
노사 협의회	설치사유 발생일	설치일자
	설치사유	위원 수 근로자위원 명 사용자위원 명
	정기회의 일자	

협의회규정 제정일자	협의회규정 변경일자

「근로자참여 및 협력증진에 관한 법률 시행규칙」 제3조 제1항에 따라 [ ] 제정, [ ] 변경된 노사협의회규정을 제출합니다.

년 월 일

제출인 (서명 또는 인)

○○지방고용노동청(지청)장 귀하

첨부 서류	1. 협의회규정 1부 2. 변경된 협의회규정 1부(협의회규정을 변경한 경우에만 제출합니다)	수수료 없음

210mm×297mm[일반용지 60g/㎡(재활용품)]

3. 부당해고등 구제 신청서

부당해고등의 구제 신청서

접수번호	접수일	처리기간 : 90일 (사건에 따라 연장가능)

신청인	성명	생년월일
	주소 (전화번호 :)	
	사업장명	근무부서

피신청인	사업장명	사업주 성명 (법인인 경우 대표자 성명)
	사업장 주소 (전화번호 :)	

해고등 발생일	
신청취지	
신청이유	(별지 작성 가능)

「근로기준법」 제28조 제1항과 같은 법 시행규칙 제5조에 따라 위와 같이 부당해고등에 대한 구제를 신청합니다.

년 월 일

신청인 (서명 또는 인)

대리인 (서명 또는 인)

○○지방노동위원회 위원장 귀하

4. 임금체불 진정서

민 원 서 류
접수번호 :
접수일시 :
처리기한 :
처리과 기록물 등록번호

담당	과장	지청장

진 정 서						
진정인	주 거 지					
	성 명				자택전화	
	주민등록 번 호				휴대전화	
※ 주거지는 통·반, 아파트는 동·호수까지 정확히 기재하여 주시기 바랍니다.					근무기간	
피진정인	사업장명				전화번호	
	소재지(사무실·공장)				업 종	
	대 표 자		주민등록 번 호		근로자수	
	대 표 자 주 거 지				자택전화	
					휴대폰	
	e-mail					
※ 사건발생지가 건설현장인 경우(공사 진행중인 경우만 기재)						
건 설 회사명			건 설 공사명			
현 장 소재지					현장전화	

【 진정내용 】

년 월 일

위 진정인 (인)

○○고용노동청장 귀하

5. 내용증명 서식

내 용 증 명

발신인 ㈜○○○○ 대표이사 ○○○
주소 :
전화번호 :

수신인 홍 길 동
주소 :
전화번호 :

1. 귀하의 무궁한 발전을 기원합니다.

2. 귀하는 ○○○○. ○. ○. 이후 지금까지 무단으로 결근함으로써 당사에 막대한 손실을 끼치고 있습니다.

3. 이에 당사는 조속한 시일내에 귀하의 출근을 간곡히 요청드리는 바이며, 만약 귀하가 당사를 사직할 의사가 있을 경우에는 ○○○○. ○. ○.까지 사직사유 및 사직 희망일시를 기재한 사직서를 인사팀에 직접 제출하여 주시길 바랍니다.

4. 이와 같은 당사의 통지에도 불구하고 귀하가 사직서도 제출하지 않으면서 지속적으로 출근하지 않을 경우, 당사는 무단결근으로 간주하여 부득이하게 인사조치를 진행할 수밖에 없음을 명확히 고지해드립니다.

○○○○ 년 ○ 월 ○ 일

발신인 (주)○○○○ 대표이사 ○ ○ ○ (印)

6. 해고통보서 양식

해 고 통 보 서

성 명 :
사 번 :
부 서 :

귀하를 다음과 같은 사유로 ○○○○년 ○월 ○일부로 해고합니다.

해고사유

○○○○년 ○ 월 ○ 일

㈜○○○ 대표 홍 길 동 (인)

7. 성희롱예방교육일지

<table>
<tr><td>부 서 명</td><td colspan="3"></td></tr>
<tr><td>교육일시</td><td>년 월 일 시
(분간)</td><td>교육대상
(참석인원)</td><td>명
(명)</td></tr>
<tr><td>교육장소</td><td></td><td>교육강사</td><td></td></tr>
<tr><td colspan="4">교 육 내 용</td></tr>
<tr><td colspan="4">1. 직장내 성희롱의 개념과 유형 설명

2. 직장내 성희롱 사례 설명

3. 직장내 성희롱에 관한 법령 설명

4. 직장내 성희롱의 금지 및 예방방법 설명

5. 성희롱 피해자의 권리구제절차
－처리절차 및 조치기준 설명
－피해자에 대한 고충상담 및 구제절차 설명

※ 붙임 : 1. 직장내 성희롱 예방교육 참석자 명단
2. 교육자료</td></tr>
</table>

8. 최저임금게시자료

2016년 최저임금 관련 사항 게시

1. 적용기간 : 2016.1.1.~2016.12.31.
2. 최저임금액

구 분		시간급
모든 산업		6,030원
10% 감액 적용	수습 사용 중에 있는 자로서 수습 사용한 날부터 3개월 이내인 자 (단, 1년 미만의 기간을 정하여 근로계약을 체결한 근로자는 제외)	5,427원

※ 적용제외자 : 정신장애나 신체장애로 근로능력이 현저히 낮은 자, 가사사용인, 동거의 친족만을 사용하는 사업의 종사자, 선원법의 적용을 받는 선원 및 선원을 사용하는 선박의 소유자

3. 최저임금에 산입하지 아니하는 임금의 범위

구 분	임금의 범위
매월 1회 이상 정기적으로 지급하는 임금 외의 임금	1. 1개월을 초과하는 기간의 출근성적에 따라 지급하는 정근수당 2. 1개월을 초과하는 일정기간의 계속근무에 대하여 지급하는 근속수당 3. 1개월을 초과하는 기간에 걸친 해당 사유에 따라 산정하는 장려가급(奬勵加給)·능률수당 또는 상여금 4. 그 밖에 결혼수당·월동수당·김장수당 또는 체력단련비 등 임시 또는 돌발적인 사유에 따라 지급하는 임금·수당이나, 지급조건이 사전에 정해진 경우라도 그 사유의 발생일이 확정되지 않거나 불규칙적인 임금·수당
소정의 근로시간 또는 소정의 근로일에 대하여 지급하는 임금 외의 임금	1. 연차휴가 근로수당, 유급휴가 근로수당, 유급휴일 근로수당 2. 연장시간근로·휴일근로에 대한 임금 및 가산임금 3. 야간근로에 대한 가산임금 4. 일직·숙직수당 5. 그 밖에 명칭에 관계없이 소정근로에 대하여 지급하는 임금이라고 인정할 수 없는 것
그 밖에 최저임금액에 산입하는 것이 적당하지 않은 임금	가족수당·급식수당·주택수당·통근수당 등 근로자의 생활을 보조하는 수당 또는 식사, 기숙사·주택 제공, 통근차운행 등 현물이나 이와 유사한 형태로 지급되는 급여 등 근로자의 복리후생을 위한 성질의 것

9. 근로종사자에 대한 적용제외 승인 신청서

[ ] 감시적
[ ] 단속적 근로종사자에 대한 적용제외 승인 신청서

※ [ ]에는 해당되는 곳에 √ 표시를 합니다.

접수번호	접수일	처리기간 10일

신청인	①사업장명	②사업의 종류
	③대표자성명	④생년월일
	⑤근로자수	⑥전화번호
	⑦소재지	

신청 내용	⑧종사업무		
	⑨근로자수	감시적 근로종사자	명 (남 : 명, 여 : 명)
		단속적 근로종사자	명 (남 : 명, 여 : 명)
	⑩근로형태	감시적 근로종사자	
		단속적 근로종사자	

「근로기준법」 제63조 제3호와 같은 법 시행규칙 제10조 제1항에 따라 위와 같이 [[ ] 감시적, [ ] 단속적] 근로종사자에 대한 「근로기준법」 제4장 및 제5장에서 정한 근로시간, 휴게와 휴일에 관한 규정의 적용 제외 승인을 신청합니다.

년 월 일

신청인 (서명 또는 인)

대리인 (서명 또는 인)

○○지방고용노동청(지청)장 귀하

첨부서류	없 음	수수료 없음

10. 표준근로계약서(기간의 정함이 없는 경우)

표준근로계약서

__________(이하 "사업주"라 함)과(와) _________(이하 "근로자"라 함)은 다음과 같이 근로계약을 체결한다.

1. 근로개시일 : 년 월 일부터
2. 근 무 장 소 :
3. 업무의 내용 :
4. 소정근로시간 : __시__분부터 __시__분까지 (휴게시간 : 시 분~ 시 분)
5. 근무일/휴일 : 매주 __일(또는 매일단위)근무, 주휴일 매주 __요일
6. 임 금
   - 월(일, 시간)급 : ________________원
   - 상여금 : 있음 ( ) ______________________원, 없음 ( )
   - 기타급여(제수당 등) : 있음 ( ), 없음 ( )
     - · ______________________원, ___________________________원
     - · ______________________원, ___________________________원
   - 임금지급일 : 매월(매주 또는 매일) _____일(휴일의 경우는 전일 지급)
   - 지급방법 : 근로자에게 직접지급( ), 근로자 명의 예금통장에 입금( )
7. 연차유급휴가
   - 연차유급휴가는 근로기준법에서 정하는 바에 따라 부여함
8. 사회보험 적용여부(해당란에 체크)

   □ 고용보험 □ 산재보험 □ 국민연금 □ 건강보험
9. 근로계약서 교부
   - 사업주는 근로계약을 체결함과 동시에 본 계약서를 사본하여 근로자의 교부요구와 관계없이 근로자에게 교부함(근로기준법 제17조 이행)
10. 기 타
    - 이 계약에 정함이 없는 사항은 근로기준법령에 의함

년 월 일

(사업주) 사업체명 : (전화 :)
주 소 :
대 표 자 : (서명)
(근로자) 주 소 :
연 락 처 :
성 명 : (서명)

11. 표준근로계약서(기간의 정함이 있는 경우)

표준근로계약서

__________(이하 "사업주"라 함)과(와) _________(이하 "근로자"라 함)은 다음과 같이 근로계약을 체결한다.

1. 근로계약기간 : 년 월 일부터 년 월 일까지
2. 근 무 장 소 :
3. 업무의 내용 :
4. 소정근로시간 : __시__분부터 __시__분까지 (휴게시간 : 시 분~ 시 분)
5. 근무일/휴일 : 매주 __일(또는 매일단위)근무, 주휴일 매주 __요일
6. 임 금
   - 월(일, 시간)급 : ________________원
   - 상여금 : 있음 ( ) ______________________원, 없음 ( )
   - 기타급여(제수당 등) : 있음 ( ), 없음 ( )
     · ______________________원, ____________________________원
     · ______________________원, ____________________________원
   - 임금지급일 : 매월(매주 또는 매일) _____일(휴일의 경우는 전일 지급)
   - 지급방법 : 근로자에게 직접지급( ), 근로자 명의 예금통장에 입금( )
7. 연차유급휴가
   - 연차유급휴가는 근로기준법에서 정하는 바에 따라 부여함
8. 사회보험 적용여부(해당란에 체크)
   □ 고용보험 □ 산재보험 □ 국민연금 □ 건강보험
9. 근로계약서 교부
   - 사업주는 근로계약을 체결함과 동시에 본 계약서를 사본하여 근로자의 교부요구와 관계없이 근로자에게 교부함(근로기준법 제17조 이행)
10. 기 타
   - 이 계약에 정함이 없는 사항은 근로기준법령에 의함

년 월 일

(사업주) 사업체명 : (전화 :)
주 소 :
대 표 자 : (서명)
(근로자) 주 소 :
연 락 처 :
성 명 : (서명)

12. 연소근로자(18세 미만인 자) 표준근로계약서

표준근로계약서

___________(이하 "사업주"라 함)과(와) __________(이하 "근로자"라 함)은 다음과 같이 근로계약을 체결한다.

1. 근로개시일 : 년 월 일부터
   ※ 근로계약기간을 정하는 경우에는 "○○년 ○○월 ○○일부터 ○○년 ○○월 ○○일까지" 등으로 기재
2. 근 무 장 소 :
3. 업무의 내용 :
4. 소정근로시간 : __시 _분부터 __시 _분까지 (휴게시간 : 시 분~ 시 분)
5. 근무일/휴일 : 매주 _일(또는 매일단위)근무, 주휴일 매주 _요일
6. 임 금
   - 월(일, 시간)급 : __________________원
   - 상여금 : 있음 ( ) _________________________원, 없음 ( )
   - 기타급여(제수당 등) : 있음 ( ), 없음 ( )
     · _______________________원, _____________________________원
     · _______________________원, _____________________________원
   - 임금지급일 : 매월(매주 또는 매일) ______일(휴일의 경우는 전일 지급)
   - 지급방법 : 근로자에게 직접지급( ), 근로자 명의 예금통장에 입금( )
7. 연차유급휴가
   - 연차유급휴가는 근로기준법에서 정하는 바에 따라 부여함
8. 가족관계증명서 및 동의서
   - 가족관계기록사항에 관한 증명서 제출 여부 : _________
   - 친권자 또는 후견인의 동의서 구비 여부 : __________
9. 사회보험 적용여부(해당란에 체크)
   □ 고용보험 □ 산재보험 □ 국민연금 □ 건강보험
10. 근로계약서 교부
    - 사업주는 근로계약을 체결함과 동시에 본 계약서를 사본하여 근로자의 교부요구와 관계없이 근로자에게 교부함(근로기준법 제17조, 제67조 이행)
11. 기타
    - 13세 이상 15세 미만인 자에 대해서는 고용노동부장관으로부터 취직인허증을 교부받아야 하며, 이 계약에 정함이 없는 사항은 근로기준법령에 의함

년 월 일

(사업주) 사업체명 : (전화 :)
주 소 :
대 표 자 : (서명)
(근로자) 주 소 :
연 락 처 :
성 명 : (서명)

13. 친권자(후견인) 동의서

친권자(후견인) 동의서

○ 친권자(후견인) 인적사항
성　　명 :
생년월일 :
주　　소 :
연 락 처 :
연소근로자와의 관계 :

○ 연소근로자 인적사항
성　　명 :　　　　　　　　　　(만　　세)
생년월일 :
주　　소 :
연 락 처 :

○ 사업장 개요
회 사 명 :
회사주소 :
대 표 자 :
회사전화 :

본인은 위 연소근로자 __________가 위 사업장에서 근로를 하는 것에 대하여 동의합니다.

년　　월　　일

친권자(후견인)　　　　　　　(인)

첨　부 : 가족관계증명서 1부

14. 건설일용근로자 표준근로계약서

표준근로계약서

__________(이하 "사업주"라 함)과(와) _________(이하 "근로자"라 함)은 다음과 같이 근로계약을 체결한다.

1. 근로계약기간 :　　　년　월　일부터　　　년　월　일까지
   ※ 근로계약기간을 정하지 않는 경우에는 "근로개시일"만 기재
2. 근 무 장 소 :
3. 업무의 내용(직종) :
4. 소정근로시간 : __시__분부터 __시__분까지 (휴게시간 : 시 분~ 시 분)
5. 근무일/휴일 : 매주 _일(또는 매일단위)근무, 주휴일 매주 _요일(해당자에 한함)
   ※ 주휴일은 1주간 소정근로일을 모두 근로한 경우에 주당 1일을 유급으로 부여
6. 임 금
   - 월(일, 시간)급 : _______________원(해당사항에 ○표)
   - 상여금 : 있음 (　) ______________________원, 없음 (　)
   - 기타 제수당(시간외 · 야간 · 휴일근로수당 등) :　　　　원(내역별 기재)
     · 시간외 근로수당 : ____________원(월　　　시간분)
     · 야　간 근로수당 : ____________원(월　　　시간분)
     · 휴　일 근로수당 : ____________원(월　　　시간분)
   - 임금지급일 : 매월(매주 또는 매일) _____일(휴일의 경우는 전일 지급)
   - 지급방법 : 근로자에게 직접지급(　), 근로자 명의 예금통장에 입금(　)
7. 연차유급휴가
   - 연차유급휴가는 근로기준법에서 정하는 바에 따라 부여함
8. 사회보험 적용여부(해당란에 체크)
   □ 고용보험 □ 산재보험 □ 국민연금 □ 건강보험
9. 근로계약서 교부
   - "사업주"는 근로계약을 체결함과 동시에 본 계약서를 사본하여 "근로자"의 교부요구와 관계없이 "근로자"에게 교부함(근로기준법 제17조 이행)
10. 기　타
   - 이 계약에 정함이 없는 사항은 근로기준법령에 의함

년　　월　　일

(사업주) 사업체명 :　　　　　　(전화 :　　　　　　)
주　　소 :
대 표 자 :　　　　　　(서명)

(근로자) 주　　소 :
연 락 처 :
성　　명 :　　　　　　(서명)

15. 단시간근로자 표준근로계약서

표준근로계약서

__________(이하 "사업주"라 함)과(와) _________(이하 "근로자"라 함)은 다음과 같이 근로계약을 체결한다.

1. 근로개시일 : 년 월 일부터
   ※ 근로계약기간을 정하는 경우에는 "○○년 ○○월 ○○일부터 ○○년 ○○월 ○○일까지" 등으로 기재
2. 근 무 장 소 :
3. 업무의 내용 :
4. 근로일 및 근로일별 근로시간

	( )요일	( )요일	( )요일	( )요일	( )요일	( )요일
근로시간	0시간	0시간	0시간	0시간	0시간	0시간
시업	00시 00분	00시 00분	00시 00분	00시 00분	00시 00분	00시 00분
종업	00시 00분	00시 00분	00시 00분	00시 00분	00시 00분	00시 00분
휴게시간	00시 00분 ~ 00시 00분	00시 00분 ~ 00시 00분	00시 00분 ~ 00시 00분	00시 00분 ~ 00시 00분	00시 00분 ~ 00시 00분	00시 00분 ~ 00시 00분

   ㅇ 주휴일 : 매주 __요일
5. 임 금
   -시간(일, 월)급 : ________________원(해당사항에 ○표)
   -상여금 : 있음 ( ) ______________________원, 없음 ( )
   -기타급여(제수당 등) : 있음 : _________원(내역별 기재), 없음 ( ),
   -초과근로에 대한 가산임금률 : ______%
   ※ 단시간근로자와 사용자 사이에 근로하기로 정한 시간을 초과하여 근로하면 법정 근로시간 내라도 통상임금의 100분의 50% 이상의 가산임금 지급('14.9.19. 시행)
   -임금지급일 : 매월(매주 또는 매일) _____일(휴일의 경우는 전일 지급)
   -지급방법 : 근로자에게 직접지급( ), 근로자 명의 예금통장에 입금( )
6. 연차유급휴가 : 통상근로자의 근로시간에 비례하여 연차유급휴가 부여
7. 사회보험 적용여부(해당란에 체크)
   ☐ 고용보험 ☐ 산재보험 ☐ 국민연금 ☐ 건강보험
8. 근로계약서 교부
   -"사업주"는 근로계약을 체결함과 동시에 본 계약서를 사본하여 "근로자"의 교부요구와 관계없이 "근로자"에게 교부함(근로기준법 제17조 이행)
9. 기 타
   - 이 계약에 정함이 없는 사항은 근로기준법령에 의함

년 월 일

(사업주) 사업체명 : (전화 :)

주 소 :

대 표 자 : (서명)

(근로자) 주 소 :

연 락 처 :

성 명 : (서명)

찾아보기

(ㄱ)

감봉 414
감시단속적 근로자 196
경업금지약정 407
경영성과급 322
고용허가제 154
고용형태별 근로자 110
교대근무 184, 187
근로감독 48, 56, 57
근로감독관 집무규정 48
근로계약서 85
근로자성 판단 117
근무시간 180
근재보험 435

(ㄴ)

노동위원회 60
노동청 60
노무영업 체계도 7
노무트리 3

(ㄷ)

단체보험 435
대기시간 181

(ㅁ)

무단 결근 151
문자메시지 402
미용학원 강사 125

(ㅂ)

백화점, 유통 164
법인세 감면 82
법인전환 355
법정휴일 274
병원, 한의원 148
보육수당 71
부당해고 382
비과세 68

(ㅅ)

4대보험 426
산재보험 428
상시 근로자 수 38, 42
상여금 324
성희롱 396
소정근로시간 64
수습제도 98
시간선택제 지원금 212
시급제 알바 고용사업장 169
시말서 418
시용 99
식대 68
실업급여 445

(ㅇ)

아르바이트생 337
압류 73
에어컨 설치기사 122
연봉제 295
연수비 반환 조항 93

연장근무 201
연장수당 146, 162
연차수당 147, 167
연차휴가 220
연차휴가대체제도 224
연차휴가사용촉진제도 225
연차휴가일수 65
5인 미만 사업장 39
월급 330
유연근무제 210
육아기 근로시간 단축 230
육아휴직 229, 233
음식점 사업장 141
일용근로자 103
일용직 337
일자리 함께 하기 지원 사업 213
임금 삭감 308
임금체불 247, 248, 252, 254, 260
임금피크제 300
임신기 근로시간 단축 238

(ㅈ)
자가운전보조금 69
재량근로 190
전자우편 402
전적 366
전직 363
전출 366
정규직전환 지원 사업 214
주휴수당 66, 159, 286
징계위원회 386
징계해고 384

(ㅊ)
체크리스트 13, 14, 16
최저임금 277
취업규칙 33, 34, 35, 36

(ㅌ)
통근재해 441
통상임금 264
퇴직금 142, 322, 330
퇴직금 중간정산 333
퇴직연금제도 340

(ㅍ)
평균임금 66, 271
포괄임금제 근로계약서 88
프랜차이즈 158

(ㅎ)
학원 강사 128
해고예고수당 142
휴업급여 434
휴업수당 312
휴일대체 275
휴직명령 369

(D)
DB형 341
DC형 341

저 · 자 · 약 · 력

▪ 공인노무사 강선일

[약 력]

- 경북대학교 법과대학원 법학석사
- 現) 노무법인 혜안 대표 노무사(http://nosahyean.co.kr)
- 現) 한국공인노무사회 서울강남지부 대의원
- 現) 서울시 동대문구 생활임금 심의위원
- 前) 서울시 강남구 의사회 자문위원
- 前) 서울시 강남구 지역맞춤형 일자리창출 지원사업 컨설턴트
- 前) 고용노동부 노사발전재단 교육강사
- KT, 하나은행, 신한은행, 국기원 등 노동위원회 사건 다수 수행
- 연 평균 100건 이상의 노동위원회 해고사건 및 노동청 임금체불사건 진행
- 웰컴저축은행, 강원대학교병원 등 다수 기업 자문
- 네이버 블로그(http://blog.naver.com/0511ksi) 운영
- 현재 전국 수백명의 FC에게 인사노무 자문 및 Co－Work 진행 중

[강 의]

- 아주그룹 인사팀 노동법 전임강사(2009, 2012)
- 하나은행, KBS, 국기원 직무교육 담당(2009～2010)
- ㈜풍산 중간관리자 노동법 전임강사(2011)
- IMM 프라이빗에쿼티㈜ 직무교육 및 성희롱예방 교육(2013)
- 노사발전재단 일터혁신 교육(2014)

[저 서]

- 『기업범죄의 이론과 실제』(세창출판사, 2010.3.)
- 『채용에서 퇴직까지 기업노무 쟁점별 해결방안』(세창출판사, 2010.6.)
- 『국가계약의 주요 쟁점』(세창출판사, 2011.1.)
- 『노동법 특강 上』(도서출판 문성, 2011.6.)

기업노무 설계가이드

−1등 FC, FP, PB를 위한 기업노무 전략

정가 29,000원

저　자　강 선 일
발행인　서 동 혁
편　집　이 은 희

발행처　㈜영화조세통람

펴낸날　2015년 6월 26일 초판 인쇄
　　　　2015년 7월 6일 초판 발행
　　　　2016년 8월 26일 개정판 발행

저자와의 협의하에 인지생략

주　소　서울특별시 중구 동호로 14길 5−6(신당동)
등　록　1976. 11. 5. 제9−81호
전　화　대　　　표　02) 2231−7027　Fax 02) 2234−1754
　　　　출판사업부　02) 2231−7141　Fax 02) 2231−7994

구입문의　(02) 2231−7027~9　ISBN 978−89−8036−728−3 13330

㈜영화조세통람은 좋은 책을 만들기 위해 독자 여러분의 의견을 기다립니다.
E-mail(josetop@inaus.co.kr)과 홈페이지(www.taxnet.co.kr)의 고객지원센터 단행본란

㈜영화조세통람 발행도서는 정확하고 권위있는 해설 및 정보의 제공을 목적으로 하고 있습니다. 그러나 항상 그 완전성이 보장되는 것은 아니기 때문에 적용결과에 대하여 당사가 책임지지 아니합니다. 따라서 실제 적용할 경우에는 충분히 검토하시고 저자 또는 전문가와 상의하시기 바랍니다.